suhrkamp taschenbuch 4855

Jüdische Jahresfeste wie das Laubhüttenfest von Pessach durchliefen Jahrhunderte der Umwandlung und Verdichtung, bis sie zu ihrer feststehenden Gestalt und Bedeutung fanden. Um den religiös-historischen Kern herum entwickelte sich eine reiche folkloristische Tradition. Legenden, Lieder und besondere Gerichte begleiten bis heute die Liturgie. Efrat Gal-Ed berichtet, wie die Feste entstanden und was in ihnen heraufbeschworen und gefeiert wird. Ihr *Buch der jüdischen Jahresfeste* schöpft aus dem farbigen Schatz religiöser und literarischer Überlieferung ebenso wie aus eigenen Erlebnissen und familiärer Tradition. Ein ausführliches Glossar und ein Register erleichtern die Benutzung dieses Lese- und Handbuchs. Die Autorin macht das Besondere der jüdischen Feste anschaulich, in denen sich das Gedenken als Bindung an die Vergangenheit mit dem Hoffen auf die Erlösung vereint.

Efrat Gal-Ed, geboren 1956 in Tiberias, Israel, studierte Judaistik, Germanistik und Komparatistik sowie Malerei und promovierte und habilitierte sich in Jiddistik. Sie lebt als Malerin und Autorin in Köln und lehrt jiddische Literatur und Kultur an der Heinrich-Heine-Universität Düsseldorf. Im Jüdischen Verlag erschienen: Efrat Gal-Ed, Niemandssprache. Itzik Manger – ein europäischer Dichter (2016); Itzik Manger, Dunkelgold, Gedichte, Jiddisch und deutsch, herausgegeben und übersetzt von Efrat Gal-Ed (2004).

Efrat Gal-Ed

Das Buch der jüdischen Jahresfeste

Mit Abbildungen

Suhrkamp

Revidierte Neuausgabe des 2001 im Insel Verlag erschienenen Werks

Erste Auflage 2019
suhrkamp taschenbuch 4855

Umschlag nach Entwürfen von Willy Fleckhaus
Satz: Satz-Offizin Hümmer GmbH, Waldbüttelbrunn
Druck und Bindung: CPI – Ebner & Spiegel, Ulm
Printed in Germany
ISBN 978-3-518-46855-5

der Seele *Geula*
meiner Mutter
in Liebe und Dankbarkeit

Inhalt

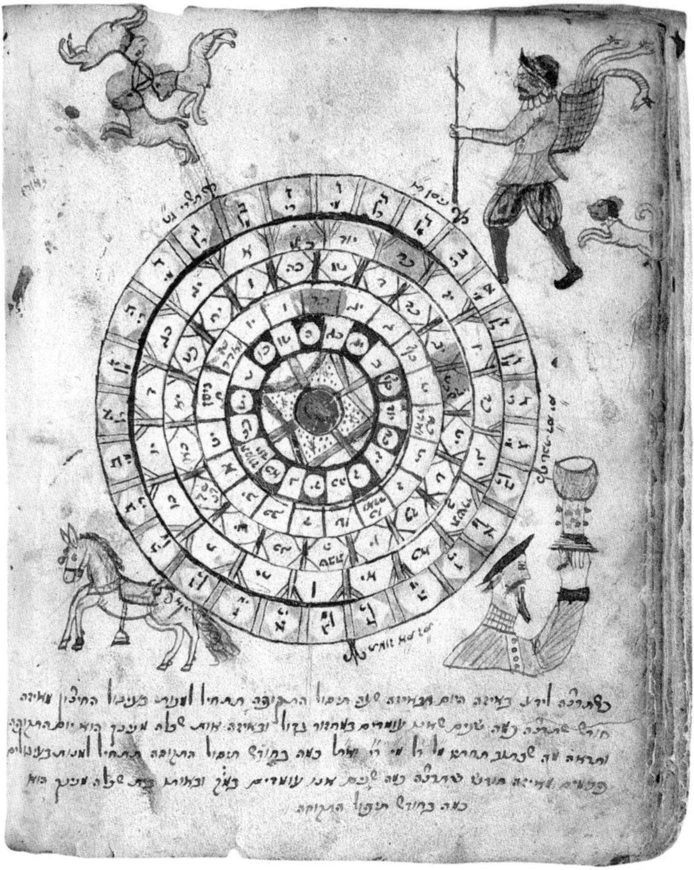

Abbildung Seite 9

Drehbare Rädchen zur Berechnung der vier Jahreszeiten, die im jüdischen Kalender mit den Monaten *Tischrej, Tewet, Nissan* und *Tammus* beginnen. Aus *'Ewronot*, Kalenderregeln mit Tabellen. Handschrift 16./17. Jh.

Die Feiertage verkörperte vor allem die Mutter.

An den Vortagen standen wir, Geschwister, mit ihr in der Küche und bereiteten die traditionellen Gerichte nach ihrer Art vor. In der Küche vermischten sich süße, würzige und scharfe Düfte, wir sangen und lachten viel. Meine Mutter kannte neben den traditionellen Liedern auch die in Israel entstandenen. Danach wurde geputzt, geschmückt, zum Schluß kamen die großen weißen Tischdecken auf den ausgezogenen Eßtisch und die Blumen auf den niedrigen Wohnzimmertisch. Und wir zählten noch einmal nach, ob für alle, Familie und Gäste, genug Platz war. Zur Vorbereitung des Festes gehörte die Frage, was ziehen wir an; passen die alten Feiertagskleider noch, oder muß ein Kleid genäht, eine Bluse gekauft werden.

Die Vorbereitungen sollten bis zum Mittagessen beendet sein, denn darauf folgte die obligatorische Nachmittagsruhe. Danach war meine Mutter immer in selbstgenähten weißen Kleidern erschienen. Es waren jahrelang dieselben, aus dünnem Stoff im Sommer, aus dickerem im Winter. Sie setzte sich in den alten, schweren Holzsessel im Wohnzimmer, entspannt und bereit, das Fest zu empfangen. In diesem ruhigen Moment, im schwindenden Licht wartete ich mit ihr auf die Familie und die Gäste, auf das Erscheinen der ersten Sterne. In diesem Warten begann das Fest vor seinem liturgischen Beginn.

Sie zeigte mir, wie man schnell Nüsse knackt und vom Propheten Elia erzählt. Ihre Lieder und die rituellen Speisen am Vorabend von *Ro'sch ha-Schanah* brachten mir Ehrfurcht vor dem Jahreswechsel bei. Mit ihr sang ich in der winterlichen Stille den Segen für die *Chanukkah*lichter, und sie erzählte von den Makkabäern und dem Tempel. An *Schawu'ot* feierten wir nicht nur die Offenbarung am Berg Sinai, sondern auch ihren Geburtstag. Was diese Tage überliefern, war ihr selbstverständlich; von ihr ging der Zauber der Feste aus. Das war unsere Tradition. Das sind meine Wurzeln.

Die alten jüdischen Feste sind in der *Torah* vorgeschrieben, Bedeutung und Ritual knapp benannt. Die Kürze verlangte nach ergänzender Erläuterung, um die Gestalt des Festes zu vervollständigen. Die Auslegungen in *Mischnah* und *G^emara'* legten Ritual und Brauch fest, deuteten den Sinn des Festes, ergänzten Fehlendes und schufen normative Festbilder, die unser Verständnis der Feiertage bis heute prägen. Im Lauf der Zeit entwickelten sich um den historischen Kern weitere Auslegungen, Legenden, Bräuche und eine reiche folkloristische Tradition. Daher unterscheidet sich die Art, wie ein Fest begangen wird, von Gemeinde zu Gemeinde in Brauch und liturgischem Detail. Der Verwandlungsprozeß der Festgestalt dauerte bei den ältesten Festen Jahrtausende. Ihr Ursprung liegt im Dunkel.

Die unterschiedliche, nicht immer übereinstimmende und zum Teil widersprüchliche Darstellung der Feste in der *Torah* entstammt, wie die kritische Bibelforschung zeigte, verschiedenen Quellen (›Urkundenhypothese‹) und ihrer Entwicklung. Andere Wissenschaftler versuchten, aus dem Vergleich mit Mythen und Riten benachbarter Kulturen den historischen Hintergrund und den ›Sitz im Leben‹ der hebräischen Feste zu verstehen. Auf diese Forschungen gründen viele Rekonstruktionsversuche der ursprünglichen Gestalt und Bedeutung der Feste.

Bei ihrer schriftlichen Festlegung, in der *Torah*, wurden die meisten Feste zur gemeinsamen Geschichte in Beziehung gesetzt. Die Historisierung gab den jüdischen Festen schon sehr früh ihren wesentlichen Charakter: sie gedenken und prägen das Gedächtnis. Sie gedenken des Auszugs aus Ägypten, der Wanderung durch die Wüste oder der Offenbarung am Berg Sinai. Zugleich aber bindet jedes Fest in seine besondere Symbolik den Erlösungsgedanken ein. Die messianische Zukunft umfaßt mehr als Wiederherstellung von Werten und Errungenschaften der Vergangenheit, wie Königreich und Tempel. Sie verspricht »neue Himmel und eine neue Erde« (*Jesaia* 65:17), das Zusammenleben aller Geschöpfe in Frieden und Harmonie und vieles mehr. Diese utopische Hoffnung auf das goldene Zeitalter der Endzeit durchzieht den jüdischen Alltag und besonders die heiligen Tage des Jahres. So sind die jüdischen Jahresfeste überlieferte Zeitpunkte, in denen das Vergangene und das Zukünftige für einen wiederkehrenden Moment als Gottes Nähe Gegenwart werden.

Welche Gründe zur Bestimmung der Festzeit führten, heiligen Tag und Bedeutung miteinander verbanden, waren die Fragen, die mich motivierten. Ich fand mehrere Entstehungsgeschichten, Rekonstruktionsvorschläge, viele Überlieferungen, Legenden und folkloristische Traditionen. Das Buch enthält einen Teil davon. Auf deutsch liegen bereits Bücher vor, die der praktischen Orientierung gewidmet sind. Im Mittelpunkt dieses Buches steht die geschichtliche Verwandlung der Feste und ihrer Bedeutung als Verkörperung von heiliger Zeit. Im abschließenden Kapitel versuche ich den Zusammenhang der Feste, den Festzyklus, den jüdischen Jahreskreis als ein Ganzes zu zeigen. Da das Buch den Jahresfesten gewidmet ist, wird *Schabbat*, der wöchentliche Feiertag, hier nicht näher dargestellt.

Anmerkungen zu den einzelnen Kapiteln und die Quellennachweise befinden sich am Ende des Buches. Die Anmerkungen enthalten weitere Ausführungen zu einigen Begriffen und eine ausgewählte themenbezogene Bibliographie.

Der Einfachheit halber wurden hebräische Wörter in einer der deutschen Aussprache entsprechenden Umschrift wiedergegeben und im laufenden Text erläutert. Ferner findet der Leser am Ende des Buches Erläuterungen zu den angeführten hebräischen Wörtern, zu Personen und Quellenliteratur, eine ausgewählte Bibliographie sowie ein allgemeines und ein Stellenregister.

Dieses Buch wäre ohne Hilfe anderer nicht entstanden. Ihnen allen gehört mein besonderer Dank.

Im einzelnen danke ich

meinen Lehrern

den WDR-Redakteuren Werner Fuhr, Ekkehard Pohlmann und Anke Remberg, und dem NDR-Redakteur Ralph Ludwig, ihre Sendungen setzten den Prozeß in Gang

Ruth Kraft, *sichronah li-w*^{e}*rachah*, sie war elf Jahre lang die erste Zuhörerin meiner Funkmanuskripte

Birgit Vanderbeke, die mich in der Arbeit bestärkte, wenn ich glaubte, den Abstand verloren zu haben

den Professoren Marion Aptroot, sie machte mich auf Aufsätze von Chone Shmeruk aufmerksam und half mir großzügigerweise das Register zu erstellen; Gerit Bos und Y. Tsvi Langermann für wichtige Hinweise zum Thema Astrologie im rabbinischen Denken; David King für bibliographische Hinweise zum Thema Zeitmessung; Aditya Malik für bibliographische Hinweise zum hinduistischen Festkalender; Günter Mayer für die Beantwortung vieler Fragen und für das kritische Lesen des ganzen Manuskripts; Dov Noy insbesondere für seinen Aufsatz über den Propheten Elia; Berndt Schaller für die Korrektur der Übersetzungen aus dem Äthiopischen und für wertvolle Hinweise, Erika Timm vor allem für ihr unveröffentlichtes Vorlesungsmanuskript zu *chad gadja'*, für ihre wichtige Hilfe bei meinen Recherchen zu den *Minhagim*-Büchern und für die Anregung, das Buch zu schreiben

Raphael Weiser, Leiter der Handschriftenabteilung, National- und Universitätsbibliothek Jerusalem, für die hilfreiche Beantwortung vieler Fragen aus der Ferne und für die Unterstützung vor Ort

Falk Wiesemann für bibliographische Hinweise zu den hier abgebildeten Holzschnitten

Yael Zirlin für ihre lehrreichen Hinweise zu *Machsor* München cod. hebr. 3/I und 3/II

Shlomo Zucker für seine erhellende Erklärung der Widmung auf dem Frontispiz der ersten deutschen *Talmud*-Ausgabe

Herzliah Ras, die mir ihr privates Archiv öffnete

einem freundlichen jungen Mitarbeiter der Hochschule Beit Berl, bei Kfar Sava, dessen Namen ich leider nicht mehr weiß, der mir an einem regnerischen Abend, lange nach Ende der Öffnungszeit, die Hefte der mir kostbar gewordenen Reihe *Mehqere Hag*, ›Festforschungen‹, in die Hand drückte

Edna Hechal, Leiterin der *Israeli Folktale Archives*, University of Haifa, die mir unermüdlich Schätze aus diesem Archiv zur Verfügung stellte

Annette Haller, Leiterin der Germania Judaica, Kölner Bibliothek zur Geschichte des deutschen Judentums, und ihren Mitarbeiterinnen Rita Rahmann und Elke Rieck; Rachel Heuberger, Leiterin der Judaica-Abteilung der Stadt- und Universitätsbibliothek Frankfurt, ihren Mitarbeiterinnen sowie Günter Kroll von der Handschriftenabteilung; Paul Dannhauer, stellv. Leiter der Orientabteilung der Bayerischen Staatsbibliothek; Eva Horváth-Stenzel und Marion Sommer, Staats- und Universitätsbibliothek Hamburg; sowie Amalia Ben-Nathan, Leiterin der Rara-Abteilung, National- und Universitätsbibliothek Jerusalem, für die überaus freundliche Kooperation

Kalima Vogt und Monika Walden für ihr Gehör

Johannes Wachten für wertvolle Hinweise zu *Sidur Sefat Emet*

K. Parvathi Kumar, er zeigte mir einen Weg zum Verständnis der Verbindung von Zeit und Bedeutung

Christoph Meckel, der mich erleben ließ, daß Deutsch auch meine Sprache ist. Er begleitete aus der Ferne die Entstehung des Manuskripts und machte wertvolle Korrekturvorschläge

Hans-Ulrich Müller-Schwefe, seine Offenheit und einfühlsame sowie großzügige Unterstützung machten dieses Buch möglich

Ittai Joseph Tamari, für seine unschätzbare unermüdliche Begleitung und für alle Aufsätze und Bücher

meiner Familie für Geduld und Vertrauen, meinem Vater, Meir Gal-Ed, für die reiche Bibliothek, die er uns Kindern zur Verfügung stellte, meiner Schwester, Yael Berger, für wichtige Hinweise zur Entstehungsgeschichte israelischer Lieder, meiner Schwester, Noga Gal-Ed, für unzählige heitere Stunden in der Küche bei gemeinsamen Vorbereitungen der Feste.

Selbstverständlich trägt keiner von ihnen Verantwortung für das, was ich geschrieben habe, für meine Reise durch den jüdischen Jahreszyklus und seine sich wandelnden Lebensräume.

Köln, Februar 2001

Vorbemerkung zur zweiten Auflage

Die erfreuliche Entscheidung des Verlags, das Buch wieder aufzulegen, bot mir die Gelegenheit, dieses zu revidieren, viele Stellen zu überarbeiten und die Literaturangaben in den Anmerkungen, im Glossar (»Begriffe, Personen und Quellen«) und in der ausgewählten Bibliographie zu aktualisieren und ergänzen. Die Korrektur meiner Übersetzung eines der biblischen Gottesnamen möchte ich hier erläutern:

In der hebräischen Bibel werden überwiegend zwei Gottesbezeichnungen verwendet, *'elohim* und *JHWH*. *'elohim*, eine Pluralbildung von *'eloah*, ›Gott‹, wird mit Gottes Rolle als Schöpfer und Richter, *JHWH* mit seiner Eigenschaft als sich erbarmender und sich Mose und Israel offenbarender Gott (Exodus 6:2) assoziiert. Der Name *JHWH* (auch ›Tetragrammaton‹) läßt sich von der Wurzel *hjh*, ›sein, werden‹, ableiten und erinnert an die Antwort, die Mose erhielt, als er Gott nach seinem Namen fragte: *'ehjeh ascher ehjeh* [...] *ehjeh schelachani 'alejchem*, ›ich werde sein, der ich sein werde und er sagte, so sollst du den Kindern Israel sagen *ehjeh* schickte mich zu euch‹ (Exodus 3:14). Auf welche Weise *JHWH* ursprünglich vokalisiert, wie der Name tatsächlich ausgesprochen wurde, läßt sich nicht eindeutig beantworten. Bereits zur Zeit des Zweiten Tempels wurde *JHWH* als heilig erachtet, nur von den Priestern im Tempeldienst ausgesprochen, sonst aber durch die Aussprache *'adonaj*, ›Herr‹ ersetzt. Während sich *'elohim* mit ›Gott‹ übersetzen läßt, bleibt *JHWH* unübersetzbar. In der Erstausgabe dieses Buchs folgte ich der Tradition, die *JHWH* als ›der Ewige‹ wiedergibt. Für die vorliegende Ausgabe entschied ich mich, diesen Namen als solchen zu belassen, ihn nicht zu übersetzen.

Mein herzlicher Dank für ihre Hilfe bei dieser Arbeit gilt Astrid Blees, Annelen Kranefuss, Akiñcano M. Weber und den Mitarbeitern des Suhrkamp Verlags Mechthild Kühling, Hans-Ulrich Müller-Schwefe und Nina Knapitsch.

Köln, im März 2019

Umschrift hebräischer Wörter

Der Einfachheit halber entspricht die Umschrift der hebräischen Wörter der deutschen Aussprache der lateinischen Schriftzeichen.

א	’		ל	l	
בּ	b		מ, ם	m	
ב	w		ן, נ	n	
ג	g		ס	ss	auch im Anlaut
ד	d		ע	‘	
ה	h		פּ	p	
ו	w	wenn kein Vokal	ף, פ	f	
ז	s		ץ, צ	z	
ח	ch		ק	q	
ט	t		ר	r	
י	j	wenn kein Vokal	שׁ	sch	
כּ	k		שׂ	ss	auch im Anlaut
ך, כ	ch		ת	t	

dagesch chasaq (forte) wird als Konsonantenverdoppelung wiedergegeben, ausgelassen in ס ,שׂ ,שׁ ,ז und nach dem bestimmten Artikel.

Alle Vokale werden vereinfacht als a, e, i, o und u wiedergegeben. Nur das sehr kurze e, der Murmelvokal *sch*[e]*wa’ na‘* (mobile) wird durch [e] angezeigt.

Der Artikel sowie mit dem Wort verbundene Präpositionen und Konjunktionen werden mit Bindestrich abgetrennt.

Hebräisch kennt keine Groß- und Kleinschreibung (auch nicht bei Namen oder am Satzanfang), daher werden die hebräischen Wörter meistens klein geschrieben. Namen und Begriffe, die im Deutschen geläufig sind, werden dem üblichen deutschen Sprachbild entsprechend groß geschrieben.

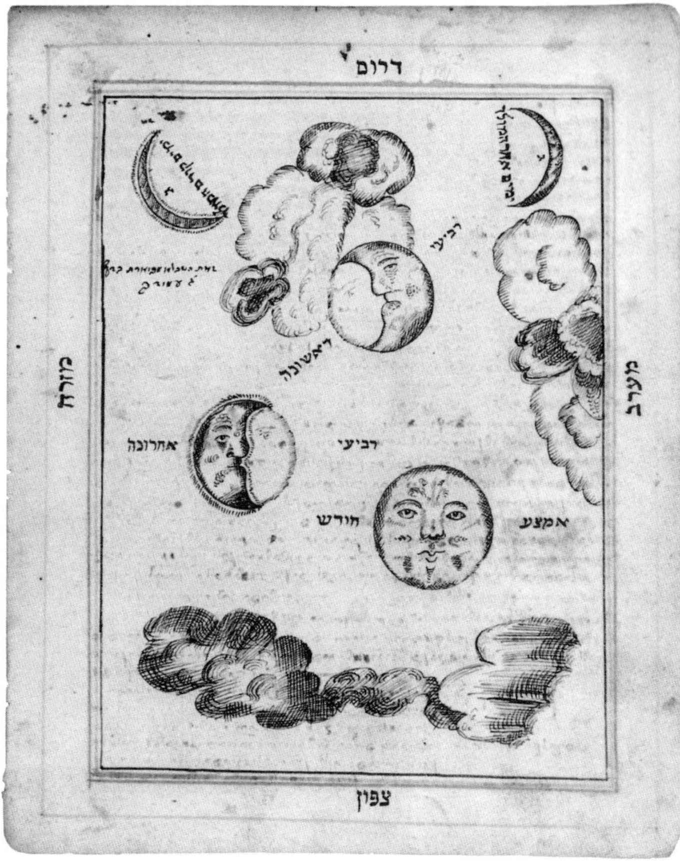

דרום
רביעי
ראשונה
מזרח
מערב
אחרונה
רביעי
אמצע
חודש
צפון

Abbildung 1

Der Mond, mit menschlichen Gesichtszügen, in seinen Phasen: drei Tage nach, drei Tage vor dem *molad*, zunehmender und abnehmender Halbmond sowie Vollmond. Federzeichnung aus dem kalendarischen Werk *Cheschbon ha-luchot*, Handschrift 1777.

Fest und Kalender

Das Fest

Feste finden zu bestimmten Zeitpunkten im Jahreszyklus statt. Aus dem Zeitpunkt ergibt sich der Hintergrund für Ritual und Bedeutung des Festes. Im Zeitfluß der Alltage sind die Feste Unterbrechung und Unterschied, das wiederkehrende Einmalige. Am Festtag ist Arbeit, *m^e^la'chah*, verboten, ihre Stelle nimmt der heilige Dienst, *'awodah*, ein. Der Mensch verfügt nicht über seine Zeit, sondern weiht sie dem Göttlichen in einer rituellen Zeremonie. Das Ritual richtet den Menschen auf das Heilige aus. Der Segen dieser Ausrichtung kommt als Fülle von Geist, Licht und Freude. Darum heißt der Festtag auf hebräisch *jom tow*, guter Tag.

Schabbat

Im Wochenrhythmus ist *Schabbat* Unterbrechung, Höhepunkt und Vollendung, der heilige Tag. Nach sechs Schöpfungstagen vollendete Gott sein Werk, ruhte am siebenten

2. *Anzünden der* Schabbat- *und Festkerzen*

Tag, segnete und heiligte ihn (*Genesis* 2:1–3). In Entsprechung des göttlichen Rhythmus legt auch der Mensch die Arbeit nieder. Um *Schabbat*, die Königin der Tage, zu empfangen, werden besondere Brote gebacken, man reinigt sich, kleidet sich festlich, zündet Lichter an. (Im Jüdischen erscheint *Schabbat* als Königin und Gottesbraut, daher die *Schabbat.*) Die Heiligkeit der *Schabbat* läßt etwas von der Harmonie der ersten *Schabbat* der Schöpfung und von der Vollendung am Ende der Tage erleben. Der ganze Tag (vom Sonnenuntergang am Freitag bis zum Erscheinen der ersten Sterne am Samstagabend) ist ihr allein durch Gebet, Lied, Festmahl und Studium von *Torah* und *Mischnah* geweiht. Der so empfangene Lichtsegen soll während der profanen Tage bis zur nächsten *Schabbat* leuchten.

Chag und *mo'ed*

In der *Torah* wird Fest *chag* und *mo'ed* genannt. *Chag* geht zurück auf ›feiern‹ und ›sich im Kreise drehen, tanzen‹. Das Wort verweist auf die Freude des Feierns und darauf, daß die Feier mit der Drehung des Zeitkreises wiederkehrt. Das Wort *mo'ed* bedeutet ›Festzeit‹, ›vorgesehene Zeit‹ sowie ›Ort und Zeit für eine Zusammenkunft unter Menschen oder mit Gott‹. Ein Fest also ist eine Zusammenkunft Gottes mit seinem Volk, des Volks mit seinem Gott, an einem bestimmten Ort, zu einer bestimmten Zeit. Dieser geeignete Moment, Gottes nächste Gegenwart zu erleben, heiligt den Tag und unterscheidet ihn von den gewöhnlichen Tagen. Das biblische Wort *miqra' qodesch*, ›heilige Versammlung‹, das als weitere Bezeichnung für die Feste genannt wird (*Leviticus* 23:2 u.a.), betont diesen Sinn: das Volk versammelt sich, um in der Gemeinschaft durch ein Ritual den Festtag zu heiligen. Es weiht den Tag und wird selbst dadurch geweiht. Diese Wechselwirkung trifft auf die Feste sowie auf die Einhaltung aller Gebote und Satzungen zu: »Und heiligt euch, damit ihr heilig seid, denn ich bin *JHWH*, euer Gott. Und haltet meine Satzungen und tut sie, ich *JHWH* heilige euch«

(*Leviticus* 20:7). Das jüdische Fest existiert aufgrund dieser Beziehung und lebt in ihr. Nur aus dieser Nähe zu Gott kann der Festzyklus das Leben strukturieren, den einzelnen und die Gemeinde bilden.

Festzeit

Gemeinsame Feste setzen Kalender voraus: Welche Tage sind *chag* und *mo'ed*?

Auf die Verbindung zwischen Himmelskörpern und Chronologie, zwischen Zeit und Bedeutung weist bereits *Genesis* 1:14 hin: »Und Gott sprach: Es werden Lichter am Himmelsgewölbe, zu scheiden zwischen dem Tag und der Nacht, und sie werden zu Zeichen und Festzeiten [*mo'adim*] und zu Tagen und Jahren.«

Die Hauptfeste *Pessach* und *Ssukkot* zählen zu den ältesten jüdischen Festen. Ihren Zeitpunkt bestimmte die Tagundnachtgleiche (Äquinoktium) im Frühling (Widder) und im Herbst (Waage). Im Land Israel markieren diese Zeitpunkte Ende und Anfang der Regenzeit. Sie teilten das Jahr in zwei Perioden und bestimmten den Jahresbeginn.

Zwei Jahresanfänge

Pessach und *Ssukkot* stellten parallele Jahresanfänge dar. In der *Torah* wird *Pessach* auch *chag ha-'Awiw*, ›Frühlingsfest‹, oder ›Fest des Monats *'Awiw*‹, genannt, der Frühlingsmonat als der erste aller Monate gezählt (*Exodus* 12:2). Über *Ssukkot* aber heißt es: »und das Fest des Einsammelns am Ausgang des Jahres« (*Exodus* 23:16). Hier gilt das Ende der Trockenperiode als Jahresende und der Beginn der Regenzeit als Jahresanfang. Welche Zählweise die ältere ist, läßt sich mit Gewißheit nicht sagen. Eine etwa 3000 Jahre alte Inschrift aus Geser (die Stadt liegt ca. 30 km westlich von Jerusalem) zeigt einen Agrarkalender, der auf dem Sonnenjahr beruht und im Herbst beginnt: »zwei Monate des Einsammelns, zwei Monate der Aussaat, zwei Monate der Spätsaat ...«. Die kleine Steintafel (108 × 70 mm) wurde, zusammen mit einer ägyptischen Sonnenuhr, 1908 entdeckt. Möglicherweise existierten beide Kalender nebeneinander, der eine begann im *Tischrej* und war wichtig für die Landwirte, der andere, der im *Nissan* begann, maßgeblich für den einheitlichen Gottesdienst. So beginnen in der Bibel alle Zählungen der Monate sowie die Festkalender in *Leviticus* 23 und *Numeri* 28–29 im Frühling. Der Bibelkommentator Rabbi David Kimchi, *Radaq* genannt (um 1160–1235), schrieb dazu: »Bevor Israel aus Ägypten auszog, war *Tischrej* der erste Monat, denn die Welt wurde im *Tischrej* erschaffen; und als die Kinder Israel im *Nissan* aus Ägypten zogen, wurde er der erste aller Monate und *Tischrej* der siebente.«

Es wird angenommen, daß der Jahresbeginn im Frühling auf das babylonische Jahr zurückgeht, das ebenfalls mit *Nissan* begann. Dieser Kalender galt möglicherweise in Judäa. Der Jahresbeginn zur Herbstzeit entspricht dem Agrarjahr, das im palästinischen und syrischen Gebiet traditionell mit der Regenzeit begann.

Vier Jahresanfänge

In der *Mischnah*, dem ersten normativen Werk des rabbinischen Judentums, wurde die Frage entschieden (*Ro'sch ha-Schanah* 1:1): Es gibt vier Jahresanfänge. Der 1. *Nissan* ist der Neujahrstag für die Berechnung der Regierungsjahre der Könige und für die Bestimmung der Feste, der 1. *'Elul* ist der Neujahrstag für die Bemessung der Abgabe von den Erträgen aus der Viehzucht, der 1. *Tischrej* ist der Neujahrstag des gewöhnlichen Jahres, des siebenten Ruhe- und des fünfzigsten Jubeljahres, und in bezug auf das Einbringen der Feldfrüchte, der 1. bzw. 15. *Sch^ewat* ist der Neujahrstag der Bäume. Durch diese Entscheidung wurde der 1. *Tischrej* als *Ro'sch ha-Schanah*, »Kopf des Jahres«, durchgesetzt.

Ein Kalenderbeginn um die Frühling- oder Herbstgleiche spricht für die Wichtigkeit, die diesen Zeitpunkten beigemessen wurde. Bis auf *Schawu'ot* sind alle durch Mose ge-

gebenen Feste um diese Achse der Tagundnachtgleiche gruppiert. Ein deutlicher Hinweis darauf, daß der geregelte Kult sich rhythmisch auf das solare Jahr bezog. Im ägyptischen und im babylonischen Kulturkreis wurden ebenfalls wichtige Feste um die Tagundnachtgleiche gefeiert. In Indien gibt es sie heute noch.

Solarer oder lunisolarer Kalender

Über die Berechnungsmethode des biblischen Kalenders wissen wir äußerst wenig. Ob die Hebräer einen Sonnenkalender wie im Nachbarland Ägypten oder einen lunisolaren wie in Babylonien benutzten, läßt sich nicht mit Gewißheit bestimmen. Der präzise Festkalender macht jedoch klar, daß die Hebräer, als sie aus Ägypten auszogen, Jahr und Monate berechnen konnten.

Jahr

Hinweise auf den Kalender werden von den hebräischen Wörtern für Jahr und Monat abgeleitet: *schanah* heißt Jahr und geht auf ›wiederholen, wiederkehren‹ zurück. Der Zeitzyklus, den dieses Wort benennt, ist das Sonnenjahr, das auf dem Kreisen der Erde um die Sonne beruht. Ein Jahr braucht die Erde, um am Ausgangspunkt wieder anzukommen. Durch diesen Umlauf entstehen Jahreszeiten, von ihm hängen Aussaat und Ernte ab.

Monat

Der Monat hingegen heißt *jerach*, das auf *jareach*, ›Mond‹, zurückgeht. Die Aufteilung des Jahres in Monate richtete sich also nach dem Mond. Der Mondumlauf dauert in allen seinen Phasen (Lunationen) etwa 29 ½ Tage. In den antiken Kulturen begann der Monat mit dem ersten Wiedererscheinen des Monds, mit dem Neulicht. So heißt der Monat auf hebräisch auch *chodesch*, das auf *chadasch*, ›neu‹, zurückgeht. In Babylonien galt der 15. Tag des Monats, der Vollmond (*schabattu* genannt) als Feiertag. Das biblische Idiom *chodesch w*^{e}*-Schabbat* muß ursprünglich Neu- und Vollmond bedeutet haben. Neben *Schabbat* gehörten auch die Neumondtage zum hebräischen Festkalender (*Numeri* 28:11 – 15). An diesen Tagen richtete man besondere Festmähler aus (*1. Samuel* 20) und besuchte

3. Der Mondsegen

die heiligen Männer (*2. Könige* 4:23). Wichtige Rituale im Jerusalemer Tempel waren dem Neumond gewidmet. Die Heiligung des neu geborenen Monds, *molad*, hat sich bis heute erhalten. Einige Wissenschaftler sind der Ansicht, daß auch die Vollmonde geheiligt wurden. Jedenfalls fallen *Pessach, Ssukkot*, *Tu bi-Schᵉwat* und *Tu bᵉ-'Aw* und das junge Fest *Purim* auf Vollmonde, und je nachdem, ab wann die sieben Wochen bis *Schawu'ot* gezählt werden, fällt auch dieses Fest auf einen Vollmond.

Biblischer Festkalender

In der *Torah* werden die Feste auf den Sonnenzyklus und seine Jahreszeiten bezogen (*Pessach* – Frühling, *Schawu'ot* – Weizenernte, *Ssukkot* – Herbst, Obsternte). Zugleich aber werden sie mit Tag und Monat genau angegeben. Diese Zeitangaben und die hebräische Wortwahl legen die Vermutung nahe, daß die Hebräer wie die Babylonier einen lunisolaren Kalender benutzten: Das Jahr hatte 12 Mondmonate und begann um die Zeit der Frühlingsgleiche. Ein 13. Monat wurde alle paar Jahre eingeschaltet (Interkalation), um die Differenz zwischen dem Sonnenjahr

(365 ¼ Tage) und dem Mondjahr (354 Tage) auszugleichen. Zur Benennung von Wochentagen und Monaten dienten in der Bibel meistens Ordnungszahlen. Die heute üblichen Monatsnamen – *Tischrej*, *Cheschwan*, *Kisslew*, *Tewet*, *Schᵉwat*, *'Adar*, *Nissan*, *'Ijjar*, *Ssiwan*, *Tammus*, *'Aw*, *'Elul* – wurden während des babylonischen Exils (586 – 538 v. d. Z.) übernommen. Wer in Mesopotamien neueste Kenntnisse der Astronomie erworben hatte, konnte wahrscheinlich den Kalender unabhängig von der Beobachtung der Himmelskörper errechnen, doch der Brauch, einen Kalenderrat zu berufen und die Neumonde nach den Aussagen von Zeugen, die das Neulicht gesehen hatten, zu bestimmen, währte noch lange. Schwankende Neumondbestimmungen führten dazu, daß gemäß einer Anordnung der *ssanhedrin* die Dauer aller biblischen Feste, mit Ausnahme des *Jom Kippur*, außerhalb des Landes um einen Tag verlängert wurde. Daher wird auch das Neujahrsfest *Ro'sch ha-Schanah* zwei Tage lang gefeiert. Monatsnamen

Im Jahr 358 n. d. Z. löste Hillel II. (er war Patriarch ca. 350 – 365) den Kalenderrat auf, gab die Grundregeln zur Berechnung des Kalenders bekannt und führte damit den konstanten Kalender ein. Zwar bedurfte es noch einiger Jahrhunderte, bis alle Fragen einheitlich entschieden wurden, doch war es seit der Einführung des konstanten Kalenders jedem möglich, auch ohne astronomische und halachische Kenntnisse die Neumonde und Feste genau zu bestimmen. Im konstanten Kalender findet das Einschalten des 13. Monats (eines *'Adar II*) zyklisch statt. In einem Zyklus von 19 Jahren ist jeweils das 3., 6., 8., 11., 14., 17. und 19. Jahr ein Schaltjahr. Der Tag beginnt mit Eintritt der Nacht, das heißt am Vorabend, das Jahr im Herbst. Kalenderreform

Der lunisolare Kalender ist erst in Schriften aus der späten Periode des zweiten Tempels (63 v. d. Z. – 70 n. d. Z.) nachweisbar. Aus dieser Zeit ist auch der bittere Kalenderstreit unter den jüdischen Parteien überliefert. Es ging Kalenderstreit ums Ganze: Unterschiedliche Kultkalender entziehen der sozialen Ordnung das gemeinsame Fundament, bedeuten sie doch, daß die Jahresfeste nicht zeitgleich gefeiert werden. Für das jüdische Volk, das bereits Exil und Zerstreuung kannte, war die Einheit der Zeit von größter Bedeutung. Wer diesen Kalender ablehnte, lehnte sich gegen die rabbinische Führung auf.

Heftige Ablehnung erfuhr der lunisolare Kalender vor allem durch die *Bajtossim*, Boethusier, und die Qumran-Essener (ca. 150 v.d.Z. – 68 n.d.Z.). Wie inzwischen archäologisch belegt, richtete sich die Gemeinde am Toten Meer nach einem im wesentlichen solaren Kalender, der als einzig schöpfungsgemäß verfochten wurde. Ihr Kalender zählte 364 Tage, die nicht am Vorabend, sondern mit Sonnenaufgang begannen: 360 und 4 zusätzliche Tage (2 der Tagundnachtgleichen und 2 der Sonnenwenden), die als Festtage galten. Wie die Diskrepanz zum astronomischen Sonnenjahr aufgehoben wurde, wird in den Henochbüchern, dem *Buch der Jubiläen* und den entsprechenden Qumrantexten nicht angegeben. Dieser Kalender läßt sich in 52 ganze Wochen und in vier symmetrische *t^equfot*, ›Perioden‹, ›Jahreszeiten‹, von je 13 Wochen teilen. Demnach fallen die Feste jedes Jahr auf denselben Wochentag: *Pessach*, *Ssukkot* und der 1. *Tischrej* immer auf Mittwoch, *Schawu'ot* auf Sonntag usf. Diese Art der Berechnung unterstreicht die Wichtigkeit der *Schabbat* und der *Schabbat*-Woche. Wissenschaftler lesen aus den in Qumran gefundenen ausführlichen Dienstlisten der Priesterwachen – sie wechselten wöchentlich – Hinweise auf ein System der Interkalation: alle sieben Jahre wird eine Woche (bzw. zwei) eingeschaltet. Diese Methode bewahrt den Wochenrhythmus und erreicht eine hohe Übereinstimmung mit dem tatsächlichen Sonnenjahr. Diese Rekonstruktion widerlegt das Argument, der Kalender könnte nicht lange benutzt worden sein, weil er gegenüber dem

Sonnenumlauf alle 24 Jahre um einen Monat im Verzug gewesen wäre. Fehlende Benennung der Methode ist jedoch kein Beweis dafür, daß der Kalender durch eine Schaltordnung nicht korrigiert wurde. Auch in der Bibel fehlt jeder Hinweis auf eine Interkalationsmethode, und dennoch muß sie vorausgesetzt werden, sonst hätte der hebräische Festkalender nicht funktioniert. Es ist nicht auszuschließen, daß der Sonnenkalender während der Zeit des zweiten Tempels für kultische Zwecke gebraucht wurde. Möglicherweise hängt die makkabäische Erhebung (167 v.d.Z.) auch mit der Ablehnung des von Antiochos IV. auferlegten hellenistischen lunisolaren Kalenders zusammen. Auf seltsame Weise lebt der damalige Kalenderstreit in der wissenschaftlichen Debatte unserer Zeit fort.

Streit um die heilige Zeit

Ob der Sonnenkalender der ältere Kultkalender war und durch den lunisolaren Kalender verdrängt wurde, oder aber der lunisolare der ursprüngliche Kalender ist und der Sonnenkalender eine marginale Erscheinung darstellt – die heftige Polemik, die im *Buch der Jubiläen* laut wird, trifft den Kern des Problems einer heiligen Zeit: falsche Festzeit bedeutet Entweihung. »Und es wird Leute geben, die den Mond genau beobachten; denn dieser verdirbt die Zeiten und geht von Jahr zu Jahr zehn Tage vor. Deswegen werden ihnen Jahre kommen, wo sie den Tag des Zeugnisses verderben und zu einem gewöhnlichen Tage machen und einen unreinen Tag zum Fest« (*Buch der Jubiläen* 6:36–38). Für die Qumran-Gemeinschaft, die sich auf besondere Weise reiner und spiritueller Lebensführung widmete, war die Frage nach der Genauigkeit der Zeitbestimmung kardinal, denn: Wenn das Ritual der Heiligung, das Fest, nicht zu seiner wahren Zeit (am heiligen Tag) durchgeführt wird, kann das, was das Wort *mo'ed* verkörpert, nicht in Erfüllung gehen.

Monat	Zahl der Tage	Tag des Festes	Name des Festes	Im gregorianischen Kalender
Nissan	30	15.–22.	*Pessach*	März–April
'Ijjar	29	18.	*Lag ba-'omer*	April–Mai
Ssiwan	30	6.(–7.)	*Schawu'ot*	Mai–Juni
Tammus	29	17.	*Schiw'ah 'assar b^e-Tammus*	Juni–Juli
'Aw	30	9.	*Tisch'ah b^e-'Aw*	Juli–August
		15.	*Tu b^e-'Aw*	
'Elul	29			August–September
Tischrej	30	1.–2.	*Ro'sch ha-Schanah*	September–Oktober
		3.	*Zom G^{e}daljah*	
		10.	*Jom Kippur*	
		15.–21.	*Ssukkot*	
		22.	*Sch^{e}mini 'azeret*	
		23.	*Ssimchat Torah*	
Cheschwan	29 oder 30			Oktober–November
Kisslew	29 oder 30	25. bis	*Chanukkah*	November–Dezember
Tewet	29	2. oder 3.		Dezember–Januar
		10.	*'Assarah b^e-Tewet*	
Sch^{e}wat	30	15.	*Tu bi-Sch^{e}wat*	Januar–Februar
*'Adar (I)**	29	13.	*Ta'anit 'Ester*	Februar–März
		14.	*Purim*	
		15.	*Schuschan Purim*	
*'Adar II***	29			

* Im Schaltjahr dauert *'Adar I* 30 Tage.

** Im Schaltjahr werden alle Feste des *'Adar* in *'Adar II* gehalten.

In Israel wird *Schawu'ot* nur am 6. *Ssiwan*, *Ssimchat Torah* bereits am 22. *Tischrej* gefeiert.

Abbildung 4

Mazzot*backen*
In *Deuteronomium* 16: 3 wird geboten, am ersten Abend des *Pessach*-Festes *Mazzah*, Brot aus ungesäuertem Teig, zu essen. Dieses Brot heißt daher *mazzat mizwah*, ›Pflicht*mazzah*‹. Im Unterschied zu den sonstigen *Mazzot* werden die Pflicht*mazzot* aus Getreide hergestellt, das schon von der Ernte an für diesen Zweck bereitgestellt und entsprechend bewacht, vor allem vor jeder Berührung mit Feuchtigkeit bewahrt wurde. Fünf Getreidesorten sind geeignet, um *Mazzah* zu bakken: Weizen, Gerste, Buchweizen, Roggen und Hafer; Weizen wird jedoch bevorzugt. Die gesamte Herstellungszeit darf nicht länger als achtzehn Minuten betragen. In aschkenasischen Gemeinden buken traditionsgemäß nur Männer: einer knetete den Teig, der andere rollte ihn aus, der dritte buk. Der Holzschnitt zeigt die Werkzeuge, mit welchen man die ausgerollten *Mazzot* perforierte.

Pessach

Erinnerte Erlösung, wundersamer Gast

I

Vor dem Fest

Zu *Pessach* gehören der Frühlingsputz, das lange Vorbereiten besonderer Gerichte und das Nüsseknacken für die *charosset*, jene Frucht- und Nußmischung, die süß schmeckt, nach Zimt und Nelke duftet und deren lehmartige Farbe an den Ton erinnern soll, mit welchem unsere Vorfahren in Ägypten Bauarbeiten verrichten mußten. Zu *Pessach* gehören die Tränen beim Raspeln des Meerrettichs zu *maror*, der die Bitterkeit der Knechtschaft vergegenwärtigt. *Mazzot* werden besorgt, alles gesäuerte Brot – Symbol für Unreinheit – aus dem Haus geschafft, die Reste verbrannt. Im aufgeräumten Wohnzimmer steht der feierlich gedeckte und geschmückte Eßtisch. An keinem Fest steht der Eßtisch – einem Altar gleich – derart im Mittelpunkt einer ausgedehnten Zeremonie wie an *lejl ha-sseder*, das ist der *Sseder*abend, der Vorabend von *Pessach*, an dem die Mitglieder der Familie nach einer liturgischen Ordnung, hebräisch *sseder*, beten, erzählen, trinken, essen und singen. Diese Familienliturgie ist in der *Haggadah* enthalten. Ein historischer *Midrasch* aus der Zeit der *Mischnah* (*P^essachim* 10:4) zu der folgenden Stelle aus *Deuteronomium* bildet ihren ältesten Kern.

Vorgeschichte

> […] Ein schweifender Aramäer war mein Vater, und er zog nach Ägypten und wohnte dort mit wenigen Leuten und wurde dort zu einem großen, mächtigen und zahlreichen Volk. Doch die Ägypter mißhandelten uns, peinigten uns und erlegten uns harte Arbeit auf. Und wir schrien zu *JHWH*, dem Gott unserer Väter,

und *JHWH* hörte unsere Stimme und sah unser Elend, unsere Mühsal und unseren Druck. Und *JHWH* führte uns aus Ägypten heraus mit starker Hand, mit ausgestrecktem Arm, mit großem Schrecken, mit Zeichen und Wundern.

(*Deuteronomium* 26:5–8)

Haggadah

Haggadah ist abgeleitet von dem Verb ›erzählen‹ und besteht aus der volkstümlichen *Pessach*-Erzählung, Anleitungen zu alten symbolischen Handlungen, die auf die biblische Überlieferung oder auf den Tempelkult in Jerusalem zurückgehen, aus Gebeten, Erklärungen und Auslegungen des Festes und seiner Bräuche, besonderen Preisungen (Psalm 136) und Liedern – sie alle sind eingebettet in eine den antiken Festmählern und Symposien verwandte Struktur.

Essen und Trinken als Gottesdienst freier Menschen kam zum Beispiel darin zum Ausdruck, daß man sich um den Tisch lagerte. Etwas davon hat sich bis heute erhalten: das Sitzen auf Kissen, links angelehnt. Beim Symposion wurden beim Weintrinken Tischreden gehalten. Als Teil des *Sseder* werden vier Becher Wein (zwei vor, zwei nach dem Mahl) getrunken. Jeder Becher markiert Anfang oder Ende eines Abschnittes der *Haggadah*, in dem die Festgeschichte erzählt oder erläutert wird. Die Erzählstruktur entspricht der klassischen Rhetorik: man beginnt mit Tadel und endet mit Lob (*Mischnah, P^essachim* 10:4). Die Themen des Abends – Knechtschaft und Freiheit, Götzendienst und Gottesdienst – waren auch in den Symposien üblich. Die *Pessach*liturgie macht klar, daß geistige Knechtschaft der physischen vorausgeht und daß geistige Erlösung auf die physische Befreiung folgt.

Der Abend gestaltet sich nach der Vorlage, der *Haggadah*, wie die Aufführung eines sakralen Stückes. Weiße

Tischdecken, weiße Kleider symbolisieren Reinheit, die Voraussetzung für Freiheit und Erlösung.

Franz Rosenzweig

Das Abendmahl, zu dem der Hausvater an ihm die seinen vereint, ist [...] unter den vielen Mählern des geistlichen Jahres das Mahl schlechtweg; es ist das einzige, das von Anfang bis zu Ende eine gottesdienstliche Handlung darstellt und so von Anfang bis zu Ende [...] liturgisch geregelt ist. Das Wort der Freiheit leuchtet über ihm von Anfang an. Die Freiheit des Mahls, bei dem alle gleich frei sind, zeigt sich an in dem, was mit anderem noch ›diese Nacht unterscheidet von allen Nächten‹: dem ›angelehnten‹ Sitzen; sie zeigt sich, lebendiger noch als in dieser Erinnerung an das antike zu Tische Liegen der Gäste beim Symposion, darin, daß grade das jüngste Kind zu Wort kommt und daß sich nach ihm, nach seiner Art und Reife, die Tischreden des Hausvaters richten; das ist ja das Zeichen der echten freien Geselligkeit im Gegensatz zu allem Un-

5. Am Sseder-*Tisch*

terricht, der stets herrschaftlich, nie genossenschaftlich verfaßt ist, daß gerade der verhältnismäßig noch am nächsten dem Rande des Kreises Stehende das Gesetz für die Höhenlage der Unterhaltung gibt; ihn muß sie noch einziehen; keiner, der leiblich anwesend ist, darf geistig ausgeschlossen bleiben; die Freiheit der Genossenschaft ist stets die Freiheit aller, die ihr angehören. So wird dies Mahl ein Zeichen der Berufung des Volks zur Freiheit.

(Franz Rosenzweig)

Zwei biblische Feste: *Pessach* und *Chag ha-mazzot*

Die Festbeschreibungen in der Bibel (*Exodus* 12; 23:15; 34:18; *Leviticus* 23:5–8; *Numeri* 9:1–14; 28:16–25; *Deuteronomium* 16:1–8) lassen zwei selbständige Feste erkennen: das eintägige *Pessach* am 14. *Nissan* (März–April), dessen zentrales Ritual das Lammopfer, das *Pessach*opfer, war, und *Chag ha-mazzot*, das siebentägige Fest (15.–21. *Nissan*), an dem ungesäuerte Brote gegessen wurden. Das autonome *Mazzot*-Fest wird als eines der drei Wallfahrtsfeste an drei Stellen genannt (*Exodus* 23:14–16; 34:18–26; *Deuteronomium* 16:16). Im Lauf der Zeit jedoch ist es im *Pessach*fest aufgegangen. Weshalb und wann die Verschmelzung beider Feste stattfand, läßt sich nicht mit Sicherheit beantworten. Der »*Pessach*«-Papyrus aus Elephantine (419 v. d. Z.) bezeugt, daß zu diesem Zeitpunkt *Pessach* und *Chag ha-mazzot* bereits als ein Fest begangen wurden.

Pessach ist eines der ältesten jüdischen Feste. Seine Ursprünge sollen auf die Zeit zurückgehen, da die Hebräer noch als Halbnomaden lebten, möglicherweise in einer Zeit früher als der *Exodus* selbst; denn Mose bat Pharao um Erlaubnis, mit dem ganzen Volk drei Tage lang das Fest in der Wüste zu feiern (*Exodus* 5:1). Vergleichbare Frühlingsfeste sind bei den semitischen Nomaden bekannt.

Rekonstruktionsversuch

Historiker vermuten, daß *Pessach* auf zwei voneinander unabhängige archaische Naturfeste der Frühlingszeit zurückgeht: auf ein Fest der nomadischen oder halbnomadischen Hirten, an dem ein junges Lamm geopfert wurde, um die Fruchtbarkeit und das Wohlergehen der Herde zu gewährleisten, und auf ein Fest der Ackerbauern, die vor Beginn der Getreideernte ungesäuertes Brot aßen, damit das Getreide gut gedieh. Das Gärungsferment galt als unheilbringend. Manche Forscher jedoch meinen, am *Mazzot*-Fest habe man Brot aus der neuen Ernte gegessen, ungesäuert, weil das Ferment aus der Ernte des Vorjahrs gekommen wäre. Wie auch immer – das *Mazzot*-Fest stellte einen neuen Anfang dar.

'Omer

Während dieses Festes schnitt man in einer nächtlichen Zeremonie die ersten Früchte der Gerste und brachte die Weihgabe als Dank an Gott im Tempel dar. Sie hieß *'omer*, »Garbe« (*Leviticus* 23:10–11). Der Priester nahm die Garben entgegen und schwang sie. Erst nach Darbringung des *'omer* war der Genuß der neuen Ernte erlaubt. Von da an zählte man sieben Wochen, und am fünfzigsten Tag, an *Schawu'ot*, brachte man die ersten Früchte des Weizens im Tempel dar. *'Omer* und *Schawu'ot* markierten Anfang und Ende der Getreideernte. In diesem Zusammenhang ist das relativ kurze Fest *Schawu'ot* das abschließende Fest von *Pessach*.

Am Jahresanfang, wenn sich im Frühling alles erneuerte, brachte man Opfer, um sich im neuen Jahr vor Unheil zu schützen, man vollzog Rituale der Reinigung, ging in die Wildnis, führte gemeinsam heilige Handlungen des Freikaufs von Erstgeborenen durch. Möglicherweise lebten diese vormosaischen Übergangsriten im nordisraelischen *Mazzot*-Fest und im judäischen *Pessach* fort. Ihr Unheil abwendender Charakter blieb in der späteren hebräischen Festlegende erhalten.

Wie auch immer die archaische Gestalt der Feste gewesen sein mag, die hebräische Überlieferung führt beide Feste auf den Auszug Israels aus Ägypten zurück.

Pessach Mizrajim In *Exodus* 12:1–28 wird vom ersten *Pessach* berichtet: Jedes Vaterhaus hatte ein Schaf- oder Ziegenlamm zu schlachten, unzerlegt im Feuer zu braten, mit *Mazzot* und Bitterkräutern noch am selben Abend zu essen und mit dem Blut des geschlachteten Lamms beide Türpfosten und die obere Schwelle des Eingangs zu bestreichen, damit die Häuser derer, die an den Einen Gott glaubten, gekennzeichnet waren. Denn in jener Nacht wurden alle Erstgeborenen in Ägypten getötet, doch an den gezeichneten Häusern ging der *maschchit*, ›Verderber‹, vorbei (die letzte der zehn Plagen). Man aß in großer Hast, die Hüften gegürtet, die Schuhe an den Füßen und mit dem Stab in der Hand. Denn in derselben Nacht wurde der Erniedrigung ein Ende gesetzt; man brach auf in die Freiheit, in ein neues Leben der Würde. Der Hast gedenkend, sollten *Mazzot* an weiteren sieben Tagen gegessen werden, als das Brot der Armut, das vor dem Auszug gebacken wurde (*Deuteronomium* 16:3).

Pessach dorot Diese Festlegende von ›*Pessach Mizrajim*‹, ›*Pessach* in Ägypten‹, schuf die Gestalt des Festes für alle nachkommenden Generationen, ›*Pessach dorot*‹. Sie ist charakteristisch für die Beziehung zwischen dem Volk und seinem Gott, die auf die historische Nähe, auf die erlösenden Eingriffe Gottes in die Geschichte seines Volks gründet. Wenn *Pessach* semitischen und *Chag ha-mazzot* kanaanitischen Ursprungs waren, so machte die hebräische Aneignung sie zu Festen der erinnerten Erlösung. Die Wiederholung der überlieferten Riten Jahr für Jahr wurde geboten, um der Befreiung aus Ägypten, die eine neue Volksgemeinschaft begründet hatte, zu gedenken und um die Jüngeren heranzubilden:

> Und wenn eure Söhne zu euch sagen werden: Was ist dieser Dienst für euch? So sagt: Ein *Pessach*-Opfer ist es für *JHWH*, der an den Häusern der Kinder Israel in Ägypten vorüberging, als er Ägypten schlug und unsere Häuser errettete …
>
> (*Exodus* 12:26–27)

Zweites *Pessach*

In *Numeri* 9:1–14 wird die Möglichkeit beschrieben, *Pessach* am folgenden Vollmond, dem 14. *'Ijjar*, nachzuholen, sofern man verhindert war, es zur anberaumten Zeit zu feiern. In Zusammenhang mit diesem ›zweiten *Pessach*‹ wird deutlich gemacht, daß nur, wer den Reinheitsvorschriften entspricht, am *Pessach* teilnehmen darf.

Pessach des Josua

Als Josua mit allem Volk das erste *Pessach*fest im Land Israel feierte, bezeichnete diese Feier das Ende der Wanderung durch die Wüste: Von diesem Tag an gab es kein Manna mehr, und das Volk aß vom Getreide des Landes (*Josua* 5:10–11). Diese Feier zeigte aber auch, daß man nach Ankunft im verheißenen Land nicht vergaß, sich zu erinnern.

Von der häuslichen zur zentralen *Pessach*feier

Wie das Fest zur Zeit der Richter und der ersten Könige begangen wurde, ist in der Bibel nicht festgehalten. Es soll nach der Beschreibung in *Exodus* 12 eine häusliche Familienfeier gewesen sein. Später aber hielt man sich an die Aufforderung in *Deuteronomium* 16:2 und feierte *Pessach* im Heiligtum zu Jerusalem. König Josia (er regierte von 640–609 v.d.Z.), in dessen Amtszeit bei Renovierungsarbeiten im Tempel ein *Torah*buch (*Deuteronomium*?) gefunden wurde (*2. Könige* 22; *2. Chronik* 34:18), ließ das Fest nach diesen Vorschriften begehen (*2. Könige* 23:21–23 und *2. Chronik* 35:1–18). Er rief das Volk auf, nach Jerusalem zu kommen und im Tempel zu feiern.

2. Chronik 30 schreibt eine zentrale *Pessach*feier auch König Hiskia (727–698 v.d.Z.) zu, doch wird sie im Buch der Könige nicht erwähnt. Diese zentrale Feier diente dazu, den religiösen Kult der Überreste der nordisraelitischen Stämme mit dem judäischen zu vereinigen.

Das Fest zur Zeit des zweiten Tempels

Die Rückkehrer aus Babylonien hielten an dieser Tradition fest (*Esra* 6:19–22 und vgl. *Ezechiel* 45:21). Bis zur Zerstörung des zweiten Tempels (70 n.d.Z.) feierte man *Pessach* in Jerusalem. Die früheste ausführliche Darstellung der Festrituale überliefert *Mischnah, P^e^ssachim*. Das Opferritual führten die Männer im Tempel durch. Priester und Leviten arbeiteten bis zu drei Schichten an diesem Tag (*Mischnah, P^e^ssachim* 5:5–6). Nachdem das Tier geschlachtet und der Altar mit seinem Blut besprengt worden war, briet man das Lamm vorschriftsgemäß am Spieß am Feuer im Kreis der Familie und aß es mit *Mazzot* und bitteren Kräutern.

In dieser Zeit hat man wahrscheinlich erst nach dem Mahl die Geschichte des Festes erzählt, gedeutet und zum Schluß ein Dankgebet für die Befreiung gesprochen. Dieser Teil des Festes, den man *Haggadah*, ›Erzählen‹, nannte, hatte bereits zur Zeit des zweiten Tempels eine festumrissene Form, wenngleich es jedem frei stand, die Unterhaltung über die Wunder beim Auszug aus Ägypten bis zum Morgengrauen auszudehnen.

Nach der Tempelzerstörung

Um das sakrale Festmahl von antiken Tischordnungen zu unterscheiden, bestimmten die Rabbinen, das *Pessach*mahl nicht mit *afikoman*, griechisch *epikomazo*, mit einem fröhlichen Tanz- und Trinkumzug zu beschließen (*Mischnah, P^e^ssachim* 10:8).

Als der Tempel zerstört war, konnte das *Pessach*mahl nicht mehr stattfinden, da das Opferritual eingestellt werden mußte. Das Fest konnte nicht mehr zentral im Tempel gefeiert werden und nahm wieder häusliche Gestalt an. Die Zerstörung des Tempels machte das alte Thema des Festes wieder aktuell, da sich das Volk nun mehr denn je nach Erlösung sehnte. Die erinnerte Erlösung stärkte die Hoffnung auf die ersehnte künftige Erlösung. Das

Festmahl war nicht mehr das Zentrum des Abends, sondern die an Bedeutung zunehmende Liturgie, deren Kern bereits feststand: Um den Tisch als freie Menschen, also bequem, ›hingelehnt‹ sitzend (ursprünglich lagernd), wurden die Unterdrückung in Ägypten und die wunderbare Befreiung nacherlebt, in verteilten Rollen erzählt und erläutert, später in einigen Gemeinden sogar nachgespielt.

Nach der Zerstörung des Tempels änderte sich die Reihenfolge der Zeremonie: die erweiterte *Haggadah* wurde an den Anfang, das Festmahl ans Ende der Tischordnung gestellt. Sie beginnt nach dem *Qiddusch* mit einer aramäischen Einleitung, die kurz nach der Tempelzerstörung in Babylonien entstanden sein soll und somit zum ältesten Bestand der *Haggadah* gehört. Sie fordert die Armen zur Teilnahme am *Sseder* auf und betont die beständige Hoffnung auf politische Unabhängigkeit:

> Dies ist das Brot der Armut, das unsere Väter in Ägypten gegessen haben. Wer hungrig ist, komme und halte, wer bedürftig ist, komme und feiere *Pessach*. In diesem Jahr hier, im kommenden Jahr im Land Israel, in diesem Jahr Knechte, im kommenden Jahr freie Menschen.
>
> (*Haggadah*)

Die Erinnerung an die Befreiung aus Ägypten beim *Pessach*-Mahl stärkte das Gefühl der historischen Kontinuität und des gemeinsamen Schicksals aller Generationen und prägte das Bild der künftigen Erlösung. Zugleich dienten diese Deutung und die Betonung in der *Haggadah*, daß Gott selbst und kein Bote die Wunder vollbrachte, die den Auszug aus Ägypten ermöglichten, der rabbinischen Absicht, *Pessach* von Ostern deutlich abzugrenzen.

Aus dem Festmahl wurde eine rituelle Zeremonie, in der jede Speise nicht wie gewöhnlich, sondern eingedenk ihrer symbolischen Bedeutung gegessen wurde.

6. Getreide für Mazzot *wird zum Mahlen gebracht.*

Zur Zeit des *Talmud* hatte jeder vor seinem Lager einen eigenen kleinen *Sseder*-Tisch. Zum gemeinsamen *Sseder*-Tisch gehört die *q^e'arah*, ›Schüssel‹, die vor dem Leiter der Liturgie steht. Auf der flachen Schale befinden sich ein gebratenes oder gekochtes Ei und *s^eroa'* (etwas im Feuer gebratenes Fleisch an einem Knochen) zur Erinnerung an das ursprüngliche Lammopfer, *maror* (bittere Kräuter – geriebener Meerrettich oder Salatblätter) zur Erinnerung an die Bitternisse der Sklaverei, *charosset* (würziges Fruchtmus) zur Erinnerung an den Lehm, aus dem in Fronarbeit Ziegel gemacht wurden, *karpass* (Sellerie, Petersilie), das in Salzwasser getaucht wird zur Erinnerung an den Ysop, der nach *Exodus* 12:22 in das Blut des *Pessach*lammes getaucht worden war, um die Türpfosten zu bestreichen, und drei *Mazzot* stellvertretend für die auf den Tempel bezogenen drei Stände: *kohen*, ›Priester‹, *lewi*, ›Tempeldiener‹ und *Jissra'el*, der dritte Stand, das übrige Volk.

Die Seltenheit und Seltsamkeit der gebotenen Speisen geben Anlaß zu der Frage, die der jüngste am Tisch stellt: »Worin unterscheidet sich diese Nacht von anderen Nächten?« Ritual, Liturgie und folkloristische Lieder prägen das Gedächtnis, indem sie Antworten geben auf jene Frage der Söhne, was »dieser Dienst«, was jüdische Lebensweise soll. Denn der Auszug aus Ägypten war nicht nur Abkehr von einer fremden Hochkultur, sondern vom Weltlichen überhaupt. Man wurde befreit, um als Gemeinschaft auf besondere Weise gottverbunden zu leben. Knechtschaft ist eine Eigenschaft; als solche erscheint sie heute noch in materiell ausgerichtetem, profanem und unreinem Leben. Ägypten verlassen heißt sich verwandeln, sich für das spirituelle Gesetz entscheiden. Jüdi-

7. Geschirr für Pessach *rituell gereinigt. Am* Pessach*fest dürfen nur rituell gereinigte,* ›gekascherte‹, *Küchen- und Eßgeräte verwendet werden. Daher werden sie vor dem Fest in siedendes Wasser getaucht oder in manchen Fällen ausgeglüht.*

sches Leben beginnt mit der Entscheidung für ein Leben nach Gottes Weisung und Seinen Satzungen. Man zog aus Ägypten in die Wüste, aus der Zivilisation in die Wildnis, an den Ort der Läuterung und der Stille, aus der die Stimme ertönt. Man zog aus Ägypten in die Wüste, um am Berg Sinai das Gesetz für diesen Lebensweg zu empfangen, dessen Forderungen alle auf dasselbe zielen: Heiligkeit. »Heilig sollt ihr sein, denn heilig bin ich, *JHWH*, euer Gott« (*Leviticus* 19:2). Und doch drückt sich die Freiheit des *Sseder*-Abends darin aus, Fragen zu stellen wie damals der Urvater Abraham (*Genesis* 18).

Pessach hat eindeutig bildenden Charakter. In jedem Frühling wird symbolisch der Auszug aus Ägypten gefeiert und der historischen Ereignisse gedacht, indem man sie erzählt, und sich in das Erleben der Vorfahren versetzt. Jedes Jahr, wenn der Frühling anbricht, erinnert man sich daran, daß man Sklave des Materiellen war, ohne Kennt-

8. Alles Gesäuerte gesammelt und entfernt.

nis und Wissen des befreienden geistigen Gesetzes. Und jedes Jahr, wenn der Frühling anbricht, hofft man von neuem auf die endgültige Erlösung.

Die Erlösung

Man weiß mit welcher Bedachtsamkeit der Rabbi von Berdytschew sich zum Empfang des *Pessach*festes zu rüsten pflegte. Wohl empfing er alle Festtage in großer Feierlichkeit, Weihe und Freude. Aber an den beiden Nächten des *Pessach*festes sah man, wie er sich geradezu von Stufe zu Stufe hob und von Aufstieg zu Aufstieg in Heiligkeit wuchs. Denn das Fest der Überwindung leiblicher Unfreiheit, der Erlösung und der Befreiung der Seele aus dem Abgrund unreiner gottloser Fremdheit, führte zu *Schawu'ot*, dem Feste des Empfanges der Lehre.

Alljährlich, wenn der herrliche *Nissan* kam, [...] war Rabbi Levi Jizchaq in Wonne gehüllt und seine Seele tauchte unter in Fröhlichkeit. »Im *Nissan* wurden sie erlöst und im *Nissan* werden sie erlöst.« [*Bawli, Ro'sch ha-Schanah* 11b] – lautet ein Ausspruch unserer Weisen, und er hoffte und seine Seele war voll glühender Sehnsucht.

Einige Tage vor *Pessach* ging er in die finsteren Gassen der Stadt und sah sich das Treiben an. Er jubelte beim Anblick, wie Frauen und Kinder sich umsichtig und genau auf den Empfang des *Pessach* vorbereiteten und arbeiteten, die Holzgeräte scheuerten, die Küchen säuberten und die Leuchter putzten. In Entzücken rief er: »Es ist der Wille des Allmächtigen, daß die Engel, welche durch das Kalken, Scheuern, Waschen und Putzen geschaffen werden, vor Gott treten und Fürsprecher werden, daß Israel bald erlöst werde!«

II

Mose und Elia

Zu *Pessach* gehören zwei wichtige Gestalten, zwei Propheten, *Moscheh*, Mose (wahrscheinlich 13. Jh. v. d. Z.) und *'Elijjahu*, Elia (9. Jh. v. d. Z.). Der eine wird zwar in der *Haggadah* nicht erwähnt, ist aber gegenwärtig durch seine wichtige Rolle in den biblischen Erzählungen: er führte die Kinder Israel aus Ägypten und durch die Wüste und überbrachte ihnen das Gesetz. Der andere erfüllt mit Sehnsucht, man hofft, daß er erscheint, und stellt für ihn einen mit Wein gefüllten Becher auf den Tisch. Manche stellen sogar ein ganzes Gedeck für ihn bereit. Mose war da, Elia soll wiederkommen. Und wenn er kommt, wer kann ihn sehen?

Mose und Elia gelten als die zwei größten Propheten. Schon die *Torah* stellt in ihren Lebensgeschichten Parallelen her. Am Berg Choreb in der Sinaiwüste zog Gott in seiner Herrlichkeit nicht nur an Mose vorüber, sondern auch an Elia (*Exodus* 34:6 und *1. Könige* 19:11). Als Menschen erlebten sie das Höchste: die göttliche Offenbarung, und für die Zukunft vertraute die nachbiblische jüdische Legende ihnen das Höchste an: Mose, der erste Erlöser, wird auch der letzte sein, die messianische Zeit wird an einem *Sseder*abend anbrechen, verkündet vom Propheten Elia.

In *Haggadah*büchern aus dem Mittelalter (in den *Haggadot* aus Bayern, Livorno, Mantua, Prag, Venedig u. a.) wurde diese Szene oft bildlich dargestellt: Der Messias kommt auf dem Esel geritten, Elia geht ihm voraus und kündigt ihn an. Meistens werden sie kurz vor den Toren der heiligen Stadt dargestellt. Elia kommt zu Fuß oder auch auf einem Esel und bläst den *Schofar*, der die Juden zum Aufbruch nach Jerusalem zusammenruft.

Auf diese Traditionen geht auch das Erscheinen von Mose und Elia bei der Verklärungsgeschichte Jesu (*Matthäus* 17:3) zurück.

Bereits der Prophet Maleachi (3:23–24) spricht von der Wiederkehr Elias als des Verkünders der messianischen Zeit:

> Siehe, ich will euch senden den Propheten Elia, ehe der große und schreckliche Tag des Herrn kommt. Der soll das Herz der Väter bekehren zu den Söhnen und das Herz der Söhne zu ihren Vätern [...]

Ihm öffnet man die Haustür, nachdem die Mahlzeit mit dem Tischgebet beendet wurde. Dieser uralte Brauch entspricht dem Öffnen der Tempeltore für die Pilger um Mitternacht, drückt aber vor allem unser Warten auf den Erlöser aus. Die Tür wird geöffnet, damit der Verkünder eintritt.

Elia in der Überlieferung

In der Bibel wird berichtet (*2. Könige* 2:11): »Und Elia fuhr auf im Sturm in den Himmel.« Wer der Gewalt des Todes nicht unterliegt, lebt ewig, und die jüdische Legende hat keinen so verherrlicht wie den Propheten Elia. Man sagt: Elia gleicht den Vögeln unter dem Himmel, denn wie ein Vogel fliegt er in der Welt umher. Michael kommt mit einem Flügelschlag auf die Erde, Gabriel mit zwei Flügelschlägen, Elia mit vier. Er durchfliegt die Welt in vier Zügen, um bei jeder Beschneidung zugegen zu sein. Er beschützt Kinder und Wöchnerinnen. Er steigt vom Himmel herab und zeichnet die Lehrhäuser der Frommen durch seinen Besuch aus. Wenn aber ein Frommer durch eine unedle Tat der Auszeichnung unwürdig wird, stellt er seinen Besuch ein.

Elia ist der Helfer der Armen, kommt zuweilen unerkannt und verkleidet zu den Verfolgten, um sie aus der Hand des Bedrängers zu befreien. Wo menschliche Hilfe unmöglich ist, dort erscheint der Prophet Elia als Retter aus Not und Gefahr. Er heilt Kranke, taucht in verschiedener Gestalt in der Wirklichkeit auf wie im Traum, macht Arme reich und Reiche arm, lehrt *Torah, Kabbalah* und die Geheimnisse des Himmels.

Viele der Legenden vom Propheten Elia handeln von *Lejl ha-sseder*, dem *Pessach*vorabend. Denn vor allem im Mittelalter wurde dieser Abend oft dazu mißbraucht, die Juden eines Mordes an einem christlichen Kind zu bezichtigen. Zahlreiche Legenden erzählen, wie Elia die Wahrheit ans Licht brachte und die Juden vor Todesstrafen rettete.

Meistens jedoch erscheint der wundersame Gast plötzlich vor dem *Sseder*, an seinem Anfang oder vor dem Ende, und handelt in einer Weise, die ihn zu erkennen geben könnte, doch die Gastgeber begreifen erst, nachdem der Gast verschwunden ist, daß er es war. Ein Beispiel für dieses Motiv bietet die folgende Legende der irakischen Juden:

Unordnung an *Lejl ha-sseder*

Vor vielen Jahren lebte in Bagdad ein weiser und gottesfürchtiger Mann, der in der Schrift Bescheid wußte, mildtätig war und den Armen half. Die Menschen in Bagdad ehrten ihn und nannten ihn ›den Gerechten‹.

Seine Frau war ebenso fromm, mildtätig und kümmerte sich um die Armen. Sie hatten einen einzigen Sohn, den sie gut erzogen, und der, wie sie, zu einem Weisen wurde. Als er in das Heiratsalter kam, suchten sie für ihn ein schönes, gottesfürchtiges und rechtschaffenes Mädchen aus. Es wurde ein prachtvolles Hochzeitsfest gefeiert, zu dem alle Armen der Stadt eingeladen waren.

Einen einzigen Kummer hatten aber Sohn und Eltern: Die junge Frau bekam keine Kinder. Jahre vergingen, und wieder kam das *Pessach*fest. Am *Sseder*abend saßen der Sohn und seine Frau am *Sseder*tisch, lasen in der *Haggadah* und gedachten des Auszugs aus Ägypten. Doch die Frau war, wie jedes Jahr, sehr traurig. Ihr Mann kannte den Grund und verstand es, sie mit seiner großen Liebe zu trösten, indem er ihr versprach, daß der Heilige, gesegnet sei er, sie nicht vergessen und ihr eines Tages einen Sohn schenken würde.

Während sie miteinander sprachen, klopfte es an der Tür, und am Eingang stand ein hochbetagter Mann, ein Reisender. Ohne zu zögern, luden sie ihn ein, mit ihnen zu feiern und zu essen. Der Alte nahm Teil an der Vorlesung aus der *Haggadah*, und die Gastgeber ließen es an nichts fehlen.

Bevor sich der Alte von dem Ehepaar verabschiedete, das ihn so großzügig aufgenommen hatte, sagte er zu ihnen: »Ich bat Gott, auch im nächsten Jahr euer *Sseder*gast zu sein, und daß euer Tisch ungeordnet sei.«

Die zwei wunderten sich über den Fluch des undankbaren Alten, und in ihren Herzen stieg Ärger auf. Doch sie blieben ihm jede Antwort schuldig, um die Gastfreundschaft und das Gebot, alte Menschen zu ehren, nicht zu verletzen.

Nach einem Monat merkte die Frau, daß sie schwanger geworden war. Vier Monate vor *Pessach* kam das Kind zur Welt. Es war ein Sohn, und die Freude der Eltern war unbeschreiblich. Darüber vergaß man den Alten und seinen Fluch.

Beim nächsten *Sseder*abend saßen sie wieder am *Sseder*tisch, diesmal mit dem Baby im Arm. Sie lasen in der *Haggadah*, und das Kind – wie es die Kleinen tun – lachte, zog an der Tischdecke, daß die Weinflasche und die Becher umfielen und Geschirr zerbrach. Aber die Eltern in ihrer großen Liebe zu ihrem einzigen Sohn lachten über die Unordnung am *Sseder*tisch, denn um diesen Sohn hatten sie all die Jahre gebetet.

Plötzlich klopfte es an der Tür, und am Eingang stand ein hochbetagter Mann, ein Reisender. Sie erkannten ihn sofort, und als sie auf ihren unordentlichen Tisch schauten, verstanden sie, daß sein Fluch ihr Segen war. Sogleich entschuldigten sie sich bei ihm. Der Alte verzieh ihnen, segnete sie und verschwand. Da verstanden sie, daß ihr Gast kein anderer war als der Prophet Elia, sein Andenken sei gesegnet.

Unter den armen Leuten gab es immer wieder die Ärmsten, deren Würde es nicht zuließ, andere Menschen um Almosen zu bitten. Ihnen blieb nur das Gebet und bisweilen die Hilfe des Wundersamen. Elia warnt nicht nur vor Unrecht und mahnt die Sünder, sondern sorgt für die Rechte der Armen:

Des Sehers Spende

In Jerusalem [...] lebte ein weiser, aber sehr bescheidener Mann, der große Armut litt. Als das hohe Fest herannahte und man die Armen mit Gaben bedachte, geschah es, daß dieser Mann übergangen wurde. Seine Hausgenossen drückte der Mangel allzusehr; sie wurden ungeduldig und sprachen zu dem Frommen: Warum schläfst du und kümmerst dich nicht um uns? Sollen wir am Feste vor deinen Augen vergehen? Dem armen Manne schoß das Wasser in die Augen, als er seine Angehörigen so sprechen hörte. Er erhob seine Stimme und weinte laut über seine Armut und sein Elend. Sein Schrei aber drang zum Himmel, und Gottes Zorn entbrannte über die Stadt Davids, und er gedachte sie zu verderben. Aber da trat Elia vor ihn und sprach: Herr, barmherziger Gott, bringe dein Volk und dein Erbe nicht um. Ich will hinuntersteigen und will dem Armen helfen. Nicht Böswilligkeit ist schuld daran, daß des Frommen nicht gedacht wurde, sondern seine übergroße Bescheidenheit.

Der fromme Mann war gerade vom Beten aufgestanden und auf die Straße gegangen, als ihm Elia, seinem Andenken sei Heil, begegnete und ihm den Friedensgruß bot. Der Fromme erwiderte den Gruß und fragte: Was suchst du, mein Herr? Elia antwortete: Ich bin hierhergekommen und suche eine Herberge. Habe ich nun Gnade in deinen Augen gefunden, so erweise mir die Ehre und nimm mich für die Tage des *Pessach*festes bei dir auf. Ich will dich dafür entlohnen. Darauf sagte der Fromme: Komm du von Gott Gesegneter, nimm Platz, wo es dir behagt, und bleib in meinem Haus, so lang es dir gefällt. Laß mich nur deinen Namen wissen. Der Seher erwiderte: Man nennt mich Raw Nissim. Nimm die Goldstücke hier und kauf ein.

Da kehrte der Fromme froh und fröhlich in sein Haus zurück und erzählte seinen Hausgenossen, was ihm eben begegnet war; er schärfte ihnen ein, es dem Fremden gegenüber an Achtung nicht fehlen zu lassen, denn dieser sei hochbetagt und ehrwürdig und sehe wie ein Engel Gottes aus.

Als der Rüsttag des *Pessach*festes kam, sprach der Fromme: Ich will hinausgehen und unseren Gast zu uns bitten. Und er suchte in den Straßen und auf den Märkten nach dem Fremden, dieser aber war nicht zu sehen. Er fragte die Leute, die vorbeigingen: Seid ihr nicht einem Mann mit dem Namen Raw Nissim begegnet? Sie antworteten und sprachen: Wir kennen diesen Namen nicht und hören ihn heute zum erstenmal. Da dachte der Fremde: Nun ist mir offenbar geworden, daß dieser kein Sterblicher, sondern der Prophet Elia selbst war. Er nannte sich Raw Nissim, weil er ein Mann ist, der Wunder vollbringt.

In der volkstümlichen Phantasie war Elia nicht nur Inbild des sozialen Protestes, er half den Armen in der Not, bestrafte die Reichen, die nicht rechtschaffen waren und rächte die Unschuldigen. Das wird in der folgenden jemenitischen Legende anschaulich geschildert:

Zwei Brüder

Es gab einmal zwei Brüder, der eine reich und der andere arm. Es waren die Tage vor *Pessach*, und der Arme ging zu seinem reichen Bruder, um bei ihm Geld für das Fest zu borgen. Das Herz des Reichen war hart, und er sagte zornig: »Geh zur Hölle, dort wird man dir Geld geben.«

Der Arme war einfältig und ging die Hölle suchen, um sich dort Geld zu leihen. Unterwegs traf ihn Elia der Prophet und fragte ihn: »Wohin gehst du?«

Der Arme erzählte ihm die ganze Geschichte.

»Ach, so sagte dir dein Bruder? Gut. Sieh, dort ist die Hölle. Dort auf dem Berg sind sieben Säcke voll Gold, auf die sieben Räuber aufpassen. Nimm von dem Gold, soviel du brauchst, und fürchte dich nicht.«

Der Mann bedankte sich, bestieg den Berg, nahm ein wenig Gold und richtete ein schönes Fest aus.

Am *Ssederabend* nach Beendigung des Mahls entsann sich der Reiche seines armen Bruders, und er sagte zu seinen Kindern:

»Sammelt die Reste vom Tisch und bringt sie eurem armen Onkel.«

Die Kinder gingen zum Onkel, und was sahen sie – da stand ein neues Haus. Sie traten ein und fanden alles schön und noch schöner als bei sich. Sie liefen nach Hause und erzählten ihrem Vater, daß der Onkel reich geworden war. Der Reiche eilte zu seinem Bruder und fragte: »Was ist passiert? Woher hast du plötzlich diesen ganzen Reichtum?«

Der Bruder erzählte, was ihm widerfahren war, und zeigte auf den Berg.

Am nächsten Morgen ging der reiche Bruder an denselben Ort. Doch inzwischen hatten die Räuber gemerkt, daß jemand von ihrem Gold genommen hatte, und einen Wächter neben die Säcke gestellt. Der Reiche kam und versuchte einen ganzen Sack wegzuschleppen. Der Wächter sprang ihn an, hielt ihn fest und rief: »Das ist der Dieb!« Die Räuber eilten herbei und brachten ihn um.

Pessach bei Rabbi J^e^hudah Chassid

Im *Majsseh*buch, einer mittelalterlichen Sammlung von Erzählungen in altjiddischer Sprache, wird von Rabbi Jehudah ben Schemuel he-Chassid erzählt – er lebte im 12. Jahrhundert in Regensburg –, daß der Prophet Elia bei ihm weilte, während er mit seinem Gast, dem angesehenen Rabbi Jehudah ben Schne'ur aus Speyer, die Zeremonie des *Sseder*abends ausrichtete.

> … und als er in der ersten Nacht den *Sseder* ausrichtete, da war Rabbi Jehudah Chassid sehr fröhlich. Und da der andere *Chassid* aus Speyer sah, daß er [Rabbi Jehudah Chassid] nach Ausrichtung des *Sseder* so fröhlich gewesen war, sprang er mit großer Freude vom Tisch auf. Da fragte ihn Rabbi Jehudah Chassid, warum er so fröhlich sei. Der andere sprang noch heftiger und klatschte mit Freude in die Hände. Da sprach Rabbi Jehudah Chassid nochmals zu ihm und fragte, warum er so fröhlich sei. Der *Chassid* aus Speyer sagte: »Ich bin deshalb so froh, weil ich dich so fröhlich sah, dies hat Freude in mein Herz gebracht.« […] Da sprach Rabbi Jehudah Chassid: »Ich will dir sagen, weshalb ich so fröhlich war. Während wir den *Sseder* begingen, weilte der Prophet Elia bei uns.« Da sprach der *Chassid* aus Speyer: »Weh mir, daß nicht auch ich würdig bin, den Propheten Elia zu sehen.« Da sprach Rabbi Jehudah Chassid: »Ich will dir sagen, er saß näher zu dir als zu mir.« Aber der *Chassid* aus Speyer war unmutig. Bis

Rabbi Jehudah Chassid zu ihm sagte: »Sei gewiß, daß du teilhaben wirst an der kommenden Welt, und nach deinem Tod keine Qualen im Grabe zu erleiden hast.« Der *Chassid* [Rabbi Jehudah Chassid] sagte weiter: »Es gibt drei Männer in dieser Welt, sie sind die besten dieser Welt, und du bist einer von ihnen. Der Heilige, gesegnet sei er, möge uns ihren Verdienst genießen lassen. Amen«

Elia zu sehen oder zu erkennen ist eine Gnade, die nicht jedem zuteil wird. Sie hängt vor allem von der eigenen Reinheit und der Rechtschaffenheit ab. Aber in der Phantasie erscheint er, sobald man an *Pessach* denkt, wie das hebräische Kinderlied von Salman Shneur (1887 – 1959) veranschaulicht:

Jesch lanu 'aw

Wir haben, Kinder, einen alten Vater, seine Augen [sind] leuchtende Sterne.
Das Weiß seines Barts fällt über seine Gestalt in schneeweiß gleitenden Wellen.
Das ist Elia, der im Wagen in den Himmel fuhr,
und seitdem fliegt er bisweilen und kommt zu uns zurück.

Am *Sseder*-Abend, wenn kurz die Tür geöffnet wird,
tritt der Alte still herein, in einen Umhang gehüllt.
Sein Antlitz strahlt Anmut und Pracht, die Augen sprechen Geheimes,
dann trinkt er aus dem Glas und gibt uns seinen Segen.

Wenn der Messias einst erscheint, wird dieser Alte kommen,
in reinem weißen Kleid und siebenfach schön sein.
Sein Gesicht wird leuchten wie die Sonne, die Augen werden Funken werfen,

und überall, wo er gehen wird, werden die Ketten
fallen.

Mit freudiger Stimme wird er rufen alle Zerstreuten
des Volkes.
Väter, Söhne dann aus allen Weltenden sammeln.
In unser Land wird der Alte uns mit froher Stimme
führen,
eine jubelnde Menge, ein großes, zahlreiches Volk.

III

Chad gadja'

Die jüdische Folklore schmückte den *Sssederabend* nicht nur mit Legenden aus, sondern auch mit Liedern, die im Lauf der Zeit zum festen Bestandteil der *Haggadah* wurden. Sie stehen an ihrem Ende als Zusatz zur Liturgie. Es sind Ketten- und Rätsellieder, deren Ablauf und Antworten allen bekannt sind. Man dachte möglicherweise an die Kinder, die am Ende der langen Zeremonie durch diese Lieder erheitert werden und Gott auf spielerische Weise loben sollten. Eines unter ihnen fällt jedoch auf. Das Lied *chad gadja'*, ›Ein Böcklein‹, ist das einzige in aramäischer Sprache und erzählt eine volkstümliche dramatische Geschichte, deren weltliche Herkunft deutlich nachhallt.

Spätestens seit dem 15. Jahrhundert gehört dieses Lied zur aschkenasischen *Pessach*liturgie und wird zum Abschluß des *Sseder*abends gesungen. *Chad gadja'* wurde zum ersten Mal 1590 auf aramäisch und altjiddisch in der Prager *Haggadah* gedruckt und tauchte jahrhundertelang nur in aschkenasischen *Haggadot* (meistens in beiden Sprachen) auf. Erst im 20. Jahrhundert wurde es auch von den sefardischen und jemenitischen *Haggadot* übernommen.

Das Lied

Erzählt wird von einem Zicklein, das der Vater – wahrscheinlich für das *Sseder*mahl – für zwei *susim* (Münzen) kaufte. Zur römischen Besatzungszeit verdiente ein Tagelöhner im Land Israel vier *susim*. Ein Lamm für zwei *susim* muß demnach sehr klein gewesen sein. Es wurde aber von der Katze gefressen, da kam der Hund und biß die Katze, da kam der Stock und schlug den Hund, da kam das Feuer und verbrannte den Stock, da kam das Wasser und löschte das Feuer, da kam der Ochse und trank das Wasser, da kam der Schlächter und schlachtete den Ochsen, da kam der Todesengel und schlachtete den Schlächter, da kam der Herr der Welt und schlachtete den Todesengel.

Das Lied veranschaulicht das Wirken der Vergeltung auf Erden: Wer Schlechtes tut, wird seiner Schuld entsprechend bestraft, ein Gesetz, das im bekannten Spruch Hillels (1. Jh. v. d. Z.) überliefert ist: »Er sah einen Schädel auf dem Wasser treiben, sprach er zu ihm: Da du ertränkt hast, wurdest du ertränkt, und jene, die dich ertränkten, werden ertränkt.« (*Mischnah*, *'Awot* 2:6).

Die Kettenstruktur des Liedes ist international in Liedern und Märchen in vielen Varianten vertreten. Ein ›Urtyp‹ läßt sich bis ins Altindische zurückverfolgen.

Eine Kettenstruktur mit einigen parallelen Gliedern überliefert der *Talmud* (*Bawli*, *Bawa' batra'* 10a) in der Unterweisung des *tanna'* Rabbi J^ehudah (2. Jh.):

> Zehn harte Dinge wurden in der Welt erschaffen: ein harter Berg – das Eisen schneidet ihn, ein hartes Eisen – Feuer schmilzt es, ein hartes Feuer – Wasser löscht es, hartes Wasser – Wolken tragen es, harte Wolken – der Wind zerstreut sie, harter Geist – der Körper umfängt ihn, harter Körper – die Angst bricht ihn, harte Angst – der Wein zerstreut sie, harter Wein – der Schlaf verdunstet ihn. Aber härter als alle ist das Sterben, [und Gerechtigkeit – rettet vor dem Sterben].

Denn es steht geschrieben: »und Gerechtigkeit rettet vor dem Tod« [*Sprüche* 10:2 und 11:4].

Die altjiddische Version

Die handgeschriebene und illustrierte aschkenasische *Haggadah* aus der italienischen Sereni-Sammlung wird in das 15. Jahrhundert datiert und enthält eine schriftliche Überlieferung von *chad gadja'*, die eine Zeitlang als die älteste galt. In ihr taucht das Lied in Aramäisch und in Altjiddisch auf.

Die letzte Liedstrophe hört sich auf altjiddisch (hier in Umschrift) wie folgt an:

> *do kam HQB"H [*ha-q*odosch* b*oruch* h*u] un schechtet den malach hamowess der do hot geschecht das geharget schochetlein das do hot geschecht das ekslein das do hot getrunken das wasserlein das do hot verlescht das feierlein das do hot verbrent das steklein das do hot geschlogen das hintlein das do hot gebissen das kezlein das do hot gessen das meislein das do hot gessen das ziklein das [di] hot gekaft das geharget* [sic] *veterlein ain ziklein ain ziklein*

Diese Version weist eine Merkwürdigkeit auf: Die Katze fraß nicht das Zicklein, sondern eine kleine Maus, die wiederum das Zicklein fraß. Die Reihenfolge Maus–Katze–Hund ist logisch, jedoch sind Zicklein fressende Katzen nicht üblich, noch weniger Zicklein fressende Mäuse.

Der unlogische Teil der Reihenfolge legt die Vermutung nahe, daß *chad gadja'* auf ein beliebtes Volkslied zurückgeht, das bei der Aneignung des Stoffes der *Pessach*liturgie entsprechend abgewandelt wurde.

Solange diese Überlieferung des Liedes als die älteste galt, sah man in der altjiddischen Version des Volksliedes die Vorlage für die Übersetzung ins Aramäische, die zu Anfang noch etwas holprig war und sich dann im Lauf der Zeit abschliff. Daß man im Mittelalter Aramäisch für die sakralsprachliche Version wählte, in einer Zeit, in der nur

Gelehrte – und vorwiegend passiv – Aramäisch beherrschten, begründete man mit der Annahme, das Lied sollte archaisch klingen. Möglicherweise wollte man mit dem aramäischen Lied am Schluß der *Haggadah* eine Symmetrie zum Erlösungsgedanken (»In diesem Jahr hier, im kommenden Jahr im Lande Israel …«) herstellen, der zu Beginn der *Haggadah* ebenfalls Aramäisch formuliert ist.

Die aramäische Version

In der Provence des Mittelalters aber verfaßten Juden Gedichte und liturgische Dichtungen auch in Aramäisch. Eine andere, möglicherweise frühere Überlieferung des *chad gadja'* weist eine perfekte aramäische Version auf, die auch inhaltlich dem sogenannten Urtyp näher zu sein scheint. Es handelt sich um die Handschrift Paris 637, um einen auf Pergament von Hand geschriebenen und illustrierten provençalischen *Ssiddur* mit *Haggadah* aus dem 13.–14. Jahrhundert. Das Lied ist am Schluß, und von einer anderen Hand, ebenfalls im sefardischen Schreibstil geschrieben. Dieses Schriftstück stammt vermutlich aus dem 15. Jahrhundert, doch weist die Qualität des Aramäischen in die Provence des 14. Jahrhunderts, wenn nicht sogar in frühere Zeit. Im Unterschied zu allem bisher schriftlich Überlieferten ist diese Liedversion noch ganz und gar weltlich:

> Ein Zicklein, das mein Vater für zwei Münzen kaufte, ein Zicklein.
>
> Es kam der Hund und fraß das Zicklein, das mein Vater für zwei Münzen kaufte, ein Zicklein.
>
> Es kam der Stock und schlug den Hund, der das Zicklein fraß, das mein Vater für zwei Münzen kaufte, ein Zicklein.

Es kam das Feuer und verbrannte den Stock, der den Hund schlug, der das Zicklein fraß, das mein Vater für zwei Münzen kaufte, ein Zicklein.

Es kam das Wasser und löschte das Feuer, das den Stock verbrannte, der den Hund schlug, der das Zicklein fraß, das mein Vater für zwei Münzen kaufte, ein Zicklein.

Es kam der Ochse und trank das Wasser, das das Feuer löschte, das den Stock verbrannte, der den Hund schlug, der das Zicklein fraß, das mein Vater für zwei Münzen kaufte, ein Zicklein.

Es kam der Strick und band den Ochsen, der das Wasser trank, das das Feuer löschte, das den Stock verbrannte, der den Hund schlug, der das Zicklein fraß, das mein Vater für zwei Münzen kaufte, ein Zicklein.

Es kam die Maus und fraß den Strick, der den Ochsen band, der das Wasser trank, das das Feuer löschte, das den Stock verbrannte, der den Hund schlug, der das Zicklein fraß, das mein Vater für zwei Münzen kaufte, ein Zicklein.

Es kam die Katze und fraß die Maus, die den Strick fraß, der den Ochsen band, der das Wasser trank, das das Feuer löschte, das den Stock verbrannte, der den Hund schlug, der das Zicklein fraß, das mein Vater für zwei Münzen kaufte, ein Zicklein.

Das Lied schließt am Seitenende mit der Katze, die im Sinne des Spruches des alten Hillel ebenso von einem anderen Tier gefressen werden kann. So hat die Kette kein logisches Ende.

Es ist aber viel sinnvoller, wenn hier ein Hund das Zicklein, eine Maus den Strick und die Katze die Maus frißt. In dieser Kette kommt noch kein Schlächter vor, da der Ochse mit dem Strick festgebunden wird. Sinnvollerweise stehen Maus und Katze am Ende der Kette. In dieser volksliedhaften, weltlichen Fassung kommen Gott und der Todesengel nicht vor.

Verwandtes englisches Volkslied

Der Ursprung dieser alten Kettenreime ist noch heute unbekannt. Eine Parallele findet sich im variantenreichen englischen Volkslied »The House that Jack built«. In einer Liedvariante kauft die Mutter ein Zicklein für zwei Münzen und bringt es nach Hause. Auf dem Weg steht ein Zaun. Das Zicklein will nicht über den Zaun springen. Da bittet Mutter den Hund, das Zicklein zu beißen, aber der Hund tut es nicht. Dann kommen Stock, Feuer, Wasser, Ochse, Metzger, Strick, Maus und Katze.

Verwandtes deutsches Volkslied

Es gibt auch ein altes variantenreiches deutsches Volkslied, das strukturell und inhaltlich Parallelen aufweist, dem *chad gadja'* also verwandt ist: »Der Herr der schickt den Jockel aus«, schriftlich aufgezeichnet seit dem 18. Jahrhundert, doch bereits in der »Gargantua«-Übersetzung von Johann Fischart aus dem Jahre 1575 als »Der Bauer schickt den Jockel aus« zitiert. Das Lied scheint verbreitet gewesen zu sein und ist es heute noch in Deutschland, Dänemark, Estland und Ungarn. Die Variante in der Liedersammlung von Ludwig Erck und Franz Böhme lautet:

Der Herr der schickt den Jochem aus,
Er soll den Hafer schneiden;
Der Jochem schneid't den Hafer nicht
und kommt auch nicht nach Haus.
Da schickt der Herr den Pudel aus,
Er soll den Jochem beißen;
Der Pudel beißt den Jochem nicht,
und kommt auch nicht nach Haus.

Dann kommen Knüppel, Feuer, Wasser, Ochse, Schlächter und Henker, doch keiner erfüllt seinen Auftrag und kommt auch nicht zurück. So muß schließlich der Herr hinaus:

Da geht der Herr denn selber 'naus,
Und will den Jochem holen;
Da hängt der Henker den Schlächter gleich,
Der Schlächter schlacht't den Ochsen gleich,
Der Ochse säuft das Wasser gleich,
Das Wasser löscht das Feuer gleich,
Das Feuer brennt den Knüppel gleich,
Der Knüppel prügelt Pudeln gleich,
Der Pudel beißt den Jochem gleich,
Der Jochem schneid't den Hafer gleich
und kommt auch gleich nach Haus.

Bei diesen Parallelen drängt sich die Frage auf, ob das jüdische Lied nach dem Vorbild des deutschen entstand oder umgekehrt?

Wie im englischen Lied ist auch hier die Auflösung paradox: Die Handelnden sind tot oder vernichtet, wenn sie ihren Auftrag ausführen. An diesem Punkt stimmt das deutsche Lied – anders als das jüdische – mit dem ›Urtyp‹ überein.

Jüdische Forscher vertraten seit Ende des vorigen Jahrhunderts die Auffassung, das jüdische Lied entstamme dem deutschen Vorbild, während die meisten nichtjüdischen Forscher die Reihenfolge umgekehrt sahen. Fest steht, daß weder das jüdische noch das englische oder deutsche Lied einen ›Urtyp‹ darstellt. Als mögliche Vorlage wird ein französisches Wiegenlied angenommen.

Zur Entstehung von *chad gadja'*

Vergleicht man die drei ältesten schriftlich überlieferten Fassungen des *chad gadja'*, ergibt sich folgendes Bild:

Die Pariser Variante scheint die frühe Liedfassung wiederzugeben und zeigt, daß es nicht aus dem Altjiddischen ins Aramäische – wie eine Zeitlang angenommen – übersetzt wurde. Sie spricht auch dafür, daß das noch weltliche Lied zunächst im provençalischen Ritus bekannt war und von dort nach Deutschland kam. Demnach gibt die italienische *Haggadah* aus der Sereni-Sammlung eine aschkenasische ›Zwischenstufe‹ und die Prager *Haggadah* von 1590 die endgültige und allgemein bekannte Fassung wieder.

1306 – 1394 wurden die Juden aus Frankreich vertrieben. Vielleicht brachten die Vertriebenen, die nach Deutschland kamen, das Lied mit, unter anderem nach Worms. Die deutschen Gelehrten fanden, daß das Lied zum *Sseder*-abend paßte, und begannen es für diesen Zweck umzuschreiben. Aus der weltlichen entstand die sakrale Liedfassung. Das neue *chad gadja'* stellt jedenfalls eine originelle Abwandlung mit einem theosophischen Grundgedanken dar: Am Ende der Kette steht Gott, der letzte Richter, der über alle Kräfte der Welt herrscht.

Aneignung setzt Anpassung voraus: Der Strick verschwand, und an seine Stelle trat der Schlächter; an das Ende der Kette wurden Todesengel und Gott gestellt, Katze und Maus wanderten unlogischerweise nach vorn. Wegen der Beliebtheit des Liedes wurde es ins Altjiddische übersetzt. In dieser Phase soll auch die Vereinfachung des Aramäischen stattgefunden haben, indem man einige Verben durch geläufigere hebräische Wörter mit aramäisch klingenden Endungen ersetzte. Die Sereni-*Haggadah* scheint dieser Zwischenstufe zu entsprechen. Später wurde auch die Maus, die nicht mehr in die neue Reihenfolge paßte, als fremdes Element entfernt, denn ohne Strick und vor allem Zicklein fressend machte sie keinen Sinn mehr. Diese bis heute gültige Liedfassung dokumentiert die Prager *Haggadah*.

Weltlich orientiert lehrt das Jockel-Lied, ›wenn Dein Anliegen richtig getan werden soll, so tue es selbst‹. In der frühen jüdischen Fassung hingegen fügen sich alle als Werkzeuge ein und erfüllen ihren Auftrag gemäß der Hierarchie der Kräfte in der Welt. Als das Lied der *Haggadah* einverleibt wurde, sollte die Hoffnung auf Gerechtigkeit, auf das Ende allen Hasses, aller Verfolgung und Vernichtung zum Ausdruck kommen. Denn das Hauptthema der *Pessach*liturgie ist Gott, der Erlösung bringt.

Vielleicht beeinflußte die oben zitierte Unterweisung von Rabbi J^e^hudah den Abwandlungsprozeß: sie zählt zehn schwere Dinge, deren Höhepunkt der Tod bildet, der wiederum durch Gerechtigkeit überwunden wird. Das religiöse *chad gadja'* besteht ebenfalls aus zehn Strophen, und Gott, die höchste Kraft, steht über dem Tod (Todesengel).

Auslegungen des Liedes

Wenn auch *chad gadja'* ursprünglich in die *Haggadah* einbezogen wurde, um die müden Kinder am Ende der *Pessach*zeremonie zu erheitern, so gab das Lied Anlaß für weitergehende Interpretationen.

Die einfachste sieht im Lied die Darstellung göttlicher Gerechtigkeit. Der Bedrücker wird bestraft: Das Zicklein, von der Katze gefressen, wird vom Hund gerächt. Der Stock rächt die Katze am Hund und so fort.

Die gängigste Interpretation aber ist die allegorische. Sie geht auf Metaphern zurück, die der Prophet Jeremia prägte:

> Ein zerstreutes Lamm ist Israel, das Löwen verscheuchten. (50:17)

> Denn alle die dich fressen, werden gefressen, und all deine Feinde in Gefangenschaft gehen, und deine Plünderer werden zu Geplünderten, deine Räuber

> beraubt. Denn dir werde ich Heilung bringen …‹ (30:16–17)

Auf diese Metaphern geht eine mittelalterliche Bibelauslegung zurück, welche das jüdische Volk als »ein Lamm unter siebzig Wölfen« charakterisiert.

Entsprechend sieht die allegorische Interpretation im Zicklein das Volk Israel, der Vater, Gott, kaufte es für zwei Münzen – das sind Mose und Ahron oder die Bundestafeln. Die Katze steht für die Assyrer, welche das Reich Israel zerstörten, der Hund für das babylonische Reich, das die Assyrer überwand, der Stock für Persien, das Babylon unterwarf, das Feuer für Alexander den Großen, der Persien bezwang, das Wasser für das römische Reich, das dem hellenistischen Reich ein Ende bereitete, der Ochse für die Sarazenen, die das römisch-byzantinische Reich besiegten, der Schlächter für die Kreuzfahrer, welche die Sarazenen aus dem Heiligen Land verjagten, und der Todesengel für die Türken, die damals über Palästina herrschten. Das Ende des Liedes steht für die Hoffnung, daß Gott die fremden Herrscher des Heiligen Landes – die einander bekämpften, aber einig waren im Haß gegen das Zicklein – zerstören und sein Volk erlösen werde. Am Ende bleibt der Ausblick auf das Ende der Tage, auf die messianische Zeit, auf die Erlösung von allem Übel und vom Tod.

Das Bild der Tiere als Symbol für die einander verschlingenden Weltmächte ist aus dem Buch *Daniel* (7) bekannt.

Mystische Deutungen sehen in den zehn Gliedern der Kette ein Symbol für die zehn *Ssefirot*, von der *Sch*[e]*chinah*, dem Zicklein, bis zu Gott.

Eine andere Allegorie sieht darin den seelischen Kampf des Menschen von der Geburt (wenn der Vater das Zicklein kauft) bis zu Tod (der Todesengel) und Erlösung (Herr der Welt). Wenn die Seele (das Zicklein) ihren Ort in der Engelwelt verläßt, kommt sie in die materielle Welt hinab und verfällt der Begierde (Katze). Die Begierde wächst und wird stark (Hund), entfacht (Stock) wird die Leidenschaft (Feuer), dann kommt das Alter (Wasser) und schwächt die Lebenskraft, doch der Mensch hat noch immer nichts gelernt und macht sich schuldig (Ochse), die Seele versündigt sich (Schlächter) bis zum Tod. Dann steigt sie aus dem Körper auf, um vor dem Heiligen, gesegnet sei er, Rechenschaft abzulegen.

Abbildung 9

Die Gabe der Torah *am Berg Sinai*
Schawu'ot erinnert an Gottes Erscheinen am Berg Sinai und an die Gabe der *Torah*. Die komplexe Darstellung dieses Ereignisses (*Exodus* 19 ff.) wird in der jüdischen Ikonographie meistens auf seine wesentlichen Bestandteile reduziert: Mose empfängt die Gesetzestafeln (*Exodus* 31:18) und überbringt sie dem Volk Israel. Der Holzschnitt zeigt einen Mose mit Hörnern und verweist damit auf einen christlichen Holzschneider. Diese christliche Ikonographie beruht auf einem Übersetzungsfehler: ›Hörner‹ statt ›Strahlen‹.

Schawu'ot

Die Stimme ging vom Ende der Welt bis zum Ende der Welt

Das Festgebot

> Und ein Fest der Wochen sollst du dir machen, der ersten Früchte der Weizenernte [...]
>
> (*Exodus* 34:22)

Die Geschichte von Rut

Zu *Schawu'ot* gehören Blumen, Grün und Speisen aus Milch. In der Kindheit waren die Körbe voller Erstlingsfrüchte das Schönste, und das geheimnisvolle Schicksal Ruts bewegte lange die Phantasie. Zu *Schawu'ot* liest man die Zehn Gebote und die Schriftrolle Rut. Die Geschichte von Rut beginnt mit 'Elimelech und No'omi, die Bet Lechem zur Zeit der Hungersnot verließen und ins Nachbarland Moab gingen. Statt Verantwortung zu übernehmen, verließ 'Elimelech seine notleidende Stadt, was ihm den frühen Tod brachte. Seine Söhne, die nicht-jüdische Frauen heirateten, starben sehr jung. Zurück blieben drei Frauen: No'omi und ihre Schwiegertöchter, 'Orpah und Rut. Im *Midrasch* wird von den Schwiegertöchtern erzählt, sie seien die Töchter des Königs von Moab gewesen. Als No'omi nach Bet Lechem zurückkehren wollte, hieß sie, 'Orpah und Rut in Moab zu bleiben. 'Orpah blieb, Rut aber folgte ihrer Schwiegermutter in ein fremdes Land und in eine fremde Kultur. Von ihr stammt die einmalige Äußerung totaler Hingabe, Liebe und Treue:

> [...] wohin du gehst, gehe ich, und wo du weilest, weile ich; dein Volk ist mein Volk, und dein Gott ist mein Gott. Wo du stirbst, sterbe ich, und dort will ich begraben werden. So tue mir *JHWH* und so fahre er fort, der Tod allein scheide zwischen mir und dir.
>
> (*Rut* 1:16–17)

Es ist die Zeit der Kornernte, und die junge Witwe Rut liest Ähren für ihre Schwiegermutter und für sich auf dem Feld des reichen Herrn Bo'as. Es ist heiß. Seit den Morgenstunden folgt sie den Schnittern und sammelt die übriggebliebenen Gerstenähren. Sie ist arm, fremd und wird von den jungen Männern belästigt. Bo'as aber, der von ihrer Hingabe gehört hat, beschützt sie. Er heißt seine Schnitter, sie überall sammeln zu lassen und sie nicht zu beschämen. Während der ganzen Erntezeit geht Rut nur auf seine Felder, sammelt Gerste und Weizen. Eine Steigerung ihrer selbstlosen Haltung kommt zum Ausdruck, als Rut der Anweisung No'omis folgt und Bo'as des Nachts in der Tenne bittet, sie zu heiraten, damit das Land ihres verstorbenen Schwiegervaters der Familie erhalten bleibt und sein Name nicht ausgerottet wird. Bo'as ist rechtschaffen und lebt nach Gottes Weisung: Er überläßt den Armen die Nachlese, das Vergessene und Herabgefallene auf seinen Feldern, schließt Fremde nicht aus und ist bereit, auch das Gebot der ›Schwagerehe‹ zu erfüllen, obwohl er mit Rut nicht nah verwandt ist. Ihre Reinheit berührt ihn, er liebt und heiratet sie. Rut gebiert ein Kind, dessen Urenkel König David sein wird. Rut, die

10. Rut sammelt Ähren

Moabiterin, die aus voller Überzeugung zum Judentum übergetreten ist, wurde Stammutter des davidischen Königshauses, aus dessen Geschlecht einst der Messias kommen wird.

Unbestimmter Zeitpunkt des Festes

Neben *Ssukkot* und *Pessach* ist *Schawu'ot* das dritte Wallfahrtsfest, das aber nicht eine Woche, sondern nur einen Tag dauert und dessen Zeitpunkt kalendarisch nicht festgelegt, wahrscheinlich ursprünglich beweglich war:

> Sieben Wochen zähle dir, vom Anheben einer Sichel an das Korn hebe zu zählen an, sieben Wochen. Und mache ein Fest der Wochen für *JHWH*, deinen Gott, mit der freiwilligen Gabe deiner Hand, die du geben wirst, wie dich *JHWH*, dein Gott, gesegnet hat.
>
> (*Deuteronomium* 16:9 – 10)

An anderer Stelle setzte die biblische Vorschrift *Schawu'ot* in enge Beziehung zu *Pessach*, genauer zur Darbringung der Garbenspende. Man hat im Tempel eine Garbe, *'omer*, von der ersten Gerstenernte geschwungen. Von diesem Tag an sollten die fünfzig Tage bis *Schawu'ot* gezählt werden. Doch bedarf auch diese Zeitangabe der Deutung:

> Und ihr für euch sollt zählen von dem Tag nach der *Schabbat*, von dem Tag, da ihr die Garbenspende des Schwingens bringt, sieben vollständige *Schabbatot* sollen es sein. Bis zum Tag nach der siebten *Schabbat* werdet ihr zählen fünfzig Tage, dann bringt ihr *JHWH* eine neue Gabe dar.
>
> (*Leviticus* 23:15 – 16)

Es stellt sich die Frage, wie hier *Schabbat* zu verstehen ist? *Schabbat* bezeichnet den siebten Wochentag, kann aber auch als Festtag verstanden werden, wenn er ein Ruhetag mit Arbeitsverbot ist. Das ist der Fall am ersten Festtag von *Pessach*. Zur Zeit des zweiten Tempels führte diese Frage zu heftigen Konflikten unter den jüdischen Parteien und wird heute noch von Forschern verschieden beantwortet. Nach Ansicht der *P^eruschim*, ›Pharisäer‹, die sich als Regelung durchgesetzt hat, bezeichnet *Schabbat* den ersten Festtag von *Pessach*, daher beginnt die Zählung am Folgetag, dem 16. *Nissan*, und entsprechend fällt *Schawu'ot* auf den 6. *Ssiwan* (Mai – Juni). Die *Bajtossim*, ›Boethusier‹, hingegen verstanden *Schabbat* wörtlich (*Mischnah, M^enachot* 10:3). Darum mußte *Schawu'ot* immer auf einen Sonntag fallen. Die Essener aus Qumran interpretierten *Schabbat* ebenfalls wörtlich, doch begann ihre Zählung nach der *Schabbat*, die auf *Pessach* folgte. Ihrem solaren Kalender entsprechend fällt das Schwingen des *'omer* immer auf Sonntag, den 26. *Nissan*, und *Schawu'ot* auf Sonntag, den 15. *Ssiwan*. Für die Qumran-Essener war dieses Fest besonders wichtig: Ihrer Zeitmessung lag die *Schabbat*-Woche und ihrem Festkalender die Einheit von fünfzig Tagen zugrunde. Samaritaner und Karäer verstehen *Schabbat* ebenfalls als Wochentag und zählen ab *Schabbat* nach dem Fest. Die Falascha feiern *Schawu'ot* am 12. *Ssiwan*, da sie *Schabbat* als die siebentägige Festzeit verstehen und erst nach dem Ende von *Pessach* zu zählen beginnen.

Die biblische Festgestalt

Die biblische Gestalt von *Schawu'ot* ist die eines Naturfestes. Nach der Weizenernte sollte man »vor Gott erscheinen« (*Exodus* 23:17). Man pilgerte nach Jerusalem und brachte im Tempel zwei Brote aus gesäuertem Weizenteig dar (*Leviticus* 23:17). Gleich der Gerstengarbe wurde auch dieses Dankopfer vom Priester geschwungen. Das Schwingen symbolisierte das Geben an Gott, als Dank für sein fruchtbares Land. Erst nach dem Darbieten dieser Brote durfte man Gaben der neuen Weizenernte im Tempel opfern.

Schawu'ot wird auch *jom ha-bikkurim*, ›Tag der ersten

Früchte‹ genannt (*Numeri* 28:26). Ob die unterschiedlichen Namen verschiedene Aspekte desselben Festes bezeichnen oder verschiedene, nah beieinander liegende Feste, die im Lauf der Zeit verschmolzen, ist nicht klar. Jedenfalls entwickelte sich der Brauch, an diesem Tag auch andere Fruchtsorten darzubieten, denn das Gebot der ersten Früchte traf auf alle Früchte zu (*Exodus* 23:19; *Deuteronomium* 26:1–11).

In der *Tempelrolle* aus Qumran (17:10–23:3) hingegen werden ab *Schawu'ot* weitere fünfzig Tage gezählt, bis die ersten Früchte der Weinlese dargebracht werden. Nach weiteren fünfzig Tagen folgt die Gabe der ersten Früchte aus der Olivenernte und danach das Holzopfer. Diese Differenzierung ist jedoch der Bibel nicht geläufig, und die *Mischnah* überliefert eine Bestimmung, nach der man die ersten Früchte von *Schawu'ot* bis *Ssukkot* darbringen kann (*Mischnah, Bikkurim* 1:6).

Das Fest zur Zeit des zweiten Tempels

Solange der Tempel bestand, kamen Pilger aus dem ganzen Land, brachten nicht nur Weizen mit, sondern auch Weintrauben, Feigen, Granatäpfel, Oliven und Datteln, Honig und Öl. Je nach Entfernung ihres Wohnorts vom Tempel brachten Grundbesitzer frische oder getrocknete Früchte (Rosinen, Feigen). Diese ersten Früchte wurden mit Grün und Blumen geschmückt. Wallfahrer aus benachbarten Dörfern versammelten sich in der nächst gelegenen größeren Stadt und gingen von dort aus gemeinsam nach Jerusalem. Sie bewegten sich zu Flötenspiel in langen Prozessionen. Ein Stier mit vergoldeten Hörnern und einem Kopfschmuck aus Olivenzweigen ging jeder Gruppe voraus. Wenn die Pilger Jerusalem erreichten, kamen ihnen die Bewohner entgegen, empfingen sie und begleiteten sie in die Stadt. Die Priester geleiteten sie feierlich in den Vorhof des Tempels, die Leviten sangen Psalm 30. Die Erstlingsfrüchte legte man, je nachdem, wie vermögend man war, in einfache Körbe aus Weidengeflecht oder in Körbe aus Silber und Gold. Man trug sie auf den Schultern bis vor den Altar, dort sprach man die Verse »Ein schweifender Aramäer war mein Vater …« (*Deuteronomium* 26: 5 – 8), und der Priester schwang den Korb, danach legte ihn der Wallfahrer neben den Altar, verbeugte sich und verließ den Tempel (*Mischnah, Bikkurim* 3).

Diese auf den zweiten Tempel bezogene Stelle in der *Mischnah* beschreibt ein Erntefest. *Schawu'ot* ergänzt *Pessach*, das Fest der Gerstenernte, und *Ssukkot*, das Dankfest für die Obsternte. Daher wird das Fest am Ende der Getreideernte in *Mischnah* und *Talmud* *'azeret*, ›Schlußfest‹, genannt; denn es wird als der achte Tag des *Pessach* angesehen, vergleichbar mit *Sch*^e*mini 'azeret*, dem Schlußfest des siebentägigen *Ssukkot*. Als Agrarfest betont *Schawu'ot* vor allem das Verbundensein mit dem Land. An *Pessach* fand der Auszug aus Ägypten statt, und an *Schawu'ot* konnte sich der Bauer über das von Gott gegebene Land und seine Fruchtbarkeit freuen; denn im gelobten Land war Wohlstand Ausdruck eines nach dem Gesetz Gottes rhythmisch gestalteten Lebens.

Schawu'ot nach der Zerstörung des Tempels

Eine bedeutende Veränderung erfuhr das Fest nach der Zerstörung des zweiten Tempels, als die Wallfahrten eingestellt wurden und erste Früchte nicht mehr dargeboten werden konnten. Die Liturgie mußte den neuen Lebensumständen angepaßt werden, in deren Zentrum weder das Land noch der Tempeldienst stand. *Schawu'ot* brauchte eine von der Jahreszeit unabhängige Begründung. Diese gaben ihm die Rabbinen, als sie erklärten, daß Gott am 6. *Ssiwan* sein Gesetz, die zehn Gebote, gegeben habe (*Bawli, Schabbat* 86b). Damit bekam das Agrarfest eine historische Dimension, die stärker mit dem Überleben des Judentums als mit dem Land verbunden war. *Schawu'ot* wurde als der Tag gefeiert, an dem das Volk die Gebote, die jüdisches Leben ausmachen und gestalten, bekam und annahm. So wurde *Schawu'ot* zum Höhepunkt und zum Ziel des *Pessach*festes: Denn die Befreiung aus Ägypten war Voraussetzung für die Offenbarung am Berg Sinai und für die Gabe der *Torah*, der göttlichen Weisung, die zur inneren Befreiung führt.

Fest der Erneuerung des Bundes

Historiker sehen die Ursprünge dieser späteren Gestalt des Festes in einer alten Tradition, die ebenfalls mit *Schawu'ot* zusammenhing:

'Azeret bedeutet nicht nur ›Schlußfest‹, sondern auch ›Versammlung‹. Das Volk versammelte sich jedes Jahr, um die Erneuerung des Bundes mit Gott zu feiern. Das Fest hieß nicht *Schawu'ot*, sondern *Schewu'ot*, ›Schwüre‹, und ging zurück auf die Zeremonie Moses am Berg Sinai, als der Bund zwischen Gott und Israel geschlossen wurde und Israel schwor, Gottes Gesetze zu halten (*Exodus* 24). In einer Zeremonie, welche die ursprüngliche eindrucksvoll nachahmte, verlas man die Gesetze der *Torah*, und die Versammlung schwor, sie zu halten. Vergleichbare Feste, in denen das Volk den Bund mit seinem Gott oder seiner Gottheit jedes Jahr erneuerte, sind aus dem alten Orient bekannt.

So soll das Fest der Erneuerung des Bundes, das König Asa (911–871 v.d.Z.) feierte (*2. Chronik* 15:8–15), mit *Schawu'ot* identisch sein. Möglicherweise boten auch andere Feste Anlaß, den Bund neu zu schließen. Die Zeremonien enthielten die gleichen Handlungen: Man verlas das Gesetz und schwor, es zu halten. Dies hatte auch König Josia (er regierte 640–609 v.d.Z.) vollzogen, bevor er *Pessach* feierte (*2. Könige* 23:2–4); und in diesem Sinn läßt sich die Überlieferung in *Nehemia* 8 über das Neujahrsfest verstehen. Die Psalmen 50 und 81, die aus den zehn Geboten und der Überlieferung der Offenbarung am Berg Sinai zitieren, könnten Teil der Liturgie gewesen sein.

Die älteste Quelle, die *Schawu'ot* mit *bikkurim*, ›erste

Früchte‹, und mit der Erneuerung des Bundes verbindet, ist das *Buch der Jubiläen* (6: 17, 21 ff.):

> Deshalb ist festgesetzt und auf den himmlischen Tafeln niedergeschrieben, daß sie in diesem Monat das Fest der Wochen feiern sollen einmal im Jahr, zu erneuern den Bund in jedem Jahr und den weiteren Jahren [...] Es ist das Fest der Wochen und [ebenso] das Fest der ersten Früchte [vgl. *Numeri* 28: 26]. Zweifach und von zweierlei Art ist dieses Fest, entsprechend dem, was über seine Feier niedergeschrieben und eingegraben ist.

Fest der Gabe der *Torah*

Die Verbindung von *Schawu'ot* mit der »Zeit der Gabe unserer *Torah*«, wie es im Siebengebet und im Weihesegen zu *Schawu'ot* heißt, geht zurück auf die Erzählung von der Offenbarung, die im »dritten Monat« stattfand, das ist *Ssiwan* (*Exodus* 19: 1). Diese Verknüpfung machte *Schawu'ot* zu dem Fest der *Torah* überhaupt.

Die allmählich entstandene neue Liturgie prägt die Erinnerung an dieses einmalige Ereignis, an die Verkündung der zehn Worte des Bundes. Jedes Jahr, wenn der Weizen reif ist, soll man sich diese kollektive Einweihung vergegenwärtigen, als wäre man dabei gewesen:

Die Offenbarung am Berg Sinai

> Und es geschah am dritten Tage, als es Morgen wurde, es waren Donner und Blitze und eine schwere Wolke auf dem Berg und ein sehr mächtiger Schall des Widderhorns [*schofar*]; und das ganze Volk, das im Lager war, erzitterte in Angst. Und Mose führte das Volk aus dem Lager Gott entgegen, und sie stellten sich unterhalb des Berges auf. Und der ganze Berg Sinai rauchte, weil *JHWH* im Feuer auf ihn herabgestiegen war, und sein Rauch stieg auf wie der Rauch eines Schmelzofens, und der ganze Berg erzitterte sehr.

> Und der Schall des Widderhorns [*schofar*] wurde stärker und mächtiger; Mose redete, und Gott antwortete in [lauter] Stimme.
>
> (*Exodus* 19:16–19)

Auf hebräisch steht wörtlich, das Volk stellte sich »unterhalb des Berges«. Wie soll man sich das vorstellen, stieg der Berg zum Himmel auf? Ein *Midrasch* kommentiert:

11. Die Offenbarung am Berg Sinai

> Berg Sinai wurde aus seinem Standort herausgerissen und der Himmel öffnete sich und der Gipfel des Berges ging in den Himmel und Dunkelheit bedeckte den Berg.
>
> (*Pirqej de-Rabbi 'Eli'eser* 41)

Gott offenbarte sich verdeckt, doch jedem hörbar und verständlich. Das Volk, den gebotenen Abstand haltend, erlebte Gottes Erscheinen als die Aufforderung, nach seinen Gesetzen zu leben. Das Wort Gottes wies den Weg, nannte das Gesetz, das aus dem Volk »ein Königreich von Priestern und ein heiliges Volk« (*Exodus* 19:6) macht. Die Stimme, das Wort Gottes gab eine Lebensweise, die das Volk in Gottes Nähe führt.

> Und er [Mose] nahm das Buch des Bundes, und las es vor den Ohren des Volks, und sie sprachen: Alles, was *JHWH* gesprochen, werden wir tun und gehorchen.
>
> (*Exodus* 24:8)

Ein Versprechen bedingungsloser Hingabe, das die Hebräer am Berg Sinai gaben; sie nahmen damit das Gesetz an, ähnlich wie Generationen später die Moabiterin Rut, und wurden zu Juden. Ein Versprechen, das der Betende jedes Jahr zu *Schawu'ot* ablegt, wenn in der Synagoge die zehn Gebote vorgetragen werden und er die Offenbarung am Berg Sinai neu erlebt.

Midraschim zu der Offenbarung

Die jüdische Legende verlieh diesem Ereignis eine kosmische Bedeutung:

> Kein Vogel zwitscherte, kein Vogel flog, kein Stier brüllte, die Räder [am Thronwagen Gottes] flogen nicht auf, die *Ss^e^rafim* sprachen nicht ihr »Heilig«, das Meer erzitterte nicht, die Menschen sprachen nicht; die Welt schwieg und war still – und es erklang die Stimme: »Ich bin *JHWH*, dein Gott ...«
>
> (*Sch^e^mot Rabbah* 29)

Die Stille, aus der die Stimme erklang, erfaßte die ganze Welt und schien aus allen Himmelsrichtungen zu kommen:

> Zur Stunde, da der Heilige, gesegnet sei er, die *Torah* am Sinai gab, verhieß seine Stimme Israel Wunder über Wunder. Wie [ist] das [möglich]? Der Heilige, gesegnet sei er, sprach, und die Stimme fuhr aus und kreiste um die Welt; Israel hörte die Stimme. Sie kam zu ihm von Süden her, alles lief dorthin, um die Stimme zu hören,

da sprang sie um, und es war, als klänge sie von Osten her. Sie liefen nach Osten, und wieder änderte sich die Richtung, und die Stimme kam nun von Westen her. Sie drängten sich zum Westen, da sprang die Stimme um, und erklang vom Himmel herunter. Sie schauten auf zum Himmel, und wieder fuhr die Stimme in eine andere Richtung, und kam nun aus der Erde her. Da sprachen sie einer zum anderen (*Job* 28:12): »Die Weisheit, wo findet man sie? Und wo ist der Ort der Einsicht?«

(*Sch^{e}mot Rabbah* 5:9)

Die Stimme am Berg Sinai galt zwar dem Volk Israel, doch die Legenden sehen das Besondere der Offenbarung darin, daß auch andere Völker die Stimme vernahmen:

Als der Heilige, gesegnet sei er, Israel die *Torah* gab, ging Seine Stimme vom Ende der Welt bis zum Ende der Welt, und alle Könige der Völker wurden von Ehrfurcht ergriffen und sangen in ihren Palästen Loblieder. Sie versammelten sich bei Bil'am, dem Zauberer, und sprachen zu ihm: »Was ist das Getöse, das wir hörten? Kommt die Sintflut über die Welt?« Er sprach zu ihnen: »Der Heilige, gesegnet sei er, hat versprochen, keine Sintflut über die Welt zu bringen.« Da sprachen sie: »Vielleicht bringt er keine Sintflut, aber eine Flut aus Feuer?« Und er sprach zu ihnen: »Er hat geschworen, kein Geschöpf zu zerstören.« »Was ist denn das Getöse, das wir hörten?« Er sprach zu ihnen: »Der Heilige, gesegnet sei er, hat etwas Kostbares in Seinen Schatzkammern; es lag verborgen 974 Generationen vor der Weltschöpfung, und nun möchte er es seinen Söhnen geben.«

(*Bawli, S^{e}wachim* 116a)

Die Offenbarung hatte eine magische Wirkung: das Volk Israel wurde durch sie von allen Sünden gereinigt. Man war so rein wie der erste Mensch vor dem Sündenfall. Und als alle sagten, »wir werden tun und gehorchen«, kamen zehntausend Dienstengel und setzten jedem einzelnen zwei Kronen auf (*Bawli, Schabbat* 84a).

»Und der Berg brannte bis in das Herz des Himmels.« Zu diesem Vers sprach Rabbi Levi Jizchaq von Berdytschew also:

»Das göttliche Feuer am Berg beim Empfang der Lehre brannte in die Menschen hinein und ihr fleischliches Herz wandelte sich in ein himmlisches um.«

Gott stieg herab im Feuer, und sein Gesetz, die *Torah*, war aus Feuer:

»Und der Berg Sinai rauchte, weil *JHWH* auf ihn herabgestiegen war im Feuer …« *Exodus* 19:18 – das besagt, daß *Torah* Feuer ist, im Feuer wurde sie gegeben, dem Feuer ist sie vergleichbar. Und wie verhält sich das Feuer? Kommt ihm der Mensch zu nah, verbrennt er, entfernt er sich davon – wird ihm kalt. Der Mensch muß sich an ihrem Licht [der *Torah*] erwärmen.

(*M^e^chilta'*, Jitro, 3)

Die *Torah*, die Moses gegeben wurde, ist in schwarzem Feuer auf weißem Feuer geschrieben, im Feuer besiegelt und vom Feuer verhüllt. Während Mose schrieb, reinigte er seine Schreibfeder an seinem Haar, daher erhielt das Gesicht Moses seinen Lichtglanz.

(*J^e^ruschalmi, Sch^e^qalim* 6:1)

Was bedeuten die Worte »steig zu mir den Berg empor und sei dort …« [*Exodus* 24:12]? Das bedeutet: Eine

> heilige Seele wird göttlich, wenn sie emporsteigt nicht zur Luft oder zum Äther oder in den höchsten der Himmel, sondern über alle Himmel. Und jenseits der Welt gibt es keinen Ort außer Gott.
>
> (Philon, *Quaestiones et solutiones in Exodum*, 2:40)

Daß die *Torah* nach Mose genannt wird, geht auf seine große Bescheidenheit zurück:

> Rabbi J^e^hoschua' ben Lewi [3. Jh.] sagte: Zur Stunde, da Mose vom Heiligen, gesegnet sei er, herabgestiegen war, kam Satan und sprach vor Gott: »Herrscher der Welt, [die] *Torah*, wo ist sie?« [Und] er sprach: »Ich gab sie der Erde.« Er ging zur Erde und sprach zu ihr: »[Die] *Torah*, wo ist sie?« [Und] sie sagte zu ihm: »[sie wisse es nicht, denn nur] ›Gott kennt den Weg zu ihr‹« (*Job* 28:23). Er ging zum Meer, und dieses sprach: »Ich habe sie nicht«. Er ging zum Urgrund, und dieser sagte: »Sie ist nicht in mir«, denn es heißt: »Der Urgrund spricht: nicht in mir ist sie, und das Meer spricht: nicht bei mir« (*Job* 28:14). Er kehrte zurück und sprach vor dem Heiligen, gesegnet sei er: »Herrscher der Welt, ich suchte in der ganzen Welt nach ihr und fand sie nicht.« [Und] er sprach zu ihm: »Geh zu ben 'Amram.« Er ging zu Mose und sprach zu ihm: »[Die] *Torah*, die dir Gott gegeben hat, wo ist sie?« [Und] Mose sprach zu ihm: »Was bin ich, daß der Heilige, gesegnet sei er, mir die *Torah* gibt?!« Sprach der Heilige, gesegnet sei er, zu Mose: »Mose, bist du ein Lügner?!« Sprach er vor ihm: »Herrscher der Welt, eine verborgene Kostbarkeit hast du, an der du dich jeden Tag im Spiel erfreust. Soll ich mich für so gut halten [daß *mir* die *Torah* gegeben wurde]?« Sprach der Heilige, gesegnet sei er, zu Mose: »Da du dich geringer machtest, wird sie nach dir benannt werden«. Denn es

> heißt: »Gedenkt der Weisung Moses, meines Knechtes« (*Maleachi* 3:22).
>
> (*Bawli, Schabbat* 89a)

Fest der Diaspora

Schawu'ot blieb in der Diaspora lebendig, weil es zum »Fest der Gabe unserer *Torah*« wurde, und diese ließ sich überall hin mitnehmen. Gerade für das Leben in der Diaspora, die dem *hesster panim*, dem Verbergen des göttlichen Antlitzes, gleichkommt, ist die Vergegenwärtigung der Offenbarung Gottes in der Wüste besonders wichtig, zeigt sie doch den Weg in Seine Nähe zurück.

> Einst sprach Rabbi Elimelech [von Lezajsk 1717–1787]: »Meine Seele entsinnt sich, wie sie am Berg Sinai gestanden ist und wer beim Empfang der Lehre in ihrer Nähe war.«

Als Teil der Liturgie von *Schawu'ot* werden in der Synagoge die zehn Worte des Bundes auf besondere Weise kantilliert, die in *Exodus* 19–20 überlieferte Offenbarung, die Schriftrolle Rut und mittelalterliche Hymnen vorgetragen.

Tiqqun Lejl Schawu'ot

Die Tradition des heute noch verbreiteten Brauchs, am Vorabend des Festes nach dem Abendgebet einen *Tiqqun*, ›Wiederherstellung‹, zu halten, ist seit der zweiten Hälfte des 13. Jahrhunderts bekannt. Der Brauch wurde bereits im kabbalistischen Hauptwerk *Sohar* (I, 8a) beschrieben, fand jedoch erst im 16. Jahrhundert Verbreitung, vor allem, nachdem die Geschichte der Offenbarung, die Josef Karo und Shelomoh Alkabez beim *Tiqqun* erlebten, bekannt geworden war.

Man versammelt sich nachts in der Synagoge oder in Lehrsälen, man wacht und lernt gemeinsam nach einer besonders für dieses Ritual zusammengestellten Ordnung. Sie besteht aus den ersten und letzten Versen der

Wochenabschnitte der *Torah*, dem Hohenlied, den 613 Geboten und Verboten und aus Textstellen aus der *Mischnah* und den kabbalistischen Werken *Ssefer J^e zirah* und *Sohar.*

Den Grund für diesen Brauch lieferte eine Legende, in der es heißt, daß Israel am Vorabend der Offenbarung in Schlaf gefallen sei. Um diesen Makel in der Heiligkeit des Ereignisses wiedergutzumachen, bleibt man wach und lernt. Denn das Lernen der *Torah* bringt die Seele nahe zu Gott. Vor allem um Mitternacht, wenn sich die Tore des Himmels öffnen, kann man die durch die Sünden Israels entstandene Kluft zwischen dem Volk und seinem Gott schließen. Denn *Torah* ist die Brücke zu Gott, der Weg zur Erlösung.

Das Schmücken mit Grün und Blumen

Allein das Grün und die Blumen, die Haus und Synagoge schmücken, erinnern an die Freuden der Ernte. Das Grün mag auch an den grünenden Berg, an dem die Offenbarung geschah (*Exodus* 34:3), erinnern oder ein Hinweis darauf sein, daß nach der Überlieferung an *Schawu'ot* das göttliche Urteil über das Gedeihen der Baumfrüchte fällt (*Mischnah, Ro'sch ha-Schanah* 1:2). Im Gegensatz zu *Pessach* gibt es an diesem Feiertag weder Vorschriften noch besondere Riten.

Milchspeisen

Ein Brauch jedoch, dessen Herkunft man nicht kennt, ist der Verzehr von Milchspeisen. Käse- und Quarkkuchen und gefüllte Eierkuchen sind besonders beliebt. Eine Volkserzählung der polnischen Juden erklärt diesen Brauch mit einem Frauenaufstand.

> In Wilna lebten auch gelehrte Frauen, die der Schrift mächtig waren. Eines Tages stellte Frume, die Frau von Reb Lejb, die Frage: »Wie lange dulden wir noch die Vorschrift ›Er soll dein Herr sein‹? Wir sollten die Verhältnisse umkehren.« Sie versammelten sich und beschlossen, für ihre Rechte zu kämpfen. *Schawu'ot* stand kurz bevor, und sie faßten den Entschluß, für die-

ses Fest weder zu kochen noch zu backen. Als Reb Lejb vom Gebet nach Hause kam, fand er keinen gedeckten Tisch vor, sondern seine streikende Frau. Er dachte: »Wenn sie, um Gottes willen, verrückt geworden ist, so muß ich gesündigt haben, und nun bestraft mich Gott.« Um sich die Sache in Ruhe zu überlegen, ging er vor seinem Haus spazieren und bemerkte, daß auch andere Männer spazieren gingen. Es sah aus, als würden sie den Protest mit Liebe hinnehmen, um die Heiligkeit des Tages nicht zu verletzen. Als sie aber verstanden, daß es sich nicht um einen Einzelfall, sondern um einen organisierten Aufstand handelte, baten sie Reb Lejb um Rat. Da ließ Reb Lejb seine Frau holen und fragte sie nach dem Sinn der Aktion. So erfuhr er, daß jetzt die Verhältnisse umgekehrt werden sollten: von nun an sollten die Frauen herrschen. Reb Lejb hörte seiner Frau mit geschlossenen Augen zu und nickte. Dann sagte er: »Wir Männer haben auch Forderungen, und wenn der Streik nicht sofort beendet wird, heben wir das Verbot der Vielehe auf, und jeder Mann wird mehrere Frauen heiraten können.«

Da beeilten sich die Frauen, ihre Arbeit für das Fest zu verrichten, und da sie weder Fisch noch Fleisch eingekauft hatten, konnten sie in der Eile nur – aus Teig, Käse und Milch – gefüllte Eierkuchen zubereiten. Seitdem ißt man Milchspeisen an *Schawu'ot*.

Schawu'ot als Erntedankfest der Pioniere

In der Aufbauzeit Israels feierte man *Schawu'ot* wieder als folkloristisches Erntefest. Eine Neuerung, die von säkularen Juden angeregt wurde und bei den Orthodoxen auf heftigen Widerstand stieß. In den ländlichen Siedlungen, in *Kibbuzim* und *Moschawim*, errichtete man Bühnen, schmückte sie mit weißen Stoffen, Blumen und Grün, und Landwirte aus der ganzen Gegend brachten ihre ersten Früchte als Spende. Die Teilnehmer waren weiß gekleidet, mit Blumen und Ähren geschmückt. Auch Neugeborene wurden mitgebracht. Diese Zeremonien gingen auf die Rituale der Tempelzeit zurück und zogen viele Zuschauer aus den Städten an. Für diesen Anlaß schuf man Lieder und Tänze. Die Künstlichkeit dieser Erstlingsfeste ließ sie jedoch wieder verschwinden. Mit dem Verblassen der Ideologie der Pioniere stellte man nach und nach diese Zeremonien ein. Bescheidenere Feste werden in Kindergärten und in Grundschulen gefeiert, doch auch sie scheinen an Anziehungskraft zu verlieren.

Das Fest selbstloser Hingabe

Wenn aber *Schawu'ot* kommt und man Haus und Synagoge mit Grün und Blumen schmückt, erscheint im Glast des Frühsommerlichtes die makellose Gestalt von Rut, der Moabiterin, die aus voller Überzeugung zum Judentum übergetreten ist und Stammutter des davidischen Königshauses wurde, aus dem einst der Messias kommen wird. Sie verkörpert jene selbstlose Hingabe, die damals das Volk am Berg Sinai zeigte, als es Gottes Lehre annahm. Von König David wird überliefert, er sei an *Schawu'ot* geboren worden und gestorben (*Rut Rabbah* zu 1:17). Unter den sefardischen Juden in Jerusalem ist es daher Brauch, an *Schawu'ot* die Stätte aufzusuchen, an der er ruhen soll.

> Aber schön und gottwürdig ist die Beschreibung, daß die Stimme aus dem Feuer hervorkomme, denn die [zehn] Worte Gottes wurden geläutert und geprüft wie Gold durch das Feuer [vgl. Psalm 12:7; 119:140]. Es vermittelt symbolisch auch folgende Bedeutung: Da es die Natur des Feuers ist, sowohl zu leuchten als auch zu verbrennen, werden jene, die sich entschlossen haben, den heiligen Worten zu gehorchen, im schattenlosen Licht ewig leben, und die Gesetze werden in ihren Seelen wie Sterne funkeln; jene aber, die das Gesetz

nicht achten, werden von ihren Leidenschaften verzehrt und verbrannt …

(Philon, *De decalogo* 48–49)

Groß ist die *Torah*, denn sie gibt Leben jenen, die sie [ihre Gesetze] befolgen in dieser und in der kommenden Welt, denn es heißt … »Sie ist ein Baum des Lebens für jene, die an ihr festhalten, und die sie bewahren, werden beglückt.« (*Sprüche* 3:18)…

(*Mischnah, 'Awot* 6:7)

Abbildung 12

Der Tempel brennt

Der Tempel in Jerusalem, *'ir ha-qodesch*, ›Stadt der Heiligkeit‹, galt als der von Gott erwählte Ort, in dem Seine Herrlichkeit einwohnte. Gottes Gegenwart an diesem Ort hob die Differenz von Himmel und Erde auf. Heiligkeit und kultische Reinheit machten den Tempel zum Mittelpunkt der Stadt, des ganzen Landes Israel und der gesamten Judenheit. In der Provinz Judäa bildete der zweite Tempel aufgrund seiner Kult- und Abgabenordnung das religiöse, soziale sowie wirtschaftliche Zentrum. Der immerwährende Tempeldienst manifestierte nicht nur die beständige Gemeinschaft mit Gott, sondern auch religiöse und politische Freiheit. Daher der hohe Symbolwert, den der Tempel hatte und hat.

Zerstört wurde der Tempelbau, doch nicht der heilige Ort, der endzeitlich als dritter und letzter Tempel in Erscheinung treten wird. Diese Darstellung eines quasi antiken Tempels geht auf einen Holzschnitt aus *Ssefer ha-minhagim*, Venedig 1601, zurück.

Tisch'ah b^e-'Aw

Wie sitzt einsam die Stadt, die volkreiche

Die Klage

Auch wenn ich wehklage und schreie, – zugestopft ist mein Gebet.

(*Klagelieder* 3:8)

Mein Herr wurde wie ein Feind, er zerstörte Israel, zerstörte all seine Paläste, verdarb seine Festungen und vermehrte in der Tochter J^ehudahs Klage und Wehklage.

(*Klagelieder* 2:5)

Tröste, *JHWH*, unser Gott, Zion und Jerusalem. Gedenke in Erbarmen aller derer, die um sie trauern, und breite das Zelt deines Friedens über sie, wie verheißen ist: »Siehe, ich breite einen Frieden über sie wie einen Strom.«

(Aus der *'Amidah* zum Nachmittagsgebet von *Tisch'ah b^e-'Aw*)

Die Erinnerung an die Verwüstung Jerusalems

Tisch'ah b^e-'Aw, der neunte des elften Monats im jüdischen Kalender (Juli – August) ist ein Fastentag, an dem mehrerer dunkler Ereignisse in der Geschichte des jüdischen Volks gedacht wird. Was geschah am 9. *'Aw*?

Bereits in der *Mischnah* (*Ta'anit* 4:6) werden fünf Katastrophen aufgezählt, die an diesem Tag über das Volk Israel gekommen seien:

In dieser Nacht weinten die Kinder Israel, die aus Ägypten ausgezogen waren, weil ihnen die Kundschafter Schlechtes vom verheißenen Land erzählten. Sie beklagten sich bitterlich bei Mose und Ahron, besser wären sie in Ägypten geblieben. Zur Strafe durften sie das ersehnte Land nicht betreten und mußten in der Wüste sterben.

Im Jahr 3174 (das ist 586 v. d. Z.) setzten die Armeen Nebukadnezzars, des Königs von Babel, den Tempel in Brand. Am nächsten Tag verbrannten »das Haus des Herrn und das Haus des Königs und alle Häuser Jerusalems«, so berichtet der Prophet Jeremia (52:13).

An diesem Tag im Jahr 3830 (70 n. d. Z.) wurde der zweite Tempel durch Titus, den Führer der römischen Heere, zerstört.

Seit Beginn der Rückkehr nach Zion (um 538 v. d. Z.) war Jerusalem die Hauptstadt von *J^e^hud medinta* (Esra 5:8), so die aramäische Bezeichnung der persischen Provinz *J^e^hudah*, Judäa. Der zweite Tempel wurde 516 v. d. Z. errichtet, doch erst Esra und Nechemjah setzten das »Gesetz des Gottes des Himmels« (Esra 7:21) in Jerusalem durch. So wurde Jerusalem zum einzigen jüdischen Zentrum, das verpflichtet war, die Torah als seine Verfassung zu betrachten. Von da an bestimmte der Tempel den Charakter der kleinen Provinz religiös und aufgrund der Tempelsteuer auch wirtschaftlich. Auch Alexander der Große erkannte den Status der Tempelprovinz Judäa und ihrer Institutionen an. Damit schuf er eine Rechtslage, die auch von der römischen Herrschaft berücksichtigt wurde. Allerdings geriet der Tempelstaat in äußere und innere Auseinandersetzungen: zwischen Seleukiden im Norden und Ptolemäern in Ägypten sowie um die Ämtertrennung zwischen Hohepriester und König.

In dieser Krisenzeit entstand das endzeitliche Geschichtsbild, das nach einer rigorosen Ausrichtung auf Gott und sein Gesetz verlangte und zur politischen Radikalisierung führte, die in den Aufständen zunächst gegen die Seleukiden und später gegen Rom kulminierten. Im zweiten Krieg gegen Rom wurde der Tempel, im dritten Jerusalem zerstört.

Der Kampf der Kulturen eskalierte, als Kaiser Hadrian ein neues Jerusalem nach dem Vorbild einer römischen und heidnischen Metropole errichten wollte. Nach römischem Brauch ließ er 132 der geplanten Stadtmauer entlang den Boden wie ein Ackerfeld mit dem Pflug bestellen, laut *Mischnah* (*Ta'anit* 4:6) am neunten *'Aw*. Für die Juden erfüllte sich mit diesem Akt die Voraussage des Propheten *Micha* (3:12): »Darum wird Zion um euretwillen wie ein Acker gepflügt werden.«

Dann gab er der neuen Colonia, der neuen Siedlung, den Namen *Aelia Capitolina. Aelia* – weil sein Geschlecht *Aelius* hieß; und *Capitolina* – nach dem Capitol, dem Tempel für Jupiter, Juno und Minerva in Rom. Die Errichtung einer fremden Stadt in Jerusalem und die Einführung eines fremden Götterdienstes auf dem Tempelberg waren für die Juden die schlimmste Erniedrigung. Unter der Führung Bar Kochbas begann man den Aufstand gegen die römische Besatzungsmacht vorzubereiten. Das war die letzte Hoffnung. Doch wurde die Stadt Bejtar, Trutzburg des jüdischen Heeres, nach langer Belagerung durch die Römer erobert und zerstört, und mit ihr die Hoffnung, die feindliche Macht zurückdrängen zu können. Laut *Mischnah* (*Ta'anit* 4:6) fiel Bejtar am 9. *'Aw* 135.

Am Fastentag gedenkt man auch späterer Katastrophen

Tisch'ah b^e-'Aw steht traditionell für den Verlust des Zentrums religiöser, politischer und kultureller Souveränität, für den Beginn der Diaspora und für alles Leid der Verfolgungen und Vertreibungen. So gedenkt man am *Tisch'ah b^e-'Aw* der Zerstörung der Gemeinden Speyer, Worms und Mainz 1096, der Vertreibung der Juden aus England 1290, aus Frankreich 1306, aus Spanien 1492, aus Österreich 1670 – die Liste ist lang und reicht bis in die jüngste Vergangenheit: der Erste Weltkrieg begann am 9. *'Aw* (1. August) 1914 mit der Kriegserklärung des Deutschen Reichs an Russland; am 9. *'Aw* 1942 wurden Tausende im Warschauer Getto ermordet.

Vorschriften und Bräuche

Der Fastentag dauert von Sonnenuntergang bis Sonnenuntergang. In diesen 24 Stunden ist jede Befriedigung leiblicher und geistiger Genüsse untersagt. Dazu gehören auch das Waschen und das Salben sowie das Studium der *Torah*. Ausgenommen sind das Buch der *Klagelieder*, das Buch *Job* und jene Passagen des Buches *Jeremia*, die Strafandrohungen und Berichte über den Untergang des Staates enthalten. Obwohl der Trauertag an einem Hochsommerabend beginnt, ist es in der Synagoge recht dunkel. Kein Kronleuchter brennt; wo sonst zwei Kerzen leuchten, ist nur ein einziges Licht angezündet für den Vorbeter, der die Gebete vorträgt. Man kleidet sich schlicht, trägt keine Lederschuhe, sondern Schuhe aus Filz oder Stoff; das ist heute noch so. Nach dem Abendgebet setzt man sich in kleinen Gruppen um einen Kerzenstumpf auf niedrige Schemel, Fußbänke oder auf den Boden und trägt in diesem Halbdunkel die *Klagelieder* Jeremias und andere Trauergesänge, *qinot*, aus dem Mittelalter vor. Die so sitzende Gemeinde wirkt, als ruhe sie sich aus auf dem Gang in die Gefangenschaft. Der Vorhang des *Torah*schreins wird an diesem Tag entfernt. An Stelle des Allerheiligsten kann man die profanen Brettertüren sehen. In orientalischen Gemeinden hängt man einen schwarzen Vorhang vor den *Torah*schrein, breitet eine schwarze Decke über das Vorlesepult und hüllt die *Torah*rolle in ein schwarzes Mäntelchen ein. Gleichnisse für die Zerstörung und Entweihung des Tempels. Wie in der Zeit der Trauer um einen nahen Verwandten grüßt man einander am 9. *'Aw* nicht; denn das Grußwort *schalom* bedeutet nicht nur Frieden, sondern auch, daß alles ganz und unversehrt ist. Manche Frommen schlafen in der Nacht des 9. *'Aw* auf der nackten Erde und legen sich einen Stein statt eines Kissens unter den Kopf.

Moses Hess

Wie prägend das Erlebnis dieser Trauerfeier war, beschreibt Moses Hess in seiner 1862 erschienenen Schrift

Rom und Jerusalem, die letzte Nationalitätenfrage, mit der er das Programm des späteren Zionismus vorwegnahm. Hess, der 1812 in Bonn geboren wurde und 1875 in Paris starb, hatte, obwohl Sozialist und radikaler Vorkämpfer einer modernen Zeit, sehr viel Sinn für Tradition.

> Ich erinnere mich nie ohne tiefe Rührung der Szenen, die ich als Kind im Hause meines frommen Großvaters zu Bonn erlebt habe, wenn der Tag der Zerstörung Jerusalems herannahte. In den ersten neun Tagen des Monats *'Aw* nahm die schon drei Wochen vor dem verhängnisvollen neunten Tage dieses Monats begonnene Trauer einen recht düsteren Charakter an. Selbst der Sabbat verliert in diesen Tagen der tiefsten Nationaltrauer sein heiteres Festgewand und wird sehr bezeichnend der »schwarze Sabbat« genannt.
>
> Mein strenggläubiger Großvater war einer jener ehrwürdigen Schriftgelehrten, die, ohne ein Metier daraus zu machen, Titel und Kenntnisse eines Rabbiners hatten. Nach beendigtem Tagesgeschäft studierte er das ganze Jahr hindurch bis nach Mitternacht den *Talmud* mit seinen vielen Kommentaren. Nur in den »neun« Tagen wurde dieses Studium unterbrochen. Er las alsdann mit seinen Enkelchen, die bis nach Mitternacht aufbleiben mußten, die Sagen von der Vertreibung der Juden aus Jerusalem. Der schneeweiße Bart des strengen alten Mannes wurde bei dieser Lektüre von Tränen benetzt; auch wir Kinder konnten uns dabei natürlich nicht des Weinens und Schluchzens enthalten. Ich erinnere mich besonders einer Passage, die ihre Wirkung auf Großvater und Enkel nie verfehlte.
>
> »Als die mit Ketten beladenen Kinder Israels«, heißt es in dieser sagenhaften Geschichte von der Wanderung der Juden ins babylonische Exil, »von den Kriegsknechten Nebukadnezzars nach Babylonien geschleppt

wurden, führte der Weg an dem Grabe der Mutter Rahel vorüber. Wie sie sich dieser Grabesstätte näherten, hörte man Klagen und bitterliches Weinen. Es war die Stimme Rahels, die aus ihrem Grabe aufgestanden war und über das Schicksal ihrer unglücklichen Kinder wehklagte« [nach *Jeremia* 31:15].

In Jerusalem

In Jerusalem pflegt man zur Klagemauer zu gehen und dort die ganze Nacht gemeinsam zu beten und am nächsten Tag jeder für sich und still die Klagelieder zu sprechen. Die Legende erzählt, daß dann die alten Steine der Klagemauer mit ungewöhnlich vielen Tautropfen benetzt werden, die gleichsam mit den Tränen der Menschen herunterrollen; so trauert die Klagemauer, der einzige Rest des Tempelgeländes, mit.

Nach der Tempelzerstörung ist nichts mehr wie zuvor

Die Zerstörung des Tempels in Jerusalem, des Hauses, dem Gott seine Gegenwart in der physischen Welt schenkte, ist das tragische Ereignis in der jüdischen Geschichte. Danach war nichts mehr wie zuvor. In den Überlieferungen des *Talmud*, der in einer Zeit entstand, in der die Erinnerung an die zerstörte Herrlichkeit und der Nachhall des schweren Verlustes von Heiligtum und Staat noch frisch waren, findet das Entsetzen einen formenreichen Ausdruck.

> Seit dem Tag der Tempelzerstörung liegen die Tore des Gebets verschlossen … wurde eine Eisenmauer zwischen Israel und seinem Vater im Himmel errichtet
> (*Bawli, B^erachot* 32b)

Alles hat sich verwandelt. Die Beziehung zwischen dem Volk und Gott war nicht mehr dieselbe. Mehr noch, die Welt veränderte sich.

> Seit das Heiligtum zerstört wurde, ist der Himmel nicht mehr so klar
> … verging der Segen aus der Welt
> … verlor die körperliche Liebe ihren Geschmack
> … vergeht kein Tag ohne Fluch, bringt der Tau keinen Segen und die Früchte verloren ihren Geschmack.
> (*Bawli, Berachot* 59a; *Mischnah, Ssotah* 9:12; *Bawli, Ssanhedrin* 75a und *Ssotah* 48a)

Der Umstand dieser Zerstörung ließ sich nicht fassen, und die Legenden berichten, wie der Prophet Jeremia die Erzväter, die Erzmütter und den Propheten Mose aus ihren Grabesstätten rief, damit sie vor dem Herrscher der Welt für ihre Kinder sprächen, über ihr entsetzliches Schicksal Klage erhöben und das Böse abzuwenden versuchten. Allein Mutter Rachel gelang es, etwas zu bewirken:

Moses Klage

> […] Jeremia stand am Ufer des Jordan und rief: »Sohn des 'Amram, Sohn des 'Amram, steh auf! Die Zeit ist gekommen, da du vor dem Heiligen, gesegnet sei er, erscheinen sollst.« Sagte Mose zu ihm: »Was ist besonders an diesem Tag, daß wir vor dem Heiligen, gesegnet sei er, erscheinen sollen?« Sagte Jeremia: »Ich weiß es nicht.«
>
> Ließ ihn Mose stehen und ging zu den Dienstengeln, die er noch von der Gabe der *Torah* her kannte, und sprach zu ihnen: »Diener des Höchsten! Wißt ihr, weshalb ich vor dem Heiligen, gesegnet sei er, erscheinen soll?« Sagten sie zu ihm: »Sohn des 'Amram, weißt du nicht, daß der Tempel zerstört ist und Israel in die Verbannung ging?« Sogleich zerriß Mose sein Gewand, das ihm der Heilige, gesegnet sei er, angezogen hatte, legte seine Hände auf den Kopf und ging schreiend und weinend zu den Vätern der Welt […]
>
> Mose hob an zu sprechen und sagte: »Verflucht bist

du, Sonne! Warum wurdest du nicht finster, als der Feind in den Tempel eindrang!« Erwiderte ihm die Sonne: »Bei deinem Leben, Mose, treuer Hirt, wie sollte ich finster sein – wenn man mich nicht ließ, mich mit sechzig Peitschen aus Feuer schlug und mir befahl: Geh hinaus und laß dein Licht leuchten!«

Wieder hob Mose an zu sprechen und sagte: »Weh deinem Lichtglanz, Haus des Heiligen, wie wurde es finster?! Weh, seine Zeit kam, zerstört zu werden! Das Heiligtum brannte nieder und die Schulkinder werden ermordet, ihre Väter sind Gefangene und gehen in die Verbannung.«

Wieder hob Mose an zu sprechen und sagte: »Bei euerem Leben, Gefangennehmende! Tötet sie nicht auf grausame Weise und rottet sie nicht aus, und tötet nicht den Sohn vor den Augen des Vaters und die Tochter vor den Augen der Mutter, denn die Stunde wird kommen, da der Heilige, gesegnet sei er, Rache an euch üben wird.« Und die bösen Babylonier taten es nicht, aber sie legten den Sohn in den Schoß seiner Mutter und befahlen seinem Vater: »Schlachte ihn!« Seine Mutter weinte, daß ihre Tränen über ihn fielen, und sein Vater enthauptete ihn.

Sagte Mose vor dem Heiligen, gesegnet sei er: »Herrscher der Welt, du schriebst in deiner *Torah*: ›und Stier oder Lamm, es selbst und seinen Jungen sollt ihr nicht an einem Tag schlachten‹ – und diese ermordeten viele Söhne und Mütter, und Du schweigst …«

Rachels Worte

In jener Stunde sprang unsere Mutter Rachel auf und stellte sich vor den Heiligen, gesegnet sei er, und sprach: »Herrscher der Welt, es ist Dir offenbar, daß Jakob mich über alles liebte und für meine Hand bei meinem Vater sieben Jahre arbeitete und daß ihm mein Vater, als die Zeit meiner Hochzeit kam, riet, meine Schwester zu heiraten; und ich war nicht eifersüchtig und habe sie nicht beschämt. Und wenn ich, gemacht aus Fleisch und Blut, aus Staub und Asche, auf meine Nebenbuhlerin nicht eifersüchtig war, warum bist Du, lebendiger und barmherziger König, auf den hohlen und eitlen Götzendienst eifersüchtig und hast meine Söhne in die Verbannung geschickt?«

Der Heilige, gesegnet sei er, antwortete sogleich. Er sprach Barmherzigkeit und sagte: »Für dich, Rachel, bringe ich Israel an seinen Ort zurück. Denn es heißt [*Jeremia* 31:14–16]: ›Also spricht *JHWH*: Halte zurück deine Stimme und deine Augen von Tränen; denn ein Lohn ist für dein Tun, [...] und Hoffnung ist für deine Zukunft, ist der Spruch von *JHWH*, und es werden zurückkehren die Kinder in die Grenze [ihres Landes].‹«

Jalqut Schim'oni zu *'Ejchah*

Gott zog seine Gegenwart zurück

Die Zerstörung des Tempels war nur deswegen möglich, weil Gott seine Gegenwart dem eigenen Haus entzogen hatte. Jerusalem läßt sich daher von niemandem – weder von den Erzvätern noch von den Propheten – trösten, außer von Gott, der das Feuer, das die Stadt verbrannte, angezündet hatte (*P^e^ssiqta' Rabbati*, 30 und 33). Daß Gott selbst mit Israel leidet, kommt in der folgenden Überlieferung zum Ausdruck:

Wenn der Heilige, gesegnet sei er, an seine unter den Völkern der Welt leidenden Söhne denkt, läßt er zwei Tränen in das große Meer fallen, und seine Stimme geht vom Ende der Welt bis zum Ende der Welt.

(*Bawli, B^e^rachot* 59a)

Und mit Gott klagen und weinen Erzväter, Erzmütter und Erzengel, wenn er ruft: »Wehe, daß ich mein Heim zerstört und meine Kinder in aller Herren Länder verbannt habe.«

In einer Volkserzählung heißt es:

> Ein Gecko half den Römern bei der Verbrennung des Tempels. Er trug die glühenden Kohlen in das Innere des Tempels, und von dort aus griff das Feuer um sich. Die Tauben und die Sperlinge hingegen versuchten das Feuer zu löschen, indem sie Wasser in ihren Schnäbeln brachten. Aber das Feuer wurde immer stärker, und es gelang ihnen nicht, den Tempel zu retten.

Kleinliche Eitelkeit, Zwietracht, Neid und Rachsucht der Bewohner Jerusalems – so der *Talmud* (*Bawli, Gittin* 55a) – brachten die Zerstörung über die heilige Stadt. Das Volk Israel wurde bestraft, weil es nicht länger als ein zusammenhängendes Ganzes lebte, dessen Einzelteile füreinander einstehen, und das Mittel für die Wiedererrichtung wird auch genannt: wohltätige Freigebigkeit (*Bawli, Schabbat* 139a).

Hoffnung auf Erlösung

Es ist nicht verwunderlich, daß mit dem dunkelsten Ereignis die größte Hoffnung verknüpft wurde, die Hoffnung auf Erlösung. Jerusalem und das Heiligtum wurden im Sternzeichen Löwe (*'Aw*) zerstört, und sie werden im Sternzeichen Löwe erlöst (*P^e^ssiqta' d^e^-Raw Kahana'*, diwrej Jirm^e^jahu, 13:15, S. 239). Im *Midrasch* wird von 'Abbajej (ca. 278–338) zitiert:

13. 'Aw – Löwe

> Die Freude kommt nur am 9. *'Aw*, denn dieser Tag wurde als ein Trauertag festgesetzt, aber der Heilige, gesegnet sei er, wird aus ihm einen Feiertag machen. Wie es heißt [*Jeremia* 31:12]: »[…] und ich wandle ihre Trauer in Wonne und tröste sie und erfreue sie nach ihrem Kummer.«
>
> (*P^e^ssiqta' Rabbati* 28)

Einer alten Legende zufolge wurde am Tag der Tempelzerstörung der Messias – Menachem ben Chisqijjah – geboren (*J^e^ruschalmi, B^e^rachot* 2, *'Ejchah Rabbah* zu *Klagelieder* 1:16).

Der Messias wurde am Tag der Tempelzerstörung geboren

Und Elia – sein Andenken sei gesegnet – war unterwegs an jenem Tag, an dem der Tempel zerstört wurde, und er hörte eine Stimme schreien: »Der Tempel wird zerstört werden, die Söhne des Königs werden gefangen genommen, die Frau des Königs wird Witwe sein«, denn es heißt [*Klagelieder* 1:1]: »Wie sitzt einsam die Stadt, die volkreiche, wie eine Witwe.« Da Elia dies hörte, sprach er: »Er beabsichtigt die Welt zu zerstören!« Er ging umher und traf auf Menschen, die pflügten und säten. Da sprach er zu ihnen: »Der Heilige, gesegnet sei er, erzürnte sich über Seine Welt und möchte Sein Haus zerstören, seine Kinder unter die Völker der Welt in die Verbannung schicken, und ihr seid mit dem vergänglichen Alltag beschäftigt?!« Es kam eine Stimme hervor und sprach zu ihm: »Laß sie! Ihr Erretter ist schon geboren!« Sagte er zu ihr: »Und wo ist er?« Sagte sie ihm: »In Bet Lechem [in] Judäa.«

Er ging und fand eine Frau im Hauseingang sitzend, und ihr Sohn lag blutverschmiert vor ihr. Sagte er zu ihr: »Meine Tochter, hast du einen Sohn geboren?« Sie antwortete: »Ja.« Sagte er zu ihr: »Aus welchem Grund liegt er blutverschmiert da?« Sagte sie zu ihm: »[Es ist doch] ein großes Unglück – denn am Tag seiner Geburt wurde der Tempel zerstört.« Sagte er ihr: »Meine Tochter, steh auf und halte ihn fest, denn ihr werdet durch ihn große Errettung erfahren.« Sie erhob sich sofort und hielt ihn [im Arm], und er gab ihr Kleider, um ihn anzuziehen, und Schmuck, um ihn zu zieren, doch sie wollte nichts annehmen. Da sagte er zu ihr: »Nimm [dies doch] von mir an, und eines Tages komme ich und bekomme, was sie kosten.« Er verließ sie und blieb fünf Jahre weg.

Nach fünf Jahren sagte er [zu sich]: »Ich werde gehen, um zu schauen, ob der Erretter von Israel in Königsgestalt oder in der Gestalt von Dienstengeln aufwächst.« Er ging und fand die Frau in ihrem Hauseingang stehend. Er sagte zu ihr: »Meine Tochter, wie geht es dem Jungen?« Sie antwortete: »Rabbi, sagte ich dir nicht, daß sein Schicksal bös ist, denn am Tag seiner Geburt wurde der Tempel zerstört? Und mehr noch – Beine hat er, doch geht er nicht, Ohren hat er, doch hört er nicht, Augen hat er, doch sieht er nicht, Mund hat er, doch spricht er nicht, und er liegt da wie ein Stein.« Wie sie so sprach, wehte über ihn ein Wind aus allen vier Himmelsrichtungen und warf ihn ins große Meer. Zerriß Elia seine Kleider, riß sein Haar aus und schrie: »Weh, die Errettung von Israel ist verloren gegangen!« Kam eine Stimme hervor und sagte: »Elia! Es ist nicht, wie du denkst. Aber er wird vierhundert Jahre im großen Meer wohnen, und achtzig Jahre im Rauch der Söhne von Korach, und achtzig Jahre an den Toren von Rom, und in den übrigen Jahren wird er in allen großen Staaten umherirren bis an die Endzeit.«

(*B*^{e}*-re'schit Rabbah*, waj-jeze')

Vom Trauertag zum Festtag

Wer über Jerusalem trauert, weiß, daß er die wiedererrichtete Herrlichkeit erleben wird. Wer den Trauertag begeht, wird ihn als schönen, frohen Feiertag erleben (*Bawli, Bawa' Batra'*, 60b, *P*^{e}*ssiqta' Rabbati* 28 u. a.). Die Nähe von Trauer und Erlösungsgedanken illustriert die chassidische Erzählung vom Rabbi Naftali von Ropschütz; er lebte 1760–1827 in Galizien und war bekannt für seine Heiterkeit und seinen asketischen Lebensstil:

Am Jahrestag der Zerstörung Jerusalems rief er den Vers der Klagelieder: »Oh, Mauer der Volkschaft Zions, laß wie Bäche Tränen strömen Tag und Nacht!« [*Klagelieder* 2:18] mit herzzerreißender Stimme; die Gemeinde brach in großes Weinen aus. Er hielt ein Weilchen inne. Plötzlich erhob er sich von seinem Schemel und sang in einer fröhlichen, feierlichen Melodie die Worte: »Und es werden rückkehren die Priester zu ihrem Dienste, die Leviten zu ihrem Gesang und Israel in seine Heimat.«

Dann setzte er die Klagelieder fort.

Am Trauertag

Um den Messias, der, nach der Legende, bereits geboren wurde, zu empfangen, ist es unter den sefardischen Juden Brauch, am Nachmittag des 9. *'Aw* das Haus zu putzen, mit Blumen zu schmücken und um das Haus goldenen Sand zu streuen. Danach waschen sich Mädchen und Frauen die Haare, legen ihre besten Kleider und all ihren Schmuck an. Zu Ehren des kommenden Messias wird die Kerze für *Tisch'ah b^{e}-'Aw* besonders feierlich und in Erwartung der endgültigen Erlösung angezündet. Diese Bräuche entsprechen den Worten Jesaias (61:3), Gott wird die Trauernden nach Zion bringen und ihnen geben »[...] Schmuck statt der Asche, Öl der Wonne statt der Trauer, Prachtgewand statt betrübten Gemütes [...]«.

Napoleon und der Fastentag

Von Napoleon wird erzählt, er sei bei seinem Feldzug in Rußland an einem 9. *'Aw* an einem jüdischen Schtetl vorbeigekommen. Als er die Juden in der dunklen Synagoge sitzen und weinen sah, soll er gesagt haben: Ein Volk, das seines Landes zweitausend Jahre gedenkt, wird auch den Weg finden, in sein Land zurückzukehren.

Der Trauertag gilt immer noch

Mit der Errichtung des Staates Israel stellte sich die Frage, ob dieser Trauertag unverändert begangen werden soll.

Doch für die Orthodoxie gilt der Staat nur als ›Beginn der Erlösung‹, erst bei endgültiger Erlösung wird Trauer sich in Freude verwandeln können.

Abbildung 14

Der bedeutsamste Teil der Liturgie an *Ro'sch ha-Schanah* ist das gebotene Blasen des *Schofar.* Der *Schofar*bläser besteigt die Vorlesebühne, spricht ein Gebet, Schriftverse und Segenssprüche und läßt die einzelnen *Schofar*töne nach Vorgabe des Rabbiners oder eines anderen Schriftgelehrten erschallen. Während des Morgen- und Zusatzgebets und nach Abschluß des Zusatzgebets werden nach aschkenasischem Brauch hundert, nach jemenitischem einundsiebzig *Schofar*töne geblasen. Wenn der erste Festtag auf *Schabbat* fällt, unterbleibt – nach Anordnung der Rabbinen (*Ro'sch ha-Schanah* 29b) – das Blasen des *Schofar.*

Ro'sch ha-Schanah

Am Neujahrstag wird es geschrieben
Und am Versöhnungstag besiegelt

Heiße kürzer werdende Tage, trockene Disteln am Wegrand, Bäume, deren mattes Grün mit Schichten aus weißgelbem Staub bedeckt ist, und der Geruch ausgetrockneter Erde kündigen das Ende des Sommers an. Nach der langen Hitzeperiode, nach dem grellen Licht beginnt der israelische Herbst mit Müdigkeit und Durst auf Regen, kaum mit Blätterfallen. In diese Zeit fällt *Ro'sch ha-Schanah*, wörtlich ›Kopf des Jahres‹, das Neujahrsfest. Das Ende des Jahres

Kein lautes Neujahrsfest. Der Jahreswechsel ist die Zeit stiller Selbstüberprüfung und ernster Sammlung. Ehrfurcht vor dem Tag des Gerichts durchsetzt die Freude auf Erneuerung. In meinem Elternhaus färbte jedes Jahr die gleiche Duftmischung aus Zimt und Nelke, Apfel, Granatapfel und Honig die eigentümliche Stimmung der letzten Jahresstunden. Schon am späteren Nachmittag standen auf dem weiß bedeckten Wohnzimmertisch ein großer Teller mit Apfelspalten, jedes Jahr die gleich aussehenden kleinen Fischerboote nebeneinander geordnet, zwei, drei Schälchen Honig, eine Schüssel mit hellroten, saftigen Granatapfelkernen, würziger Honigkuchen, Datteln, Wein und Traubensaft. Familientradition

Die Haustür stand offen. Ohne sich zu verabreden, kamen jedes Jahr vor der Dämmerung einige Nachbarn mit ihren Kindern zu meinen Eltern, um das neue Jahr zu segnen. Wir standen alle festlich gekleidet um den gedeckten Tisch. Weiße Kerzen wurden entzündet, um den Tag zu heiligen, und jeder hielt in der Hand ein Glas Wein oder Traubensaft für den *Qiddusch*, den Segensspruch für die Weihe des Festtages. Dann bekam jeder eine Apfelspalte und tauchte sie in Honig, wir sprachen den Segen und wünschten uns, daß das beginnende neue Jahr ein gutes und ein süßes sein möge. Beim Granatapfel sagten wir: »Mögen unsere Verdienste so zahlreich sein wie die Kerne des Granatapfels.« Danach sangen wir. Es waren israelische Lieder über das Jahr, das zu Ende geht, und über das neue Jahr, das gut sein möge, über die große Hitze, die vorbei ist, und den ersten Regen, der bald fallen soll. Einige Melodien klangen wehmütig. Meine Mutter brachte uns, als wir klein waren, diese Lieder bei, als wir älter wurden, sangen wir sie für die Kinder der Nachbarn, später für unsere. Wir singen sie immer noch, sie gehören zum Fest. Eine Familientradition.

Beim Festmahl essen manche den Kopf eines Widders, eines Lamms oder eines Fisches als Symbol des Wunsches, am Anfang und nicht am Ende zu sein. Im Tischgebet wird zum Schluß die Bitte ausgesprochen: »Der Barmherzige lasse für uns dieses Jahr zum Glück und Segen anheben.«

Das biblische Gedächtnisfest

Die Festbezeichnung *Ro'sch ha-Schanah* kommt in der *Torah* nicht vor. In keinem der biblischen Festkalender wird ein Neujahrsfest genannt. Als »erster der Jahresmonate« (*Exodus* 12:2) ist der Monat bestimmt, an dem der Auszug aus Ägypten stattfand (*Nissan*). Ihm wird aber kein Neujahrsfest zugeordnet. Das Fest am 1. des siebten Monats (*Tischrej*) ist mit drei Bezeichnungen charakterisiert: »Festtag [*schabbaton*], Gedenken des Halls [*sichron t^eru'ah*], heilige Versammlung [*miqra' qodesch*]« (*Leviticus* 23:24) oder einfach *jom t^eru'ah*, ›Tag des Halls‹ (*Numeri* 29:1). Demnach handelt es sich um einen Feiertag, an dem nicht gearbeitet werden darf, an dem durch das Erschallen starker Klänge eines nicht näher genannten Blasinstrumentes an etwas erinnert werden soll und an dem sich die Gemeinde versammelt, um den Tag zu heiligen. Wessen soll gedacht werden? Woran sollten die Klänge des Blasinstrumentes erinnern?

Vielleicht bezeichnet *jom t^e^ru'ah* den Tag im Jahr, an dem die Königsherrschaft Gottes durch laute Töne eines Musikinstrumentes verkündet wurde, denn die Begriffe *t^e^ru'ah* und Königreich hängen assoziativ zusammen: »*JHWH*, sein Gott, ist mit ihm und Trompetenschall des Königs [*t^e^ru'at melech*] unter ihm« (*Numeri* 23:21). Vielleicht aber kündigten die Klänge den Beginn einer Festgruppe an, deren Höhepunkt *Ssukkot*, am 15. *Tischrej*, darstellte.

1. *Tischrej* im Buch *Nehemia*

In der Bibel wird nicht erzählt, ob und wie das Fest begangen wurde. Nach der Rückkehr aus der babylonischen Verbannung mußten Esra und Nehemia (beide 5. Jh. v. d. Z.) dem Volk das Fest vermitteln:

> Da versammelte sich das ganze Volk, wie ein Mann, auf dem Platze vor dem Wassertore, und sie sprachen zu Esra, dem Gesetzkundigen, daß er herbeibringe das Buch der Lehre Mose ... Und Esra, der Priester, brachte herbei die Lehre vor die Versammlung, Mann und Weib und jeglichen [Menschen], und erläuterte alles, daß man es verstehe, am ersten Tage des siebenten Monats. Und las darin auf dem Platze vor dem Wassertore, vom lichten Morgen bis zum Mittage, vor den Männern und den Weibern und den Lehrern; und die Ohren des ganzen Volkes waren gerichtet auf das Buch der Lehre. Und Esra, der Gesetzeskundige, trat auf eine Bühne von Holz, die man zu dem Behufe gemacht, ... öffnete das Buch vor den Augen des ganzen Volkes, denn er stand über allem Volke; und wie er es öffnete, stand alles Volk auf. Und Esra pries den Ewigen, den großen Gott, und es rief alles Volk: Amen!

> Amen! mit Aufheben ihrer Hände, und sie neigten sich und warfen sich nieder vor dem Ewigen mit dem Angesichte zur Erde. ... Und sie lasen in dem Buche, in der Lehre Gottes, deutlich mit Angabe des Sinnes, so daß sie das Gelesene verstanden. Und es sprachen Nechemjah ... und der Priester Esra ... und die Lewijim, die dem Volk erläuterten, zu allem Volke: Dieser Tag ist heilig dem Ewigen eurem Gotte, trauert nicht, und weinet nicht! – denn alles Volk weinte, wie es hörte die Worte der Lehre. Und er sprach zu ihnen: Gehet, esset Fettes und trinket Würziges [Süßes], und sendet dem Gaben, dem nichts bereitet worden, denn dieser Tag ist heilig unserem Herrn; und betrübt euch nicht, sondern die Freude des Ewigen sei eure Schutzwehr.
>
> (*Nehemia* 8:1 – 10)

Im Mittelpunkt dieser Erzählung steht die Verlesung aus der *Torah.* Auffallend ist die Anleitung, an diesem Tag nicht traurig zu sein, denn es ist ein Tag der Freude. Über das Blasen eines Instrumentes oder über die gebotenen Opfergaben fällt jedoch kein Wort. Die Anordnung, gut zu essen und andere mit Gaben zu beschenken, erinnert an die Gebote des *Purim*festes, an babylonische und persische Neujahrsfeier.

Im *Buch der Jubiläen* (6:23) werden jeweils der 1. des ersten, vierten, siebten und zehnten Monats als Gedächtnisfeste angeführt. Der 1. des siebten Monats stellt dabei kein Neujahrsfest dar, denn das Jahr begann im Frühling. Der Festkalender der in Qumran entdeckten *Tempelrolle* (um 2. Jh. v. d. Z.) benennt ein Neujahrsfest am 1. des ersten Monats (*Nissan*).

Die Festgestalt in der *Mischnah*

Kein biblisches Fest, das so kryptisch ist wie der 1. *Tischrej.* Die Auslegungen in der *Mischnah* deuteten die Formel aus und schufen die Festgestalt: Sie bestimmten den 1. *Tischrej* als Neujahrsfest und gaben ihm den Namen *Ro'sch ha-Schanah*. Zu den biblischen Bezeichnungen *jom t^{e}ru'ah*, Tag des Halls, und *jom sikkaron*, Tag des Gedenkens, trat die Bezeichnung *jom ha-din*, Tag des Gerichts, hinzu (*Mischnah, Ro'sch ha-Schanah* 1:2). *Ro'sch ha-Schanah* als der Tag, an dem jeder Rechenschaft über seine Taten ablegt, an dem alle Weltbewohner und Israel vor Gott im Gericht stehen, prägt heute noch den Charakter dieses Feiertags.

Tag des Gerichts

Als Erfüllung der biblischen Formel *sichron t^{e}ru'ah* wurde das *Schofar*-Blasen bestimmt. (Ein Hinweis auf das Blasen des *Schofar* am Festtag findet sich auch in Psalm 81:4.) *Schofar* ist ein rituelles Blasinstrument aus einem Widderhorn. Seine Klänge sollten bewirken, daß Gott am himmlischen Gerichtstag Israel zum Guten gedenkt (*Bawli, Ro'sch ha-Schanah* 16a).

Schofar

Die Entscheidung für den *Schofar* beruhte auf der traditionellen Rolle dieses Instrumentes: *Schofar* wurde geblasen bei der Krönung von Königen oder zur Warnung vor Gefahr. Er wurde geblasen, wenn man in den Krieg zog und aus ihm heimkehrte. Die *Schofar*-Töne kündigten den Monatsanfang oder ein Jubeljahr an. Der mächtige *Schofar* erscholl durch die Donner hindurch vor der Offenbarung am Berg Sinai, als die göttliche Majestät nahte (*Exodus* 19:16). Es sollen auch seine Klänge gewesen sein, die die Mauern der Stadt Jericho zum Einsturz brachten.

Das Widderhorn erinnert ferner an den Widder, der erschienen war, um Isaak als Opfer zu ersetzen, und an die Bereitschaft Abrahams, seinen einzigen Sohn zu opfern (*Genesis* 22). Das Widderhorn vergegenwärtigt das bedingungslose Vertrauen Abrahams auf Gott und symbolisiert die eigene Opferbereitschaft. Einer alten Legende zufolge bewirkt das Blasen des *Schofar*, daß im himmlischen Gericht die Strenge verschwindet und statt ihrer

15. Am zweiten Festtag wird aus der Torah-*Rolle der Abschnitt über die Opferung Isaaks verlesen.*

Barmherzigkeit den Raum erfüllt (*P^e ssiqta' d^e-Raw Kahana'*, Ro'sch ha-Schanah, 23:3, S. 336–337).

Die Symbolik des *Schofar*-Blasens

An *Ro'sch ha-Schanah* symbolisiert das *Schofar*-Blasen die Königsherrschaft Gottes über die ganze Welt. Es ist eine Verbindung zwischen der eschatologischen Idee des Gottesreiches und der biblischen Auffassung vom Gericht als der Aufgabe des Königs: Gott, König der Könige, gedenkt aller Taten der Menschen und bestimmt ihr Geschick.

Der Klang des *Schofar* erschüttert und vergegenwärtigt, daß man vor dem höchsten aller Gerichte steht. Er ruft zur Umkehr, erinnert an das Versprechen Israels bei der Offenbarung am Berg Sinai, nach Gottes Lehre zu leben.

Aber vor allem kündigt der Klang des *Schofar* an *Ro'sch ha-Schanah* den *Schofar* der Erlösung an, und so verwandelt er die Angst in Freude auf die messianische Zeit. Gott, König der Welt, läßt seine Geschöpfe vor seinem Angesicht vorüberziehen, er richtet sie, um sie zu läutern, und führt sie auf diese Weise zur Vollendung, zur Erlösung.

Schofar der Erlösung

Die heiligen Freunde, Schüler des Ba'al-Schem-Tow *sichrono liw^{e}rachah* [ca. 1700–1760] hatten außerhalb der Stadt ein besonderes Haus. Nachdem sie aus dem Munde ihres Meisters heilige Lehre gehört hatten, versammelten sie sich in diesem Haus, um das Gelernte miteinander zu besprechen. Mein Großvater *sichrono liw^{e}rachah* erzählte uns, daß er den Ort ihrer Versammlung kannte, sich aber weigerte, dorthin zu gehen, da er noch sehr jung war. Eines Tages, am ersten Tag von *Ro'sch ha-Schanah*, sprach der Ba'al-Schem-Tow *sichrono liw^{e}rachah* den Segen nach dem Essen und legte den Vers »Laß den großen *Schofar* unserer Freiheit ertönen« aus. Als er zu Ende gesprochen hatte, ging er sofort in sein Zimmer und schloß die Tür. Alsbald gingen die Freunde in ihr Haus außerhalb der Stadt, und mein Großvater *sichrono liw^{e}rachah* blieb allein im Haus des Ba'al-Schem-Tow. Mein Großvater begann, sich vorzustellen, daß noch am selben Tag der Messias kommen wird, und von Augenblick zu Augenblick verstärkte sich seine Vorstellung, daß der Messias gleich in die Stadt kommt. Die Vorstellung wühlte ihn auf, und niemand war im Haus, dem er sein Herz öffnen konnte. Er spürte, daß ihn bald der Atem verlassen, da seine Phantasie sich bewahrheiten und der Messias gleich in die Stadt kommen würde. Er fand keinen anderen Weg, sich zu beruhigen, als zu den heiligen Freunden zu gehen. Er brach auf und lief schnell durch die Straßen der Stadt. Jeder, der ihn sah, wunderte sich und fragte, weshalb er so laufe. Aber er entgegnete ihnen nichts. Als er bei den heiligen Freunden angekommen war, sah er sie alle schweigend um den Tisch sitzen. Denn auch ihnen war klar, daß der Messias sofort kommen wird.

Die Töne des *Schofar*

Die *Schofar*-Töne gliedern sich gemäß der Anordnung im *Talmud* (*Bawli, Ro'sch ha-Schanah* 34a) in lang aushallende Stoßtöne, *t^eqi'ah*, in sich brechende Töne, *sch^ewarim*, und in schluchzende trillernde Töne, *t^eru'ah*.

Vom berühmten Chassid Rabbi Levi Jizchaq von Berdytschew (1740–1809) wird folgendes erzählt:

Der Gefangene

An einem Neujahrstag hatte Rabbi Levi Jizchaq den *Schofar* in die Hand genommen und den Segen gesprochen. Der Vorleser rief: »*T^eqi'ah*!« Doch Rabbi Levi Jizchaq blies die Weise nicht und sah immer wieder um sich. Dies währte eine Weile, dann legte er den *Schofar* auf den Tisch. Wieder nahm er den *Schofar* und wieder legte er ihn aus der Hand. Das wiederholte sich fünfmal. Die *Chassidim* standen, vom Schauer des Tages ergriffen, und sahen einander bestürzt und verwundert an.

Plötzlich hob der Rabbi den *Tallit* vom Haupt, wendete das Antlitz zur Gemeinde und rief: »In der Vorhalle des Bethauses sitzt ein Jude, er war in seiner Jugend von einem Gutsherrn gefangen, lebte jahrelang unter Nichtjuden und hat das Beten vergessen, kaum noch, daß er die Schriftzeichen kennt. Nun ist er alt und siech und wurde in Freiheit gesetzt. Er kam zu uns, wollte beten, aber er kann kein Wort aussprechen. Da weinte er und flehte zu Gott: ›Herr der Welt! Alle beten, ich kann es nicht. Aber die Buchstaben kenne ich noch. Ich will sie hersagen, und Du, Vater im Himmel, füge sie zu einem Gebete aneinander!‹ So sprach der Mann aus der Tiefe seiner Seele und sagte die Buchstaben her. Nun sitzt Gott und setzt Buchstaben zu Buchstaben und richtet ein Gebet für ihn her. Und da sollen wir nicht warten?«

Die Klänge des *Schofar* als Geheimsprache

'Usi'el ben Z^ewi Hirsch Meisels (1743–1785 oder 1786) erklärt in seinem Bibelkommentar *Tif'eret 'Usi'el*, die Klänge des *Schofar* seien eine Geheimsprache:

Im Traum offenbarte sich mir die Bedeutung des *Schofar*-Blasens. Wie unter Geliebten oder unter Vater und Sohn, die nicht wollen, daß andere verstehen, was sie sich schreiben, und deshalb eine Geheimsprache benutzen, so ist es mit *Ro'sch ha-Schanah*, dem Tag des Gerichts. Es entsprach nicht dem Willen Gottes, daß die Ankläger unsere Bitten verstehen. Darum gab er uns eine Sprache, den *Schofar*, die nur er, gesegnet sei er, versteht.

16. Schofar-*Blasen*

Philon über das Blasen des *Schofar*

Philon von Alexandrien (um 20 v.d.Z. – um 50 n.d.Z.) erklärte das *Schofar*-Blasen zweifach: Die Klänge des *Schofar* erinnern an die mächtigen Töne der himmlischen *Schofarot*, die während der Offenbarung am Berg Sinai erschollen, und damit an die zehn Gebote, das Nützlichste, was die Menschen je bekamen. Zugleich erinnern diese Töne an Kriege, die von Menschen verursacht werden, sowie an Kriege in der Natur, das sind Naturkatastrophen, die das Böse tilgen und rechte Ordnung herbeiführen. An diesem Fest dankt man Gott für den Frieden unter den Menschen und in der Schöpfung (*De specialibus legibus* II, 188).

Was sich alles am 1. *Tischrej* ereignete

Es ist schwer zu sagen, warum *Ro'sch ha-Schanah* zum Tag des Gerichts bestimmt wurde. In der *Mischnah* werden auch andere Meinungen überliefert: Rabbi Jossej (2. Jh. n.d.Z.) sagte, der Mensch würde jeden Tag vor Gericht gestellt, und Rabbi Natan (2. – 3. Jh. n.d.Z.) sagte – jede Stunde (*Bawli, Ro'sch ha-Schanah* 16a). Jedenfalls mußte *Ro'sch ha-Schanah* als Tag des Gerichts durch weitere Überlieferungen bestätigt werden. Im *Talmud* werden Ereignisse aufgezählt, die im *Tischrej* stattgefunden haben sollen: die Weltschöpfung (die am 25. *'Elul* begann) und die Geburt der Erzväter; Sarah, Rachel und Channah wurden schwanger, und die Knechtschaft in Ägypten wurde aufgehoben. Zwar war die physische Errettung, der Auszug aus Ägypten, im *Nissan*, aber die Erlösung kommt im *Tischrej*. Dieser Feststellung geht eine Diskussion voraus, in der die Schöpfung der Welt, Tod und Geburt der Erzväter und die zukünftige Erlösung dem Monat *Nissan* zugeschrieben werden (*Bawli, Ro'sch ha-Schanah* 10b, 11a).

Doch man entschied sich für *Tischrej*. Die Erinnerung an den Anfang der Welt richtet die Hoffnung auf das Ende der Tage, auf die Vollendung der Schöpfung, da das Königreich Gottes aufgerichtet sein wird. Damit mündet das jüdische Neujahrsfest im weiten menschlichen Horizont, im Universellen, im Messianischen.

Tag des Gerichts

Im *Midrasch* wird überliefert, daß der Mensch am 1. *Tischrej* erschaffen worden sei und jedes Jahr aufs neue das Joch des himmlischen Königreichs mit allen seinen Geboten und Verboten auf sich nehme (*Jalqut Schim'oni* zu *Numeri* 29:1 u.a.). Daher wird die ganze Welt und jeder Mensch jedes Jahr wieder an diesem Tag geprüft.

Drei himmlische Bücher

Drei Bücher werden am Neujahrstag im himmlischen Gericht aufgeschlagen: das Buch der vollkommen Gerechten, das Buch der vollkommen Bösen und das Buch der Mittelmäßigen. Die Gerechten werden auf der Stelle zum Leben, die Bösen zum Sterben eingetragen, die Mittelmäßigen aber bleiben zehn Tage lang, bis zum Versöhnungstag, in der Schwebe. Kehren sie um, so werden sie in das Buch des Lebens eingetragen (*Bawli, Ro'sch ha-Schanah* 16b). So heißen seit dem Mittelalter die zehn Tage der Einkehr, Buße und Selbstüberprüfung, die am Neujahrsfest beginnen und am Versöhnungsfest enden, *Jamim nora'im*, ›Tage der Ehrfurcht‹ oder ›erhabene Tage‹, aber auch *'Asseret j^emej t^eschuwah*, ›zehn Tage der Umkehr‹. In der Pariser Handschrift des Babylonischen *Talmud* findet sich die Bezeichnung »zehn Tage des Erbarmens« (*'Asseret j^emej ha-rachamim*).

Zehn Tage der Umkehr

Der ganze vorangegangene Monat *'Elul* gehört bereits der inneren Einkehr und Buße. Diese vierzig Tage vom Neumond des *'Elul* bis nach dem Versöhnungstag am 10. *Tischrej* stehen in Beziehung zu den vierzig Tagen, die Mose am Berg Sinai nach der Sünde des Goldenen Kalbs verbrachte. Am 1. *'Elul* rief ihn Gott zu sich, und am 10. *Tischrej* kehrte er mit den neuen Tafeln zurück und verkündete dem Volk, daß ihm Gott vergeben hatte. Daher werden diese Tage *Ss^elichot*, ›Verzeihungen‹, genannt. Während des ganzen *'Elul* wird in der Synagoge nach dem Morgengebet *Schofar* geblasen. Seine Töne rufen auf zu Reue und Umkehr. In Gemeinden mit sefardischem Ritus beginnt man ab dem 2. *'Elul* mit den Morgen-

'Elul und seine Bräuche

17. Predigt an Schabbat ›schuwah‹ *zwischen Neujahr und Versöhnungsfest. An dieser* Schabbat *beginnt der verlesene Prophetenabschnitt mit dem Wort* schuwah, *»Kehre um, Israel, zum* Ewigen, *deinem Gott …« (*Hosea *14: 2)*

feiern, die wenigstens ein bis zwei Stunden vor Tagesanbruch stattfinden. Einige fasten während der ganzen Bußezeit, mit Ausnahme der *Schabbat*-Tage und des Neujahrsfestes, bis zum Beginn der Nacht. Andere entsagen Gesprächen über profane Belange.

Die Vorstellung, daß Umkehr und Reue menschenmöglich sind, beruht auf der Auffassung, daß Gott der Vergebende ist. Man zitiert im Gebet die Worte Mose, als Gott vor seinem Angesicht vorüberging (*Exodus* 34:6–7): »*JHWH*, *JHWH*, Gott, barmherzig und gnädig, langmütig und reich an Gnade und Wahrheit. Er bewahrt Gnade den Tausenden. Er vergibt Schuld, Missetat, Sünde und Fehl.«

Das Neujahrsfest als Thronbesteigung Gottes – ein Rekonstruktionsversuch

In der ersten Hälfte des letzten Jahrhunderts stellten Forscher, die nach Ursprüngen außerhalb der rabbinischen Überlieferung suchten, *Ro'sch ha-Schanah* in einen anderen Zusammenhang: In den antiken Kulturen des Nahen und Mittleren Ostens waren Neujahrsfeste im Frühling und im Herbst verbreitet, in deren Ritualen Gottheiten zu Königen ernannt wurden. Diesen Festen lagen Mythen zugrunde, die vom Sieg eines Gottes über andere Götter oder Urkräfte erzählten. Der heldenhafte Gott besiegte die Urkräfte, die Monster, sperrte sie ein und errichtete die Welt. Die anderen Götter ernannten ihn zu ihrem König und zum König der Welt. Die jährliche Erneuerung dieser Regentschaft sicherte die Herrschaft des Guten über das Böse. Mit der Krönungsfeier hing auch der Wunsch nach Fruchtbarkeit der Erde im beginnenden neuen Jahr zusammen.

Aus dem antiken Israel existieren keine Beweise für entsprechende Feiern. Doch läßt sich die Verwandtschaft mit dem Motiv der Königsherrschaft Gottes an *Ro'sch ha-Schanah*, wie sie im Wort *t^e^ru'ah* angedeutet und in den rabbinischen Bestimmungen überliefert ist, nicht übersehen.

Das Zusatzgebet für *Ro'sch ha-Schanah*

Diese Idee des Gottesreiches steht im Mittelpunkt des Zusatzgebets, *Mussaf*, des feierlichsten des ganzen Festzyklus. Zwischen den mittleren drei Segenssprüchen der *'Amidah* werden jeweils mehrere Schriftverse zu je einem Thema eingefügt: *malchujjot*, Gottes Königsherrschaft über die Welt, *sichronot*, Seine allgegenwärtige Vorsehung, und *schofarot*, Sein durch das Erschallen des *Schofar* symbolisiertes Erscheinen als Erlöser in Vergangenheit und Zukunft.

Die Legende von Raw Amnon

Im *Mussaf* für *Ro'sch ha-Schanah* entwirft die berühmte liturgische Dichtung *u-n^etaneh toqef*, ›Heiligen Tages Macht‹, ein Bild des himmlischen Gerichts. Die Legende schreibt den *pijjut* Raw Amnon aus Mainz zu. Zur Zeit der Kreuzzüge habe der Mainzer Erzbischof und Kurfürst von Raw Amnon verlangt, zum Christentum überzutreten. Raw Amnon habe sich geweigert. Dafür habe der Erzbischof ihn peinigen und ihm die Beine abschlagen lassen. Raw Amnon habe die schwere Folter erduldet, sich an *Ro'sch ha-Schanah* in die Synagoge tragen und neben den Vorbeter legen lassen. Und als man zur Stelle der Heiligung gekommen sei, habe Raw Amnon gebeten, ihn den großen Namen heiligen zu lassen, habe den ganzen *pijjut* gesprochen und sei gestorben.

Dokumente weisen jedoch darauf hin, daß die Dichtung viel älter ist, möglicherweise palästinischen Ursprungs. Sie tauchte zunächst in aschkenasischen und italienischen Gebetbüchern auf.

U-n^etaneh toqef

Heiligen Tages Macht laßt uns künden,
Ehrfurcht gebietend und erschütternd ist er.
Deine Weltregierung ersteht vor der Seele,
Dein Thron, der auf Gnade gegründet,
Auf dem du thronst in Wahrheit.

Fürwahr, du bist Richter und Ankläger
Und Wissender und Zeuge
Und Schreiber und Siegelnder
Und Zähler und Wägender

Und gedenkst alles Vergessenen
Und öffnest das Buch des Erinnerns.
Und es liest sich selber,
Und jedes Menschen Hand
Hat sich darin selber eingezeichnet.

Und die große Posaune wird geblasen
Und schweigender Stille Laut wird vernehmlich;
Engel erschauern, Zittern erfaßt sie und Beben,
Und sie rufen: ›Der Tag des Gerichts ist da,
Gericht zu halten über die Himmelscharen‹ –
Denn auch sie sind nicht rein vor ihm im Gericht.

Und alle Weltbewohner ziehen an dir vorüber
wie die Schafe der Herde:
Wie ein Hirt seine Herde mustert,
Sie unter seinem Stab hindurchziehen läßt einzeln,
So läßt du vorüberziehen und zählst
und wägst und setzt
Jedem sein Ziel und fertigst jedem
seinen Urteilsspruch.

Am Neujahrstag wird es geschrieben
Und am Versöhnungstag besiegelt:

Wie viele vergehen, Wie viele entstehen.
Wer leben wird, Und wer sterben,
Wer lebensmüde, Wer in Lebens Blüte,
Wer durch Feuersglut, Wer durch Wasserflut.
Wer durch Kriegesnot, Wer durch Seuchentod.
Wer durch Wetterschlag, Wer durch Himmelsplag'.
Wer voll Ruhe bleibe, Und wer unstet treibe.
Wer in Frieden weile, Wen die Qual ereile,
Wer in Freuden, Wer in Leiden,
Wer arm, wer reich, Wer sinkt, wer steigt.

Aber Umkehr und Gebet und Liebeswerke
Wenden ab das Böse des Verhängnisses.

Denn wie dein Name, so ist dein Ruhm:
Schwer zu erzürnen und leicht zu versöhnen.
Denn nicht hast du Gefallen am Tod des Sünders,
Sondern daß er von seinem Weg umkehre und lebe.
Bis zum Tag des Todes wartest du auf ihn;
Und kehrt er um, gleich nimmst du ihn auf.

Wahrlich, du Herzensbildner,
Kennst ihren Herzenstrieb –
Ach, sie sind Fleisch und Blut.
Der Mensch –
Sein Ursprung vom Staub
Und sein Ende zum Staub!
Um seine Seele
Erwirbt er sein Brot.
Gebrechlich wie Glas,
Welkend wie Gras!
Wie die Blume verblüht,
Wie der Schatten entflieht,
Wie der Hauch verweht,
Wie die Wolke vergeht,
Wie der Staub im Wind,
Wie der Traum zerrinnt.

Du aber bist der Weltenkönig, ein lebendiger,
ewig seiender Gott!

Die Farbe Weiß

Die besondere Festlichkeit des Tages und das Verlangen nach Läuterung und Reinheit drücken sich in der Farbe Weiß aus. Man kleidet sich weiß. Manche tragen an diesem Tag das weiße Totenkleid, den sogenannten *kitl* oder *ssargeness*. Auch in der Synagoge ist alles weiß, der Vorhang vor dem *Torah*schrein, die Mäntelchen der *Torah*rollen. Eine weiße Decke schmückt das Vorlesepult. An diesem Tag wird Gott als König, Richter und Erlöser der Welt verehrt. Diese Eigenschaften werden durch den bedeutsamsten Teil des Gottesdienstes, das in der *Torah* vorgeschriebene Blasen des *Schofar*, unterstrichen.

Taschlich

Nach dem Gottesdienst am Nachmittag des ersten Tages geht man an ein fließendes Wasser – Fluß, Bach, Quelle, Brunnen – und stülpt die Kleidertaschen um, als werfe man die Sünden fort und lasse sie im Wasser versinken. Dabei spricht man Verse aus dem Buch *Micha*, darunter den Vers »und wirst in die Tiefen des Meeres ihre Sünden werfen« (7:19), auf den dieser Brauch, *taschlich*, zurückgeht.

Die eigentümliche Stimmung, die in diesen Tagen die Juden ergreift, gestaltet das Gedicht »Jüdischer Herbst« von Awraham Chalfi (1906–1980):

Ss^{e}taw j^{e}hudi

Jüdischer Herbst im Land meiner Väter
schickt in mir
Andeutungen des *'Elul.*

Etwas irre werden in mir schon
die winzigen Vögel, sie singen die Trauer
von *Jom Kippur.*

Dann werden *Schofarot* geblasen, um die Himmelstore zu öffnen.
Und jüdische Gesichter aus der Diaspora
in tristem Grau
schweben vor dem Thron des Herrn der Welt.

Und viele Bitten und Flehen und Funken,
liegen in der Tiefe ihrer Augen.

Abbildung 18

Kapparot – *ein umstrittener alter Brauch einiger jüdischer Gemeinden am Vortag des* Jom Kippur.

Kapparah bezeichnet die Sühne der Schuld vor Gott. In vorprophetischer Zeit galt als Sühne besonders das Opfer. Die Propheten betonten jedoch, daß Umkehr und Läuterung des Herzens der einzige Weg zur Sühne seien. *Kapparot*, jiddisch *kaporess*, nennt man einen Brauch unbekannten Ursprungs, der seit der Zeit der *g*[e]*'onim* überliefert ist und möglicherweise auf das Ritual mit dem Sündenbock an *Jom Kippur* zurückgeht.

Als *kapparah*, Ersatz für die Sühne, die man selbst erdulden müßte, nimmt man am Vortag des *Jom Kippur* ein zum Schlachten bestimmtes Huhn in die rechte Hand – männliche Personen einen Hahn, weibliche eine Henne –, liest Schriftverse aus Psalm 107 und *Job* 33, schwingt hierauf das Huhn über seinem Kopf und spricht dreimal: »Dies ist mein Ersatz, meine Ablösung und Sühne. Dieser Hahn / diese Henne ziehe hinaus in den Tod, ich aber möge eintreten in ein gutes langes Leben und in den Frieden.« Das Huhn wird alsbald geschlachtet und sein Fleisch oder der Wert desselben den Armen gegeben.

In Babylonien pflegte man Pflanzen und Samen als *kapparah* über dem Kopf zu schwingen und später, dem *taschlich* ähnlich, in einen Fluß zu werfen. Der *Kapparot*-Brauch verbreitete sich von Babylonien, nach Spanien, Frankreich, Deutschland und in die übrige Diaspora. Ha'j Ga'on (939 – 1038) schaffte ihn ab, Josef Karo (1488 – 1575) verwarf ihn als albern, andere Rabbiner aber befürworteten ihn. In wenigen Gemeinden wird er heute noch geübt.

Jom Kippur

Das jährlich wiederkehrende himmlische Gericht

Fest der Läuterung

Stille, weiße Bekleidung, statt lederner schlichte Schuhe aus Stoff und eine ehrfürchtige Stimmung gehören zu dem Tag, an dem jeder um die eigene Reinheit vor Gott ringt. Auch wer das ganze Jahr nicht in die Synagoge geht, kommt an diesem Abend, um »mit den Sündern« zu beten. Das Licht vieler Kerzen, weiße, silberdurchwirkte Vorhänge und Decken schmücken die Synagoge. In diesem Licht, in dieser Stille, beginnt die Weihe des höchsten Festes, erklingt das Gebet, das nur am Vorabend des *Jom Kippur* vorgetragen wird: *Kol Nidrej*.

Man fleht, daß die Worte aufsteigen mögen, daß Er die Stimme höre, Gebet und Bekenntnis wohlwollend aufnehme.

Die osteuropäischen *Chassidim* legten besonderen Wert auf Hingabe und innige Ausrichtung im Gebet. Ein aufrichtig Betender war auch derjenige, der mit Gott haderte.

Die Hemmung

Am Vorabend eines *Jom Kippur* machte er sich bereit, *Kol Nidrej* zu sagen, hüllte sich in den *Tallit*, stellte sich vor die Lade, verharrte aber in Schweigen. Ein Schauer ergriff die Gemeinde, die Sonne war untergegangen, Nacht war es in der Welt, die Kerzen flackerten, doch Rabbi Levi Jizchaq schwieg. Nach einer geraumen Weile wendete er sein Antlitz zur Gemeinde und fragte: »Ist Berl, der Schneider, im Bethaus?« Man hielt Umschau und meldete ihm: »Nein!« Da sprach der Rabbi zu seinem Diener: »Geh hin und sag, ich hätte befohlen, daß er ins Bethaus kommen soll!«

Der ging und kam mit ihm.

Der Rabbi redete ihn an: »Berl, warum hemmst Du den Aufstieg der Gebete an diesem heiligen Abend?« Berl erwiderte: »Ich habe einen Rechtsstreit mit Gott. Würdet Ihr, heiliger Rabbi, das Richteramt annehmen, dann will ich die Gebete in ihrem Aufstieg nicht hemmen!«

»Leg mir den Rechtsstreit vor!« sagte der Rabbi.

Berl hub zu erzählen an:

»Vor einigen Wochen schickte der Gutsherr von Janoschkowitz um mich, daß ich ihm einen Reisepelz mache. Er übergab mir eine große Anzahl von Wieselfellen, denn der Pelz sollte breit und lang sein. Ich stellte den Pelz fertig, breit und lang, und ersparte dennoch zehn Wieselfelle; Ihr wißt doch, Rabbi, daß mich Gott mit vielen Kindern gesegnet hat und daß ich auch eine Tochter zum Verheiraten habe. Nun zerbrach ich mir den Kopf, wie ich die Felle nach Hause bringe, daß man im Hofe nicht darauf komme. Endlich kam mir ein guter Gedanke: ich hatte vom Gutsherrn ein großes Brot geschenkt bekommen. Ich machte es hohl und versteckte die Felle darin, legte das Brot in einen Sack und ging nach Hause.

Ich hatte bereits eine Meile hinter mir, als ich den Galopp von Pferden vernahm. Mein Herz pochte stark, denn ich fürchtete, daß die Sache entdeckt sei, und beeilte mich, das Bündel in einem hohlen Baum zu verstekken. Und nun wartete ich. Bald rollte der herrschaftliche Wagen heran und Jasik, der gräfliche Kutscher knallte mit der Peitsche: ›He, Berko, zurück!‹ Ich erschrak: ›Die Wieselfelle!‹ dachte ich und kehrte um. Doch das Ganze war nicht der Rede wert: ich hatte vergessen, einen Hänger anzunähen. So nähte ich den Hänger an und ging wieder nach Hause. Als ich aber an jene Stelle kam, da fehlte das Bündel. Finster ward es um mich, ich legte mich hin und weinte bitterlich in meinem großen Schmerz. Ich sagte mir: ›Gott hat es getan, weil es ihm mißfiel, daß ein Jude, ein Glied seines auserwählten Volkes, stehle.‹ Nun dachte ich: ihnen, den Bauern, erlaubt er zu stehlen, uns Juden verbietet er es. Da will ich ihm zeigen: ich werde nicht mehr zu den ›Auserwählten‹ gehören. So sann ich im Herzen.

Als ich nach Hause kam, empfing mich mein Weib liebevoll und sprach: ›Berl, wasch Dir die Hände und setz Dich zu Tisch!‹ Ich nahm aber Speise und Trank, ohne mich zu waschen, unterließ es auch, den Segen zu sprechen. Seit jenem Tage habe ich nicht gebetet und kein Gesetz beobachtet. Es kamen die *Ss^{e}lichah*-Tage – ich machte mir nichts daraus. Zu Neujahr brachte ich es über mich, nicht in die Synagoge zu gehen, und unterließ es auch, das Blasen des *Schofar* zu hören. Ich war fest entschlossen, die ›Auserwählte Gemeinschaft‹ zu verlassen und zu ›ihnen‹ zu gehen. Doch es kam der heilige Tag, der Versöhnungstag. Ich dachte: ›Heute muß ich ihm verzeihen, vergibt doch auch er die Sünden, die man gegen ihn begeht‹. Aber ich stellte eine Bedingung: Ich verzeihe nur, wenn er allen Missetätern, ohne Ausnahme, und mag ihre Schuld noch so schwer sein, verzeihen wird. Ich sprach zu Gott: ›Vergibst Du alle Sünden, dann will ich auch Dir die gegen mich begangene Sünde vergeben, wenn nicht, dann verzeihe ich auch nicht.‹ Und nun bitte ich Euch, heiliger Rabbi, zu entscheiden, ob ich recht habe oder nicht.«

Rabbi Jizchaq überlegte eine Weile, dann rief er mit Inbrunst: »Das Recht ist bei Dir! Das Recht ist bei Dir!«

Dann stimmte er das *Kol-Nidrej* an.

Aber noch nie rief er den Satz: »Und Gott sprach: ›Ich habe vergeben!‹« mit so großer Inbrunst wie an jenem *Jom-Kippur*-Abend.

Das himmlische Gericht

Die zusammenhängenden Feste, Neujahr und Versöhnungstag, stellen das jährlich wiederkehrende himmlische Gericht dar. Am Neujahrstag wird das Urteil für das kommende Jahr über jeden einzelnen geschrieben und am Versöhnungstag, am letzten der zehn Bußtage, besiegelt. Während dieser zehntägigen Zeitspanne geht es nicht um historische Erinnerungen, sondern allein um das Jetzt und Hier, um die Frage nach der Ausrichtung des eigenen Lebens. Zehn Tage lang steht man vor Gott, in Selbstüberprüfung, im Versuch, sich trotz der Schwerkraft zu erheben. Der Betende steht vor dem Heiligen und hat Anteil an Seiner Zeit, die Er gab, um vor Ihm zu bestehen.

An keinem Tag steht man in unserem Schauen so nah vor Gott wie an *Jom Kippur*, dem Tag des Sühnens.

Der biblische Bezug

Mose soll an diesem Tag, dem 10. *Tischrej*, die Bundestafeln zum zweiten Mal überbracht haben. Wieder verbrachte er vierzig Tage am Berg Sinai, wieder empfing er das Wort aus nächster Nähe. Doch als er diesmal zurückkehrte, konnte er die Botschaft verkünden, daß Gott die Sünde des Goldenen Kalbs vergeben habe. Und dieser Tag der Vergebung wurde von Gott als immer wiederkehrender Versöhnungstag gegeben (*Tanchuma'*, ki tissa', 31).

Das Festgebot

Am zehnten des siebten Monats, das ist *Tischrej*, verrichtete der Hohepriester besondere Sühnerituale, um sich selbst und seine Priesterbrüder, das Heiligtum – zuerst das ›Zelt der Begegnung‹, später den Tempel – und das Volk zu läutern. Das Volk aber sollte sich kasteien: »... ihr sollt euch kasteien und keinerlei Arbeit tun, weder der Einheimische noch der Fremde, der unter euch wohnt. Denn an diesem Tag wird er euch sühnen, um euch zu reinigen, von all euren Sünden werdet ihr gereinigt vor *JHWH*.« (*Leviticus* 16:29–30, vgl. auch *Leviticus* 23:27–32 und *Numeri* 29:7).

Das Festritual

Jom Kippur war der Tag im Jahr, an dem der Mensch von allen Vergehen, auch denjenigen, die im Lauf des Jahres ungesühnt geblieben waren, geläutert werden sollte. Diese Aufgabe, der längste und äußerst komplexe Tempeldienst, oblag dem Hohenpriester. Zu diesem Ritus gehörten unter anderem Opfergaben, Sündenbekenntnisse, das Aussetzen eines Sündenbocks in die Wüste (»Und ein Bock wird auf sich alle ihre Vergehungen tragen in ein ödes Land ...«, *Leviticus* 16:22) sowie das Betreten des Allerheiligsten, das nur an diesem einen Tag geboten und nicht ungefährlich war.

In großer Ausführlichkeit werden Opferhandlungen, Bedeutung und Hergang der Zeremonie in der *Torah* beschrieben. Das Sühneritual muß dem Volk so viel bedeutet haben, daß »noch bevor der Hahn gekräht hatte, der Israelhof mit Menschen voll war« (*Mischnah, Joma'* 1:8). Sieben von acht Kapiteln des *Mischnah*traktats *Joma'*, ›Tag‹, sind der chronologischen Beschreibung des Rituals gewidmet.

Das Ritual nach der *Mischnah*

Eine Woche vor *Jom Kippur* verließ der Hohepriester Familie und Haus und zog sich in eine besondere Tempelkammer zurück. In dieser Woche bereitete er sich auf den heiligen Dienst durch strenge Reinigung und Studium der rituellen Einzelheiten vor. Gemeinsam mit den Weisen und Ältesten verbrachte er die Nacht des Versöhnungstages mit dem Lesen der *Torah*. Wenn der erste Sonnenstrahl die Zinnen des Tempels erhellte, erschien der Hohepriester in seinem goldenen Gewand und brachte das tägliche Opfer dar, sprach mit dem versammelten Volk das *Sch^{e}ma'*-Gebet und segnete es. Danach legte er sein Prachtgewand ab, ging im weißen linnenen Gewand eines einfachen Priesters in den Altarhof und bekannte im Angesicht des Opfertiers zunächst sich selbst und sein Haus als sündig, beim zweiten Opfer die Priestergemeinschaft und schließlich beim dritten das ganze Volk. Für die Sünden des Volks wurden vor ihn zwei gleiche Opfertiere gebracht, eines brachte er als Sühnopfer dar, das andere schickte er in die Wüste als Symbol dafür, daß die Sünden fortgetragen werden an einen Ort, wo nichts lebt. In jedem Sündenbekenntnis wurde der sonst nie auszusprechende heilige Name Gottes dreimal laut und deutlich ausgesprochen. Dieser Name soll aus 42 Buchstaben bestanden haben, so Ha'j Ga'on (939 – 1038). Wenn Priester und Volk im Priesterhof und im Israelhof und im Vorhof den Klang des Namens hörten, fielen sie auf die Knie, warfen sich nieder, neigten ihr Gesicht zur Erde und riefen: »Gepriesen sei der Name der Herrlichkeit seines Reiches in aller Ewigkeit«. Dann betrat der Hohepriester das Allerheiligste mit einer Pfanne voll Glut, streute darauf das Räucherwerk, so daß eine Rauchwolke entstand. In diesem für das Beten besonders günstigen Augenblick sprach er ein kurzes Gebet für das Wohl des Volks und des Heiligtums. Für die Sühne der ›inneren Sünden‹ mußte er wieder in das Allerheiligste, um mit dem Blut der Tieropfer den Deckel der Bundeslade, *kapporet*, den trennenden Vorhang, *parochet*, und den goldenen Räucheraltar zu besprengen. Im Allerheiligsten des zweiten Tempels stand nur noch *'ewen ha-schᵉtijjah*, ›der Grundstein‹, da die Bundeslade mit den heiligen Tafeln bei der Zerstörung des ersten Tempels verlorengegangen war. Der Vorhang trennte das Allerheiligste vom heiligen Vorraum, *hejchal*, in dem sich der goldene Räucheraltar und der siebenarmige Leuchter befanden. Das Verweilen im Allerheiligsten, dem Ort der ›Einwohnung Gottes‹, *schᵉchinah*, war für den Priester der Höhepunkt seiner transzendenten Erfahrung, konnte aber auch tödlich für ihn enden, erreichte er die hohe Stufe der Läuterung nicht. Für das Volk hätte dies bedeutet, daß keine Sühne, keine Versöhnung mit Gott stattgefunden hätte. So wartete das Volk in Sorge und Spannung, daß er aus der unmittelbaren Gegenwart Gottes heil zurückkehrte, und wenn der Hohepriester wieder erschien, soll sein Gesicht herrliches Licht ausgestrahlt haben, wie das Gesicht Mose, nachdem er mit Gott geredet hatte.

In Anlehnung an das Buch *Ben Sira* (50) beschreibt Meschullam ben Kalonymus (er wirkte um 1100, zuletzt in Mainz) diesen Augenblick in einem *pijjut*, der heute noch zur Liturgie gehört:

'Emet mah nehdar

> Wie war der Hohepriester herrlich,
> Wenn er hervortrat aus des Tempels Vorhang!
> So strahlt der Morgenstern am Himmel droben,
> So glänzt der Vollmond in des Frühlings Tagen,
> So blinkt der Sonne Gold auf Zions Tempel,
> So leuchtet im Gewölk der Regenbogen,
> So blüht die Rose in dem jungen Lenz …

Gebet anstelle der Opferhandlungen

Seit der Zerstörung des Tempels existiert das alles nicht mehr. Doch die innere Kraft, das Bemühen um Reinigung, hat sich bis heute erhalten. Und mit ihr die Sehnsucht. Nicht die Sehnsucht nach den Opferhandlungen, sondern nach dem Heiligtum, dem Ort der Heiligkeit und dem Erlebnis des Heiligen. Es bleiben die Worte und die Umkehr, jene innere Verfassung, die auch damals dem Ritual seine Bedeutung gab. Auf sie wies bereits der Prophet Hosea (14:3) hin: »… sprecht zu ihm: Vergib alle Schuld und hole das Gute hervor, und wir werden die Stiere als Sprache unserer Lippen darbringen.«

So begründet die historische Schilderung des Tempeldienstes – *'awodah*, ›heiliger Dienst‹, genannt – ein dramatisches Erlebnis im synagogalen Gebet: Dreimal trägt der Vorbeter, stellvertretend für den Hohenpriester, das Sündenbekenntnis vor, man antwortet und wirft sich nieder, wie damals das Volk im Israelhof.

Der Vater

Inmitten des Gebetes am *Jom-Kippur*, da die hohe Glut ihn überkam, rief Rabbi Levi Jizchaq von Berdytschew:

»Herr der Welt! Was willst Du von Deinen Kindern? Die sind böse und mißachten Deine Satzungen. Da frage ich Dich: Ist es hehr und heilig, wenn ein Vater brave, folgsame Kinder lieb hat und ihnen Gutes tut? Erhaben ist es, wenn ein Vater schlimmen Kindern, die seine Ermahnung mißachten und seinen Wünschen zuwiderhandeln, dennoch Liebe und Huld erweist, und darum flehe ich zu Dir, erbarme Dich unser, wie ein Vater sich seiner Kinder erbarmt!«

Vergebung

Im Mittelpunkt dieses erhabensten aller Tage stehen die göttliche Gnade und der Einzelne, der zu Gott, zur Umkehr gerufen wird, um geläutert zu werden. Der Segen des Tages ist das Erleben von Ganzheit und Harmonie. Aus kabbalistischer und chassidischer Sicht offenbart Vergebung die göttliche Gnade, die das Gesetz, das Gut und Böse bestimmt, außer Kraft setzen kann, die Kettenreaktion von Ursache und Wirkung aufhebt, die Verfehlungen der Vergangenheit tilgt und eine neue Gegenwart ermöglicht. Von dieser Vergebung spricht Jesaia (44:22): »Ich lösche deine Verbrechen wie einen Dunst, deine Sünden wie eine Wolke, kehre zu mir zurück, denn ich erlöse dich.« Diese Vergebung, die das Geschehene ungeschehen macht, unterliegt nicht den Gesetzen von Raum und Zeit. Hier offenbart sich das Höchste und versetzt den Menschen in eine Wirklichkeit jenseits der Grenzen der Welt. Die *Mischnah* (*Joma'* 8:9) macht unmißverständlich klar, was gesühnt werden kann:

> Sünden zwischen dem Menschen und Gott sühnt *Jom Kippur*. Sünden zwischen Mensch und Mensch sühnt er nicht, ehe nicht der Mensch den Menschen versöhnt hat.

Umkehr

Berichtigen, Wiederherstellen, Umkehr – das alles gehört zum Wort *t^e^schuwah*. Es bedeutet Rückkehr, Zurückkehren zu Gott und seinen Satzungen, Umkehr der Lebensrichtung sowie Antwort. Das setzt nicht nur Gewissenserforschung voraus, sondern eine Zerstörung der Bilder des eigenen Selbst. *T^e^schuwah* benennt einen Prozeß der Befreiung von der niederen Natur mit ihrer Anziehungskraft und der Annäherung an das Göttliche. Alter Überlieferung nach wurde *t^e^schuwah* noch vor der Weltschöpfung erschaffen. Damit bekam der Mensch vor seiner Erschaffung die Möglichkeit zur Umkehr (*Mischnah, P^e^ssachim* 54:1).

Kasteiung

Wer sich an *Jom Kippur* vor Gott läutert, wendet sich vom Alltäglichen ab, verrichtet keine Arbeit und entsagt allen leiblichen Genüssen, damit seine ganze Aufmerksamkeit allein seinem Schauen vor Gott gewidmet ist. Die Enthaltung von Essen, Trinken und Sexualität und das Verbot, sich zu waschen und zu salben, sind nicht Zweck des Feiertags, sondern symbolisieren Abwendung vom Materiellen und Zuwendung zum Erhabenen, da alles Irdische ohne Bestand ist. Der Läuterungsprozeß entspringt dem inneren Willen, die Fesseln des eigenen Ichs zu sprengen, seine Begrenzungen zu überschreiten, das Göttliche zu erleben und in sich zu verwirklichen.

Abraham Jizchaq Kook (1865–1935) beschrieb in seinem Werk *'Orot ha-t^e^schuwah*, ›Lichter der Umkehr‹, diesen inneren Prozeß: Der erste Schritt sei die Umkehr zu sich selbst, zur Wurzel der eigenen Seele, alsdann kehre man sofort zu Gott, zur Seele aller Seelen zurück.

Bedingungen der Umkehr

Zur Umkehr gelangen kann nur derjenige, der es wahrhaftig will. Denn – so die *Mischnah* (*Joma'* 8:9):

> Wenn einer sagt: Ich will sündigen und umkehren, ich will sündigen und umkehren, dann wird ihm keine Möglichkeit gegeben, umzukehren. Sagt er: Ich will sündi-

gen und *Jom Kippur* wird mich sühnen, dann sühnt *Jom Kippur* ihn nicht.

Sa'adjah Ga'on

Sa'adjah Ga'on (882–942) benannte vier Aspekte der *t^{e}schuwah*: vom Vergehen loskommen, es bereuen, um Sühne bitten und es nicht wiederholen.

'Abbahu

Im *Talmud* (*Bawli, B^{e}rachot* 34b) ist der lapidare Satz von 'Abbahu (gest. 309 n. d. Z.) überliefert: »Wo Umkehrende stehen, können vollkommen Gerechte nicht stehen.« 'Abbahu stellte die Umkehrenden höher als diejenigen, die ihre Makellosigkeit bewahren, und Maimonides (1135–1204) erklärt, warum:

Maimonides

> Der Umkehrende ist dem Schöpfer lieb und nah, als habe er nie gesündigt, mehr noch: sein Verdienst ist größer, denn obwohl er die Sünde geschmeckt hatte, wandte er sich von ihr ab und bezwang seinen Trieb.
>
> (*Hilchot t^{e}schuwah* 7:4)

Für Maimonides spielt das Bekennen der Schuld eine entscheidende Rolle, denn dadurch nimmt es der Bekennende auf sich, wiederherzustellen, was sich wiederherstellen läßt, und solche Taten in Zukunft zu unterlassen. Durch die Aneignung der Schuld löst sich der Bekennende gleichsam von ihr los.

Bekenntnis

Die Umkehr, das Ringen um die Läuterung und um die geistige Verbindung mit Gott werden durch das Gebet getragen und zum Ausdruck gebracht. Fünf Gebetszeremonien gibt es an *Jom Kippur*; und zehnmal wird das *Widduj*-Gebet, hebräisch ›Bekenntnis‹, gesprochen. Darin forscht man nicht nach bestimmten Vergehen und Tatbeständen, sondern nach den verborgenen Kräften, in denen der Trieb zum Bösen sich äußert. Haß und Gier, Angst und Bequemlichkeit, Unzucht und Veruntreuung, Vorurteil, Stolz und

Grausamkeit – alles Dunkle wird ans Licht gehoben. Wer dieses Gebet mit der Erschütterung, die es fordert, spricht und beantwortet, erkennt sich in einem Licht, das den Zugang zum höheren Selbst und zur eigentlichen Menschlichkeit eröffnet.

In Israel

In Israel ist die Erde noch trocken, das Licht hart, die Hitze drückend. Vollkommene Ruhe herrscht an diesem Tag, als halte das Leben inne: Kein Geschäft ist geöffnet, weder Kino noch Lebensmittelladen, kein Auto fährt, auch der öffentliche Verkehr steht still, aus keinem Fenster dröhnt laute Musik. Nicht-religiöse Juden nutzen die Gelegenheit, um auf den leeren Straßen spazieren zu gehen oder Rad zu fahren.

Draußen ist sengende Sonne, und in den Synagogen steht man dicht an dicht, Männer und Frauen getrennt. Manche blieben die ganze Nacht über im Bethaus. Gott kennt ja die Schuld, nun muß sie der Mensch auch selbst erkennen. Die Enge bedrückt, das Fasten schwächt, man hält sich am Wort fest. Alles Bangen und Hoffen hält am Wort fest, vertraut seiner Kraft, das Gebet in den Himmel zu tragen. Wie oft wurde schon, wie oft wird noch *Widduj* gesprochen, für jeden Buchstaben des hebräischen Alphabets ein Vergehen genannt, 22 Buchstaben, 22 Vergehen, ein vollständiges Bekenntnis aller Vergehen in alphabetischer Reihenfolge.

Das *Widduj*-Gebet

Unser Gott und Gott unserer Väter. Laß unser Gebet vor dich kommen, entzieh dich nicht unserm Flehen. Sieh, wir sind nicht so voll Hochmut und so verstockt, daß wir vor dir sprächen: *JHWH*, unser Gott und Gott unserer Väter, wir sind gerecht und haben nicht gesündigt – denn wir haben gesündigt.

Wir haben die Treue gebrochen. Wir haben Unrecht getan. Wir haben böse geredet. Wir haben den Weg des Rechts verlassen. Wir haben zur Sünde verleitet. Wir haben in Übermut gehandelt. Wir haben Gewalt geübt. Wir haben uns durch Lüge entwürdigt. Wir haben Böses geplant. Wir haben falsche Reden geführt. Wir haben gespottet. Wir haben gemurrt. Wir haben gelästert. Wir haben das Gute verschmäht. Wir haben uns schwer vergangen. Wir haben uns tief verschuldet. Wir haben gehaßt. Wir haben in Verstockung verharrt. Wir haben gefrevelt. Wir haben zerstört. Wir haben Unwürdiges verübt. Wir haben geirrt. Wir haben in die Irre geführt …

Was sollen wir dir sagen, Hochthronender? Was können wir dir erzählen, Allwaltender? Sieh, alles Verborgene ist dir vertraut … Du durchforschst alle Kammern unsers Innern und prüfst Herz und Nieren, nichts ist dir verhüllt, nichts deinem allsehenden Auge verborgen.

Franz Rosenzweig

Franz Rosenzweig (1886 – 1929) kommentierte in seinem 1921 erschienenen religionsphilosophischen Hauptwerk *Der Stern der Erlösung* das *Widduj*-Gebet:

Und so können die Wir, in deren Gemeinschaft der Einzelne also in seiner nackten und bloßen Menschlichkeit vor Gott an seine Brust schlägt und in deren bekennendem Wir er sein sündiges Ich fühlt wie nie im Leben, keine engere Gemeinde sein als die eine der Menschheit selbst. Wie das Jahr an diesen Tagen unmittelbar die Ewigkeit vertritt, so Israel an ihnen unmittelbar die Menschheit.

An *Jom Kippur* trägt mancher Beter in der Synagoge sein Sterbekleid und steht, obwohl mitten in der Gemeinde, doch als Einzelner vor Gott. So wie Gott ihn einst nach seinen eigenen Taten, Worten und Gedanken richten wird, so tritt er jedes Jahr an *Jom Kippur* vor das göttliche

Gericht, um seine Schuld vor Gott zu bekennen und Gnade zu erfahren. Das Gericht, das sonst in die Endzeit gelegt wird, ist hier Gegenwart. Der einzelne, als habe er das Leben hinter sich gelassen und stehe vor dem Tod, legt jeden Schatten seiner Existenz offen, läutert sich und weiß sich angenommen und erhört. In diesem Sinne ist *Jom Kippur* der jährliche Tag der Erlösung. Und als Erlösungsfest vereint er Momente tiefster Erschütterung und höchster Seligkeit.

Der Satan an *Jom Kippur*

Einer alten Legende zufolge vermag der Satan an diesem Tag nichts auszurichten:

> Das ganze Jahr über kann der Satan täglich gegen Israel sprechen, außer an *Jom Kippur*. Der Heilige, gesegnet sei er, sagt zu ihm: »Du darfst sie nicht anrühren, aber geh trotzdem zu ihnen und schau, was sie tun.« Da der Satan sie aufsucht, findet er sie fastend und betend, weiß gekleidet und eingehüllt wie die Dienstengel. Also kehrt er zutiefst beschämt zurück. Der Heilige, gesegnet sei er, sagt zu ihm: »Was hast du an meinen Kindern auszusetzen?« Sagt der Satan: »Sie sind wie die Dienstengel, und ich kann sie nicht anrühren.« Sofort fesselt ihn der Heilige, gesegnet sei er, und verkündet seinen Kindern: »Ich habe vergeben.«
>
> (*Midrasch T^ehillim*, 27, 3)

N^e'ilah

Etwa eine Stunde vor Sonnenuntergang – das Fest dauert schon 24 Stunden – beginnt man mit dem Schlußgebet, *N^e'ilah*, der fünften und letzten Gebetszeremonie des Tages. Sie entspricht dem Gebet, das vor dem Schließen der Tempeltore gesprochen wurde. In dieser Stunde, da der heilige Tag zu Ende geht, kommt der Augenblick der Vergebung und der Besiegelung des Kommenden. Ein letztes Mal gibt man alle Selbstherrlichkeit auf und bekennt sich unwissend, arm und leer. Ein letztes Mal fleht man, daß die Gebete erhört werden, die Umkehr beantwortet wird:

> [...] öffn' uns das Tor,
> Eh' das Tor sich uns schließt,
> Eh' die Nacht uns grüßt,
> Denn schon neigt sich der Tag.
> Da der Abend schon winkt
> Und die Sonne versinkt –
> Eh' sie schwindet dahin
> In dein Tor laß uns ziehn!

Am Ende des heiligen Tages sprechen Vorbeter und Gemeinde noch einmal mit lauter Stimme »Höre Israel, *JHWH*, unser Gott, *JHWH* ist Einer« (*Deuteronomium* 6:4), dreimal den Vers »Gepriesen sei der Name der Herrlichkeit seines Reiches in aller Ewigkeit« und zum Schluß siebenmal den Vers »*JHWH*, er ist Gott« (*1. Könige* 18:39), um die *sch^e^chinah*, die nun wieder hinaufsteigt, zu begleiten. Dann wird das *Qaddisch* vorgetragen und ein letztes Mal der *Schofar* geblasen. Der aushallende Stoßton beendet den Festtag. Vielleicht gemahnt sein Klang an die letzten Dinge.

Der lange Tag ist zu Ende. Man ist hungrig und erschöpft, und doch verweilt man noch einen Augenblick in der Synagoge, bricht nicht gleich auf, geht nicht gleich essen, damit die Heiligkeit des Tages noch einen Augenblick bei einem weilt.

Abbildung 19

Ssukkah, *die rituelle Holzhütte mit einem Dach aus dicht belaubtem, verflochtenem Astwerk.*

Ssukkot

Das Licht des Monds sickert durch das Laubendach

Die *Ssukkah* meines Großvaters

Mein Großvater, klein, alt und sehr fromm, baute jedes Jahr seine *Ssukkah* auf dem engen Balkon, im Seiteneingang seines bescheidenen Hauses in Haifa. Jedes Jahr machte er aus denselben Holzbalken das Hüttengerüst, die Wände waren aus Palmzweigen und Laub und das Dach aus runden dunkelgrünen Palmwedeln und graugrünen Pinienzweigen, die er frisch von den Bäumen seines Gartens geschnitten hatte. Von außen war die Laubhütte grün, innen strahlte sie weiß, da die Wände mit weißen Laken behängt waren. Nachts konnte man durch das Dach Mond und Sterne sehen. Geschmückt war die *Ssukkah* mit dem in der *Torah* vorgeschriebenen Feststrauß aus »vier Pflanzenarten«. Das sind: *'etrog*, Paradiesapfel, *lulaw*, Palmzweig, *hadass*, Myrtenzweig, und *'arawah*, Bachweidenzweig. Der gelbe Paradiesapfel lag in einer mit Samt ausgekleideten Schachtel aus Olivenholz und verströmte seinen hellen Duft, der sich mit den dunkleren Düften der Zweige, der brennenden Festkerzen, der Äpfel und Granatäpfel, des Honigs und des Festbrotes vermischte. Manchmal kam der Geruch frischer Erde nach dem ersten Regen hinzu. Auf dem weiß bedeckten Tisch lagen seine alten Gebetbücher und das Buch *Kohelet*, ›Der Prediger Salomo‹, das man während der Festwoche liest und studiert. Wenn wir meinen Großvater während des Festes besuchten, lud er uns sofort in die Laubhütte zum Essen ein und sprach dort leise den Segen: »Gepriesen seist du, *JHWH*, unser Gott, König der Welt, der uns durch seine Gebote geheiligt und uns geboten hat, in der Laubhütte zu wohnen«, und seine schwarzen Augen funkelten in Freude.

Das Fest und seine Vorschriften

Ssukkot, das siebentägige Laubhüttenfest, beginnt am 15. des Monats *Tischrej* (September – Oktober), am Vollmond um die herbstliche Tagundnachtgleiche. »Das Fest«, wie *Ssukkot* oft in der *Torah* bezeichnet wird (*Leviticus* 23:39), ist eines der ältesten hebräischen Feste und reich an Gehalt und Symbolkraft. Neben *Pessach* und *Schawu'ot*, dem Wochenfest, ist dieses Erntefest zur Herbstzeit eines der drei Wallfahrtsfeste, an denen man zum Tempel nach Jerusalem pilgerte, und neben anderen Opfern und Gaben die Früchte der Obsternte und Weinlese darbrachte. Daher heißt das Fest *Chag ha-'assif*, »Fest des Einsammelns« (*Exodus* 23:16 und 24:12). In *Leviticus* (23:34) und in *Deuteronomium* (16:13) taucht der Name *Ssukkot* auf, und mit ihm wird die Vorschrift verbunden, sieben Tage in Hütten zu wohnen (*Leviticus* 23:42).

Ssukkah

Der Ursprung des farbigsten unter den jüdischen Festen liegt im Dunkel. Vor allem läßt sich der ›Sitz im Leben‹ der *Ssukkah* nicht mit Sicherheit rekonstruieren. Im Land Israel kam nach der Weinlese als letzte die Oliven-Ernte im September. Während der Erntezeit schlief der Bauer in Laubhütten in seinen Feldern und Pflanzungen, um den Ertrag zu bewachen. *Ssukkot* findet nach dem Einsammeln der Ernte und vor Beginn der Regenzeit statt; ein Naturfest in Festhütten (die Zeit der Schutzhütten ist schon vorbei)? Erntedankfeste an der Wende des Naturjahres sind in den antiken Kulturen des Nahen Ostens bekannt. Nach Beendigung der harten Sommerarbeit versammelte man sich in Festhütten, feierte die Freude über die Erträge und bat um Regen für die kommende Regenperiode.

Ein anderer Vorschlag vermutet in der *Ssukkah* die Behausung der Pilger während ihres Aufenthalts in Jerusalem. Dagegen jedoch spricht der Hinweis in *Hosea* 12:10, daß die Pilger in Zelten gehaust haben.

Ssukkot als Neujahrsfest

Da *Ro'sch ha-Schanah* und *Jom Kippur*, die Feste am 1. und 10. *Tischrej*, nur in der als Priesterkodex bezeichneten späteren Bibelquelle erwähnt werden, gehen Forscher davon aus, daß *Ssukkot* das Neujahrsfest war, bevor der 1. und der 10. *Tischrej* diese Rolle als eigenständige Feste übernahmen. Demnach war *Ssukkot* als Neujahrsfest ein mehrtägiger Festzyklus, der ursprünglich inhaltlich und kultisch das einbezog, was später die Einzelfesttage verkörperten. So diente die Läuterung an *Jom Kippur* zur Vorbereitung auf die Festwoche, in deren Mittelpunkt kultische Prozessionen gestanden haben sollen, die das Erscheinen Gottes und seine Thronbesteigung mit Hymnen zelebrierten.

Naturfest

Zu *Ssukkot* als dem Fest der Jahreswende gehörten Riten, die besonders der Segnung des Regens im kommenden Jahr galten: Die Laubhütte, die unter freiem Himmel stand und den Anblick der Gestirne und des Vollmonds ermöglichte, verkörperte auch die Regen spendenden Wolken,

20. Palm-, Myrte- und Weidenzweige werden zum Verkauf angeboten.

Fruchtbarkeit und Erntesegen. Der Feststrauß aus Palm-, Myrte- und Bachweidenzweigen und der Paradiesapfel (*Leviticus* 23:40), die unter Psalmengesang in die vier Himmelsrichtungen sowie nach oben und nach unten geschwungen wurden, symbolisieren ebenfalls Fruchtbarkeit, Lebenskraft, ewige Jugend und Wassersegen.

Historisches Fest

Die Lehre Moses aber machte aus dem Naturfest ein historisches Fest, verlagerte die Festbedeutung vom Natürlichen ins Übernatürliche und stellte die Beziehung zu Gott in den Mittelpunkt, indem sie dem Fest eine national-historische Dimension gab:

> In Hütten sollt ihr wohnen sieben Tage … Damit es eure Geschlechter wissen, daß ich die Kinder Israel in Hütten habe wohnen lassen, als ich sie aus Ägypten herausgeführt habe.
>
> (*Leviticus* 23:42–43)

In der Bibel wird jedoch an keiner weiteren Stelle davon berichtet, daß die Kinder Israel nach dem Auszug aus Ägypten und während der Wanderung in der Wüste in Laubhütten wohnten, sondern immer wieder von Zelten gesprochen, einer tragbaren Behausung, die sich fürs Wandern besser eignet. Daher wurde der Begriff ›*Ssukkot*‹ mit den Wolkensäulen assoziiert, die als Schutz und Obdach das wandernde Volk begleiteten. Wie *Pessach* der Befreiung aus der Knechtschaft, gedenkt *Ssukkot* der Offenbarung der göttlichen Liebe als Schutzes während des langen Wanderns durch die Wüste. Diese allegorische Interpretation gründet auf biblische Stellen, die eine Sinnverwandtschaft zwischen *Ssukkah* und Wolken aufweisen (u. a. *Jesaia* 4:5–6), und ist mehrfach im *Midrasch* überliefert:

Ssukkah als Symbol für Gottes Schutz

> Warum macht Israel *Ssukkah*? – Wegen der Wunder, die der Heilige, gesegnet sei er, beim Auszug aus Ägyp-

ten für es vollbrachte. Wolken der Herrlichkeit umgaben und beschützten es […] Der Heilige, gesegnet sei er, sprach zu Israel: »Meine Kinder, macht die Laubhütten und wohnt in ihnen sieben Tage, um euch an die Wunder zu erinnern, die ich für euch in der Wüste vollbrachte.«

(*P^e^ssiqta' d^e^-Raw Kahana'*, paraschah 'acheret, S. 457)

Ssukkah als Sinnbild für den Schutz Gottes bildete die Basis für viele allegorische Interpretationen. Gleich einer Braut, die ihres Vaters Haus verläßt und in das Haus ihres Bräutigams einzieht, verließ das Volk seine Häuser in Ägypten, um in der schützenden Hütte, die Gott über ihm ausgebreitet hatte, zu wohnen. Es entsteht das Bild der Hütte als Baldachin, ein Bild der Hochzeit zwischen dem Volk (Braut) und seinem Gott (Bräutigam). Vielleicht soll das Wohnen in der *Ssukkah* an die damalige Hochzeit und an die bestehende Ehe erinnern.

Die Wolkensäulen waren Ausdruck der unmittelbaren, sichtbaren Nähe und Gegenwart Gottes während der Wüstenwanderung. Später befand sich diese Gegenwart im Allerheiligsten des *'ohel mo'ed*, ›Zelt der Begegnung‹, und des Tempels. Gott gab dem Volk seine Gegenwart, das Volk kam, um bei ihm und nach seiner Lehre zu leben. Die Interpretation der *Ssukkah* als Ausdruck dieser Gegenseitigkeit findet sich ebenfalls in der *Midrasch*-Literatur wieder:

Der Heilige, gesegnet sei er, sagte zu Israel: In dieser Welt befahl ich euch eine Laubhütte zu bauen, um mir zurückzugeben, was ich euch gab … Aber in der Zukunft werde ich in meiner Herrlichkeit erscheinen und euch wie eine Laubhütte beschützen, denn es heißt: »Und eine Hütte wird sein zur Beschattung am Tage vor der Glut (*Jesaia* 4:6).«

(*Tanchuma'*, 'emor, 22)

Ssukkah als Symbol der Gleichstellung

Eine andere Sichtweise interpretiert das Gebot, in der *Ssukkah* zu wohnen, als einen Akt der Gleichstellung: Die Hütte ist eine provisorische, schlichte, arme Behausung; sie ist nicht bequem; Wind, Regen oder die starken Sonnenstrahlen dringen leicht durch; und dennoch kann ihr Bewohner eine angenehme Zeit darin verbringen und Gäste empfangen. Ob reich oder arm, jeder muß eine Woche lang in der Hütte wohnen. Man zeigt Demut und Bereitschaft zu lernen, umzudenken, zu teilen und sich vom Überfluß nicht beirren zu lassen. Daher verkörpert die Hütte auch eine bessere Zukunft, die Gleichheit und Gerechtigkeit verspricht.

Ssukkah als Symbol des Vergänglichen

Die Hütte als eine unbeständige Behausung symbolisiert das Vorübergehende, die Flüchtigkeit allen Lebens. Wir sollen nicht glauben, daß diese Welt das Ziel und die Erfüllung unseres Lebens sei. Und gerade im Herbst, wenn die Ernte eingebracht ist und man sich gut versorgt, sicher und zufrieden fühlt, sollen wir uns die Unsicherheit des Menschenlebens vergegenwärtigen und auf unsere Einfachheit achten. Mehr noch, wir sollen nicht wegen der Früchte unserer Arbeit überheblich werden. Was brächten wir ohne Segen zustande. Die Fülle ist nicht unser Besitz, sondern Ausdruck der göttlichen Liebe.

Ssukkah als Metapher für die Erlösung

Mit der Zerstörung von Königreich und Tempel wurde die Hütte, das zerbrechliche Gebilde, zum Sinnbild der verlorenen Pracht und gleichzeitig zur Metapher für die Hoffnung auf Wiederherstellung und Erlösung. Bereits der Prophet Amos (9:11) gebrauchte dieses Bild:

> An jenem Tag werde ich die zerfallene Hütte Davids aufrichten, und ihre Risse verzäunen, und ihre Trümmer aufrichten, und sie wie zu Vorzeiten erbauen.

Aus diesem Zusammenhang ist es nur verständlich, daß auch im *Midrasch* die *Ssukkah* als Verbannung interpretiert wird:

Ssukkah als Symbol der Verbannung

> Rabbi 'El'asar bar Marjom sagte: Warum bauen wir *Ssukkah* nach *Jom ha-kippurim*? … An *Ro'sch ha-Schanah* fällt der Heilige, gesegnet sei er, sein Urteil über alle Weltbewohner, und an *Jom ha-kippurim* besiegelt er das Urteil. Israel könnte dazu verurteilt werden, ins Exil zu ziehen, und daher bilden sie eine *Ssukkah* und gehen aus ihren Häusern ins Exil, in die *Ssukkah*.
> (*P^e^ssiqta' d^e^-Raw Kahana'*, paraschah 'acheret, S. 457–458)

In der Diaspora hat das jährliche Wohnen in der *Ssukkah* mit ihren ›vier Pflanzenarten‹, die für das Land Israel charakteristisch sind, das Gefühl der Fremde und die Sehnsucht nach der alten Heimat noch verstärkt. Im Exil wurde die *Ssukkah* zum Symbol des jüdischen Volks und der Heimat. Der jiddische Lyriker Morris Rosenfeld (1862–1923) gestaltete das Erlebnis des Laubhüttenfestes in der Verbannung in seinem Gedicht *Ssukess*, ›Laubhüttenfest‹:

Ssukkess

> Auf fremdem Boden, unter fremdem Dach,
> bedeckt von oben nur mit fremdem Laub,
> im tiefen Exil, in der großen Not,
> gestützt auf Elend, angelehnt an Tod,
> steht die schwache Hütte, zitternd im Wind –
> dort wird sich freuen das von Gott geliebte Kind.
>
> Rundum ist es wolkig, traurig und kalt,
> rundum ist das Leben welk und alt,
> verdunstet der Sommer, abgeblüht die Welt,
> von den freien Feldern – in ein enges Zelt,

von einem reichen Traum – in öde Wirklichkeit,
von einem weiten Leben – in eine Hütte nur.

Wie es dazu kam, scheinbar unverhofft,
Doch was kann das helfen? Bringt herein das Licht!
Bringt herein das Festbrot, bringt herein den Wein!
Laßt uns Segen sprechen und zufrieden sein!
Sei's nur eine Hütte und ein kurzes Glück,
bis wir wieder kommen nach Haus zurück.

Das Festgebot

Doch vor allem ist *Ssukkot* ein Fest der Freude:

> Ein Fest der Laubhütten sollst du sieben Tage begehen, wenn du einsammelst von deiner Tenne und von deiner Kelter. Und freue dich an deinem Fest, du und dein Sohn und deine Tochter, und dein Knecht und deine Magd, und der Levit und der Fremdling, und der vaterlose Knabe und die Witwe, die in deinen Toren leben … denn *JHWH*, dein Gott, wird dich segnen in deinem ganzen Ertrag und in allem Werk deiner Hände, und du sollst nur fröhlich sein.
>
> (*Deuteronomium* 16:13–15)

Laut *Buch der Jubiläen* soll bereits Abraham das Laubhüttenfest gefeiert haben.

Das Laubhüttenfest des Königs Salomo

König Salomo (10. Jh. v. d. Z.) nahm *Ssukkot* zum Anlaß, um den errichteten Tempel einzuweihen (*1. Könige* 8). Er ließ das Volk versammeln, die Bundeslade aus Zion, der Stadt Davids, bringen und in das Allerheiligste stellen. Sogleich manifestierte sich Gottes Gegenwart als Wolke, die das Heiligtum erfüllte. Salomo sprach zu Gott, segnete das Volk und gab ein großes Fest.

Während des zweiten Tempels

Zur Zeit des zweiten Tempels wurde das Hüttenfest als fröhliches Volksfest begangen. Die Stadt Jerusalem war voll von Menschen, Laubhütten, grünen Zweigen und Früchten. Den Feststrauß aus Palmzweig, Myrte, Weide und der Zitrusfrucht *'etrog* trugen die Männer den ganzen Tag bei sich. Die feierlichen Rituale nahmen Tag und Nacht in Anspruch, fanden im Tempel, um ihn herum und in Synagogen statt. An jedem der acht Festtage wurden die *Hallel*psalmen gesungen. Die Betonung des Gebots, sich zu freuen, hatte zur Folge, daß im Tempel mehr als üblich musiziert wurde, mehr Feuerleuchter brannten. Gleichzeitig achtete man auf die Trennung von Männern und Frauen im äußeren Vorhof, damit die Heiterkeit geistig ausgerichtet blieb.

Ssimchat bejt ha-scho'ewah

Die Festfreude erreichte ihren Höhepunkt bei der Feier, die *Ssimchat bejt ha-scho'ewah*, ›Freude des Wasserschöpfens‹, hieß. Über diese Feier sagt die *Mischnah* (*Ssukkah* 5:1): »Wer die Freude des Wasserschöpfens nicht erlebte, hat in seinem ganzen Leben keine wahre Freude erlebt.« Am Ausgang des ersten Festtages versammelte man sich im äußeren Tempelvorhof, der sonst für die Frauen vorgesehen war. Das Feuer war Mittelpunkt dieses nächtlichen Festes. Auf hohen Säulen im Hof standen vier Goldleuchter mit jeweils vier großen Schalen für Öl; als Dochte dienten alte, farbige Priestergürtel. Bei jedem Leuchter stand ein Priesterjunge, um ihn immer wieder mit Öl zu speisen. Das Licht dieser Leuchter soll so hell gewesen sein, daß »jeder Hof in Jerusalem von diesem Licht beleuchtet wurde« (*Mischnah*, *Ssukkah* 5:3). Diese Feier gehörte nicht den Priestern, sondern den Frommen und Gelehrten und dem Volk. Singend tanzten die Rabbinen mit Fackeln begeistert vor dem Volk. Sie schleuderten Fackeln in die Luft und fingen sie wieder auf, ohne daß eine die andere berührte oder zur Erde fiel. Die Leviten standen an den fünfzehn Stufen, die vom Israelhof in den

Frauenvorhof führten, sangen Psalmen und spielten auf Leiern und Harfen, Pauken, Trompeten und Flöten (*Mischnah, Ssukkah* 5 : 2 – 4). Das Fest, das an allen sechs Halbfeiertagen von *Ssukkot* begangen wurde, dauerte bis zum Morgen; dann zog eine Prozession vom Tempel zur Schiloach-Quelle hinunter, um Wasser zu schöpfen, das am Altar dargebracht wurde.

Die Freude dieses Festes hing mit dem Dank für den Segen des vergangenen Jahres zusammen. Das Ritual des Wasserschöpfens für das Wassergußopfer muß Ausdruck des Wunsches nach einem regenreichen Jahr gewesen sein; denn in *Ssukkot* spricht Gott das Urteil über den Regen (*Mischnah, Ro'sch ha-Schanah* 1 : 2).

Das Wasserritual

Eine Priesterwache zog mit dem feiernden Volk in einer Prozession vom Tempelberg zum Bach Kidron, wo sich die Schiloach-Quelle befindet. Sie schöpften Quellwasser und kehrten zum Tempel zurück. Als sie den Altar erreichten, war das Morgenopfer bereits beendet. Der diensttuende Priester nahm das goldene Gefäß mit dem Wasser entgegen und brachte nun das Wassergußopfer dar. Die *Mischnah* (*Ssukkah* 4: 9) überliefert eine Beschreibung des Wasserrituals:

> Man füllte ein drei Log fassendes goldenes Gefäß mit Wasser aus dem Schiloachquell. Als man zum Wassertore kam, wurde ein gedehnter, ein schmetternder und wieder ein gedehnter Ton geblasen. Sodann stieg der Priester auf die Altarrampe und wandte sich nach links, wo zwei silberne Schalen waren … Sie hatten je einen schmalen schnabelartigen Spalt, die eine Schale einen breiteren, die andere einen schmaleren, damit beide Schalen sich gleichzeitig entleerten … Dem Wassergießenden rief man zu: »Halte deine Hand hoch! …«

In einigen Gemeinden hallt diese Zeremonie nach. Marokkanische Juden pflegen heute noch Kinder mit Wasser zu begießen.

Das Bachweidenritual

Ein umstrittener Brauch zur Tempelzeit waren die feierlichen Umzüge mit den Bachweiden um den ebenfalls mit Bachweiden geschmückten Altar. Die Weidenruten brachte man täglich aus Moza, einem Vorort im Westen von Jerusalem. Die Priester steckten die Weiden an die Seiten des Altars, so daß sie sich über den Altar neigten. Unmittelbar nach dem Wasseropfer wurde ein gedehnter, ein schmetternder und wieder ein gedehnter Ton geblasen, und der Umzug um den Altar begann. Dabei rezitierte man aus den *Psalmen* (118:25) »*'anna' JHWH hoschi'ah na'*« bzw. »*hoscha'na'*«, »bitte, Gott, hilf bitte!« und schlug mit den Weiden auf den Boden. Kein Wunder, daß unter den Priestern manche das Ritual vehement ablehnten, stand doch das Schütteln und Schlagen der Weiden in offensichtlicher Analogie zum Regensturm, der die Bäume schütteln soll. Doch das Ritual erwies sich als stärker.

Hoscha'na' rabbah

Heute wird der Umzug in der Synagoge um die ausgehobene *Torah*-Rolle gemacht, die auf der Vorlesebühne (›Almemor‹) aufgestellt ist. Man hält an Stelle der Weiden den Feststrauß in der Hand und spricht *Hoscha'not*, Bittgesänge, deren einzelne Sätze mit *hoscha'na'* schließen, für ein gesegnetes Jahr und für die künftige Erlösung. Am siebenten Tag des Festes werden alle *Torah*rollen auf die Vorlesebühne gebracht, und der Vorbeter und alle Gemeindemitglieder ziehen (*haqqafot*) siebenmal um den Almemor. Für den letzten Rundgang ersetzt man den Feststrauß durch das Bachweidenbündel.

Im Zusammenhang mit *Ro'sch ha-Schanah* (Tag des Gerichts) und *Jom Kippur* (Besiegelung des Urteils) gilt *Hoscha'na' rabbah*, als der Tag, an dem die Vollstreckung des Urteils beginnt. Daher zündet man in der Synagoge viele Kerzen an, der *Torah*schrein wird mit dem weißen Vorhang bedeckt, der Vorbeter trägt seine Sterbekleider – wie am Versöhnungstag.

Im Volksglauben verknüpfte sich viel mit den Bachweidenbündeln. Einige sprachen ihnen Heilkraft zu und bereiteten *Hoscha'not*-Wasser daraus, andere bewahrten sie bis *Pessach* auf, um damit den Backofen für die *Mazzot*, die ungesäuerten Brote, zu heizen.

In Anspielung auf die im *pijjut* rezitierten Worte *qol m^e^wasser* (›die Stimme des Künders‹) pflegten Juden, die im deutschen Sprachraum lebten, an *Hoscha'na' rabbah* eine Kohlsuppe (Kohl mit Wasser) zu essen.

Qol m^e^wasser

Die Stimme des Künders kündet und spricht:
Dein mächtiger Helfer, er wird kommen.
Meines Liebsten Stimme, ich hab' sie vernommen.

21. Wer in der Nacht von Hoscha'na' rabbah *seinen Schatten ohne Kopf sieht, wird das Jahr nicht überleben.*

Die Stimme des Künders kündet und spricht:
Wendet euch zu mir, so seid ihr erhört,
Heut' wenn ihr auf meine Stimme hört.
Die Stimme des Künders kündet und spricht:
Erhebt euch, die ihr vom Staube bedeckt,
Erwacht und jubelt, vom Staube erweckt.
Die Stimme des Künders kündet und spricht.

Die himmlischen Gäste

In der *Ssukkah* werden sieben ›himmlische Gäste‹ erwartet. Diese von den Kabbalisten aus Safed im 16. Jahrhundert begründete Tradition fand schnelle Aufnahme in allen jüdischen Gemeinden. Es sind die Erzväter Abraham, Isaak und Jakob, Jakobs Sohn Josef, der Prophet Mose, sein Bruder und Begründer des Priestergeschlechts Ahron und König David. Die Himmelsgäste bringen Segen. Ob man ihrer Gegenwart gewahr wird, hängt vom Grad der eigenen Läuterung ab. Vor dem Tagesmahl des ersten Festtages spricht man:

> Ich bitte dich, Abraham, himmlischer Gast, weile bei mir, und mit dir seien alle himmlischen Gäste: Isaak, Jakob, Josef, Mose, Ahron und David.

Am zweiten Tag lädt man Isaak, am dritten Jakob und so weiter ein. Manche laden an allen Tagen des Festes einen Armen zum Essen in die Laubhütte ein. Den Armen ehrt man, als wäre er einer der zu Gast geladenen Stammväter. Manchmal weiß der Gastgeber nicht, wen er zu Gast hat.

Eine *Ssukkah* in Buchara

> In einem Dorf in Buchara lebte ein reicher Jude, der das Gebot, *Ssukkah* zu bauen, sehr liebte. Jedes Jahr baute er eine Laubhütte und schmückte sie prachtvoll: an die Wände hängte er Granatäpfel, Trauben und viele andere Früchte sowie schöne Teppiche, die er mit dem Silber- und Goldschmuck seiner Frau ver-

zierte. Seine Laubhütte war die schönste weit und breit.

An einem der Festtage lud er in seine *Ssukkah* seinen Freund, den angesehenen Emir, ein. Der Emir kam mit dreien seiner Wesire. Die Gäste bestaunten die Schönheit der Laubhütte, lehnten es aber ab, am Kopf des Tisches zu sitzen, sie setzten sich an eine bescheidene Stelle neben dem Eingang. Sie aßen zusammen, die Gäste genossen das Mahl und strahlten große Freude aus. Die Juden verstanden nicht, was sie so beglückte. Nach dem Essen verabschiedeten sich der Emir und seine Begleiter vom Gastgeber und wünschten ihm viel Segen. Nach einigen Monaten rief der Emir den befreundeten Juden zu sich und befahl ihm, wieder eine Laubhütte zu errichten, ihn und alle anderen Gäste, die beim ersten Mal da waren, wieder einzuladen. Der Jude versuchte, dem Emir klar zu machen, daß dies unmöglich sei, denn *Ssukkah* errichte man nur einmal im Jahr, wie es die Heilige Schrift befiehlt. Doch der Emir bestand nachdrücklich darauf und verlangte: die gleiche Laubhütte, die gleichen Gerichte, die selben Gäste. Nichts dürfe fehlen.

Gezwungenermaßen und um den judenfreundlichen Emir nicht zu ärgern, tat der Jude, wie ihm befohlen wurde.

Als der Emir und seine Begleiter in die Laubhütte kamen, merkten sie sofort, daß ein alter Mann fehlte, der beim vorigen Mal da gewesen war. Der Emir fragte: »Wo ist der alte Mann, der auf dem Stuhl saß, den ihr mir am Kopf des Tisches angeboten habt?«

Die Juden waren verwundert, denn sie hatten diesen alten Mann nicht gesehen. Sie verstanden, daß der Emir wahre Worte sprach. Der alte Mann muß der Prophet Elia gewesen sein, und nur dem Emir war es zuteil geworden, ihn zu sehen. Der Jude sagte zum Emir:

»Wohl Euch, Ihr hattet den Segen, den Propheten Elia zu sehen. Nicht jeder Mensch kann ihn sehen. Jetzt könnt Ihr ihn nicht sehen, da er nur zum Laubhüttenfest erscheint. Ihr aber durftet erleben, was nur wenigen erlaubt ist. Wohl Euch.«

Der Emir verstand, daß ihm etwas Ungewöhnliches zuteil geworden war, entschuldigte sich beim Juden für die Mühe, die er verursacht hatte, und kehrte zurück in seinen Palast.

Nach sieben Tagen folgt ein zusätzlicher Feiertag, *Sch^e^mini 'azeret*, das Schlußfest, als wolle man, da die Trennung schwer fällt, noch einen Tag in der Nähe Gottes verweilen. *Sch^e^mini 'azeret*

An diesem Tag wird zum ersten Mal die Formel für die Regenbitte in das Tagesgebet eingefügt. Im Zentrum dieses Festes stehen liturgische Dichtungen, die um das lebenspendende Wasser bitten. Auch der Verstorbenen wird gedacht. Vielleicht verband man die belebende Wirkung des Regens mit der Idee der Auferstehung.

In Israel wird bereits am selben Tag (in der Diaspora erst am nächsten) *Ssimchat Torah* gefeiert. Das Fest, seit dem Mittelalter bekannt, ist der jüngste Bestandteil von *Ssukkot*. Hier wird der Jahreszyklus der synagogalen *Torah*-vorlesung gefeiert. Der Jahreszyklus, bei dem an jeder *Schabbat* ein Abschnitt (›Perikope‹) aus den fünf Büchern Mose vorgetragen wird, endet und beginnt an diesem Tag. Die *Torah*, das manifestierte heilige Wort, ist Bindeglied zwischen dem Volk Israel und Gott, das Studium der *Torah* höchstes Gebot, Ende und Anfang des Zyklus höchste Freude. Die Männer, die mit der Vorlesung geehrt werden, heißen ›Bräutigam‹ der *Torah* und des Anfangsabschnitts, *chatan Torah* und *chatan B^e^-re'schit*. *Ssimchat Torah*

Es ist eine ungewöhnliche Feier: Alle *Torah*-Rollen, reich geschmückt, werden ausgehoben, man trägt sie tanzend und singend um die Vorlesebühne, wie bei einer Hochzeit. Die Kinder halten Fähnchen, auf ihrer Stange steckt ein Apfel und in ihm eine brennende Kerze. Der Apfel verkörpert die Schönheit der Fülle, das Kerzenlicht die Weisheit der *Torah*. Auf der bemalten Fahne klebt ein Fensterchen, wenn man es öffnet, deckt man die Gesetzestafel auf.

Abbildung 22

Anzünden der Chanukkah-*Lichter*
Das sollte der Holzschnitt darstellen, doch zeigt er keinen achtarmigen *Chanukkah*-Leuchter, sondern eine *M^e^norah*, einen siebenarmigen Tempelleuchter, das vornehmste Zeichen jüdischer Tradition. Ein beliebtes Motiv der jüdischen Ikonographie ist die Darstellung des Hohenpriesters Ahron, der die Lampen der *M^e^norah* mit Öl speist, als Verkörperung des immerwährenden heiligen Dienstes. Doch darf außerhalb des Tempels keine *M^e^norah* verwendet werden (*Bawli, M^e^nachot* 28b). In anderen Ausgaben des *Ssefer ha-minhagim* wurde aus der *M^e^norah* ein *Chanukkah*-Leuchter gemacht.

Chanukkah

Das Fest des ewigen Lichtes

Ha-nerot halalu

> Diese Lichter zünden wir an ob der Wunder, Siege und allmächtigen Taten, welche du für unsere Väter vollbracht durch deine heiligen Priester. Alle acht *Chanukkah*tage sind diese Lichter geweiht, und es ist uns nicht erlaubt, sie zu benutzen, wir dürfen sie nur betrachten, um deinem Namen zu danken für deine Wunder, deine Hilfe und deine allmächtigen Taten.
>
> (Gebetbuch)

Das Fest der Lichter

Diese Hymne, gesungen beim Anzünden der Lichter, wurde erst gegen Ende des 13. Jahrhunderts zuerst in deutsche – dafür setzte sich Rabbi Meir aus Rotenburg (gest. 1293) ein – und bald auch in sefardische Gebetbücher aufgenommen.

Jedes Jahr zur Zeit der kürzesten Tage, da die Dunkelheit vorherrscht, werden acht Tage lang die Lichter des *Chanukkah*leuchters entzündet und Lieder von der Errettung und den Wundern gesungen, die Gott »unsere Väter« hat erleben lassen, als sie in großer Not und Bedrängnis waren. An diesen Tagen gilt kein Arbeitsverbot, daher haben sie nichts Festliches an sich. Doch wenn die Sonne am Nachmittag untergeht und die Kerzen angezündet sind, stellt sich die feierliche Stimmung ein. *Chanukkah* ist ein Fest des Lichtes und der Freude darüber, daß das Licht die Dunkelheit vertreibt. Licht, das ist die Lehre, das Gesetz, das ewige Feuer des siebenarmigen Leuchters, das im *hejchal*, dem heiligen Bereich des Tempels zu Jerusalem, brannte als Zeichen höchster Gegenwart.

Erinnerung an die Weihe des Tempels

Chanukkah bedeutet Weihe. Das *Chanukkah*fest, eingesetzt im Jahr 164 v.d.Z., soll erinnern an die Siege der Makkabäer über die Hellenisten und die Neuweihe des Tempels in Jerusalem am 25. *Kisslew* (Dezember).

Historischer Hintergrund

Der syrische Zweig der hellenistischen Diadochen, die Seleukiden, herrschte in jener Zeit über die Tempelprovinz Judäa, dessen Bevölkerung zerstritten war: Widersprüchliche Orientierungen spalteten das hohepriesterliche Geschlecht. Einige seiner Mitglieder sowie Teile der Oberschicht waren von der hellenistischen Kultur fasziniert und wollten Jerusalem in eine Art Polis verwandeln und hellenisierende Neuerungen herbeiführen, darum unterstützten sie die Fremdherrschaft. *Chassidim*, ›Fromme‹, und Schriftgelehrte bildeten die anti-seleukidische Abwehrbewegung und bekämpften die Hellenisierenden. Kleinere Gruppen wie die Essener grenzten sich ab durch strenge, reine und in ihren Augen einzig bibelgemäße Lebensführung.

Das in dieser Krisenzeit aufgekommene apokalyptische Geschichtsbild zog politische Radikalisierung nach sich, da die Ereignisse der Gegenwart und der unmittelbaren Zukunft als entscheidende Stufen in der Vollendung der Heilsgeschichte gedeutet wurden. Der Kampf gegen den hellenistischen Feind war nicht nur ein Kampf der Kulturen, sondern zugleich Teil der innerjüdischen Auseinandersetzung mit der Frage, was in dieser Endzeitsituation zu tun, wie die Torah zu leben sei.

Der seleukidische König Antiochos IV. Epiphanes (175 – 164 v.d.Z.) versuchte die hellenistische Kultur mit Gewalt durchzusetzen, glaubte er doch, sich auf die jüdische pro-seleukidische Partei stützen zu können. Wer nach jüdischem Gesetz lebte, den ließ er verfolgen und umbringen. Als Antiochos Jerusalem besetzte, um die ›Reformpartei‹ zu unterstützen, erreichte der Religionskampf seinen Höhepunkt. Antiochos konfiszierte den Tempelschatz, verwandelte das Heiligtum in einen Zeustempel und führte den fremden Kult ein. Das mobilisierte 166 v.d.Z. den bewaffneten Widerstand. Zwar widerrief Antiochos 165 v.d.Z. seine kultischen Verordnungen, doch formierte sich bereits unter den Aufständischen eine neue politische Bewegung mit weiterreichenden Bestrebungen.

Der Aufstand der Makkabäer

Es war ein Bauernaufstand, geführt von der Priesterfamilie der Hasmonäer, auch Makkabäer genannt, der sich ausgehend von Modi'in verbreitete, einem südwestlich von Jerusalem in der judäischen Ebene gelegenen Dorf. Der greise Mattitjahu und seine fünf Söhne organisierten und führten den anti-kolonialen Aufstand, der zugleich ein Bürgerkrieg war. 25 Jahre dauerte der Kampf um die politische Unabhängigkeit, der langfristig zur Unabhängigkeit der Provinz Koilesyrien (Judäa, Galiläa, Samarien) und zur Bildung des hasmonäischen Staats führte. Doch bereits im Jahr 164 v.d.Z. zog die Armee der Makkabäer in Jerusalem ein und befreite den Tempel. Die Schilderung in den erhaltenen Quellen überliefert einen Sieg der *Torah*treuen über die hellenisierenden Abtrünnigen. So berichtet das erste Makkabäerbuch (4:36–59):

Der befreite Tempel

> Judas aber und seine Brüder sprachen: »Seht, unsere Feinde sind vernichtend geschlagen worden; laßt uns hinaufziehen (nach Jerusalem) um das Heiligtum zu reinigen und (neu) zu weihen!« Da versammelte sich die ganze Streitmacht, und sie zogen hinauf zum Berg Zion. Sie sahen das Heiligtum verwüstet und den Altar entweiht, die Tore verbrannt und in den Vorhöfen Gebüsch, aufgewachsen wie in einem Wald oder auf einem der Berge, und die Zellen [der Priester] zerstört. Da zerrissen sie ihre Kleider und erhoben eine große Klage und streuten sich Asche (auf ihr Haupt); sie fielen aufs Angesicht auf die Erde nieder und bliesen mit den Si-

gnaltrompeten und riefen zum Himmel. Dann beauftragte Judas Männer, die Leute in der Burg zu bekämpfen, bis er das Heiligtum gereinigt habe. Darauf wählte er unbescholtene gesetzestreue Priester aus; sie reinigten das Heiligtum und trugen die Steine der Besudelung an einen unreinen Ort. Sodann berieten sie wegen des entweihten Brandopferaltars, wie sie mit ihm verfahren sollten. Da kam ihnen (der) gute Gedanke, ihn niederzureißen, damit es ihnen nicht zur Schmach werde, daß die Heiden ihn besudelten, und so rissen sie den Altar nieder. Die Steine legten sie auf dem Tempelberg an einer geeigneten Stelle nieder, bis ein Prophet auftreten würde, um über sie Bescheid zu geben. Dann nahmen sie unbehauene Steine, dem Gesetz gemäß, und erbauten einen neuen Altar nach dem (Vorbild des) früheren. Auch das Heiligtum stellten sie wieder her und weihten das Innere des Hauses und die Vorhöfe. Sie fertigten neue heilige Geräte an und brachten den Leuchter, den Rauchopferaltar und den Tisch (für die Schaubrote) in den Tempel hinein. Dann brachten sie auf dem Altar Rauchopfer dar und zündeten die Lampen auf dem Leuchter an, so daß sie im Tempel erstrahlten. Sie legten Brote auf den Tisch und hingen die Vorhänge auf und vollendeten alle die Arbeiten, die sie angefangen hatten. Am Morgen des 25. (Tages) des 9. Monats – das ist der Monat *Kisslew* – [...] erhoben sie sich und brachten auf dem neuen Brandopferaltar, den sie errichtet hatten, ein Opfer, dem Gesetz entsprechend, dar. Zur gleichen Zeit und am gleichen Tage, an dem ihn die Heiden entweiht hatten, an dem wurde er wieder geweiht mit Lobliedern, Zithern, Harfen und Zimbeln. Das ganze Volk aber fiel aufs Angesicht nieder, und sie beteten an und rühmten himmelwärts den, der ihnen ein gutes Gelingen gegeben hatte. Sie feierten die Weihe des Altars acht Tage und brachten mit Freu-

> de Brandopfer dar und opferten ein Heils- und Lobopfer. Sie schmückten die Vorderseite des Tempels mit goldenen Kränzen und Schildchen, stellten die Tore und Zellen wieder her und versahen sie mit Türen. So herrschte sehr große Freude im Volk, und die Schmähung der Heiden war beseitigt. Judas, seine Brüder und die ganze Gemeinde Israel aber legten fest, daß die Tage der Weihe des Altars Jahr für Jahr zu ihrer Zeit acht Tage lang, vom 25. (Tage) des Monats *Kisslew* an, mit Freude und Jubel gefeiert werden sollten.

Chanukkah – ein aufgeschobenes Laubhüttenfest

Im zweiten Buch der Makkabäer wird das *Chanukkah*fest auf andere Weise begründet. Das Buch berichtet, daß zur Zeit der Neuweihe das Laubhüttenfest nachgeholt wurde, da die Juden während der Kämpfe verhindert waren, das Fest mit seinen Geboten traditionsgemäß zu begehen:

> Und acht Tage verlebten sie in Freude nach Art des Laubhüttenfestes, eingedenk dessen, wie sie vor kurzer Zeit in den Bergen und in den Höhlen, den Tieren gleich, gelebt hatten. Deshalb hatten sie mit Efeu und Weinlaub umwundene Zweige, dazu noch Palmen, und sangen dem Loblieder, der die Reinigung seiner Stätte glücklich zuwege gebracht hatte. Sie bestimmten aber mit einer allgemeinen Anordnung und durch Beschluß für das ganze Volk der Juden, diese Tage alljährlich festlich zu begehen.
>
> (2. *Makkabäer* 10:6–8)

Während des Laubhüttenfestes hielt man im Tempel ein Wasser- und ein Feuerritual ab. In den Vorhöfen des Tempels wurden zu *Ssimchat bejt ha-scho'ewah* Lampen und Fackeln angezündet. Auch wenn dies der Legende des Festes verloren ging, scheint das Lichteranzünden im *Chanukkah*fest auf dieses Feuerritual zurückzugehen. Das Laubhüttenfest mit *Schᵉmini ʿazeret* zum Schluß dauert acht Tage. Dies erklärt die Länge des *Chanukkah*festes. König Salomon weihte den von ihm erbauten Tempel zu *Ssukkot* ein.

Einer Überlieferung zufolge feierten die Makkabäer acht Tage lang. Das entsprach der Einweihung des ersten Altars im ›Zelt der Begegnung‹ durch Mose, des ersten Tempels durch Salomon und des zweiten durch Nehemia. Und wie bei den früheren Einweihungen geschah hier dasselbe Wunder: das Feuer vom Himmel verzehrte das Opfer.

Junges Fest *Chanukkah* ist das jüngste Fest im jüdischen Kalender und wird in der Bibel nicht genannt. Die ältesten Quellen für *Chanukkah* als ein Fest, das auch in der Zukunft gelten soll, sind die in griechischer Sprache überlieferten Apokryphen des ersten und zweiten Makkabäerbuchs sowie der hebräisch gehaltene Fest- und Bußkalender *Megillat taʿanit.* Das erste Makkabäerbuch soll, um 100 v. d. Z. entstanden, eine Übersetzung aus dem Hebräischen sein, und der Verfasser soll im Lande Israel gelebt haben. Das Original ist verlorengegangen. War das Buch ohne Bedeutung? Jedenfalls galt es nicht als heilig. Das zweite Makkabäerbuch wurde Ende des 2. Jahrhunderts v. d. Z. auf griechisch verfaßt. Als die Rabbinen bestimmten, welche Bücher zur Bibel gehörten, wurden die Bücher der Makkabäer ausgelassen. Ausgerechnet das griechisch sprechende hellenistische Judentum hielt sie für heilig und rettete sie. Die katholische Bibel zählt sie zu den kanonischen Büchern des ›Alten Testaments‹.

Umstrittenes Fest Für die Rabbinen der Jahrtausendwende waren die Bücher der Makkabäer nicht heilig und das Fest anscheinend nicht so bedeutsam. Auffallend ist: während in der *Mischnah* anderen Festen Traktate gewidmet sind, wird *Chanukkah* in dem Traktat *Schabbat* nur beiläufig erwähnt. Vielleicht kommt diese Haltung aus dem Ressentiment der Schriftgelehrten, deren Partei (*p^eruschim*, ›Abgesonderte‹, Pharisäer) nach der Befreiung Judäas um 150 v. d. Z. zunehmend in einen schroffen religiösen und politischen Konflikt mit den Hasmonäern geriet. Die Hasmonäer begnügten sich nicht mit der Neuweihe des Tempels, sie führten Befreiungs- und Eroberungskriege und machten Judäa zu einem unabhängigen Staat. Während der Befreiungskriege hatten sie die Unterstützung aller. Doch neben der politischen Herrschaft beanspruchte bereits 152 v. d. Z. Jonathan Makkabäus das Amt des Hohenpriesters, und um 134 v. d. Z. soll sich Johannes Hyrkanus zum König von Judäa gemacht haben, obwohl er nicht aus dem Geschlecht Davids stammte. So verfügten die Hasmonäer über die religiöse und politische Gewalt. Zwar verkörperten sie nach wie vor die nationale Unabhängigkeit, doch nahm ihr Lebens- und Führungsstil hellenistische Züge an. Im Volk wuchsen Abneigung und Empörung. Man orientierte sich an der Führung der Schriftgelehrten. Unter König Jannaj (103 – 76 v. d. Z.) spitzte sich die Auseinandersetzung zu und artete in erbitterte blutige Konflikte aus. Die aufgebrochenen Differenzen wurden unter Königin Salome Alexandra (76 – 67 v. d. Z.), die ihren ältesten Sohn Hyrkan II als Hohepriester einsetzte, zu bürgerkriegsähnlichen Konfrontationen zwischen der Partei der *Sadduzäer* (Hasmonäer und Priesterelite), der mittelständischen *Pharisäer* und der von einer Priesterfamilie (Zadoq) geführten Gemeinschaft der Essener, die in radikaler Ausrichtung auf die Endzeit in Qumran lebte.

Der historische Hintergrund des *Chanukkah*festes also ist die Neuweihe des Tempels.

Die historische Begründung

Traditionell symbolisiert das Fest die Vertreibung der Dunkelheit durch das Licht Gottes. Die jüdische Licht-Dunkel-Symbolik ist durch die Geschichte der Makkabäer geprägt: Das unterdrückte Licht der Wenigen besiegte die Dunkelheit der fremden Herrschaft. Die fortwährende Erfahrung von Unterdrückung und Verfolgung in der jüdischen Geschichte festigte dieses Bild, das aber historisch nicht ganz zutreffend ist: Die Makkabäer siegten militärisch-politisch, die jüdische Religion konnte frei ausgeübt werden; der Hellenismus jedoch verlor nicht an Kraft und hinterließ seine Spuren, unter anderem in Sprache, Ritual und Architektur.

Die religiöse Begründung

Daß *Chanukkah* in der *Mischnah* nur beiläufig erwähnt wird, heißt nicht, daß das Fest nicht gefeiert wurde. In der Erörterung der *Mischnah*-Stelle im *Talmud* verschiebt sich die Bedeutung, da das Fest durch ein Wunder begründet wird:

Nachdem die Makkabäer den Tempel befreit und gereinigt hatten, kam der große Augenblick, das ewige Licht wieder anzuzünden. Doch fanden sie kein geweihtes Öl, da die Heiden alles Öl verunreinigt hatten. Beim Durchsuchen entdeckten die Hasmonäer einen einzigen kleinen, vom Hohenpriester versiegelten Ölkrug, dessen Inhalt nur für einen Tag gereicht hätte. Der Tempelleuchter jedoch brannte acht Tage lang, bis neues, reines Öl bereitet wurde (*Bawli*, *Schabbat* 21b).

In dieser Überlieferung wird der historische Hintergrund zugunsten eines Wunders verdrängt: Man feiert *Chanukkah* nicht, um des Siegs der Wenigen über die Vielen, um einer, wenn auch ungewöhnlichen, menschlichen Leistung zu gedenken. Die Amoräer wollten dem politischen Sieg keine religiöse Bedeutung beimessen, übernahmen die Legende vom Ölkrug und stellten das Wunder in den Mittelpunkt. Nicht die nationale Befreiung galt als Wunder, als Einmischung Gottes in das historische Geschehen, sondern die Fortsetzung des Tempeldienstes und des religiösen Lebens. Dies gab dem Fest schon sehr früh den Charakter eines Festes der Diaspora. Der Ölkrug als Symbol für Reinheit, Licht und *Torah* und das Wunder als Zeichen der göttlichen Liebe spendeten Trost in späteren Zeiten der Not und ließen die Hoffnung auf Erlösung möglich erscheinen.

Das Anzünden der Lichter

Ferner wird im *Talmud* bestimmt, daß das Fest der Tempelweihe durch das Anzünden besonderer Lichter begangen wird. Am ersten Abend zündet man ein Licht an, am folgenden Abend kommt ein weiteres hinzu, und so weiter, bis am letzten Abend alle acht Lichter brennen.

Mit der Legende vom Ölkrug wurde im *Talmud* ein Zusammenhang geschaffen zwischen dem historischen Hintergrund des Festes, dem Sieg der Makkabäer, und dem symbolischen Ritual des Lichteranzündens.

Doch kann diese formelle Erklärung die Frage nicht beantworten, wie einem relativ marginalen historischen Ereignis so viel Bedeutung beigemessen wird, daß es einen Platz im jüdischen Kalender erhalten hat. Daß diese Frage auch spätere Gelehrtengenerationen beschäftigte, bezeugt eine Stelle aus dem *Midrasch*, die das *Chanukkah*fest als Symbol mehrerer Einweihungen in der jüdischen Geschichte darstellt, sinngemäß:

Sieben Weihen

> Wie viele Weihen sind es? Sieben Weihen sind es. Die Weihe des Himmels und der Erde nach ihrer Schöpfung und die Weihe der Mauer, die Nehemia um Jerusalem errichtete, und die Weihe der Rückkehrer nach Zion, und diese Tempelneuweihe, und die Weihe der kommenden Welt, und die Weihe des Altars durch Mose und die Stammesfürsten und die Weihe des ersten Tempels.
>
> (*P^e^ssiqta' Rabbati* zu Psalm 30:1)

Fest der Wintersonnenwende

Im Nahen Osten und im Mittelmeerraum waren Feste zur Zeit der Wintersonnenwende üblich. In Rom feierte man am 25. Dezember den Geburtstag des Sonnengottes (Sol

Invictus). In Persien beging man am 25. Dezember den Geburtstag von Mithra, dem allwissenden Lichtgott, der mit der unbesiegbaren Sonne, aber auch mit den nächtlichen Lichtkörpern assoziiert wurde. Das Christentum adaptierte das Fest und feiert die Geburt des Erlösers. Moderne Forscher sehen die Ursprünge des *Chanukkah*-festes ebenfalls in einer Feier zur Wintersonnenwende, dem kürzesten und dunkelsten Tag im Jahr, die mit Lampen und Fackeln begangen wurde. Im Volk muß diese Feier sehr beliebt und verbreitet gewesen sein. Darum mußte sie in den jüdischen Kalender integriert werden. Ein Zugeständnis, das relativ spät erfolgte, nachdem das mit dem Sonnenumlauf zusammenhängende Fest durch die Verbindung mit dem Makkabäersieg einen jüdischen Inhalt erhalten hatte. Das Licht, das wiedergeboren wurde, war nun das Feuer des siebenarmigen Leuchters, das wieder im Tempel brennen konnte. Auf diese Weise wurde die jährliche Wintersonnenwende mit dem ewigen Licht verknüpft.

Daß der 25. *Kisslew* nicht genau auf die Wintersonnenwende fällt, spricht nicht gegen diesen Zusammenhang. Auch *Pessach* und *Ssukkot*, die typisch solaren Feste, liegen um die jeweilige Tagundnachtgleiche. Am 25. *Kisslew* ist der abnehmende Mond kaum sichtbar und verschwindet während des Festes ganz. Die *Chanukkah*-Nächte sind daher nicht nur lang, sondern auch besonders dunkel. Und wenn die neue Mondsichel am Himmel erscheint, hat auch das Licht des *Chanukkah*leuchters zugenommen und mit ihm die Hoffnung auf Erlösung.

Chanukkah als Symbol kosmischen Lichtes

Eine chassidische Deutung der *Chanukkah*-Kerzen verbindet *Chanukkah* mit einem kosmischen Licht, das in den dunkelsten Tagen auf die Erde fällt. Sie wird Rabbi Ahron von Schitomir (gest. 1817) zugeschrieben:

> Die Überfülle und leuchtende Helle, die der Schöpfer auf Israel herabströmen läßt, beginnt von *Chanukkah* an … Und am *Chanukkah* beginnt neue Überfülle und leuchtende Helle auf Israels Seele herabzuströmen. Und darum zündet man zu *Chanukkah* Kerzen an, […] um auf die Lichter der Helle hinzudeuten, die in jenen Tagen zu strahlen beginnen.

Festvorschriften

Das Anzünden der Festlichter ist das zentrale Gebot von *Chanukkah* in Entsprechung zum historischen Entzünden des siebenarmigen Leuchters im neugeweihten Tempel. Im *Talmud* wird bestimmt, die Lichter neben den Hauseingang oder in die Fenster zu stellen, denn ihr Licht soll die Legende vom Wunder verbreiten. Die Lichter, heißt es, sollen von gleicher Größe sein und getrennt brennen. Und im *Schulchan ʿaruch* (§ 139, 6) wird empfohlen:

> […] diejenigen, die darauf bedacht sind, die Gebote mit besonderer Sorgfalt auszuführen, [lassen] jeden Bewohner des Hauses am ersten Abend ein Licht entzünden […] und am zweiten Abend zwei Lichter, und so fahren sie fort, bis am achten Abend acht Lichter entzündet sind. Und man soll darauf achten, daß jeder seine Lichter an einer besonderen Stelle entzünde, damit erkennbar sei, wieviel Lichter im ganzen entzündet werden; und man entzünde auch nicht an dem Platze, an dem das ganze Jahr hindurch Licht brennt, auf daß erkennbar sei, daß es *Chanukkah*lichter sind.

*Chanukkah*leuchter

Diese Vorschriften führten zur Entstehung des speziell jüdischen Kultgegenstandes, des *Chanukkah*leuchters, heute *chanukkijah* genannt. Er besteht aus acht Lichtern und einem gesonderten Licht, dem *schammasch*, ›Diener‹, mit dem man die heiligen Lichter anzündet. Ursprünglich benutzte man ein Gefäß für jedes Licht, doch seit dem Mittelalter gab es in den Synagogen große Leuchter, deren Gestaltung den Tempelleuchter zum Vorbild hatte. Den Ausgangspunkt bildete die Beschreibung der *M^e^norah*, Leuchter, die Mose für das ›Zelt der Begegnung‹ herstellen ließ (*Exodus* 37:17–23). Die *M^e^norah* bestand aus einem Fußgestell und einem Schaft mit sechs Röhren. Schaft und Röhre waren als Blumenkelche, Knospen und Blüten der Mandelblüte gestaltet. Seit dem 18. Jahrhundert stellte man vor allem in Deutschland auch kleine silberne Leuchter nach dem Vorbild der *M^e^norah* für den Hausgebrauch her. Manche Leuchter wurden zu Darstellungen des Tempels. Man erkennt in ihnen die Figur des Hohenpriesters Ahron, der das ewige Licht anzündet.

Chanukkah dauert zwar acht Tage lang, ist aber arm an Symbolen. Um so bedeutsamer ist das Entzünden der Lichter, um so wichtiger die Ästhetik des Leuchters. Dies veranlaßte Kunsthandwerker in allen Zeiten, neue Leuchter zu entwerfen. Sie werden aus Bronze, Messing, Silber, Zinn und nur selten aus Ton hergestellt. Die Form ist in den meisten Fällen ein Steg mit acht Vertiefungen für Öl und Docht und eine besondere Stelle für den *schammasch*. Im Lauf der Zeit ersetzte die Kerze das Öllicht.

Der *Chanukkah*-leuchter und der Tempel

Im Hause des Rabbi in Kossow [Menachem Mendel, gest. 1827] gab es einen *Chanukkah*leuchter, mit dem sich der Rabbi vor dem Fest zurückzog.

Einmal erzählte er einem seiner Nächsten das Geheimnis: »In diesem *Chanukkah*leuchter sehe ich die Gestalt des siebenarmigen Leuchters, den ganzen Tempel und das Allerheiligste.« Und er fügte hinzu: »Diesen *Chanukkah*leuchter ließ der große *maggid*, Rabbi Dow Baer aus Mesiritsch [um 1704–1772], herstellen. Er gab dem Goldschmied genaue Anweisung, wie viele Male er mit dem Hammer zu klopfen habe, und verbot ihm, einen einzigen Hammerschlag mehr oder weniger zu machen. Der *maggid* wich nicht von der Seite des Goldschmiedes, bis dieser seine Arbeit vollendet hatte.«

Symbol des verborgenen Lichtes

Im Buch *Roqeach* des 'El'asar ben J[e]hudah aus Worms (um 1165–1230) findet sich eine Erklärung für die Zahl der Kerzen:

> Die sechsunddreißig Kerzen, die man an *Chanukkah* anzündet, entsprechen den sechsunddreißig Stunden, [in] welche[n] das Licht dem ersten Menschen diente, bevor es verborgen ward.

In der Symbolik der *Kabbalah* und des Chassidismus stehen die *Chanukkah*lichter für das ewige Licht des Tempels, für das höchste kosmische Licht, für das Licht der *Torah* und für das Licht der Seele. Im Namen des *Zaddik* Rabbi Pinchas von Koretz (1726–1791) wird überliefert:

> An jedem *Chanukkah*, zur Stunde, da man die Lichter anzündet, wird das verborgene Licht offenbar, und dies ist das Licht des Königs Messias.

Frauen und *Chanukkah*

Die Überlieferung spricht vom Anteil der Frauen am makkabäischen Sieg: Die Schwester der Hasmonäer war verlobt und sollte, dies verlangte das Gesetz, wie jede Jungfrau vor ihrer Vermählung zuerst dem Statthalter zugeführt werden. Die Schändung wollte sie nicht über sich ergehen lassen und soll ihre Brüder zum Aufstand aufgefordert haben. Es wird auch der mutigen Witwe Judit gedacht, die den Heerführer Holofernes umbrachte, und der frommen Channah, die ihre sieben Söhne zum Martyrium ermutigte.

Daher wird das Fest strenger von Frauen als von Männern befolgt, und obwohl an *Chanukkah* zu arbeiten erlaubt ist, pflegen Frauen nicht zu arbeiten, solange die Lichter im Hause brennen.

Ma'os zur

Im Mittelalter wurde in Deutschland der weit verbreitete *pijjut* für *Chanukkah* verfaßt: *Ma'os zur j^{e}schu'ati*, Fels und Hort meiner Erlösung (nach *Jesaia* 17:10), wird gesungen, nachdem die Kerzen angezündet sind. Der Verfasser dieser Lobpreisung hieß Mordechai, das ergibt sich aus den Anfangsbuchstaben der fünf Strophen. Sonst weiß man nichts von ihm. In der letzten Strophe wird ein rothaariger Herrscher genannt. Forscher sehen darin einen Hinweis auf den rotbärtigen Kaiser Friedrich ›Barbarossa‹ und datieren den *pijjut* in das 12. Jahrhundert.

Folkloristische Bräuche

Auch Menschen ohne religiöse Zugehörigkeit erfahren die Freude, wenn in der dunkelsten Zeit des Jahres Lichter angezündet werden. Und *Chanukkah* ist eines der beliebtesten jüdischen Feste. Die Gestalt des Festes ist beschränkt, um so häufiger sind folkloristische Bräuche. Sobald ein Kind die Segenssprüche sagen kann, darf es das *Chanukkah*licht anzünden. Zur Freude des Lichterfestes gehören viele Lieder, in Öl gebackene süße Krapfen, Pfannkuchen, die in jeder Gemeinde verschieden aussehen und schmekken. Die Kinder bekommen ›*Chanukkah*geld‹ und vergnügen sich mit dem Kreiselspiel. Der Kreisel ist aus Blei oder Holz, ein Würfel mit einer durchgehenden Achse. Auf jeder der vier Seiten steht ein hebräischer Buchstabe für die Worte: n*ess* g*adol* h*ajah* s*cham*, ›großes Wunder geschah dort‹. Im Jiddischen wurden die Buchstaben folgendermaßen gedeutet: *n*ichts, *g*anz, *h*alb, *s*tellen (das heißt: einsetzen). Je nachdem welcher Buchstabe oben liegt, wenn der Kreisel fällt, gewinnt man nichts, alles oder die Hälfte der Einsätze, oder man muß seinen Einsatz wiederholen.

Neben diesen Bräuchen entstanden im Lauf der Jahrhunderte zahlreiche Legenden, die das Verbundensein mit dem Fest und seinen Symbolen bezeugen:

Chanukkah in Marokko

Das *Chanukkah*fest kam, und der König von Marokko, grausam und bös, wie er war, erlaubte den Juden nicht, die Lichter der Festlampe in der Synagoge anzuzünden. Die Juden aber verzagten nicht und vertrauten Gott.

Der König ließ Wächter am Eingang der Synagoge aufstellen, die niemandem Einlaß gewährten. Aber – welches Wunder – auf geheimnisvolle Weise wurden Abend für Abend die *Chanukkah*lichter angezündet. Die Soldaten wunderten sich. Sie berichteten dem König und schworen, niemanden in die Synagoge hineingelassen zu haben. Auch sahen sie keinen die Synagoge verlassen.

Der König staunte über diesen Bericht, befahl ihnen, die Synagoge weiter zu bewachen.

Als die Festtage zu Ende gingen, öffnete sich die Tür der Synagoge, und ein kleiner Junge, der Sohn des Synagogendieners, kam heraus. Die Soldaten nahmen ihn sofort fest und brachten ihn vor den König.

Der Junge erzählte dem König, daß er während aller Festtage sich in der Synagoge versteckt gehalten und seit acht Tagen und acht Nächten nichts gegessen habe.

Der Mut des Jungen rührte den König, und seitdem erlaubte er den Juden, an *Chanukkah* die Lichter anzuzünden.

Vielleicht weil *Chanukkah* im jüdischen Festkalender anfangs keinen gesicherten Platz hatte, wurde im *Talmud* (*J^eruschalmi, Ta'anit* 2:12) bemerkt:

Selbst wenn alle Feiertage abgeschafft werden – *Chanukkah* und *Purim* werden nicht abgeschafft.

Die Bedeutung des Festes im 20. Jahrhundert

Als Ende des 19. Jahrhunderts Pioniere in Palästina ein neues jüdisches Leben aufzubauen begannen und in Europa durch die zionistische Bewegung das jüdische Selbstbewußtsein tiefe Veränderungen durchmachte, verschob sich wieder die Bedeutung des Festes. *Chanukkah* wurde zum Symbol jüdischen Mutes, verkörperte den Sieg der machtlosen Wenigen über die mächtigen Vielen. Nicht von ungefähr nannten sich jüdische Sportgruppen ›Makkabi‹. Die neuen Bestrebungen nach nationaler Unabhängigkeit und politischer Selbstbestimmung lenkten die Aufmerksamkeit auf den nationalpolitischen Inhalt der historischen Ereignisse, der jahrhundertelang unbeachtet geblieben war. Die Neuweihe des Tempels bildete zwar den religiösen Kern des Festes, doch *Chanukkah* beschwor die Kämpfenden und ihre Siege. Seit der Aufbauzeit im Lande Israel suchte man die alte öffentliche Feier wiederzubeleben und organisierte Umzüge Lichter tragender Kinder. Aus dem stillen häuslichen Lichtfest wurde die laute Makkabäerfeier. Für sie wurden neue Lieder und szenische Stücke geschrieben.

Kindheitserinnerung

In der Grundschule feierte man Jahr für Jahr dieselbe Zeremonie. Am ersten *Chanukkah*-Tag versammelten wir uns im Schulhof, jedes Kind hielt sein flackerndes Licht, achtete darauf, daß es im Wind nicht ausging, und sang: »Wir kamen, um die Dunkelheit zu vertreiben, in unserer Hand ist Licht und Feuer, jeder ist ein kleines Licht, aber gemeinsam sind wir ein mächtiges Licht, fort mit dir, Dunkelheit! ...« Es war Nachmittag und schon recht dunkel und vor allem kalt. Bei jedem »fort mit dir, Dunkelheit!« stampften wir mit dem Fuß, so laut wir konnten, das betonte unsere Absicht und stand in den Anweisungen zum Lied. Danach sangen wir, daß damals die Makkabäer Retter und Erlöser waren, aber heute das ganze Volk Israel sich vereinigt, erhebt und erlöst. Den Höhepunkt der Feier bildete eine dramatische Szene, in der wir als

Kerzen verkleidet die Geschichte erzählten, die Makkabäer begeisterte Reden zum Freiheitskampf hielten und es klar war, daß sie den bösen Antiochos besiegen würden. Als wir größer wurden, durften wir mit den Fackeln durch die Stadt ziehen.

Zum Fest gehörte ein Klassenausflug zu den vermeintlichen Gräbern der Makkabäer in Modi'in. Vom antiken Modi'in blieb eine karge Landschaft mit Felsen und Höhlen, die im Altertum Verstecke und natürliche Scheunen waren. Während des Aufbaus pflanzten Pioniere an den Hügeln Pinien und Zypressen, die Bäume waren schon groß, der Wald noch nicht dicht. Vor Jahrhunderten hatte man kastenförmige Löcher in die Felsen gehauen, das waren ›die Gräber‹, und sie wirkten nach den großen Worten von den Helden und dem Freiheitskampf nichts sagend und leer.

Heute ist die Landschaft dicht bewaldet, und eine Rekonstruktion des antiken Dorfes gibt Einblicke in die historische Lebensart. Noch heute werden Fackelläufe an *Chanukkah* an verschiedenen Orten durchgeführt, auch von Modi'in aus.

Chanukkah symbolisiert die Beziehung zum Land und zur Landschaft. Die Wunder Gottes wichen den Heldentaten.

Abbildung 23

Obsttisch mit Birnen, Trauben, Johannisbrot und Äpfeln zum 15. Sch^{e}wat, dem Neujahr der Bäume. Vielleicht stehen die drei Bäume für die drei ›Welten‹, denen nach kabbalistischer Symbolik die Früchte zugeordnet werden (vgl. S. 182).

Tu bi-Sch^e^wat

Das Neujahrsfest der Bäume

Der Baum und sein Wert

Und da ihr in das Land kommt und jeden Baum, der Eßbares trägt, pflanzt, so enthaltet euch seiner Frucht, [gleich] der unbeschnittenen Vorhaut; drei Jahre lang sei euch die Frucht unrein und wird nicht gegessen. Und im vierten Jahr wird alle seine Frucht lobpreisend Gott geheiligt. Und im fünften Jahr werdet ihr seine Frucht essen, seinen Ertrag euch zulegen, ich bin *JHWH*, euer Gott.

(*Leviticus* 19:23–25)

Eines Tages ging Choni-der-den-Kreis-um-sich-zieht seinen Weg und sah einen Mann, der einen Johannisbrotbaum pflanzte. Sagte er zu ihm: Wie viele Jahre braucht er, bis er Früchte trägt? Sagte der andere: Siebzig Jahre. Sagte er zu ihm: Gehst du davon aus, daß du noch siebzig Jahre lebst? Sagte der Mann: Ich fand die Welt voll von Johannisbrotbäumen. Wie meine Väter für mich pflanzten, pflanze ich für meine Kinder.

(*Bawli, Ta'anit* 23a)

Wenn man einen Frucht tragenden Baum fällt, geht seine Stimme vom Ende der Welt bis zum Ende der Welt, und seine Stimme ist nicht zu hören.

(*Pirqej de-Rabbi 'Eli'eser*, 34)

Historischer Hintergrund des Festes

Nach der Vertreibung aus Spanien und Portugal wanderten viele Kabbalisten nach *'Erez Jissra'el* ein. Die in den Galiläischen Bergen gelegene Stadt Safed wurde im 16. Jahrhundert ihr wichtiges Zentrum. In Safed lebte der große Meister der *Kabbalah* Jizchaq Luria zwei Jahre (um 1570–

1572) mit seinen Jüngern. In dieser kurzen Zeit führten sie Rituale, Liturgien und Bräuche ein, die sich bald über ihren Kreis hinaus verbreiteten. Dazu gehörte auch das neue Ritual für *Tu bi-Schᵉwat.*

Neues Ritual

Am 15. des Monats *Schᵉwat* (Januar – Februar) feierten sie ein Fest der Bäume, an dem verschiedene Früchte, wenigstens fünfzehn, in ritueller Ordnung gegessen wurden. Das Essen der Früchte war Ausdruck der Freude, des Gefallens am Baum, an seiner Fruchtbarkeit und seinen Erträgen. Ziel des Rituals war es, durch gerichtete seelische Konzentration (*kawwanah*) sich in Einklang mit der Schöpfung zu bringen und dadurch in der sichtbaren und verborgenen Welt zur Verbesserung und Vollendung der göttlichen Ordnung, *tiqqun*, beizutragen.

Frühere Traditionen

Mit dem neuen Ritual griff Jizchaq Luria auf vorhandene Traditionen zurück: In der *Mischnah* wird der 1. bzw. 15. *Schᵉwat* bereits genannt, nicht als Festtag, sondern als »Neujahr der Bäume«, als Stichtag für die Berechnung des zehnten Teils der Frucht. Wann aus dem Tag, an dem das Steuerjahr der Bäume begann, ein Fest der Bäume wurde, ist nicht bekannt. Die älteste liturgische Dichtung »für das Neujahr der Bäume«, die in der Kairoer *Gᵉnisah* gefunden wurde, stammt aus dem 10. Jahrhundert. Sie bezeugt, daß das Fest im Mittelalter existierte, wenngleich seine Gestalt schriftlich noch nicht festgehalten war.

Im Mittelmeerraum war es üblich, vor Ende des Winters Dörrobst zu essen, um das nahende Ende des Winters zu feiern. Juden bevorzugten Früchte, die im Lande Israel wuchsen, vor allem Johannisbrot, darin drückte sich ihre Sehnsucht nach dem Land der Vorfahren aus und nach der Erlösung.

Jizchaq Luria und seine Jünger kannten diese Sehnsucht. Sie war nach der Vertreibung aus Spanien und Portugal stärker geworden und wurde Teil des aus Spanien mitgebrachten Obstfests, das nun ›Fest der Bäume‹ hieß und kabbalistischen Charakter annahm. Seine Liturgie umfaßte Dichtungen und die symbolische Deutung der Früchte, Lehrstücke aus Bibel, *Talmud* und *Sohar*, dem Hauptwerk der *Kabbalah*, sowie Gebete und Segenssprüche. 1753 wurde ihr *sseder*, ihre ›Ordnung‹, schriftlich festgelegt und bald als eigenständiges Buch veröffentlicht: *Pᵉri 'ez hadar*, ›Die Frucht des Zitrusbaums‹. Der *Sseder* für den 15. *Schᵉwat* geht auf die Struktur der Liturgie des *Lejl ha-sseder*, des Vorabends von *Pessach*, zurück:

Die Ordnung des *Tiqqun*

Wie zu *Pessach* stand auch im kabbalistischen Ritual der Tisch im Mittelpunkt. Er wurde weiß gedeckt, mit Myrtenzweigen, Blättern und Blumen geschmückt, die man mit Rosenwasser benetzte. Es brannten die Kerzen, viele verschiedene Früchte und Krüge mit Weißwein und Rotwein wurden aufgetragen. Der Weißwein symbolisierte den Winterschlaf der Pflanzen und die Müdigkeit der Sonne. Rotwein kündigte das Erwachen der Pflanzen, die zunehmende Sonnenkraft, den Sieg des Frühlings an. Nachdem aus den heiligen Schriften gelesen und ein Gebet für das Wohl der Bäume gesprochen worden war, segnete man das erste Glas Weißwein und die ersten Früchte, Oliven, Datteln, Trauben und ein gefülltes Weizengebäck, dann wurde fröhlich gegessen und getrunken. Dem zweiten Glas Weißwein wurde etwas Rotwein beigemischt. Dazu aß man Feigen und Äpfel, Granatäpfel und Paradiesäpfel. Das dritte Glas war jeweils zur Hälfte mit Weißwein und Rotwein gefüllt, dazu aß man Walnüsse, Haselnüsse, Mandeln oder Kastanien, Johannisbrot und Birnen. Im vierten Glas war nur noch ein wenig Weißwein, und dazu aß man Mispeln (Holzäpfel), Quitten, Kirschen, Erdnüsse und Lupinen. Bei jeder Frucht ging es um ihre geheime symbolische Bedeutung, denn ein kraftvolles Ritual würde zur Verbesserung der kosmischen Ordnung beitragen. Danach stand man vom Tisch auf und tanzte.

Symbolik der Früchte

Jizchaq Lurias Schüler, Chajim Vital (1542–1620), hat erklärt, daß sich die Baumfrüchte in drei Kategorien teilen, die drei von vier Stufen der göttlichen Manifestation entsprechen: Früchte mit Schale (zum Beispiel Granatapfel, alle Nüsse, Mandeln, Kastanien und alle Kerne) symbolisieren die niedrigste Stufe, *'olam ha-'assijah*, ›Welt des Tuns‹; denn nur das Innere der Frucht ist genießbar, und die Schale wird weggeworfen.

Kernobst verkörpert die nächst höhere Stufe, *'olam ha-jᵉzirah*, ›Welt des Schaffens‹, da nur der Kern hart und ungenießbar ist.

Früchte ohne Schale und Kerne – wie Feigen und Trauben –, die ohne Rest gegessen werden, verkörpern die hohe Stufe von *'olam ha-bᵉri'ah*, ›Welt des Erschaffens‹.

Das Neujahr der Bäume

Die Kabbalisten aus Safed führten den *Tiqqun* ursprünglich nur für ihren Kreis ein, doch er verbreitete sich bald unter den sefardischen Juden, die es *Frutas*, ›Obstfest‹, oder *Rosasana dos arbros*, ›Neujahr der Bäume‹, nannten, und später auch unter den aschkenasischen Juden.

Vielleicht etablierte sich das Baumfest vor allem in der Diaspora, weil das entwurzelte und oft vertriebene Volk im Bild des verwurzelten stabilen Baums seine größte Sehnsucht nach Heimat verkörpert sah.

In einer Überlieferung aus der *Mischnah* (*'Awot* 3:17) heißt es:

Ein Gleichnis

Rabbi 'El'asar ben 'Asarjah [1.–2. Jh. n. d. Z.] sagte: Wem gleicht der, dessen Weisheit größer ist als seine Taten? Er gleicht einem Baum, der viele Äste und wenige Wurzeln hat, und wenn der Wind kommt, reißt er ihn aus und stellt ihn auf den Kopf. Denn es heißt (*Jeremia* 17:6): »Und er gleiche dem Dorn in der Steppe, der nicht sieht, wenn das Gute kommt, und weilt in der Dürre der Wüste, auf unbewohntem Salzboden.«

Wem aber gleicht der, dessen Taten größer sind als seine Weisheit? Er gleicht einem Baum, der wenige Äste und viele Wurzeln hat. Selbst wenn alle Winde der Welt auf ihn einstürmen, bewegen sie ihn nicht von seinem Platz. Denn es heißt (*Jeremia* 17:8): »Und er gleiche dem Baum, der am Wasser gepflanzt ist und am Bach seine Wurzeln streckt, und er fürchtet nicht, wenn die Glut kommt, sein Blatt bleibt grün, und er sorgt sich nicht im Jahr der Dürre, denn er setzt nicht aus, Früchte zu tragen.«

Gerichtstag der Bäume

Der Name ›Neujahr der Bäume‹ erweckte die Assoziation zum *Ro'sch ha-Schanah* und gab dem 15. *Sch^{e}wat* den Charakter eines Gerichtstags für die Bäume: An diesem Tag wird durch das himmlische Gericht entschieden, welcher Baum gefällt und welcher gepflanzt wird, welcher Früchte trägt und welcher verdorrt. Unter den sefardischen Juden ist es heute noch Brauch, die Nacht zu durchwachen und Passagen aus Bibel, *Talmud* und *Sohar* zu lesen.

Das Baumfest zur Pionierzeit

Während der Aufbauzeit in Palästina bekam das Baumfest eine neue Gestalt. Nun hieß *Tu bi-Sch^{e}wat* auch ›Geburtstagsfest der Bäume‹, sein Symbol war der blühende Mandelzweig, da in Israel der Mandelbaum als erster blüht und vom nahenden Frühling kündet. Das wichtigste neue Ritual war das Pflanzen eines Baums. Diesen Brauch führte der Historiker und Schulleiter Seev Yavetz ein. 1890 versammelte er zum ersten Mal die Kinder seiner Schule, um in ihrem Ort Sichron Yaakov feierlich Bäume zu pflanzen. Er übertrug den alten europäischen Brauch, am 1. Mai, dem Frühlingsfest, Bäume, Sträucher und Blumen zu pflanzen, auf den 15. *Sch^{e}wat*, der durchschnittlich auf Ende Ja-

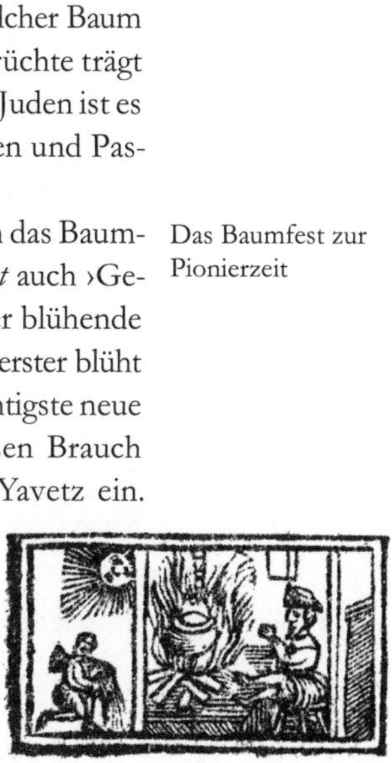

24. Sch^{e}wat – *Wassermann*

nuar, Anfang Februar fällt. Damit gab er dem jüdischen Fest einen neuen pädagogischen Inhalt: *Tu bi-Sch[e]wat* wurde zum Fest der Natur, das die Liebe zum Land stärkte und die abgeholzte Landschaft wiederaufzuforsten half. Aus dem Fest der Sehnsucht wurde ein Fest des Aufbaus. Das war überzeugend und wurde mit Begeisterung aufgenommen. 1908 bestätigte die Gewerkschaft der Lehrer und Kindergärtner die neue Idee. Die Zeremonie wurde zur Schulpflicht. Die Wiederaufforstung Israels hat diesem Fest viel zu verdanken. Noch heute lernen Kinder das Lied aus der Pionierzeit:

Kach hol[e]chim

So gehen die Pflanzenden,
Lied im Herzen, Spaten in der Hand,
aus Stadt und Dorf,
von Tal und Berg
an *Tu bi-Sch[e]wat* …

Tag des Umweltschutzes

In den letzten zehn Jahren, als deutlich wurde, wie sehr Aufbau und vor allem Industrie die Natur in Israel gefährden, deklarierte man den 15. *Sch[e]wat* zum Tag des Umweltschutzes. Es werden Schulausflüge und Exkursionen in besonders gefährdete Gebiete organisiert, um auf Möglichkeiten des Schonens und Pflegens hinzuweisen.

Da der 15. *Sch[e]wat* religiös nicht festgelegt ist, werden wie zur Zeit der früheren Kabbalisten aus Safed neue ›Ordnungen‹ für das Fest geschaffen, die auch aktuelle Texte und Lieder enthalten. So verwandelt sich das Fest und bleibt immer jung.

Im Garten Eden

In jener Stunde nahm der Heilige, gesegnet sei er, den ersten Menschen, führte ihm alle Bäume des Gartens Eden vor und sagte zu ihm: »Siehe meine Werke, wie schön und ausgezeichnet sie sind. Und alles, was ich erschuf, erschuf ich für dich. Denk daran, meine Welt nicht zu verderben und zu zerstören. Denn, wenn du verdorben hast, so gibt es niemanden, der es nach dir wiedergutmacht.«

(*Kohelet Rabbah* 7)

Der Baumsegen

Ein Mensch wanderte in der Wüste und wurde hungrig, müde und durstig. Er fand einen Baum, der süße Früchte trug, schönen Schatten gab und an einer offenen Wasserleitung wuchs. Er aß von seinen Früchten, trank von seinem Wasser und saß in seinem Schatten.

Als er weiterziehen wollte, sagte er: »Baum Baum, womit soll ich dich segnen? Wenn ich dir sage, mögen deine Früchte süß sein – sie sind doch süß; mögest du schönen Schatten geben – du gibst doch schönen Schatten; möge eine offene Wasserleitung unter [deinen Ästen] verlaufen – sie verläuft doch unter dir. Aber: Möge der Wille [bewirken], daß deine Nachkommen so sein werden wie du.«

(*Bawli, Ta'anit* 5b)

Abbildung 25

Purim*spieler*

Purim

Das Fest der leiblichen Errettung oder wenn die Dinge in ihr Gegenteil verkehrt werden

Das Fest

Rasseln, Spielpistolen, Verkleidungen und Masken, Maskenbälle, Maskenzüge und viel Lärm machen die Gestalt des israelischen profanen *Purim* aus. Eine Art Karneval.

Pur ist akkadisch und bedeutet ›Los‹. *Purim*, das Fest der Lose, fällt auf den 14. des Monats *'Adar* (Februar – März), auf den Vollmond vor der Tagundnachtgleiche im Frühling. Die Tagkraft nimmt zu und ist kurz davor, der Nachtkraft zu gleichen und sie zu überwinden. Damit wäre auch der Winter überwunden. Es ist die Zeit der Stürme und der Auflösung vor dem neuen Anfang im Frühling. *Purim*, das lauteste unter den jüdischen Festen, ist ein Tag der Fröhlichkeit, Belustigung und Possenreißerei in Erinnerung an die Errettung der Juden vor Vernichtung im antiken persischen Reich. Ein seltsamer Rahmen für Übermut und Ironie, für heitere Unordnung, Überschreiten von Grenzen und strengen Lebensregeln, für die Aufhebung der Unterschiede von Rang und Alter.

26. 'Adar – *Fische*

Die Vorschriften

Traditionell wird das Fest *Purim* auf die Geschichte zurückgeführt, die im Buch *Ester* überliefert ist. Daher besteht das Gebot, das Buch *Ester* aus einer Pergament-Schriftrolle in der Synagoge vorzutragen. Jedesmal, wenn der Name des Judenfeindes Haman fällt, machen Groß und Klein Krach mit Ratschen, Rasseln, Trillerpfeifen, Spielpistolen oder Füßeaufstampfen. Zu den Geboten von *Purim* gehört ein großzügiges Festmahl, das man noch am Tag, oft nach dem Nachmittagsgebet, beginnt, unter Mummenschanz, Spielen und Belustigungen bis in die Nacht ausdehnt und an dem viel Wein getrunken werden soll. Man soll trinken, bis man zwischen Mordechai und Haman (Gut und Böse) nicht mehr unterscheiden kann, gibt der *Talmud* vor. Zugleich überliefert er eine Geschichte von zwei Amoräern der 3. Generation (3.–4. Jh.), die diese Vorgabe etwas fragwürdig erscheinen läßt:

> Rabbah und Rabbi Sejra hielten das *Purim*mahl gemeinsam. Sie betranken sich. Stand Rabbah auf und schlachtete Rabbi Sejra. Am nächsten Morgen, als er nüchtern wurde und sah, was er getan hatte, bat er für Rabbi Sejra um Erbarmen und gab ihm sein Leben zurück. Ein Jahr später sagte er zu Rabbi Sejra: »Komm, mein Herr, und wir halten das *Purim*mahl gemeinsam.« Rabbi Sejra aber antwortete: »Nicht zu jeder Stunde geschieht ein Wunder.«
>
> (*Bawli, M^e^gillah* 7b)

Wichtiger als das Festmahl sind die Gebote, Bekannte mit mindestens zwei Gerichten (meistens Torten, Kuchen oder sonstigem Gebäck) oder Getränken zu beschenken, auf jiddisch *schalachmoness* genannt, und arme Leute, wenigstens zwei, mit einer Gabe oder Geldspende.

Der historische Hintergrund

Die Entstehungsgeschichte von *Purim* läßt sich nicht mit Gewißheit rekonstruieren. Gewiß ist, daß das Fest während des jüdischen Exils im persischen Reich entstand. Nach der Zerstörung des ersten Tempels (586 v.d.Z.) wurde ein Großteil der Einwohner Judäas – vor allem die Eliten – ins babylonische Exil verbannt. Von da an lebten Judäer in drei weit voneinander entfernten Ländern: ein Teil in Ägypten, die Mehrheit des einfachen Volks in der alten Heimat Judäa und die Eliten im babylonischen Reich. Dieses wurde aber bald darauf (539 v.d.Z.) vom persischen Großkönig Kyros erobert. Der *Talmud* (*Bawli, M^egillah* 7a) überliefert, daß *Purim* ursprünglich von den in Schuschan (Susa, der Hauptstadt Elams) lebenden Juden gefeiert wurde. Demnach fand *Purim* zunächst in Persien statt und wurde von benachbarten Exilgemeinden übernommen. Erst durch Beschluß der *k^enesset g^edolah*, der höchsten Institution nach der Rückkehr aus Babylonien, erhielt es seinen Platz im jüdischen Kalender und wurde in allen Gemeinden gefeiert. Das Fest ist zum ersten Mal im 2. Makkabäerbuch 15:36 (verfaßt im zweiten Jahrhundert v.d.Z.) erwähnt, allerdings unter dem Namen »Tag des Mordechai«.

Persische und babylonische Neujahrsfeste

Im persischen Reich wurde um das Frühlingsäquinoktium das Neujahrsfest mit Geschenken an Freunde und Bekannte und mit üppigen Festessen und Weingelagen gefeiert. Der König gab ein Gastmahl, zu dem die hohe Gesellschaft, Würdenträger und Gesandte eingeladen waren. *Purim* weist auffallende Parallelen auf. Möglicherweise feierten die Juden von Schuschan das persische Neujahrsfest mit, da es unter den ersten Achämeniden eher profanen Charakter hatte. Offensichtlich auch ist die Nähe zum babylonischen Neujahrsfest (*Zagmuk/Akitu*), an dem Lose geworfen wurden, um das Schicksal im kommenden Jahr voraussehen zu können. *Purim* bedeutet ›Lose‹, und die Protagonisten der Ester-Rolle tragen ebenfalls Namen babylonischer Herkunft: Mordechai ist die hebräische Form von Marduk, Ester von Ischtar. Marduk und Ischtar waren babylonische Sterngottheiten (Jupiter und Venus).

Aneignung durch Verwandlung

Im Lauf der Zeit fand ein Aneignungsprozeß statt. Aneignung verlangte Anpassung und Verwandlung. Dabei wurden persische und babylonische Traditionen von heidnischen Elementen befreit, miteinander verwoben und mit Erfahrungen des jüdischen Exillebens verknüpft.

Das Fest der Diaspora

Das Buch *Ester*, das auf Hebräisch *m^egillah*, Schriftrolle heißt, stellt den nachträglichen Versuch dar, dem ursprünglich fremden Fest wenn auch keine jüdischen Inhalte, so doch wenigstens einen jüdischen Rahmen zu geben: Das unsichere Leben im Exil, das nicht nur der physischen Bedrohung ausgesetzt war, sondern einer permanenten Verunsicherung durch die Verlockung der Assimilation. Diese Verlockung stellte das religiöse Selbstverständnis und die Treue zu den eigenen spirituellen Wurzeln immer wieder in Frage. *Purim* ist daher das Fest der Diaspora, dort entstand es, und sie ist sein Thema. Schmerzende Themen lassen sich besser mit Humor und Ironie ertragen. Verkleidet und maskiert, deckt *Purim* die unbequemen Fragen nach ›Normalität‹, Identitätsverlust und Anpassung auf.

M^egillat 'Ester

Einem Lustspiel entsprechend macht in der *Ester*-Rolle keiner eine gute Figur, weder Perser noch Juden. Die Perser handeln willkürlich, machtgierig und unmoralisch, schwelgen in Reichtümern und Leidenschaften und stellen ihre Vergnügungen zur Schau. Die Juden passen sich diesen Wertvorstellungen und Verhaltensweisen an. Entrollt wird eine Geschichte von politischen und persönlichen Machtkämpfen und Intrigen aus dem Palast des persischen Großkönigs. Er heißt hebräisch Achaschwerosch und soll Xerxes I. (486–465 v.d.Z.) entsprechen. Demnach kann diese Komödie, die sich als Darstellung historischer Ereignisse gibt, nicht vor dem 5. Jahrhundert v.d.Z. verfaßt worden sein.

Das Trinkgelage

Es war in den Tagen des Achaschwerosch, jenes Achaschwerosch, der von Indien bis Äthiopien, hundertsiebenundzwanzig Provinzen regierte. In jenen Tagen, als der König Achaschwerosch auf dem Thron seines Königreichs saß, dem in der Festung Schuschan.

Im dritten Jahr seiner Regierung machte er ein Festmahl für all seine Fürsten und Diener, das Heer von Paras und Madai, die Edlen und Obersten seiner Provinzen. Damit ließ er den Reichtum seines herrlichen Königreichs und die Pracht seiner majestätischen Größe viele

Tage lang sehen, hundertundachtzig Tage lang. Und als die Tage vorbei waren, machte der König ein Festmahl für alles Volk, das in der Festung Schuschan war, für Groß und Klein, sieben Tage lang im Garten des königlichen Palasthofes. Feine, weiße und blaue [Tücher hingen] eingefaßt mit scharlachroten Schnüren aus Linnen um silberne Walzen und Marmorsäulen; [da standen] Lager aus Gold und Silber auf Böden aus farbigem Marmor und Alabaster. In goldene Gefäße, von denen keines dem anderen glich, schenkte man Wein in Fülle, wie es der König vermag. Und man trank nach Gebühr, ohne Zwang, denn so befahl der König jedem Vorsteher seines Hauses, den Willen eines jeden einzelnen zu erfüllen.

(*Ester* 1:1–9)

Achaschwerosch

Vor dem Hintergrund dieses Trinkgelages werden zwei Farcen ineinander verschränkt: die eine ist schamlos, die andere blutig. Der Held, Achaschwerosch, König von Pracht und Glanz, ist nicht der klügste. Er ist plump und ein Tyrann. Betrunken will er seinen Gästen neben anderen Reichtümern auch die leiblichen Vorzüge seiner Königin Waschti vorführen und befiehlt ihr, die zu gleicher Zeit in ihren Gemächern ein Fest der Frauen feiert, sich vor den Männern zur Schau zu stellen. Waschti widersetzt sich. Der König ist blamiert, und Waschti verliert die Krone. Die Absetzung der Königin wird im Reich verkündet, um allen Frauen klarzumachen, wer der Herr im Hause zu sein hat. Den Männern wird ein Exempel statuiert, sich niemals dem Willen ihrer Frauen unterzuordnen. Doch die ironische Ester-Erzählung spinnt diesen Faden weiter: Achaschwerosch kommt zum Schluß nicht umhin, seiner neuen Frau, der schönen und klugen Königin Ester, die ihm ihre Abstammung verschwiegen hatte, zu gehorchen. Die Geheimhaltung wirkt nicht überzeugend, paßt aber in die Erzählung und wird später als Trumpf gegen Haman ausgespielt. Wie Ester den Tyrannen dazu bringt, sich ihrem Willen zu fügen, ist in der blutigen Farce begründet.

Die Intrige

Da geht es um Haman, den Emporkömmling und Vertrauten des Königs, der alle Juden des Landes an einem Tag ausrotten will, weil Mordechai, Esters Onkel, sich nicht vor ihm verbeugt hat. Er unterbreitet dem König seinen Plan im gekonnt antisemitischen Stil:

> [...] es gibt ein Volk, zerstreut und versprengt unter allen Völkern in allen Provinzen deines Königreichs, und ihr Gesetz ist anders als das aller Völker, und sie tun nicht nach des Königs Gesetzen. Es ziemt dem König nicht, sie gewähren zu lassen.
>
> (*Ester* 3:8)

Achaschwerosch läßt Haman gewähren. Haman wirft das *pur*, das Los, um den Tag zu bestimmen, an dem die Ermordung aller Juden beginnen soll. Es fällt auf den 13. *'Adar*. Daher hat das Fest *Purim* seinen Namen.

Ein alter Haß

Haman wird als Agagiter bezeichnet, das heißt als Nachkomme des mächtigen Königs von Amalek. Es ist das Volk, das bereits die geschwächten Kinder Israel in der Wüste überfiel und später immer wieder gegen Josua und die Könige kämpfte. Von Esters Onkel Mordechai wird erzählt, er sei ein Nachkomme des Königs Saul gewesen. Durch die Genealogie der Protagonisten ist ein generationenalter Haß überliefert. Der neue Haßausbruch in der Esterrolle ist ein weiteres Kapitel dieser langen Geschichte.

Ester rettet ihr Volk

Ester will ihr Volk retten. Sie fastet, dann erscheint sie unaufgefordert vor dem König, was verboten ist und daher ihr Leben in Gefahr bringt; doch er gewährt ihr ihren Wunsch. Daraufhin lädt sie ihn und seinen Vertrauten Ha-

27. Ester erscheint vor Achaschwerosch

man zu einem Festmahl in ihre Gemächer ein. Während des Mahls bekennt sie sich zu ihrer Herkunft und bittet um ihr Leben und um das Leben ihres Volks. Als der König wissen will, wer auf die niederträchtige Idee kam, die Juden auszurotten, zeigt sie auf Haman. Der König ist erzürnt und geht in den Garten. Haman wirft sich, seinen Sturz ahnend, auf Esters Lager nieder und bittet um sein Leben:

> Und als der König zurückkam aus dem Palastgarten in den Saal des Trinkgelages, da war Haman auf das Lager niedergefallen, auf dem Ester ruhte. Da sprach der König: Will er sich auch bei mir im Palast der Königin bemächtigen?
>
> (*Ester* 7:8)

Die Verkehrung

Von diesem Punkt an verkehren sich Hamans Wünsche in ihr Gegenteil: Haman haßte Mordechai und wollte ihn erhängen. Da aber der König sich während einer schlaflosen Nacht daran erinnerte, daß Mordechai ihn vor einer Verschwörung gerettet hatte, beförderte er ihn. Als Haman nun um sein Leben bittet, glaubt Achaschwerosch, daß er die Königin überfallen will, und befiehlt, ihn zu erhängen. Die Komik liegt in den Mißverständnissen. Mit folgerichtiger Ironie kommt Haman an den Galgen, den er für Mordechai errichtet hat. Mit dem entlarvten Bösewicht zusammen geht seine gesamte Gefolgschaft in den Tod. Statt erhängt zu werden, wird Mordechai zum Vertrauten von Achaschwerosch. Der mächtige König, in dessen Macht es aber nicht steht, einen Erlaß zu widerrufen, erlaubt den Juden, sich zu verteidigen. Die Ester-Rolle berichtet, daß nicht nur der antisemitische Mob in der Hauptstadt umgebracht wurde, sondern auch weitere 75 000 Menschen in der Provinz ihr Leben verloren. Eine grauenerregende Wunschvorstellung dieser sonderbaren Groteske.

Frauen, Wein, Intrigen, Angst und Freude, Glamour und Blut – kein Wunder, daß Gott in diesem durch und durch weltlichen Szenarium buchstäblich keine Rolle spielt. Er kommt nicht vor und wird nicht erwähnt. Es sei denn, man schreibt ihm die aufs genaueste funktionierenden Zufälle zu, die alle bösen Absichten vereiteln und das Umgekehrte bewirken bis hin zur Siegesfeier der Juden, auf die das Fest zurückgeführt wird:

Das Festgebot

> Und Mordechai schrieb diese Begebenheiten nieder und sandte Briefe an alle Juden, die in allen Provinzen des Königs Achaschwerosch waren, die nahen und die fernen, um ihnen aufzuerlegen, den vierzehnten und fünfzehnten des Monats *'Adar* Jahr für Jahr zu begehen, gleich den Tagen, an denen die Juden Ruhe hatten vor ihren Feinden …
>
> (*Ester* 9:20–22)

Keine jüdischen Stoffe

Die Haremerzählung von der Königin, die den Wesir zu Fall bringt, sowie die Geschichte von Intrigen, Machtkämpfen und Verschwörungen am Hof sind zwei selbständige nichtjüdische Stoffe. Sie wurden in der Festlegende zu einer Geschichte verschmolzen und in die jüdische Erfahrung eingebettet: im Exil von fremder, nicht immer gutgesinnter Macht abhängig zu sein.

Wer auch immer die Ester-Rolle niederschrieb als Verfasser oder Redakteur einer bereits existierenden mündlichen Erzählung, er kannte Atmosphäre, Gewohnheit und Lebensstil am persischen Hof. Dennoch scheint seine Geschichte keiner historischen Wahrheit zu entsprechen, sondern eine geschichtliche Dichtung zu sein, die mehrere Ungereimtheiten enthält.

So ist zum Beispiel eine Verfolgung der Juden im persischen Reich nicht bekannt. König Achaschwerosch, Xerxes I., hatte als Königin an seiner Seite zur angegebenen Zeit eine persische Adlige, die Amestris hieß. Es gab weder eine persische Königin, die Ester hieß, noch einen Großkönig, der eine jüdische Untergebene geheiratet hat. Ein hundertachtzig Tage lang dauerndes Fest ist eine literarische Übertreibung wie auch die Nennung von 127 Provinzen, während es tatsächlich nur 20 bis 31 gab.

Mögliche Ursprünge des Festes

Manche Forscher sehen in Mordechai/Marduk und Ester/Ischtar einen Hinweis auf den babylonischen Neujahrsmythos, in dem Marduk die elamitischen Götter (Haman gleich Humman) besiegte. Andere sehen die Ursprünge von *Purim* in einem Vorfrühlingsfest, in dem stellvertretend für den Kampf zwischen Winter und Sommer, dem alten und dem neuen Jahr, zwei Gruppen – ›unsere Seite‹ und ›ihre Seite‹ – sich übereinander lustig machten. Zur Erheiterung aller wurden dabei humoristische Geschichten erzählt. Vielleicht war die Ester-Rolle eine derartige lustige Geschichte, jedenfalls muß sie dem bereits vorhandenen Fest die Begründung, die Festlegende geliefert haben. Wann sie geschrieben wurde, läßt sich schwer sagen, spätestens jedoch im 2. Jahrhundert v. d. Z., denn bereits 78/77 v.d.Z. wurde eine griechische Übersetzung an die Juden in Ägypten geschickt. Diese Übersetzung ergänzt die Festlegende um einige längere Passagen, zum Beispiel Mordechais Traum sowie Gebete von Mordechai und Ester. Offenbar irritierte die Fremdheit des eindeutig weltlichen Stoffes. Die Qumran-Essener scheinen Buch und Fest aus theologischen Gründen abgelehnt zu haben. Jedenfalls fehlt unter ihren biblischen Büchern die Ester-Rolle und in ihrem Festkalender *Purim*. Und doch zählt die Ester-Rolle zu den jüngsten biblischen Büchern. Ihre Kanonisierung war zwar eine Zeit lang umstritten sowie die Gültigkeit dieses Festes, doch haben beide sich durchgesetzt.

Midraschim zur *Ester*-Rolle

Der knappe Erzählstil ließ wichtige Fragen offen – die um so eingehender in der *Midrasch*-Literatur behandelt wurden. So wird zum Beispiel gefragt, warum sich Waschti widersetzte, da sie doch wissen mußte, was sie erwartete. In den meisten *Midraschim* sprechen die Rabbinen Waschti weder Selbstbewußtsein noch gute Manieren zu. Sie sind sicher, daß Waschti vor den Männern *nackt* erscheinen sollte – obwohl die biblische Vorlage dies mit keinem Wort erwähnt –, und erklären zum Beispiel, daß sie aussätzig geworden sei, oder aber, daß der Engel Gabriel ihr einen Schwanz habe wachsen lassen (*Bawli, M^e^gillah* 12b). Mit anderen Worten, Waschti widersetzte sich einfach aus Scham.

Die Frage nach der Art des Verhältnisses zwischen Mordechai und Ester war ebenfalls Gegenstand vieler Kommentare. So heißt es unter anderem, Mordechai war nicht ihr Onkel (hebr. *dodah*), sondern »ihre Brust« (hebr. *dadah*), das heißt, er habe die Waise gestillt (*B^e^-re'schit Rabbah* 30:8). Bei diesen alten rabbinischen Traditionen kann man sich des Eindrucks nicht erwehren, sie sollten, *Purim* entsprechend, erheiternd sein.

Ester soll vom König Saul abstammen. Ihre Mutter starb während ihrer Geburt, der Vater war schon vorher gestorben, daher wuchs sie bei Mordechai als seine Tochter auf (*Bawli, M^egillah* 13a). Ihr richtiger Name war Hadassah, ›Myrte‹, aber die Nichtjuden nannten sie Ester, persisch Venus. Ester war eine der vier schönsten Frauen der Welt (*Bawli, M^egillah* 15a), wie die Myrte nicht zu groß und nicht zu klein. Wer sie sah, war von ihrer Schönheit bezaubert.

Geordneter Rahmen für die Abweichung von der Ordnung

Dieses relativ junge Fest verlangt Gelächter und Betrunkenheit und schafft – dem Karneval in andern Kulturen ähnlich – einen geordneten Rahmen für die Abweichung von Ordnung und Gesetz. Die heitere Atempause im jüdischen Jahr schlug recht früh feste Wurzeln, so daß *Mischnah* und *Talmud* der Kommentierung der Festgebote ein ganzes Traktat widmen. Und als wollten sie alle Unsicherheiten beseitigen, verkündeten die Rabbinen, daß selbst wenn alle Feiertage einmal zu existieren aufhören sollten, die *Purim*tage immer bestehen werden; und selbst wenn alle Bücher einmal zu existieren aufhören sollten, das Buch Ester und seine Vorschriften immer bestehen werden (*J^eruschalmi, M^egillah* 1:5).

Purim – Symbol physischer Errettung

Solange Macht mißbraucht wird, muß es die Möglichkeit geben, die Tyrannei durch Spott und Hohn zu entschärfen. Jahrtausendelang hing das Schicksal der Juden von der Willkür fremder Herrscher ab. An Not und Verfolgung mangelte es nie. Das Fest gab Trost und Hoffnung, und wann immer ein drohendes Unheil abgewendet wurde, nannte man das *Purim*. Das Fest symbolisiert die physische Errettung. Und diese Errettung gilt als Wunder, als Zeichen Gottes in der Diaspora, die dem *hesster panim*, dem Verbergen des göttlichen Antlitzes, gleichkommt.

28. Spielleute

Bräuche

Um das Befreiungsfest *Purim* entwickelten sich viele folkloristische Bräuche: Maskiert und verkleidet verbrennt man eine Hamanpuppe, hält Reden, die die Vorgesetzten – Lehrer, Rabbiner und Politiker – parodieren. Bereits im frühen Mittelalter begann man die *Purim*-Geschichte zu dramatisieren und seit dem 17. Jahrhundert satirische Lieder und Theaterstücke, *Purimspiele* genannt, zu verfassen. Dabei verkörpert Haman das Böse. Ein beliebtes *Purim*-gebäck sind dreieckige Teigtaschen, die mit Mohn und Marmelade gefüllt sind. Sie heißen *homentaschen*, Hamantaschen, oder auf hebräisch *'osnej Haman*, Hamans Ohren. Viele Legenden entstanden um seine Gestalt. In einer Erzählung der jemenitischen Juden geht es um seinen Baum:

Der Baum des Haman

Unter den Dingen, die während der sechs Schöpfungstage erschaffen wurden, war auch der Baum, an dem Haman erhängt wurde. Der Baum stand im Tempel in Jerusalem, und als Nebukadnezzar, König von Babylonien, die Juden ins babylonische Exil trieb, nahm er aus dem Tempel alle Kultgegenstände, den siebenarmigen Leuchter und den Baum des bösen Haman mit.

Nach vielen Jahren zerfiel das babylonische Reich,

und das persische Königreich nahm seinen Platz ein. Alle Schätze, darunter die aus dem salomonischen Tempel, gingen in den Besitz des persischen Königreichs über. Das ist der Grund, warum der Kantor den Vers »In goldene Gefäße, von denen keines dem anderen glich, schenkte man Wein [...]« mit leiser Stimme und trauriger Melodie vorträgt, denn der Überlieferung nach wurden die Kultgegenstände bei den Zechgelagen des Achaschwerosch benutzt.

Die Perser nahmen auch den Baum des Haman mit und bewahrten ihn im Hof. Als Haman enger Vertrauter des Königs wurde, stahl er den Baum aus dem königlichen Palast und stellte ihn in seinen Hof. Da sagten ihm seine Frau Seresch und seine Berater: »Man mache einen Galgen, fünfzig Ellen hoch, und morgen früh sage dem König, daß man Mordechai daran aufhänge.« Und Haman wußte nicht, daß dieser Baum für ihn bestimmt war.

Ta'anit 'Ester

Am Vortag des *Purim*, dem 13. *'Adar*, fastet man von Sonnenaufgang bis Sonnenuntergang zur Erinnerung an das Fasten von Ester, bevor sie es wagte, dem König zu offenbaren, wer sie war. Der Überlieferung nach war dies der Tag, an dem die Banden Hamans die Juden überfielen. Der Fastentag betont Angst und Spannung des Lebens in der Verfolgung. Der scharfe Übergang von *Ta'anit 'Ester* zur *Purim*freude erinnert daran, daß in dieser Welt keine Freude existiert ohne einen Hauch von Trauer und Bedrückung.

Das Grab von Mordechai und Ester

Ob Ester und Mordechai nur als Gestalten der literarischen Vorlage oder aber auch historisch existierten, ist nicht gewiß. In der Phantasie des Volks jedoch besteht daran kein Zweifel. Jedenfalls wird in Iran ihre Ruhestätte verehrt. Es wird überliefert:

In Hamadan befindet sich das Grab von Mordechai und Ester. Es wird erzählt, daß der Raum nicht groß, für die vielen Pilger aber immer genügend Platz ist. Auf dem Grab brennt ein ewiges Licht. Obwohl niemand das Feuer hütet, brennt es beständig. Einmal wollte der Schah eine Straße durch das Grab legen. Die Pläne waren erstellt, alles war bereit. Da träumten der Schah und seine Angehörigen denselben Traum: Wer dem Grab etwas antut, stirbt mitsamt seiner Familie. Am Morgen erwachte der Schah voller Schrecken, erkundigte sich, wo das Grab liege, und erklärte es zur heiligen Stätte, die er von zwei Wächtern bewachen ließ. So ist es bis heute.

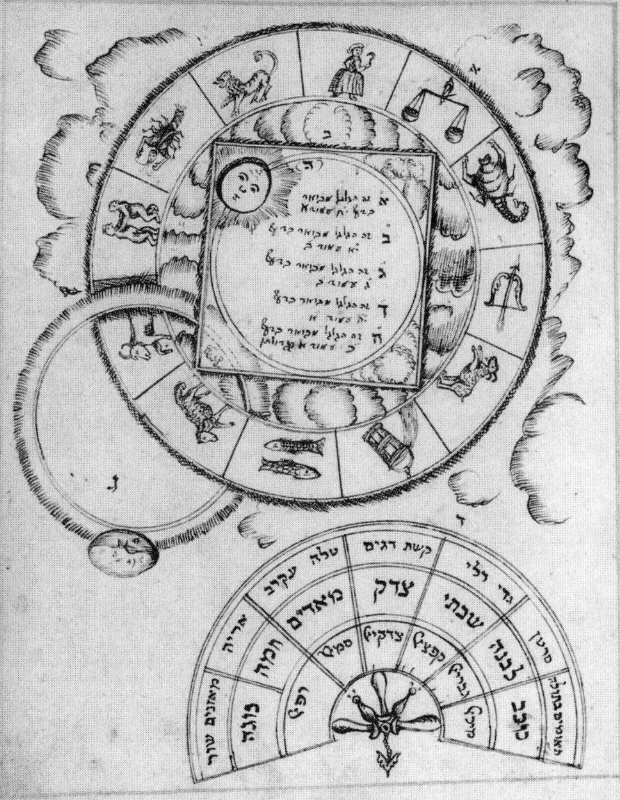
קשת דגים
טלה עקרב
גדי דלי
אריה
סרטן
מאזנים שור
צדק
מאדים
שבתי
חמה
לבנה
נוגה
צדקיאל
סמאל
קפציאל
גבריאל

Abbildung 29

Federzeichnung aus der Handschrift *Cheschbon ha-luchot*, ›Die Berechnung der Kalender‹ 1777. Im oberen großen Kreis die zwölf Tierkreiszeichen. Dazu erklärt der Verfasser: »*Tischrej* – Tag und Nacht sind gleich und das Sternzeichen ist Waage, Cheschwan – der Tag ist zehn Stunden die Nacht vierzehn Stunden lang und sein Sternzeichen ist Skorpion […]« (S. 18a). Das Quadrat mit der eingeschlossenen Sonnenbahn zeigt mit seinen Winkeln die vier Jahreszeiten, *t^e^qufot*, an: »[…] zum Zeitpunkt von *t^e^qufat Nissan* gelangt die Sonne an den Anfang des Sternzeichens Widder […] zum Zeitpunkt von *t^e^qufat Tammus* gelangt die Sonne an den Anfang des Sternzeichens Krebs […]« (S. 11b). Der linke Kreis steht für das Wissen von der Berechnung der Neumonde. Unten wird die Entsprechung von Sternzeichen, Planeten und Engeln dargestellt: Zwillinge [und] Jungfrau, Merkur, Michael; Krebs, Mond, Gabriel; Steinbock [und] Wassermann, Saturn, Qafzi'el; Schütze [und] Fische, Jupiter, Zidki'el; Widder [und] Skorpion, Mars, Ssamma'el; Löwe, Sonne, Rafael; Waage [und] Stier, Venus, Rafael.

Abschließend

Nähe Gottes

Sucht *JHWH*, da er sich finden läßt,
ruft ihn an, da er nah ist.

(*Jesaia* 55:6)

»Sucht *JHWH*, da er sich finden läßt« ... Raw Nachman sagte, es sagte Rabbah bar 'Awuha: Das sind die zehn Tage zwischen *Ro'sch ha-Schanah* und *Jom ha-Kippurim*.

(*Bawli, J^e^wamot* 49b und 105a)

»Sucht *JHWH*, da er sich finden läßt« (*Jesaia* 55:6). Und [König] David sagte, »Sucht *JHWH* und seine Macht« (*1. Chronik* 16:11). Warum sagte er »sucht sein Angesicht beständig« (ebenda)? Um zu lehren, daß der Heilige, gesegnet sei er, gesegnet sei sein Name, manchmal erscheint und manchmal nicht erscheint, manchmal hört und manchmal nicht hört, manchmal antwortet und manchmal nicht antwortet, sich manchmal suchen läßt und sich manchmal nicht suchen läßt, sich manchmal finden läßt und sich manchmal nicht finden läßt, manchmal nah ist und manchmal nicht nah ist.

(*Tanchuma'*, ha'asinu, 4)

Gott, Sonne, Mond und Erde

Feste – Zeiten der Zusammenkunft

Feste finden an bestimmten Zeitpunkten im Jahreszyklus statt. Aus dem Zeitpunkt ergibt sich der Hintergrund für Ritual und Bedeutung des Festes. Im Zeitfluß der Alltage sind die Feste Unterbrechung und Unterschied, das wiederkehrende Einmalige. Am Festtag ist Arbeit, *m^e^la'chah*, verboten, ihre Stelle nimmt der heilige Dienst, *'awodah*, ein. Der Mensch verfügt nicht über seine Zeit, sondern weiht sie dem Göttlichen in einer rituellen Zeremonie. Das Ritual richtet den Menschen auf das Heilige aus. Der Segen dieser Ausrichtung kommt als Fülle von Geist, Licht, Lebenskraft und Freude. Darum heißt der Festtag auf hebräisch *jom tow*, guter Tag.

»Zur Zeit der Gnade habe ich dich erhört« (*Jesaia* 49:8) – Gott erscheint als Antwort an dem von ihm ausgesuchten Tag, dem Tag seiner Gnade, *jom razon* (*Jesaia* 58:5). Der jährliche Festzyklus besteht aus diesen Zeiten der Zusammenkunft, die Initiationen gleich im Menschen immer wieder etwas Neues entstehen lassen.

Das Fest stellt den geeigneten Moment dar, Gottes nächste Gegenwart zu erfahren, heiligt den Tag und den Menschen, der den Feiertag begeht und sich dadurch in ein kultisches Verhältnis zu Gott stellt. Das jüdische Fest existiert aufgrund dieser Beziehung und lebt in ihr. Nur aus dieser Nähe zu Gott kann der Festzyklus das Leben strukturieren, den Einzelnen und die Gemeinde bilden. Die Riten und die Worte der Liturgie drücken die Lebenswerte aus, stärken und erneuern sie. Im Jahreszyklus stellen die Feste die Verbindung zwischen der Gemeinschaft und Gott auf immer neue Weise her und zeugen von ihrer Wirksamkeit.

Heilige Zeiten sind Teil der Schöpfungsordnung

Die heiligen Zeiten sind in der Schöpfungsordnung vorgesehen (*Genesis* 1:14): »Und Gott sprach: Es werden Lichter am Himmelsgewölbe, zu scheiden zwischen dem Tag und der Nacht, und sie werden zu Zeichen und Festzeiten [*mo'adim*] und zu Tagen und Jahren.«

Dieser Vers spricht von einer Zeit, die durch die Bewegung der Himmelskörper wahrgenommen und erlebt wird. Eine Bewegung, die nicht nur Phänomene wie Tag und Nacht zustande bringt und das Messen von Zeit möglich macht, sondern der Zeit Bedeutung gibt. Wenn die »Lichter am Himmelsgewölbe« auch »Zeichen und Festzeiten« sind, so stellen sie eine Sprache dar, aus der sich der Festkalender ablesen läßt. Die Sprache am Firmament unterscheidet die Qualitäten der Zeit, nennt die von Gott geheiligten Zeiten, die in der Schöpfungsordnung vorgesehen sind. Beherrscht der Mensch diese Sprache, so erkennt er die Festzeiten und kann die Feste zur selben Zeit feiern, wie sie im Himmel gefeiert werden. Heilige Zeiten gewähren die Entsprechung von himmlischer und irdischer Liturgie und eröffnen die Möglichkeit, noch im irdischen Leben etwas von der Gemeinschaft mit der himmlischen Welt zu erleben.

Sprache des Firmaments

Dieser Vers bringt zum einen die Entmachtung der Planeten als Götter und die Allmacht des einen Gottes zum Ausdruck, der die Gestirne als seine Diener erschuf. Zum anderen weist er ihnen die Rolle zu, den Monats- und Jahreslauf qualitativ zu bestimmen. Damit dienen sie nicht nur der astronomischen Einteilung der Zeit, sondern kennzeichnen auch ihre für die Beziehung von Mensch und Gott relevanten Bedeutungen.

Die Stellung der Gestirne macht die Syntax der Sprache am Firmament aus, die den Kultkalender bestimmt: die Mondphasen und die scheinbare Bewegung der Sonne durch die Sternkonstellationen und die vier Kardinalpunkte.

Die Tagundnachtgleichen

Zweimal im Jahr, an den Tagundnachtgleichen im Frühling und im Herbst, überquert die Sonne den Himmelsäquator und ihre Strahlen treffen senkrecht auf die Erde, der Tag und die Nacht sind gleich lang. Die meisten mosaischen Feste sind um diese Punkte im Jahreslauf der Sonne gruppiert. Die Bibel erwähnt die Äquinoktien nicht, sie macht auch keine Angaben darüber, welche Methode der Zeitberechnung oder der Einschaltung von Monaten ihrem Festkalender zugrunde liegt. Dieses Wissen hielt die Priesterschaft geheim.

Philon von Alexandrien

Die Schriften Philons von Alexandrien (um 20 v. d. Z. – um 50 n. d. Z.) bilden die erste historische Quelle, die auf den Zusammenhang von Äquinoktien und Festen hinweist.

> Und die Sonne, die große Herrscherin des Tages, bringt in jedem Jahr zwei Tagundnachtgleichen hervor, die eine im Frühling im Zeichen des Widders, die andere im Herbst im Zeichen der Waage, und gibt damit den deutlichen Beweis für die Heiligkeit der Zahl sieben. Denn jede der Gleichen tritt im siebenten Monat ein, und es ist in der Lehre geboten, an ihnen die größten Feste unter Teilnahme des ganzen Volks zu feiern, weil an beiden die Erdfrüchte reifen: im Frühling das Getreide und andere Saatfrüchte und im Herbst die Frucht des Weins und der meisten anderen Bäume.
>
> (Philon, *De opificio mundi*, 116)

In einer seiner Ausführungen über *Pessach* (*De specialibus legibus* II, 151 – 152) verbindet Philon den Frühlingspunkt mit der Weltschöpfung: Im Frühling, wenn alles Knospen trägt und blüht, erinnert uns Gott an den Anfang der Schöpfung, daher bestimmt die *Torah* mit gutem Grund *Nissan* zum ersten Monat im Jahr, denn er ist in gewisser Hinsicht Abbild jener archetypischen Vorlage.

Auch im *Talmud* wird die Heiligkeit der Zeit um die Tagundnachtgleichen darauf zurückgeführt, daß Gott im *Nissan* beziehungsweise im *Tischrej* die Welt erschaffen hat (*Bawli, Ro'sch ha-Schanah* 10b 11a). Es war daher kein Zufall, daß die Einweihung aller drei Heiligtümer in diese Zeit fiel: Mose weihte das ›Zelt der Begegnung‹ am 1. *Nissan* ein (*Exodus* 40: 17); Salomo feierte die Weihe des Jerusalemer Tempels zu *Ssukkot*, im *Tischrej* (*1. Könige* 8: 2); Jeschua und Serubbabel nahmen die Opferhandlungen im noch nicht aufgebauten zweiten Tempel am 1. *Tischrej* wieder auf (*Esra* 3: 6); der Bau des zweiten Tempels wurde im

'Adar vollendet, und *Pessach* war das erste Fest, das darin begangen wurde (*Esra* 6:15–20); schließlich wird auch der dritte und letzte, der Tempel der messianischen Ära, zu *Pessach*, im *Nissan*, eingeweiht (*Bawli, Ssukkah* 41a).

Die Sonnenwenden

Von der Erde aus gesehen erreicht die Sonne den größten Abstand nördlich oder südlich zum Himmelsäquator zur Zeit der Sonnenwenden im Sommer und im Winter. Auf der Nordhemisphäre erreicht sie um den 21. Juni die höchste, um den 22. Dezember die niedrigste Mittagshöhe, im Jahreslauf sind dies der längste und der kürzeste Tag. Die vier Tage der Äquinoktien und der Sonnenwenden galten für die Qumran-Essener als heilig. Das jüngere Fest *Chanukkah* fällt in die Zeit um die Wintersonnenwende. Die Zeit ›zwischen den Leidenstagen‹ (17. *Tammus*–9. *'Aw*) beginnt nach der Sommersonnenwende.

Wie wichtig die Berechnung der Äquinoktien und der Sonnenwenden war, bezeugt eine Stelle im *Talmud*, die Aussagen der frühen Amoräer überliefert:

> Raw Sutra' bar Towijah sagte, es sagte Raw: »... wer Äquinoktien und Sonnenwenden [*t^equfot*] und Planetenlauf [*masalot*] berechnen kann und sie nicht berechnet, mit ihm zu sprechen ist verboten« ... Rabbi Schim'on ben Pasi sagte, es sagte Rabbi J^ehoschua' im Namen von bar Qappara': »Jeder, der Äquinoktien und Sonnenwenden und Planetenlauf berechnen kann und sie nicht berechnet, von ihm sagt die Schrift: ›Und das Wirken von *JHWH* schauen sie nicht, und das Werk seiner Hände sehen sie nicht‹ [*Jesaia* 5:12].« Rabbi Sch^emu'el bar Nachmani sagte, es sagte Rabbi Jochanan: »Woher [wissen wir], daß es dem Menschen geboten ist, Äquinoktien und Sonnenwenden und Planetenlauf zu berechnen? Denn es heißt: ›Ihr sollt [sie] bewahren und tun, denn das ist eure Weisheit und eure Einsicht in

> den Augen der Völker ...‹ [*Deuteronomium* 4:6]. Welche, in den Augen der Völker, ist [eure] Weisheit und Einsicht? Das ist die Berechnung der Äquinoktien und Sonnenwenden und Planetenlauf.«
>
> (*Bawli, Schabbat* 75a)

Neu- und Vollmonde

Während der Mond die Erde umrundet, zeigt er sich in veränderter Gestalt, je nach Winkelabstand der Linien Erde-Mond und Erde-Sonne im gedachten Dreieck der drei Körper. Während der Neumondphase steht der Mond zwischen Erde und Sonne und da seine beleuchtete Seite der Erde abgewandt ist, bleibt er unsichtbar, ›neu‹ (Elongation 0°). Wenn er die gegenüberliegende Stelle erreicht, reflektiert er das Sonnenlicht im vollen Umfang und ist ›voll‹ (Elongation 180°). Aus diesem Umlauf leitet sich der Mondmonat ab. Der Tag, an dem der Mond ›geboren‹ wird, der *molad*, ist heilig. Auf Vollmondtage fallen mehrere jüdische Jahresfeste.

> Die Rabbanan lehrten: Wer die Sonne in ihrer Wende, den Mond in seiner Kraft [Vollmond], die Sterne in ihren Bahnen und die Sternbilder in ihrer Ordnung sieht, der sage: »Gesegnet sei, der das Werk der Schöpfung vollbringt«.
>
> (*Bawli, B^erachot* 59b)

Die Sonne bildet den zentralen Bezugspunkt

Im Wechselspiel der Stellungen von Sonne, Mond und Erde ist die Sonne der zentrale Bezugspunkt. Der Vers aus der Schöpfungsgeschichte unterscheidet unmißverständlich zwischen Zeichen und Zeichen-Geber, zwischen Himmelskörpern und Gott. Eine äußerst wichtige Unterscheidung für eine Gemeinschaft, deren kulturelle Umwelt Sterne für Gottheiten hielt. Der Schöpfer-Gott gab den Himmelskörpern Aufgaben und übertrug ihnen damit Wirkkraft. Doch, wie hoch Gott sie auch immer gestellt hat, sie bleiben seine Diener, die ihm huldigen, wenn sie ihren Auftrag ausführen: »Lobt ihn, Sonne und Mond, lobt ihn, alle Sterne des Lichts« (*Psalm* 148:4).

Die ›große Lichtquelle‹ als Symbol

Sonne heißt zwar auf hebräisch nicht nur *schemesch, chamah*, die ›Wärmende‹, und *cheress*, sondern auch *ha-ma'or ha-gadol*, ›großes Licht‹ oder ›große Lichtquelle‹, doch ist Licht eines der wesentlichen Attribute Gottes. »Er hüllt sich in Licht wie in ein Gewand« (Psalm 104:1 – 2). Gott ist es, der »Licht bildet und Finsternis schafft, Frieden stiftet und alles erschafft, der Erde und ihren Bewohnern mit Barmherzigkeit leuchtet, und in seiner Güte täglich und beständig das Werk der Schöpfung erneuert« (Segensspruch vor dem *Schᵉma'*-Gebet am Morgen). Andererseits ist die Sonne nicht nur sein sichtbares Instrument, sondern dient als Metapher, wenn der unkörperliche, unvergleichbare, verborgene Gott dargestellt werden soll: »Denn Sonne und Schild ist *JHWH* ...« (Psalm 84:12). »*JHWH* kam von Sinai und ging ihnen auf von Se'ir, er erschien [ihnen] vom Berg Paran« (*Deuteronomium* 33:2). Vor allem gleicht Gottes Herrlichkeit, *kawod*, der Sonne: »Steh auf, leuchte, denn dein Licht kommt und die Herrlichkeit von *JHWH* strahlt auf dich« (*Jesaia* 60:1). Gottes Gericht und Gerechtigkeit leuchten ebenfalls wie die Mittagssonne (Psalm 37:6), die Sonne spendet Genesung und Heil (*Maleachi* 3:20), und sie ist es, die Beständigkeit, regelmäßige Ordnung und Stabilität gewährt (Psalm 89:37). Die Sonne macht einen wesentlichen Teil der göttlichen Attribute sichtbar und greifbar; was Gott ihr an Wärme, Licht und Lebenskraft übertrug, gibt sie an den Menschen weiter, am Tag direkt und nachts durch den Mond, der ihr Licht auf die Erde reflektiert.

Salomo ben Jehuda ibn Gabirol, der im 11. Jahrhundert in Spanien lebte, gestaltete diese Beziehung zwischen Gott und Sonne in einer liturgischen Dichtung. Darin heißt es:

Schemesch k^e-chatan

Die Sonne, wie ein Bräutigam gehüllt
in ein Gewand aus Licht,
das Deiner Hoheit unvermißt entströmt,
sie läuft nach Westen die gewohnte Bahn
und huldigt, Herrlicher, vor Deinem Thron.
In Deinem Dienst ein Fürst – und als ein Knecht,
der seinen Herrn verherrlicht, selbst geehrt –
huldigt sie Tag für Tag vor Dir
und Du hüllst in ein Prachtkleid sie!

In der *Midrasch*-Literatur werden Sonne und Mond, die Instrumente Gottes mit dem siebenarmigen Leuchter, dem ewigen Licht, das im Heiligtum brannte (*B^e-midbar Rabbah* 12, *Tanchuma'*, P^equdej 2), oder mit der Feuersäule, die als Gottes Gegenwart Israel durch die Wüste führte (Jellinek, *Bet ha-Midrasch*, VI, S. 38), verglichen. Und gleich der Feuersäule führen die Himmelskörper durch das Jahr und seine Feste.

Der Festzyklus – Stationen der Weihe im »Jahr der Gnade«

Die Jahresfeste als Stationen der Gemeinschaft

Im Jahreskreis bilden die Feste Stationen der Gemeinschaft von Gott und Menschen. Jedes Jahr ermöglicht Neubeginn und Ausgleich und bringt die Erlösung etwas näher. Die Jahre bilden keine Entwicklungsgerade, sondern eine Spirale und drücken die Anstrengung der Gemeinschaft aus, den Bund als das Leben in der beständigen Gegenwart Gottes zu verwirklichen. Die in der *Torah* überlieferten Ereignisse des ersten Jahres dieser Gemeinschaft prägten den Festzyklus für alle Generationen:

Nissan – die Geburt des Volks

Den Auftakt machte die Frühlingsgleiche. Am darauffolgenden Vollmond wurden die Hebräer in einem mächtigen Kraftakt aus ihrem vierhundertjährigen kulturellen

30. Nissan – *Widder*

Umfeld herausgerissen, um in der Leere der Wüste als für immer Andere geboren zu werden. »Ihr aber sollt mir ein Königreich von Priestern und ein heiliges Volk sein« (*Exodus* 19:6).

Pessach markiert den Zeitpunkt im Jahr, da die Sonnenstrahlen senkrecht auf den Erdäquator treffen. Das empfangene Licht hat befreiende Wirkung. Im *Nissan* (Widder) drückte sich der Wille Gottes aus: die Befreiung aus Ägypten, die der Geburt des Volks gleichkam, bedeutete für die Hebräer nicht nur den Bruch mit einer einflußreichen Kultur, sondern auch den Beginn eines Lebens nach dem göttlichen Willen. In der hebräischen Idiomatik symbolisiert heute noch »der Fleischtopf« Ägyptens (*Exodus* 16:3) materielle Ausrichtung, und *Pessach* fordert Jahr für Jahr dazu auf, das eigene Gefangensein zu reflektieren und daraus auszubrechen.

Ssiwan – die Verkündung des Gesetzes

Im *Nissan* wurden die Hebräer aus Ägypten befreit, doch erst im dritten Monat, im *Ssiwan* (Zwillinge), teilte sich der göttliche Wille als Sprache, als Gesetz und Lehre, als *Torah* mit. Gott erschien als Feuer und Stimme, verkündete seine Gesetze und schloß mit Israel den Bund, der die besondere Beziehung zwischen beiden charakterisiert. *Schawu'ot* gedenkt dieser Offenbarung, welche die Gemeinschaft zwischen Gott und Israel begründete und damit der Befreiung von der Sklaverei erst Sinn und Bedeutung gab. Die zehn Sätze der Offenbarung waren der Kern eines umfassenden geistigen Werks, zu dessen Themen Menschenwürde, Freiheit, soziale Gerechtigkeit, Liebe zum Nächsten, Bescheidenheit und vor allem Heiligkeit gehörten. Ein Werk, das den Lebensweg und die individuelle wie kollektive Ausrichtung von Hebräern und Juden bestimmte.

31. Ssiwan – *Zwillinge*

Der Heilige, gesegnet sei er, gab die *Torah* weder im *Nissan* noch im *'Ijjar*; denn das Sternzeichen des *Nissan* ist Widder, und das Sternzeichen des *'Ijjar* ist Stier, sie sind nicht geeignet zu huldigen und zu lobpreisen. Darum gab der Heilige, gesegnet sei er, die *Torah* in *Ssiwan*; denn das Sternzeichen des *Ssiwan* sind Zwillinge, und Zwillinge sind Mensch[en], und der Mensch hat einen Mund zum Sprechen, Hände zum Klatschen und Füße zum Tanzen.

(*P^e^ssiqta' Rabbati* 20)

Tammus – das Goldene Kalb

Im *Tammus* (Krebs), dem vierten Monat, steigt die Sonne am weitesten im Nordosten auf, erreicht am Mittag den Höchststand über dem Horizont und geht am Ende des längsten Tags im Nordwesten unter. Zu dieser Zeit weilte Mose bei Gott auf dem Berg, empfing seine Lehre und die Bundestafeln. Das Volk aber fühlte sich von Gott und Mose verlassen. Vierzig Tage ohne sichtbares Zeichen der Nähe waren zu lang. Es kam zum Fall, zur schlimmsten emotionalen Verblendung, zum Goldenen Kalb. Weil sich das Volk allein gelassen fühlte, brach es den abgelegten Schwur und machte sich einen anderen Gott in der Gestalt eines Kalbs aus Gold. Damit war alles verraten, das heilige Wort, die Gemeinschaft mit Gott und das auf ihn ausgerichtete Leben. Als Mose vom Berg Sinai herabstieg und das Volk um das Goldene Kalb tanzen sah, zerbrach er die Tafeln, auf die Gott geschrieben hatte. Von da an standen *Tammus* und *'Aw* (Löwe) für die Verführbarkeit durch das Blendwerk der eigenen Emotionen in der Gestalt falscher Götter und für die Möglichkeit, Selbsttäuschung und Illusion zu überwinden. Das Sternzeichen Krebs wird mit Schwäche, Löwe mit Überwindung der niederen menschlichen Natur assoziiert (*P^e^ssiqta' Rabbati* 20).

32. Tammus – *Krebs*

33. Das Volk tanzt um das Goldene Kalb, und Mose zerbricht die Tafeln.

Die Zeit ›zwischen den Leidenstagen‹

Für die späteren Generationen heißen die drei Wochen vom 17. *Tammus* bis zum 9. *'Aw: bejn ha-m^e^zarim*, die Zeit ›zwischen den Leidenstagen‹. Denn Israel war seinem Bund mit Gott nicht nur in der Wüste, sondern auch später mehrmals untreu geworden, bis schließlich Gott seine Gegenwart aus seiner irdischen Wohnstätte in Jerusalem zurückzog und das Heiligtum zerstört werden konnte. Die längsten Tage, das grellste Sonnenlicht hängen mit der Verblendung zusammen, die kürzer werdenden Tage mit ihren katastrophalen Folgen für die jüdische Geschichte. Eine Zeit stärkster Verletzbarkeit.

Rabbi Lewi sagte: »Der Heilige, gesegnet sei er, wollte Israel in jedem der Sommermonate eine Festzeit geben; im *Nissan* gab er ihnen *Pessach*, im *'Ijjar* gab er ihnen den kleinen [zweiten] *Pessach*, im *Ssiwan* gab er ihnen *'Azeret* [*Schawu'ot*], im *Tammus* wollte er ihnen eine große Festzeit geben, doch sie machten das [Goldene] Kalb, und er hob [die Festzeiten in] *Tammus*, *'Aw* und *'Elul* auf; dann kam *Tischrej*, und er beglich es ihnen [mit] *Ro'sch ha-Schanah*, *Jom Kippur* und *Ssukkot* …«

(*Jalqut Schim'oni*, Pinchass, 29)

Mose bat Gott um Verständnis für Israel, er bat um Vergebung, und Gott gab das Volk nicht auf, er verzieh. Israel bereute und kehrte um, und Gott holte Mose wieder zu sich und schrieb das Gesetz auf neuen Tafeln. Als Mose mit den Tafeln zum zweiten Mal erschien, war es der 10. *Tischrej*, der Tag des heutigen Versöhnungsfestes *Jom Kippur*. Im Verzeihen Gottes zeigt sich das Ausmaß der göttlichen Liebe und Gnade. Das Vertrauen in das göttliche Vergeben erneuert die Hingabe an den Bund. Durch den Festzyklus im Herbst weiht man sich wiederholt Gott und seiner *Torah*.

'Elul, Tischrej – Umkehr und Versöhnung

Die Tage von Anfang *'Elul* (Jungfrau) bis zum 10. *Tischrej* (Waage) sind Reue, Buße und Umkehr gewidmet. Man versucht sich zu läutern, zu versöhnen, sich auf die neue Nähe zu Gott vorzubereiten. *Ssukkot*, »das Fest von *JHWH*«, beginnt am Vollmond um die Herbstgleiche. Man weiß sich nach dem langen Läuterungsprozeß angenommen und freut sich über die wiederhergestellte Gemeinschaft mit Gott, die ein Leben in seinem Schutz gewährt. Diese Gemeinschaft wird in der Sprache der Propheten oft im Bild der Hochzeit und der Ehe dargestellt. Die *Ssukkah* als Symbol der beständigen Gegenwart Gottes ist zugleich das Symbol einer beständigen Ehe. Es versteht sich von selbst, daß an *Ssukkot* Freude ausdrücklich geboten ist.

34. 'Elul – *Jungfrau*

35. Tischrej – *Waage*

Wenn *Ro'sch ha-Schanah, Jom Kippur* und *Ssukkot* einen Festzyklus darstellen, erscheint der von Rabban Schim'on ben Gamli'el (wahrscheinlich II., 2. Jh.) in der *Mischnah* überlieferte Brauch in anderem Licht:

> »Rabban Schim'on ben Gamli'el sagte: Es waren keine fröhlicheren Tage [*jamim towim*] für Israel als der 15. *'Aw* und als *Jom ha-Kippurim*, an denen die Töchter Jerusalems hinausgingen in weißer Kleidung ... Und die Töchter Jerusalems gingen hinaus und tanzten in den Weinbergen. Und was sagten sie? Junger Mann, erhebe deine Augen und schau, was du dir aussuchst. Richte deine Augen nicht auf die Schönheit, sondern auf die Familie ...«
>
> (*Mischnah, Ta'anit* 4:8)

Der frohe Tanz der in Weiß gekleideten jungen Frauen Jerusalems in den Weinbergen erweckt das Bild eines Verlobungsfestes, das sich schwer mit der ernsten Gestalt von *Jom Kippur* als einem Tag von Buße, Entsagung und Selbst-Kasteiung in Übereinstimmung bringen läßt. Möglicherweise vermittelt diese außerbiblische Überlieferung eine frühe Tradition des *Jom Kippur*, die von der normativen abweicht: Nach den Tagen der Reue und der Läuterung war *Jom Kippur* der Tag, an dem Gott vergab und die Gemeinschaft wieder möglich machte. Es ist verständlich, daß diese segenspendende Nähe auch als geeigneter Zeitpunkt für Verlobungen verstanden wurde. Die wiederhergestellte Nähe zu Gott ähnelt in ihrer Freude jener von Bräutigam und Braut; so sind Glück und Segen für das neue Jahr ebenso wichtig wie für das beginnende gemeinsame Leben der Vermählten.

Die Ankündigung der Jubeljahre an *Jom Kippur* gab ebenfalls Anlaß zur Freude: Um für sozialen Ausgleich zu sorgen, wurden alle fünfzig Jahre (*jowel*) Knechte befreit und Grundstücke an ihre ursprünglichen Besitzer zurückgegeben.

Parallele Festzyklen im Frühling und im Herbst

Mit den Monaten *Nissan* und *Tischrej* begann jeweils ein neues Halbjahr, beide galten als Jahresanfang (*Mischnah, Ro'sch ha-Schanah* 1:1). Die ersten zehn Tage des zunehmenden Monds waren der Läuterung und der Vorbereitung, der Vollmond der Zusammenkunft gewidmet. Damit erhalten der 1., der 10. und 14. bzw. 15. der Monate *Nissan* und *Tischrej* ein besonderes Gewicht.

In *Tischrej* sind diese Stufen der Annäherung an das Heilige in den drei Festen *Ro'sch ha-Schanah, Jom Kippur* und *Ssukkot* erhalten geblieben: Die ersten zehn Tage des Monats, die ›Tage der Umkehr‹, enden mit Gottes Vergebung am Versöhnungstag. In diesem Vergeben ist die Gemeinschaft von Gott und Menschen begründet. Die Freude beim Vollmond am »Fest von *JHWH*« entsteht durch den göttlichen Segen, der Heil bringt, Leben erhält und erneuert.

Im *Nissan* ist nur das Fest am Vollmond erhalten geblieben, doch gibt die Anweisung Moses, das Lamm am 10. *Nissan* für das jeweilige Haus zu holen (*Exodus* 12:13), Hinweis darauf, daß der Tag von besonderer Bedeutung war. Auffällig sind die Anordnungen des nach Babylonien verbannten Propheten priesterlicher Abstammung Ezechiel (6. Jahrhundert v. d. Z.), das Heiligtum am 1. *Nissan* zu »entsündigen« und am 7. *Nissan* die Menschen zu »entsühnen« (Ezechiel 45:18 – 20). Damit stellt Ezechiel eine Parallele zwischen den Festgruppen im *Nissan* und im *Tischrej* her und macht deutlich, daß die Feste vor dem Vollmond dazu bestimmt waren, Menschen und Tempel zu läutern und zu reinigen. Der Festkalender der Qumran-Essener enthält ebenfalls analoge Festgruppen in *Nissan* und *Tischrej*:

Nissan	*Tischrej*
1. Neujahr	1. Gedächtnisfest
2. – 10. Weihfest	10. Versöhnungstag
14. *Pessach*	
15. – 22. *Mazzot*fest.	15. – 23. *Ssukkot*

Das Neujahrsfest im *Nissan* erinnert an die Manifestation des göttlichen Willens und der göttlichen Macht sowie an Gottes Eingreifen in die Geschichte. Es ist das Fest der Befreiung und des Neubeginns, der Geburt des Gott verbundenen Volks. Hingegen stellt das Neujahrsfest im *Tischrej* die Antwort des Menschen auf das Wirken Gottes und die Beziehung des Menschen zu Gott dar, indem er Gott als König, Richter und Erlöser der Welt feiert. Dieses Aufeinanderzugehen im Jahreskreis macht deutlich, daß die Festzyklen im Frühling und im Herbst einander ergänzen. An diesen beiden Eckpunkten des Jahrs gedenkt man der Armut und der Einfachheit: zu *Pessach*, indem man sieben Tage *Mazzot* – das Brot der Armut – ißt, und zu *Ssukkot*, indem man sieben Tage in der Hütte wohnt. Bescheidenheit, Reinheit, Heiligkeit im Sinn der *Torah* sind Voraussetzung und Ziel: Das Fest im Frühjahr erinnert an die damalige und verspricht die zukünftige Erlösung; im Herbstzyklus wird der Einzelne vom eigenen Fehl erlöst und trägt so zur Erlösung der Welt bei.

Von der Herbstgleiche zur Frühlingsgleiche

In der *Torah* sind für das zweite Halbjahr keine Feste überliefert. Nach der Versöhnung begann Mose den *mischkan*, eine tragbare Wohnstätte für Gott, zu bauen. Als er auf dem Berg war, bekam er von Gott Anweisungen für den Bau des Heiligtums. Der *mischkan* wurde zum nächsten Frühling vollendet. Am 1. *Nissan* im zweiten Jahr richtete Mose *'ohel mo'ed*, das ›Zelt der Begegnung‹ auf und stellte jeden Kultgegenstand an seinen vorgesehenen Platz (*Exodus* 40:17–33). Daraufhin zog die Herrlichkeit Gottes ein und erfüllte den Raum (ebenda 40:34). Seitdem wohnte Gottes Gegenwart beständig in der Nähe des Volks.

Beständige Nähe

Damit stellten das Ende des ersten gemeinsamen Jahrs und der zweite Jahresbeginn zu *Pessach* einen neuen Höhepunkt im Leben der Gemeinschaft dar: den Willen Gottes, dem Volk seine unmittelbare Nähe im ›Zelt der Be-

36. Der Hohepriester Ahron im Dienstgewand neben Altar, M^e^norah *und anderen Kultgegenständen.*

gegnung‹ zu schenken. Damit ist das Ende des ersten Zyklus zugleich ein neuer Anfang: der Bund wird fortgesetzt und ist inzwischen stärker und tiefer geworden. Im Angesicht der Nähe Gottes bietet der Mensch Opfer an. Es ist ein Ausdruck seiner Liebe, und Gott antwortet mit Schutz und Segen.

> Der Heilige, gesegnet sei Er, sagte: in dieser Welt war Meine Einwohnung [*sch^e^chinah*] unter euch und vor euren Augen, denn es heißt, »Der Anblick der Herrlichkeit von *JHWH*« usf. (*Exodus* 24:17). Und in der zukünftigen kommenden [Welt] weicht Meine Einwohnung nie mehr von euch, denn es heißt: »Und ich werde unter den Kindern Israel wohnen und mein Volk Israel nicht verlassen.« (*1. Könige* 6:13).
>
> (*Tanchuma'*, p^e^qudej, 11)

Kisslew, Tewet – der Sieg des Lichts

Im Winterhalbjahr, da die Tage immer kürzer werden und die Dunkelheit überwiegt, war man mit dem Bau eines irdischen Hauses für das höchste Licht beschäftigt. Licht, als Symbol göttlicher Gegenwart, und Dunkelheit als

37. Tewet – *Steinbock*

Symbol fremder Kultur, spielen die Hauptrolle in der Geschichte des späteren Festes *Chanukkah*, das vom 25. *Kisslew* (Schütze) bis 2. *Tewet* (Steinbock) kurz vor oder zur Wintersonnenwende stattfindet. In der Festlegende von *Chanukkah* dient der von Hellenisten besetzte Tempel als *pars pro toto*: Das ewige Licht ist gelöscht, das Zentrum jüdischen Lebens zerstört, das jüdische Leben in Gefahr. Doch greift Gott in dieser Zeit größter Dunkelheit ein: der Tempel wird befreit, das Licht erneut entzündet. Gott siegt über die Dunkelheit der fremden Kultur, und auch das Tageslicht nimmt bald wieder zu.

'Adar – Überleben in fremder Kultur

Das Fest *Purim* am letzten Vollmond vor der Frühlingsgleiche zeugt ebenfalls vom Kampf zwischen Licht und Dunkel, dem letzten im Jahreskreis. Die fremde Kultur ist diesmal die persische. Hier ist nicht der Tempel in Gefahr – die Geschichte spielt sich im Exil ab –, sondern das jüdische Volk als Träger des heiligen Worts. Da das Leben nach der Lehre Gottes in den letzten zweitausend Jahren vorwiegend im Exil, in der ›dunklen‹ Fremde und häufig unter Gefährdung stattfand, konnte *Purim* mit seiner Festlegende stellvertretend Hoffnung stiften. Denn auch zu *Purim* siegte das Licht, wenngleich im Rahmen einer Komödie.

Auf dem Weg vom Frühlingspunkt über die Herbstgleiche zur nächsten Frühlingsgleiche durchläuft die Gemeinschaft folgende Stationen: Befreiung und Geburt des Volks; Offenbarung, Verkündung der Lehre und Schließung des Bundes; Irrweg und Untreue; Umkehr und Vergebung (das Bild der Vermählung); beständige Nähe, die sich auch in dunklen Zeiten bewährt.

Diese Gemeinschaft ist Ausdruck gelebter Beziehung:

Am Anfang der Weltschöpfung machte der Heilige, gesegnet sei er, in Jerusalem eine *Ssukkah*, darin betete er, »Möge der Wille [bewirken], daß meine Kinder meinen Willen erfüllen, auf daß ich mein Haus und meinen Tempel nicht zerstören werde«.

(*Midrasch T*^{e}*hillim* 70, 3)

Marduk, Rāma und Durgā

Parallele Festzyklen in anderen Kulturen

Himmelskörper und ihre Deutung sind universell. Die geeigneten Zeiten für Fest, Kult und Pilgerfahrt zu bestimmen, war die ureigene Aufgabe der Astrologie. Daher galten und gelten in verschiedenen Kulturen zum Teil dieselben Zeiten als heilig, wenngleich ihre Festgestalt verschieden ist, geprägt vom religiösen Weltbild, von Traditionen und Werten der jeweiligen Gesellschaft.

Wissenschaftler machten auf parallele Aspekte der jüdischen Jahresfeste und der ägyptischen, kanaanitischen, babylonischen, assyrischen und hellenistischen Riten aufmerksam. Von besonderem Interesse ist der Vergleich mit dem babylonischen Neujahrsfest:

Das *Akitu*-Fest in Babylonien

Seit dem Ende des dritten Jahrtausends v. d. Z. galt in Babylonien *Nissanu* als der erste Monat im Jahr, und das Neujahrsfest *Akitu* wurde vorwiegend anfangs *Nissanu* gefeiert, obwohl Traditionen noch existierten, nach welchen man ein Neujahrsfest auch im Herbst, anfangs *Taschritu*, beging. *Akitu* wurde zu Ehren des babylonischen Gottes Marduk gefeiert und erstreckte sich über zehn Tage. Ab dem 1. *Nissanu* führten die Priester besondere Rituale im Tempel Esagil aus. Am 4. *Nissanu* verlas man die Schöpfungsdichtung *Enuma Elish*, in der Marduks Sieg über Tiamat und Chaos und seine Macht besungen wird. Am 5. *Nissanu* wurde der Tempel gereinigt und entsühnt, indem ein Priester die Tempelwände mit dem

Blut eines dafür geschlachteten Lamms bestrich. Nach Beendigung des Rituals warfen Priester und Schlächter Körper und Kopf des Lamms in den Fluß. Während sie dies taten, schauten sie nach Westen, zur Wüste, wohin sie sich nun begeben mußten, da sie selber unrein geworden waren. Erst am 12. *Nissanu* durften sie in die Stadt zurückkehren. Dieses Ritual erinnert an den Sündenbock, der an *Jom Kippur* in die Wüste geschickt wurde, und an das erste *Pessach*-Fest in Ägypten, als man mit dem Blut des Lamms Zeichen an die Pfosten und den Türsturz machte. Erst nachdem der Tempel Esagil gereinigt war, brachte der Hohepriester den König in das Allerheiligste, und der König, ohne Zepter, Ring und Krone, fiel vor dem Abbild des Marduk auf die Knie, bekannte sich nicht sündig und hoffte auf den Jahressegen. Am 6. *Nissanu* wurden die Statuen der Gottheiten von Nebo aus Borsippa, von Anu aus Erech und Enlil aus Nippur nach Babylonien gebracht. Am 8. *Nissanu* versammelten sich diese Gottheiten, um die Schicksale für das neue Jahr zu bestimmen. Danach bewegte sich die Prozession in das *Akitu*-Haus, wo Marduks Statue untergebracht wurde. Am 9. und am 10. *Nissanu* machten Priester und König große Prozessionen mit der Statue von Marduk und denen anderer Gottheiten. Am 11. *Nissanu*, nachdem die Statue Marduks in ihren Tempel (Esagil) zurückgebracht worden war, versammelten sich die Gottheiten erneut, um die Schicksale zu bestimmen.

Parallele Aspekte zu den jüdischen Jahresfesten lassen sich auch im geographisch ferneren Hinduismus finden; sie werden hier ohne historische Differenzierung skizziert:

Der in Indien meist verbreitete hinduistische Kalender ist wie der jüdische lunisolar. Das Jahr besteht aus zwölf Mondmonaten und wird alle paar Jahre durch einen dreizehnten Schaltmonat ergänzt. Der Monatsbeginn wird vom Tag nach dem Neumond, an einigen Orten nach dem Vollmond berechnet.

Navarātra und *Vijaya Dashamī* in Indien

Das erste Fest im Jahr dauert neun Tage und Nächte. *Navarātra*, die ›Neun Nächte‹, sind der Durgā (einer der Namen der Göttin und Gemahlin Shivas) geweiht. *Navarātra* findet zweimal im Jahr statt, im Frühjahr und im Herbst, in *Chaitra* und in *Āshvina.* Die Monate *Chaitra* und *Āshvina* entsprechen in der Regel *Nissan* und *Tischrej.* Unterschiedliche Methoden der Einschaltung und die ›Vertagungen‹ des jüdischen Kalenders verursachen teilweise auftretende Abweichungen. Auf die ›Neun Nächte‹ folgt im Frühjahr das Geburtstagsfest Rāmas, *Rāma Navami*, ›Rāmas Neunter‹, und im Herbst folgt am zehnten Tag *Vijaya Dashamī*, ›Der siegreiche Zehnte‹.

Rāma, die siebente Inkarnation Vishnus, wurde geboren, um die Welt von den Untaten des Dämons Rāvana zu befreien und Ordnung wiederherzustellen. Der Sieg Rāmas über Rāvana wird vor allem im Norden Indiens am 10. *Āshvina* gefeiert. Im Süden ist *Vijaya Dashamī* dem Sieg der Göttin Durgā über den Stier-Dämon geweiht.

In der hinduistischen Tradition werden die parallelen Festgruppen um Frühlings- und Herbstgleiche auch heute begangen. Dabei ist die Symbolik von Licht und Dunkel von besonderer Bedeutung, da Zeit aus diesen komplementären Einheiten besteht: Tag und Nacht, helle (zunehmender Mond) und dunkle (abnehmender Mond) Monatshälfte und helle und dunkle Jahreshälfte. Die helle Jahreshälfte beginnt mit der Wintersonnenwende im Januar, mit der Morgendämmerung des Jahres, und endet mit der Sommersonnenwende im Juni, dem Abend des Jahres. Sie entspricht der scheinbaren Bewegung der Sonne von Süden nach Norden. Die dunkle Jahreshälfte beginnt mit der Sommersonnenwende und entspricht der Bewegung der

Sonne nach Süden. Die Frühlingsgleiche (Widder) stellt den Höhepunkt der lichten Jahreshälfte, den Mittag des Jahres dar, während die Herbstgleiche (Waage) den Höhepunkt der dunklen Jahreshälfte, die Mitternacht des Jahres darstellt.

Die ersten fünfzehn Tage im Widder sind stellvertretend für das ganze Jahr. Jeder Tag dieser Phase entspricht 24 Tagen. Der Vollmond im Widder steht für die höchste Erleuchtung. (Auf diesen Vollmond fällt in der Regel *Pessach*.) Hingegen symbolisiert Waage tiefste Dunkelheit. Dunkelheit wird auch als Zustand von Ruhe verstanden, der Zustand des Bewußtseins, bevor die Tätigkeit des Denkens einsetzt. Von diesem Zustand aus eröffnet sich der Weg in zwei Richtungen: zum Licht, zum Transzendenten oder zur grob-stofflichen Ebene.

Die ›Neun Nächte‹ der Göttin werden im Herbst festlicher als im Frühling begangen. Die Göttin, Weltmutter oder Shakti, stellt Kraft und Macht dar und manifestiert sich als Gemahlin von Shiva, Vishnu und Brahma unter verschiedenen Namen und Gestalten. Der Weg zum höchsten Vater führt über die Weltmutter, die häufig als Durgā verehrt wird.

Nach neun Tagen der *Durgā Pūjā* ist die Läuterung vollendet. Der zehnte Tag, *Vijaya Dashamī*, der Sieg der Weltmutter über den Stier-Dämon, symbolisiert den Sieg des Menschen über seine eigene niedere Natur, über Begierde und Verlangen. Wenn das Tier im Menschen beherrscht ist, kann man den Segen der Weltmutter erbitten. Daher ist der Vollmond in der Waage der segenspendenden Lakshmī gewidmet. Die zeitliche Struktur und einige thematische Aspekte dieser Festgruppe sind analog zu den zehn Tagen der Umkehr von *Ro'sch ha-Schanah* bis *Jom Kippur* und zu *Ssukkot*.

Um sich während der dunklen Jahreszeit, die traditionell mit Vishnus Schlaf assoziiert wird, auf das Spirituelle auszurichten, fasten viele vom 11. Tag des zunehmenden Monds des Āshādha (Juni/Juli, Krebs) bis zum 11. Tag des abnehmenden Monds des Kārttika (Oktober/ November, Skorpion). In diese Jahreszeit fallen die Fastentage der Periode ›zwischen den Leidenstagen‹ (17. *Tammus* – 9. *'Aw*) und die vierzig Tage der Buße von Anfang *'Elul* bis zum 10. *Tischrej*.

Der Frühlingspunkt als Symbol der Nähe Gottes

Um die Zeit, da die Sonne den Himmelsäquator überquert, überquerte Mose mit den Hebräern das Schilf-Meer. Der Frühlingspunkt symbolisiert die Nähe Gottes, als Einmischung in die Geschichte und als jährliche Einweihung. Auf diese Weise bestimmt die kultische Praxis das gesamte Jahr. Die Fähigkeit, im Frühling Licht zu empfangen, hängt vom Grad der Läuterung im vorangegangenen Herbst ab. Wie weit die Läuterung im Herbst reicht, hängt vom Grad des spirituellen Erwachens im Frühling ab.

Das Heilige Wort und der Einzelne

> Höre Israel, *JHWH*, unser Gott, *JHWH* ist Einer. Und liebe *JHWH*, deinen Gott, mit deinem ganzen Herzen und mit deiner ganzen Seele und mit deiner ganzen Macht.
>
> (*Deuteronomium* 6:4–5)

Liebe, Erkenntnis, Kraft

Was auf die Gemeinde zutrifft, trifft auch auf den Einzelnen zu. Mit diesen Worten wendet sich Gott an den Menschen, fordert jeden Einzelnen auf, ihn mit seinem ganzen Sein zu lieben. Nur die Kraft der Liebe hält zusammen, macht es sinnvoll, dem Menschen Lehre und Weisheit zu geben, das Wissen, das den Bund möglich macht. Wer Gott liebt, erfährt Offenbarung, Gegenwart, Licht und Erlösung. Allein im Zusammenhang aller Jahresfeste besteht diese Wirklichkeit in ihrer Ganzheit. Die zyklische Wiederholung betont Jahr für Jahr die sichtbare und die verborgene Bedeutung der Feste, bietet auf immer neue Weise die Möglichkeit, den inneren Menschen zu läutern und in den Stufen des Lichts aufzusteigen. Dieses Aufsteigen eröffnet tieferes Verständnis für die verborgene Bedeutung der Feste – ein Wissen, das den Menschen die Feste im nächsten Jahr auf wiederum höherer Stufe begehen und erleben läßt. Aus mystischer Perspektive kann allein die Liebe der Seele zu Gott diesen Prozeß in Gang setzen, tragen und den Menschen zu *d^e^wequt* führen. *D^e^wequt*, wörtlich ›Anhangen‹, bedeutet das Verbundensein mit Gott, das beständige Bei-Gott-Sein, jene innige Übereinstimmung von menschlichem und göttlichem Willen. Davon sprechen mehrere Stellen im kabbalistischen Werk *Sohar*:

Die Feste im Herbst

Trockenperiode und sengende Sonne bringen das Ende des Jahres. Zu diesem Zeitpunkt bereitet man sich auf das himmlische Gericht vor. Es gilt, einen Ausgleich zu suchen, Verfehlungen zu erkennen und wiedergutzumachen und umzukehren. In dieser Zeit herrscht *din*, ›richtende Gewalt‹, und Strenge in der Welt. Doch die Klänge des *Schofar* vermögen *chessed*, die ›Liebe‹ oder ›Gnade‹, und *rachamim*, das ›Erbarmen‹, zu erwecken (*Sohar* III, 249a).

> An allen Tagen des Jahres ist Israel mit seiner Arbeit beschäftigt, und an *Ro'sch ha-Schanah* nimmt es *Schofarot* und bläst; und der Heilige, gesegnet sei er, steht vom Thron der Strenge auf und setzt sich auf den Thron des Erbarmens, und er erbarmt sich seiner und wandelt Strenge in Erbarmen.
>
> (*P^e^ssiqta' d^e^-Raw Kahana'*, Ro'sch ha-Schanah, 23:11, S. 344)

Von *Ro'sch ha-Schanah* bis *Ssukkot* ist die Zeit des Gerichts. Erst am *Sch^emini 'azeret* empfängt man den Segen für das ganze Jahr (*Sohar* III, 99b – 100b). Die Beantwortung der Gebete, die Erlösung von Vergehen, Schuld und Fehl, bewirkt in der himmlischen Ordnung der zehn göttlichen Emanationen *binah*, ›Intelligenz‹, die höchste Mutter. Sie verbreitet ein Licht der Freude und Vergebung in allen *Ss^efirot* (göttlichen Emanationen) und in allen Welten. Durch dieses Leuchten wird die Strenge der richtenden Gewalt aufgehoben. Danach ist der Mensch wie neu geboren:

> Es sagte der Heilige, da ihr heute vor mir im Gericht erschienen und freigekommen seid, rechne ich es zu euren Gunsten an, als wäret ihr heute gemacht worden, als hätte ich euch heute neu erschaffen.
>
> (*P^essiqta' d^e-Raw Kahana'*, Ro'sch ha-Schanah, 23:12, S. 346)

Der Mensch der Umkehr, der von Fehl erlöste Mensch, sitzt in der *Ssukkah* in Gottes Obhut und weiß sich geschützt. *Ssukkot* markiert den Beginn der Regenzeit. Und Regen, das Wasser, das Leben erhält, ist ein Ausdruck göttlicher Liebe:

> An diesem Fest wird ein Wasserritual ausgeführt, das Hervorquellen von Liebe, [...] an allen sieben himmlischen Tagen empfängt man aus denselben Lebenswassern, die im verborgenen himmlischen Jerusalem [*binah*] entspringen.
>
> (*Sohar* I, 261b)

Ssukkot ist die Zeit himmlischer Hochzeit, der mystischen Vereinigung der *Ss^efirot* (*Sohar* III, 214b).

Die Feste im Frühling und im Sommer

Die Läuterung im Herbst wird im Frühling ergänzt: Das Verbrennen des Gesäuerten zu *Pessach* steht für das Auslöschen der Kräfte der Unreinheit und des Dienstes an fremden Göttern (*Bawli, B^erachot* 17a; *Sohar* I, 226b). Die *Mazzah* hingegen steht für die *Sch^echinah*. Die Befreiung aus Ägypten, der Übergang von Fremdherrschaft zu einem Leben unter der Herrschaft des Göttlichen, führt nach sieben Wochen weiterer Läuterung zu *Schawu'ot*, dem eintägigen Fest, das ebenfalls die mystische Vereinigung der *Ss^efirot* symbolisiert (*Sohar* III, 96b). Die Gabe der *Torah* an *Schawu'ot* weist dem Menschen den Weg, seinen Dienst beständig, heilig und liebend zu erweisen, auf daß die Sommer ohne Verblendung, Irrwege und Fehl und die Winter ohne Gefährdung des Lebens von außen sein mögen.

Liebe, Erinnerung, Erlösung

In der Liebe zu Gott leben heißt, jedes Jahr neu erschaffen zu werden. Die Läuterung, Entwicklung und Vervollkommnung des inneren Menschen sind ein langer Weg, an dessen Ende die Erlösung steht. Die an das große Gestern erinnernden Jahresfeste sind Stationen auf diesem Weg und machen die Erlösung – als Erinnerung der Zukunft und als erfahrbaren Vorgeschmack – zur Gegenwart.

> *JHWH*, dein Gott, ist in deiner Mitte, ein errettender Held, wird sich entzückt deiner erfreuen, in seiner Liebe schweigend, über dich jubelnd fröhlich sein.
>
> (*Zefania* 3:17)

זאת עבדת הלוים: נקיות ידים: מזלושה תמים: ריח נודף כבשמים
ואהרן
משה
תלמוד
גדול שהביא לידי מעשה
הקצין והנדיב פרנס
ומנהיג כהרר בערמן סגל
בן הרר יהודה לימא זל מעסי
חתן הטנוח האלוף מוהררר
יואל זל מהלברשטאט
לזכות אתו לפרט
ושלמה
דוד
הק אהרן זעלינמאן
M. Bernigeroth sculps.

Abbildung 38

Frontispiz der ersten in Deutschland erschienenen *Talmud*-Ausgabe (*Talmud bawli*), Frankfurt an der Oder 1696–1699. 25,5 × 37 cm. Der Kupferstich von Martin Bernigeroth (Rammelburg 1670–Leipzig 1733) mit Darstellung von Mose, leuchtenden Haupts (*Exodus* 34:29–30), mit Stab und Tafeln, Ahron in Diensttracht, mit Räucherwerk und blühendem Stab (*Numeri* 17:23), König David mit Zepter und Harfe und König Salomo mit Zepter. Oben stehen Wasserkanne der Leviten und ein Lamm, darunter Kartusche mit Inschrift in aschkenasischer Quadrathandschrift, die den Mäzen der Ausgabe, Baermann *ssg"l*, Gemeindevorsteher aus Halberstadt, benennt. Die Abkürzung bedeutet *ss*ᵉ*gan l*ᵉ*wijjah*: Rangnächster Levit, ein Hinweis darauf, daß er Levit war. Ganz oben steht eine – wohl aus Druckerkreisen stammende – gereimte Widmung an den Mäzen: »Dies ist der Dienst der Leviten. Rein sind die Hände. Sein Sternzeichen ein Lamm ohne Fehl. Sein Duft verströmt wie Gewürze.« Der erste Vers verweist in Anlehnung an die Formulierung in *Exodus* 38:21 und *Numeri* 4:4, 27, 33 auf die Dienstaufgaben der Leviten. Da aber weder der an diesen Stellen beschriebene Dienst noch das Singen und Musizieren der Leviten zur Zeit des zweiten Tempels existieren, bleibt das rituelle Waschen der Hände der Priester, *kohanim*, bevor sie in der Synagoge die Gemeinde segnen, ein Brauch, der nur im *Sohar* überliefert ist (III, 146b). Darauf bezieht sich der zweite Vers. Der dritte gibt Hinweis auf den Geburtsmonat des Jissachar Baermann, der in Druckerkreisen bekannt war: Lamm steht für Widder, *Nissan*. Der letzte Vers lobt den ehrenwerten Mann, der die Herausgabe einer kompletten *Talmud*-Ausgabe möglich machte.

Zu den Abbildungen

Die im vorliegenden Buch versammelten Bilder stammen aus Handschriften (die älteste aus dem Jahr 1309) und gedruckten Büchern (das jüngste aus dem Jahr 1795). Es sind Abbildungen[1] von Holzschnitten, Federzeichnungen, einem Kupferstich und – vorwiegend mittelalterlichen – Buchmalereien. Sie schmücken, belehren oder suchen, das Geschriebene zu erhellen und zu deuten. Ihre Ikonographie geht nicht allein auf den von ihnen illustrierten Text zurück, sondern schöpft aus dem Reichtum jüdischer Legende und folkloristischer Tradition. Es sind erzählende Bilder, die zugleich selber eine Geschichte haben.

Torah w^e-targum Onqelos, haftarot, chamesch m^egillot ʿim targum, 'Ijjow, Raschi, ›Pentateuch mit Onqelos-Übersetzung, Prophetenabschnitte, fünf Schriftrollen mit Übersetzung, Job, [durchgehender] Raschi-Kommentar‹. Abbildung 1
Format: 16,5 × 21 cm
Staats- und Universitätsbibliothek Hamburg Carl von Ossietzky, cod. Levy 19
Abbildung 1

Im Kolophon stellt sich der Kopist bildlich (im Rosengarten auf einem kunstvoll gearbeiteten Fauteuil sitzend) und schriftlich dar: Jizchaq *ha-ssofer* [*Torah*-Schreiber, Kopist] ben Rabbi 'Elijjahu *chasan* [Vorbeter] aus Ochsenfurt bzw. Oxford schrieb und illuminierte das Buch für Rabbi Chajjim Sohn des Märtyrers Rabbi Chajjim und vollendete sein Werk in Brüssel am 22. 10. 1309. Forscher sind sich nicht darüber einig, ob mit der hebräischen Umschrift des Stadtnamens die unterfränkische Kreisstadt Ochsen-

1 Alle Maßangaben Breite vor Höhe

furt am Main oder Oxford gemeint ist. Vielleicht war Jizchaq »der Schreiber« unter den 1290 aus England vertriebenen Juden und ließ sich in Brüssel nieder, dessen jüdische Gemeinde 1349 durch antijüdische, vom Ausbruch der Pest ausgelöste Ausschreitungen vernichtet wurde.

Die Bibel ist in Quadratschrift auf dünnem Pergament geschrieben, im Haupttext folgt auf jeden Vers die aramäische Übersetzung, der Kommentar umgibt den Haupttext.

Die Handschrift ist mit farbigen Federzeichnungen in Blau, Rot und Dunkelbraun und mit gemaltem Buchschmuck reich illuminiert. Die Anfänge der einzelnen biblischen Bücher sind mit Initialwörtern in Gold auf gemustertem Grund, Filigranornamentik, Rankenmuster und Fabeltieren verziert.

Die Darstellung des Tempelleuchters, der *M^{e}norah* (fol. 146r; Abb. I) schmückt eine Textstelle (*Exodus* 25:27–31), welche Kultgegenstände für den *mischkan*, das tragbare Heiligtum, beschreibt. Sie entspricht in ihren Einzelheiten den Angaben zur Herstellung der *M^{e}norah* in *Exodus* 37:17–22 (vgl. S. 170). Die *M^{e}norah* sollte morgens und abends, zu Beginn und am Ende des täglichen Tempeldienstes von Ahron mit reinem Olivenöl gespeist werden, damit ihr Licht immerwährend, *tamid*, an Arbeitstagen sowie an *Schabbat* brennt. Das brennende Licht der *M^{e}norah* bezeugte, daß die *Sch^{e}chinah* in Israel, im ›Zelt der Begegnung‹ wohnt (fügt *Targum* Pseudo-Jonathan seiner Übersetzung zu *Leviticus* 24:1–3 hinzu).

In der jüdischen Symbolwelt steht Licht an zentraler Stelle. Nach der Schöpfungsgeschichte existierte Licht seit dem ersten Schöpfungstag, noch bevor die Lichtquellen erschaffen wurden. Dieses göttliche Anfangslicht – überliefern die Rabbinen (*Sch^{e}mot Rabbah* 31:4) – hat Gott, anders als das sichtbare Licht, alsbald verborgen (vgl. S. 171). Licht, eine Haupteigenschaft Gottes (Psalm 104:2,

Psalm 36:10), steht für Freude (*Ester* 8:16), Güte, *Torah* (*Sprüche* 6:23), messianische Zeit und Erlösung (*Jesaia* 60:1, 19, 20). Das Anzünden der *Schabbat*- und Festtagskerzen ist wichtiger Bestandteil des Festrituals, ihr Licht, wie die Zeit des Festes, heilig.

Solange der Tempel bestand, verkörperte die *M^enorah* mit ihrem immerwährend brennenden Licht Gottes Gegenwart und Schutz. In der Vision des Propheten und Priesters Zacharia (4) – er lebte im 6. Jh. v. d. Z. und rief zum Bau des zweiten Tempels auf – steigert sich diese Vorstellung: Die sieben Lichter des goldenen Leuchters seiner Vision symbolisieren Gottes Geist, der über die Welt wacht. »… diese sieben sind die Augen des *Ewigen*, durchziehen die ganze Erde« (4:10).

Als der zweite Tempel zerstört und der Tempeldienst aufgehoben wurde, verboten die Rabbinen, den siebenarmigen Leuchter für rituelle Zwecke zu gebrauchen, seine Darstellung aber wurde zum häufig zitierten Zeichen der jüdischen Ikonographie. In ihrem Bild vereinigte nun die *M^enorah* jene Bedeutungen, die zur jüdischen Lichtsymbolik gehörten: Sie symbolisiert das kosmische Licht und Gottes Geist, das Licht der *Torah* (*Bawli, B^erachot* 57a) und ihrer Gebote und das Licht der Seele. Sie erinnert an das ewige Licht des Tempels und verkörpert das Licht der Gemeinschaft von Gott und Israel.

> Es sagte Rabbi Meir: Der Heilige, gesegnet sei er, sagte, die Lichter, die Ahron entzündet, sind mir lieber als die Lichter, die ich im Himmel festmachte.
>
> (*Tanchuma'* t^ezawweh, 2)

Das Zeichen der *M^enorah* ließ sich ins Exil mitnehmen, wo nun das Studium der *Torah* und die Einhaltung ihrer Gebote im Zentrum des jüdischen Lebens standen, das von starker Endzeiterwartung geprägt war. Die *M^enorah* verkörperte auch diese Erwartung, daß die messianische Ära anbricht, die *Sch^e^chinah* in ihre Wohnung, den wiederaufgebauten Tempel, zurückkehrt und Gottes Königsherrschaft von allen Nationen anerkannt wird.

Die Entdeckung der im Wüstensand begrabenen Fresken der Synagoge in Dura Europos, die in das Jahr 245 n. d. Z. datiert werden, brachte älteste malerische Darstellungen biblischer Ereignisse ans Licht, darunter solche, die der großen Feste gedenken oder die Hoffnung auf das Kommen des Messias stärken. Dazu gehört auch ein Bild der *M^e^norah.*

Älteste Darstellungen der *M^e^norah* gehen bis in die späte hasmonäische Zeit (um 40 v. d. Z.) zurück, doch erst nach 70 n. d. Z. wurden *M^e^norah*, Bundeslade, andere Kultgegenstände sowie *'etrog* und *lulaw* zu den charakteristischen Motiven jüdischer Kunst. Man findet sie zum Beispiel auf antiken Steinreliefs, Wandmalereien und Mosaikfußböden, in Synagogen, Grabstätten oder Katakomben und auf künstlerisch gestalteten Gebrauchsgegenständen.

Die jüdische Kunst des Mittelalters knüpft an diese aus der Antike überlieferte ikonographische Tradition an.

Abbildungen V, VI, VII

Machsor, Gebetbuch für die Festtage, 2 Bände, 1459/60
Format: 26,5 × 36,5 cm.
München, Bayerische Staatsbibliothek, cod. hebr. 3/I-II
Abbildungen V, VI, VII

Band I ist ein Gebetbuch für *Jom Kippur*, Band II für *Ssukkot, Sch^e^mini 'azeret* und *Ssimchat Torah* (vgl. S. 155), beide nach deutschem Ritus. Der erste Band enthält einen Kolophon (fol. 487r–v), aus dem hervorgeht, daß die Handschrift von Jizchaq geschrieben (kopiert) und am 14. Juni 1459 in Ulm vollendet wurde für den Auftraggeber Ja'aqow Mattitjah ben Jizchaq aus Ulm. Der Auftraggeber und seine Söhne werden bei den Segensbitten zu der rituellen Lesung aufgeführt. Auf fol. 488 rühmt sich der Schreiber, er sei 61 Jahre alt und habe den *Machsor* ohne den Einsatz jenes Glasapparates, den man »Brille« nennt, geschrieben. Der zweite Band hat keinen Kolophon, nur eine Abschlußbemerkung, die auf das Jahr 1460 hinweist, wurde aber ebenfalls für Ja'aqow Mattitjah gefertigt, denn sein Name und der seiner Söhne, Awraham und Moscheh, sind bei den Segensbitten für *chatan Torah* und *chatan b^{e}r'eschit* aufgeführt. Die Schriftzüge sprechen dafür, daß Band II von einem anderen *ssofer* geschrieben wurde. Die Illuminationen beider Bände unterscheiden sich stilistisch und farbig; mindestens zwei Künstler waren für die Malereien verantwortlich.

Band I ist nicht reich geschmückt, doch enthält er eine besondere Darstellung am Anfang des *Jozer*-Gebets zu *Jom Kippur* (fol. 48r; Abb. V): einen geöffneten *Torah*-schrein mit drei *Torah*rollen. Hinter dem linken Türflügel erkennt man einen Vorhang. Diese Darstellung, selten in Handschriften aus dem Mittelalter, belegt die frühe Verwendung eines Vorhangs, der den Schrein bedeckt. Über und unter dem Schrein die Anfangsworte des *Jozer*-Gebets: »Gesegnet bist du, *Ewiger*, unser Gott, König der Welt, der uns die Tore des Erbarmens öffnet …« Die Türen des *Torah*schreins gleichen den Toren des Erbarmens. Abbildung V

Eine ähnliche Darstellung findet sich als Miniatur im kleinformatigen, dreibändigen *Machsor*, Hamburg, Levy 25/ III, fol. 100r.

Band II ist reich an Miniaturen, Initialwort- und Randleistenschmuck (in Gold und kräftigen Farben) mit Blumen- und Blattwerk, Figuren von Tieren, Mischwesen und Engeln.

In Handschriften aschkenasischer *Machsorim* finden sich Darstellungen der Tierkreiszeichen, welche *pijjutim* zu den Bitten der *'Amidah* um Regen oder Tau illuminieren. Band II enthält 12 Medaillons mit den Bildern des Zodiakus zu einem Regen-*pijjut* des 'El'asar Birabbi Qallir [auch Kalir]: *jiftach 'erez l^{e}-jescha'*, »Er möge das Land für die Errettung öffnen«. Diese Dichtung wird im *Mussaf*gebet am achten Tag des Laubhüttenfestes, an dem man um Regen zu beten beginnt, eingefügt (vgl. S. 155). Nach einer Schilderung der Bedeutung des Regens in der Geschichte Israels wird in 22 Strophen (der Zahl der Buchstaben im hebräischen Alphabet entsprechend) seine Bedeutung im Verlauf eines Kalenderjahres dargestellt. Jede Strophe beginnt mit einem Buchstaben des Alphabets, eine knüpft an den Namen des Monats, eine an sein Sternbild an, nur *Tewet* und *Sch^{e}wat* werden zusammengenommen, um die Zahl 22 nicht zu überschreiten. Traditionell wurden die Mondmonate des jüdischen Jahres mit den Tierkreiszeichen assoziiert, obwohl sie nicht in Entsprechung zu astrologischen Sonnenmonaten verlaufen. Das Jahr, dem biblischen Kalender folgend, beginnt mit *Nissan*, gleich dem astrologischen Jahr, das mit Widder beginnt. *Pijjutej masalot*, »Sternzeichen-Dichtungen«, seit der Spätantike überliefert, wurden beim Wechsel der Jahreszeiten – von der Trocken- zur Regenperiode (*Sch^{e}mini 'azeret*) oder umgekehrt (*Pessach*) – in der Liturgie verwendet und besingen daher Regen oder Tau. Der Beginn einer *t^{e}qufah*, ›Jahreszeit‹, hing mit der Berechnung des Kalenders und mit der Frage, ob vor *Pessach* ein dreizehnter Monat (*'Adar II*) eingeschaltet wird, zusammen (vgl. S. 29). Es gab mehrere solche Kompositionen, doch im Gottesdienst haben sich nur die des Qallir im deutschen Ritus erhalten.

Über das Leben des 'El'asar Birabbi Qallir, dessen umfangreiches und mannigfaltiges Werk die Entwicklung des *pijjut* im Osten wie im Westen prägte, weiß man kaum etwas. Aufgrund linguistischer Kriterien datieren Forscher sein Werk in das 7. Jh. Er soll in Tiberias gelebt haben, und die in seinen Dichtungen angegebene Stadt seiner Herkunft *Kirjjat ssefer* soll in Judäa liegen.

Die Sternbilder stehen in Medaillons am Rand des sie erwähnenden Verses; als Vorlage dienten Darstellungen der Tierkreiszeichen in christlichen Kalendern und Gebetbüchern der Zeit. Die Waage (285r; Abb. VI) entspricht dem Monat *Tischrej*, in dem das Schicksal des Menschen wie auf der Waagschale geprüft und zum Guten bestimmt wird. Abbildung VI

Das Initialwort *aschrej*, ›selig, wohl‹ (315v; Abb. VII) eröffnet eine *Jozer*-Dichtung für *Ssimchat Torah* des Moscheh bar Sch^e^mu'el bar 'Awschalom, er lebte wahrscheinlich in der ersten Hälfte des 12. Jhs. Mit dem Zitat »Wohl dem Volk, dem so geschieht ...« (Psalm 144:15) beginnt ein in einem alphabetischen Akrostichon gestalteter *pijjut*, der das Volk, dem Gott *Torah* und Weisheit schenkte, besingt. Abbildung VII

Ihrem Stil nach sollen die Illuminationen in Band II aus der Werkstatt des bekannten süddeutschen Druckers Johann Bämler stammen. Er lebte in Ulm und wirkte in der zweiten Hälfte des 15. Jhs. Ja'aqow Mattitjah wird die Handschrift zur Ausschmückung in Bämlers Werkstatt gegeben haben. Auf fol. 268 finden sich einige für den Schreiber und Buchmaler Joel ben Simeon charakteristische Bildmotive.

Bämler und seine Mitarbeiter waren Christen, des Hebräischen und der jüdischen Bräuche nicht unbedingt mächtig. Für die Ausführung ihrer Arbeit, wird die Unterstützung eines sachkundigen Juden notwendig gewesen sein. Die Illuminationen dieses Bandes sind wahrscheinlich aus der Hand eines Künstlers aus Bämlers Werkstatt unter Anleitung und Beratung von Joel ben Simeon entstanden, der auf fol. 268 durch ergänzende Zeichnungen seine ›Spuren‹ hinterließ.

Abbildungen II, III

Haggadah schel Pessach, letztes Viertel 15. Jh.
Format: 23,5 × 29 cm
München, Bayerische Staatsbibliothek, cod. hebr. 200
Abbildungen II, III

Haggadah schel Pessach als eigenständige, vom Gebetbuch getrennte Schrift ist vor allem seit dem 13. Jh. überliefert. Beliebt und unter den jüdischen religiösen Schriften besonders populär, sind von ihr zahlreiche Handschriften und Drucke erhalten geblieben. *Haggadot*, für die häusliche Feier gedacht, gehören zu den meistbebilderten jüdischen Büchern, denn es galt, die Geschichte auch durch das Mittel des Bildes zu vergegenwärtigen.

Die hier abgebildete *Haggadah* wurde – abwechselnd Schwarz und Rot in deutscher Quadratschrift mit Vokalzeichen – laut Eintrag auf dem letzten Blatt von Jossef bar 'Efrajim geschrieben. Da sein Name ebenfalls auf einem der Miniaturbilder steht, war er möglicherweise auch Illuminator der reich ausgestatteten Handschrift. Sie enthält leuchtende, mit Blumen- und Rankenornamenten durchwirkte Goldinitiale, 23 Miniaturen zum Ritual, zur biblischen Erzählung und späteren Legenden. Stilistisch lassen sich die Buchmalereien in Süddeutschland, wahrscheinlich Bayern, lokalisieren. Dem *Haggadah*text, der mit lateinischen Randbemerkungen versehen ist, geht ein lateinischer Vorspann mit Inhaltsangabe und einer christlich-polemischen Kritik der *Haggadah* voraus (fol. 1–7r). Dieser Teil schließt mit dem Datum 1493 und soll Abschrift eines Schriftstücks aus der Hand des Dominikanermönchs Erhardus, die *Haggadah* somit aus dem Besitz des Klosters Tegernsee sein.

Abbildung II

Abbildung II (10r) zeigt die Textstelle »Dies ist das Brot der Armut« (vgl. S. 43). In aschkenasischen *Haggadot* steht an dieser Stelle die Darstellung einer hochgehaltenen *k^e'arah*, auf der *Mazzot* zu sehen sind. Hier aber sitzen rechts und links vom Initial *ha'*, ›Dies ist‹, eine männliche Gestalt in rotem, eine weibliche in blaugrünem Gewand und halten runde *Mazzot*, auf welche sie mit dem Zeigefinger deuten. Der Maler gestaltete diese Illumination als ein Triptychon: in der Mitte das Wortinitial in prächtigem Gold auf grünem Blattornament, auf das die Gestalten der Seitenflügel schauen.

Abbildung III

Die *Haggadah* handelt von der Erlösung aus Ägypten – und von der zukünftigen. Abbildung III (24v) zeigt eine für aschkenasische *Haggadot* des 15. Jhs. typische Illustration zu *sch^efoch*, ›gieße‹ (vgl. Anmerkung zu »Elias Becher«, S. 265): Die Ankunft des Messias. Hier kommt er statt auf einem Esel (Zacharia 9:9) auf einem Schimmel geritten. Sein Gewand ist rot, statt der Krone bedeckt ein Spitzhut, wie ihn die Juden im Mittelalter tragen mußten, seinen Kopf. Elia, sein Vorbote, geht ihm voraus und bläst den *Schofar*, der die Juden zum Aufbruch nach Jerusalem zusammenruft; der Messias nähert sich bereits den Toren der Stadt.

Sch^efoch wird gesprochen im letzten Teil des *sseder*, während man den vierten Becher erhebt und bevor man den Segen spricht und den Wein trinkt, die Haustür für Elia öffnet. Die Verse rufen nach Gottes Hilfe, die Geste bezeugt absolutes Vertrauen in Seinen Schutz. Im 15. Jh., in einer Zeit unablässiger Verfolgungen, waren Anrufung und Geste mit gesteigerter Erwartung auf die Ankunft des Messias in der ›Nacht der Erlösung‹ verknüpft. Diese gesteigerte Erwartung der messianischen Zeit ließ solche Bilder entstehen, die auch in gedruckte *Haggadot* des 16. und 17. Jhs. übernommen wurden (Mantua 1560, 1568; Prag 1590, 1606; Lublin 1610; Venedig 1601, 1629; Amsterdam 1662 u. a.).

Abbildung 41 *Ssefer ha-galgal*, ›Buch vom Weltkreis‹, um 1500
Format: 9,5 × 15 cm
Stadt- und Universitätsbibliothek Frankfurt am Main, hebr. oct. 62
Abbildung 41

Ssefer ha-galgal ist eine verkürzte Übersetzung eines von Johannes de Sacrobosco (gestorben 1265) lateinisch verfaßten Lehrbuches der sphärischen Astronomie. Das nach den Lehren von Ptolemäus, al-Farghani u.a. zusammengestellte, als ›klassisch‹ geltende Buch war ein Standardwerk, nach dem einige Jahrhunderte an Universitäten im Fach Astronomie unterrichtet wurde. Von *Ssefer ha-galgal* existieren mehrere Handschriften. In Druckform erschien es 1720 in Offenbach als Anhang zum ersten auf hebräisch verfaßten astronomischen Werk *Zurat ha-'arez*, ›Die Form der Erde‹, des 'Awraham bar Chijja' (um 1065–1143).

Die Handschrift, in italienisch-deutscher Kursivschrift auf Papier geschrieben, enthält einige Federzeichnungen: Sonnenfinsternis (fol. 2r), Mondfinsternis (fol. 2v), Tierkreis als Sonnenbahn (fol. 21v) sowie die Darstellung der Erde und der sie umgebenden Sphäre (fol. 1v; Abb. 41). Diese Darstellung der *sphaera mundi* entspricht der Vorstellung, daß die Erde eine Sphäre sei und im Zentrum des Himmels liege, der Himmel ebenfalls eine Sphäre sei, die täglich um eine Achse, die durch die Erde zieht, rotiere. Die Ringe zeigen u.a. Ekliptik mit Tierkreiszeichen, Äquator und Meridian.

Abbildungen S. 9, VIII *'Ewronot* [wird meistens *'Ibronot* bzw. *'Ebronot* wiedergegeben], 16./17. Jh.
Stadt- und Universitätsbibliothek Frankfurt am Main, hebr. oct. 31
Sammelband in vier Teilen

Variierende Blattgröße: ca. 15 × 19 cm
Abbildungen S. 9, VIII

Teil I (fol. 1r–68v), aus dem unsere Abbildungen S. 9 und VIII stammen, wurde von vier Kopisten geschrieben, zwei von ihnen sind genannt: Josef ben Rabbi 'El'asar aus Mainz und 'Awraham ben Moscheh ha-Levi aus Ahrweiler (er schrieb den Hauptteil 1657–1658). Teil I wurde mit reichem Ornamentschmuck, Miniaturen, Blumenwerk, Darstellung biblischer Szenen, Tierkreiszeichen, ausgeschmückten Tabellen sowie bemalten und drehbaren Berechnungsscheiben versehen.

'Ewronot geht zurück auf *'ibbur*, wörtlich ›Empfängnis‹, ›Einschaltung‹ eines zweiten *'Adar* in einem Schaltjahr. Das Kalenderwerk, von 'Eli'eser ben Ja'aqow Belin verfaßt und zum erstenmal von Sebastian Münster 1527 in Basel gedruckt, enthält Kalenderregeln und Tabellen für die Berechnung von Schaltjahren, Neumonden und Jahresfesten. Als Vorlage diente *Ssefer ha-'Ibbur* des sefardischen Bibelkommentators, Dichters und Astronomen Abraham ibn Esra (1089–1164), das ebenfalls illuminiert wurde. *Ssefer 'Ewronot* war das populärste Werk über die Methode der Interkalation im 16., 17. und 18. Jh., wurde daher auch nach seiner Drucklegung immer wieder von Hand kopiert und existiert in mehreren Handschriften. Es enthält auch einen christlichen Tageskalender mit hebräischen und deutschen Monatsnamen sowie der Angabe der jeweiligen Anzahl der Tage und des Tierkreiszeichens. Das Buch verzeichnet ferner die Daten der wichtigen Märkte.

Abbildung S. 9 (fol. 22v), vom Schreiber 'Awraham ben Moscheh ha-Levi aus Ahrweiler ausgeführt, zeigt eine runde Tabelle aus übereinanderliegenden drehbaren Papierrädchen zur Berechnung der *t^e^qufot* (Jahreszeiten): Die inneren vier Kreise, in 19 Segmente unterteilt, geben Abbildung S. 9

den Monatstag der *t^{e}qufah* in den 19 Jahren eines Mondzyklus, den man *machsor katan*, »kleiner Zyklus« nennt; der äußere Kreis, in 28 Segmente unterteilt, gibt den Wochentag und die Stunde der *t^{e}qufot* im 28jährigen ›großen Zyklus‹, *machsor gadol*, dem julianischen Sonnenzyklus an. Im Lauf eines ›kleinen‹ Zyklus von neunzehn Mondjahren gibt es zwölf Gemein- und sieben Schaltjahre: das 3., 6., 8., 11., 14., 17., 19. Jahr. Der ›große Zyklus‹ der 28 Sonnenjahre steht für den Zeitraum bis zur Wiederkehr der *t^{e}qufot* am selben Wochentag und zur selben Stunde.

Abbildung VIII (fol. 49r) dürfte von einem der zwei unbekannten an Teil I mitwirkenden Schreiber stammen, der fol. 34r–67v ergänzte.

Holzschnitte aus *Ssefer ha-minhagim*

[Isaak aus Tyrnau]: *Ssefer ha-minhagim*, ›Buch der Bräuche‹ (jidd. und hebr.), Dyhernfurth 1692
Judaica-Abteilung der Stadt- und Universitätsbibliothek Frankfurt am Main, Jud. Germ. 869
Format: 14,6 × 18,8 cm
Etwa die Hälfte der Abbildungen in unserem Buch stammt aus diesem Werk: 2–9, 12–13, 16–26, 30–32, 34, 35, 37 und 46 – sämtlich in Originalgröße wiedergegeben.

Ssefer ha-minhagim ist eine Sammlung ritueller Bräuche; sie führt durch das jüdische Jahr und die Riten jüdischer Lebensweise. Der in einer Gemeinde verwendete *minhag*, ›Brauch‹, ›Ritus‹, ging auf eine herrschend gewordene Überlieferung zurück. *Minhagim* wurden genauso geachtet wie die Gesetze. Die Rabbinen respektierten den *minhag*, auch wenn er der *Halachah* widersprach, und bestimmten die *Halachah* nach dem am jeweiligen Ort gültigen *minhag* (*Mischnah, P^{e}ssachim* 4: 1–6). Es gab jedoch auch *minhagim*, die umstritten waren oder Ablehnung erfuhren (vgl. Abb. 18). Die erste erhaltene Sammlung von *minhagim* – sie umfaßt die Riten der Gemeinden Nordfrankreichs,

Westdeutschlands, Burgunds, der Champagne, der Provence, Englands und Spaniens – stellte 'Awraham ben Natan hajarchi (1155 – 1215) aus Lunel unter dem Titel *Manhig 'olam*, ›Führer der Welt‹, zusammen.

Unter den vielen Sammlungen, die darauf folgten, war auch das Werk *Minhagim l^{e}-kol ha-schanah*, ›Bräuche für das ganze Jahr‹ des im 14. und 15. Jh. lebenden Rabbiners Isaak Tyrnau, genannt nach der westungarischen Stadt, aus der er stammte. Seine hebräisch geschriebene Sammlung aschkenasischer Bräuche aus Böhmen, Deutschland, Mähren und Polen wurde 1591 in Venedig bei Giovanni di Gara gedruckt. Di Gara druckte bereits 1589 unter dem Titel *Ssefer ha-minhagim* die jiddische Übersetzung des in Schwaben geborenen Druckers Schim'on ben J^{e}hudah ha-Levi Günzburg, der den Urheber Isaak Tyrnau gar nicht erwähnt. Eine zweite Edition seiner diesmal mit einer Reihe von Holzschnitten reich ausgeschmückten jiddischen Ausgabe ließ Günzburg 1593 ebenfalls in Venedig bei di Gara drucken. Eine dritte Edition folgte 1601, wieder bei di Gara gedruckt, jedoch mit einer neuen, feiner ausgearbeiteten Serie von Holzschnitten. Das Buch, in der Jiddisch-Letter gesetzt, umfaßt die rituellen Bräuche für den Alltag, für *Schabbat*, Monatsanfang, den jährlichen Festzyklus und den jüdischen Lebenszyklus von der Geburt bis zum Tod. Es muß sehr populär gewesen sein, denn man zählt im Lauf des 17. und 18. Jhs. knapp 50 Editionen.

Günzburgs *Ssefer ha-minhagim* wurde zunächst in Italien vor allem für die dort lebende aschkenasische Gemeinde, deren Umgangssprache bis zum frühen 17. Jh. Jiddisch war, aber auch für den Export gedruckt. Bald druckte man es in vielen jüdischen Druckereien außerhalb Italiens, unter anderem in Basel, Prag, Amsterdam, Dyhernfurth, Frankfurt am Main, Fürth und Sulzbach. Einige Ausgaben waren nicht illuminiert, die meisten jedoch enthielten die Bilderfolge der Edition von 1593. Zunächst verwendete man die aus Venedig mitgebrachten Holzstöcke (Prag 1611 u.a.), doch als diese abgenutzt waren, ließ man neue Holzschnitte nach ihrer Vorlage machen (Amsterdam 1662 u.a.). Woher die Bilder stammten, ist unbekannt. Einige Forscher meinen, nichtjüdische Künstler wären für die Holzschnitte verantwortlich, und begründen ihre Annahme mit der *M[e]norah*, die fälschlicherweise als *Chanukkah*leuchter dient (Abb. 22). Andere vermuten jüdische Künstler am Werk, da die Bilder Kenntnis von *minhag* und *Halachah* widerspiegeln. Drukker, die im Besitz der Holzstöcke waren, verwendeten die Illustrationen auch in anderen Büchern, sofern sie zum neuen Kontext passend erschienen. Einige unter ihnen gehören heute noch zu den oft zitierten jüdischen Buchillustrationen.

Die im vorliegenden Buch abgebildeten Holzschnitte der Dyhernfurther Ausgabe von 1692 stellen eine besondere Variante der *Minhagim*-Bilder dar: Die Holzschneider orientierten sich unüblicherweise nicht allein an der venezianischen Reihe von 1593, ihnen lagen auch andere Bildquellen vor. Man ließ die Illustrationen zu *Ssimchat Torah* und zur Bestattung aus und ergänzte die Sequenz um fünf neue Bilder (darunter Abb. 5, 16 und 46).

Die Dyhernfurther Ausgabe enthält 29 Illustrationen zu Bräuchen und zehn Darstellungen von Tierkreiszeichen. Diese, nach den venezianischen entworfen, zeigen in kleinen querformatigen Holzschnitten links das Symbol des Tierkreiszeichens und rechts die Arbeiten des Monats. Die Darstellungen der Arbeiten gleichen den venezianischen nicht.

Zehn Holzschnitte sind etwas grobe, doch im Detail recht genaue Kopien der venezianischen Edition von 1593 (Abb. 2, 4, 6 – spiegelverkehrt –, 7, 8, 9, 19, 20, 21,

23), fünf ein relativ freier Entwurf nach dieser Vorlage (darunter Abb. 17, 22, 25). Die Darstellung der *Purim*spieler (Abb. 25) beispielsweise behält eine ähnliche Bildstruktur, doch zeigt sie vier anstelle von drei Gestalten, welche andere Kostüme tragen und anders gestikulieren. Das Anzünden der *Chanukkah*-Lichter (Abb. 22) ist spiegelverkehrt nachgebildet, wobei Hintergrund, Figur und *M^enorah* von der Vorlage stark abweichen. Die *M^enorah* blieb hier unkorrigiert, anders als bei der *Minhagim*-Ausgabe, Amsterdam 1662, wo sie zu einem achtarmigen Leuchter gemacht wurde. Das könnte auf christliche Holzschneider hinweisen. Ein kräftigeres Argument für diese Annahme sind die Hörner auf Moses Kopf (Abb. 9), eine kleine Ergänzung in einer sonst vorbildgetreuen Kopie.

Abbildung 25

Abbildungen 22, 9

Zu der Gruppe der genauen Kopien gehört die Darstellung der Schattenbetrachtung (Abb. 21): Zwei Menschen stehen im Bild, der eine mit, der andere ohne Kopf. Neben dem Bild steht ein Reim mit humoristischem Unterton: »Ihn schlug der Tropf, drum hat er keinen Kopf.« Im Text wird der *minhag* in der Nacht zu *Hoscha'na' rabbah* beschrieben: Einige hüllen sich in ein Laken ein, stellen sich draußen ins Mondlicht, werfen das Tuch von sich und betrachten nackt ihren Schatten. Fehlt der Kopf, so wird man das Jahr nicht überleben, fehlt ein Finger, stirbt ein Verwandter, fehlt der rechte Arm, sterben seine Söhne, der linke – seine Töchter.

Abbildung 21

Dieser Brauch, gelegentlich Teil des *Tiqqun lejl Hoscha'na' rabbah*, hängt mit der seit dem Mittelalter überlieferten Vorstellung zusammen, daß das an *Ro'sch ha-Schanah* gefällte und an *Jom Kippur* besiegelte Urteil an *Hoscha'na' rabbah* vollzogen wird. Im oben erwähnten *Manhig 'olam* (1204) des 'Awraham ben Natan hajarchi wird das Wohnen in Laubhütten auch als Sühne, der siebente Tag, *Hoscha'na' rabbah* als Höhepunkt der Sühne betrachtet. Diese Bedeutung des Festes wird durch das Anzünden vieler

Lichter wie an *Jom Kippur* zum Ausdruck gebracht. Auch im *Sohar* dauert die Zeit der Umkehr bis *Hoscha'na' rabbah*, denn erst an diesem Tag gibt Gott seinen Gesandten die Schreiben zur Vollstreckung des Urteils. Hat aber ein Mensch bis *Schemini 'azeret* ›Umkehr getan‹, werden die Schreiben zerrissen (*Sohar*, III 104b, I 22a). Der Brauch entstand möglicherweise im Kreis der *Chassidim* aus *'Aschkenas* (12. Jh.), denn in ihren Schriften, *Ssefer chassidim* und *Roqeach*, wird die Möglichkeit beschrieben, in der Nacht zu *Hoscha'na' rabbah* das Kommende zu sehen. Der Schatten als Mittel der Zukunftsdeutung setzt voraus, daß er Spiegelbild der Seele ist. Um ihn vom physischen Schatten zu unterscheiden, spricht man im *Talmud* vom »Schatten des Schattens« (*Bawli, Horajot*, 12a).

Viele Völker sahen im Verlust des Schattens ein Zeichen für den nahen Tod, gerade im deutschen und Schweizer Raum knüpfte sich der Brauch des Schattenorakels an die Weihnacht und an die Silvesternacht.

Abbildungen 12, 14 Sechs Holzschnitten liegen überraschenderweise die Illustrationen der Edition Venedig 1601 zugrunde. Zwar meinten Forscher bis dahin, diese künstlerisch besseren Illustrationen seien nie wieder verwendet oder kopiert worden, doch sind die Dyhernfurther Holzschnitte für *Lag ba-'omer*, *Tisch'ah b^{e}-'aw* (Abb. 12), *Ro'sch ha-Schanah* (Abb. 14) und die drei besonderen *Schabbatot* etwas grobe Kopien dieser Vorlagen, die lediglich dem neuen Bildformat angepaßt werden mußten: die Holzschnitte von Venedig 1601 sind querformatig, die Mehrzahl der Dyhernfurther Holzschnitte, nach der Edition Venedig 1593 gestaltet, fast quadratisch. Der Künstler löste das Problem, indem er aus den Bildern von 1601 einen zentralen Ausschnitt kopierte und den ihm redundant erscheinenden Bildteil (rechts oder links davon) ausließ.

Abbildung 46 Die Darstellung des *Qiddusch* (Abb. 46) hat einen Holzschnitt aus der *Haggadah schel Pessach*, Prag 1590 bzw. 1624, zur Vorlage. Das Motiv tauchte bereits in der Prager *Minhagim*-Ausgabe der Drucker-Brüder Bak geschätzt 1657–1660 auf.

Zwei Bilder (Abb. 3 und 18) zeigen neue Kompositionen. Die Dyhernfurther Illustration der Heiligung des Monds (Abb. 3) zum Beispiel zeigt einen *minjan*, die Mindestzahl von zehn zu einer Gemeinde gehörenden männlichen Betern: links steht eine Gestalt, ihr zugewandt eine Gruppe von neun. In den venezianischen Illustrationen hingegen steht in gleicher Richtung eine Gruppe von drei (1593) respektive sechs (1601) Männern in einer offenen Landschaft. Bezogen auf das venezianische Vorbild stehen Mond und Personengruppe spiegelverkehrt, für Landschaft blieb kein Platz. Abbildung 3

Quellen für die neuen Bildmotive (Abb. 5 und 16) fand ich nicht.

Die Entstehung dieser ungewöhnlichen Bilderreihe setzt nicht nur detaillierte Kenntnisse jüdischer Bräuche und Gesetze voraus, sondern auch einen fundierten Überblick über jüdische Buchillustrationen sowie eine schöpferische Haltung, die Erneuerungen zuläßt, wo andere an einer Tradition festhalten. Schabb^e^taj M^e^schorer Bass, Drucker und Herausgeber der Dyhernfurther Edition, wies all diese Eigenschaften auf.

Schabb^e^taj Bass, 1641 in Kalisch, Polen geboren, 1718 in Breslau gestorben, verlor seinen Vater in den Judenverfolgungen von Chmielnicki und flüchtete 1655 nach Prag, wo er an der berühmten Altneuschul Synagogenchorsänger und Kantorgehilfe wurde (daher der hebräische Zuname *M^e^schorer*, ›Sänger‹, und der deutsche ›Bass‹). Zehn Jahre blieb er in Prag, studierte die traditionellen jüdischen Schriften, aber auch Latein und allgemeine Wissenschaften. Danach begann er mit Büchern zu handeln, verließ Prag und wanderte fünf Jahre lang als Handelsreisender durch Polen und Deutschland. 1679 ließ er sich in Amsterdam nieder und begann in Druckereien zu arbeiten. 1680 erschienen drei Werke, die wahrscheinlich auf seinen Reisen entstanden sind: *Massechet derech 'erez*, ein jiddisch verfaßtes Reisebuch, *Ssiftej chachamim*, ›Lippen der Weisen‹, ein Kommentar zu Raschis *Torah*-Kommentar, und sein Hauptwerk *Ssiftej j^e^schenim*, ›Lippen der Schlafenden‹, ein bibliographisches Handbuch, in dem 2200 hebräische Bücher systematisch verzeichnet und beschrieben sind. Mit diesem Werk begründete Bass die hebräische Bibliographie. 1689 nach der Verweigerung eines Privilegs in Wien und Breslau, konnte er im schlesischen Dyhernfurth seine hebräische Druckerei eröffnen. Von da an beschäftigte er sich nur mit dem Drucken von Büchern und mit Buchhandel. 1711 übergab er die Druckerei seinem Sohn.

Für seine Ausgabe des *Ssefer ha-minhagim* wird Bass, wie es damals üblich war, Holzschneider beauftragt haben, nach den sich in seinem Besitz befindlichen Bildvorlagen eine neue Reihe von Illustrationen herzustellen. Zu seinen Bildquellen gehörten frühere *Minhagim*-Ausgaben, darunter die venezianischen Drucke von 1593 und 1601, sowie diverse *Haggadot*. Möglicherweise besaß er auch Holzstöcke, die er aus Amsterdam oder von seinen früheren Reisen mitgebracht hatte. Von den venezianischen Mustern abweichende Kompositionen und die der Reihe hinzugefügten neuen Bilder dürften auf andere Beispiele aus seinem Bildbestand zurückgehen oder auf seine speziellen Anweisungen und insofern Neuschöpfungen sein.

Abbildung IV *Haggadah schel Pessach*, 1751
Format: 19 × 28 cm
Staats- und Universitätsbibliothek Hamburg Carl von Ossietzky, cod. Levy 22
Abbildung IV

Diese *Haggadah* mit Kommentar und Anweisungen in Hebräisch, Deutsch und Portugiesisch schrieb und illuminierte Uri Feibusch ben Isaak Segal 1751 in Altona. Uri Feibusch, ein Levit, wurde 1719 geboren. Sein Vater war Vorbeter. Er war Schreiber von *Torah*rollen, *T[e]fillin*, ›Gebetsriemen‹, und *M[e]susot*, Inschriften am rechten ›Türpfosten‹ in Altona, Hamburg und Wandsbek bis mindestens 1751, wie von Kolophonen bezeugt wird. Er siedelte nach Kopenhagen über, wo er als *ssofer* weiter tätig war und 1795 starb.

Dieser *Haggadah*, auf kräftigem Pergament in Quadrat- und Halbkursivschrift, diente als Vorlage die Amsterdamer Edition von 1712. Der Künstler kopierte sie aber nicht, sondern gestaltete die eigenen Bilder phantasievoll und, was Trachten und Landschaften angeht, realitätsbezogen. Seine Bilder sind reich an Farben und zeigen eine Vorliebe zum dekorativen Detail. Die Handschrift zählt zu der Vielzahl im 18. Jh. in Deutschland geschaffener künstlerisch qualitätsvoll illuminierter *Haggadot*.

Im 17. und 18. Jh. kam in Deutschland und Österreich ein für die jüdische Gesellschaft neuer Stand auf – die Hofjuden. Ihr Reichtum machte das Sammeln von Kunst möglich. Sie gaben Prachtausgaben illuminierter Handschriften in Auftrag und trugen im 18. Jh. zur Blüte dieser Kunst bei. Zwei Aufgaben standen für die Maler im Vordergrund: Die Bilder sollten den Text prachtvoll schmükken und didaktisch anschaulich machen.

Im 18. Jh. begann man auch die Lieder am Ende der *Haggadah* zu illustrieren. Unser Beispiel (37r; Abb. IV) zeigt die 3.–5. Strophe des Liedes *chad gadja'*. Rechts der Liedtext in Aramäisch und Jiddisch, links die gleichgroßen als Medaillons gestalteten Bilder. Da es sich um ein Volkslied handelte, war der Maler bei der Bebilderung des Inhalts ikonographisch nicht gebunden.

Abbildungen 1, 29, 40

Ssefer cheschbon ha-luchot, 1777
Format: 17,5 × 21 cm
Stadt- und Universitätsbibliothek Frankfurt am Main, hebr. oct. 167
Abbildungen 1, 29, 40

Cheschbon ha-luchot, ›Berechnung der Kalender‹, ein in drei Teile gegliedertes kalendarisches Werk, befaßt sich mit den Berechnungen der Neumonde (*moladot*), der Jahreszeiten (*t^e^qufot*) und mit dem christlichen Kalender. Es wurde vom Verfasser Moscheh ben Ja'aqow 'Awraham Wiener in deutscher Kursivschrift auf Papier geschrieben und mit Federzeichnungen, die den Text erläutern und zum Teil koloriert sind, versehen. So zum Beispiel die Mondphasen (10v; Abb. 1), astronomische runde Tabellen mit Tierkreiszeichen (19r; Abb. 29) und die zweite Titelseite mit einer Tabelle der Bestimmungen (*q^e^wi'ot*) von Gemein- und Schaltjahren (2r; Abb. 40). In der Mitte der Kreise steht eine Waage, Symbol der Gerechtigkeit und des himmlischen Gerichts, vielleicht ein Hinweis auf das richtige Messen von Zeit, wie es im Buch vorgeführt wird.

Holzschnitte aus *Z^e^'enah u-r^e^'enah*

Jakob ben Isaak Aschkenasi: *Z^e^'enah u-r^e^'enah*, Sulzbach 1795
Format: 17 × 19 cm
Jüdische Bibliothek des Fachbereichs Evangelische Theologie, Johannes Gutenberg-Universität Mainz
Abbildungen 10, 11, 15, 27, 28, 33, 36; alle in Originalgröße wiedergegeben

Z^e^'enah u-r^e^'enah, ›Geht hinaus und schaut‹ (Hohelied 3:11), eine Paraphrase zu *Torah*, *haftarot*, ›Prophetenabschnitten‹, und *m^e^gillot*, ›Schriftrollen‹ vom böhmischen Rabbiner Jakob ben Isaak Aschkenasi aus Janow Ende des 16. Jhs. auf jiddisch verfaßt. Das erbauungsliterarische Werk, jiddisch *zennerenne* genannt, besteht hauptsächlich aus Legenden aus *Talmud* und *Midrasch*literatur und umfaßt viele Kommentare, unter anderem von Raschi. Der Verfasser mied kabbalistische und philosophische Inhalte. Über dreihundert Jahre war das in der Jiddisch-Letter gesetzte Lesebuch unter aschkenasischen Juden vor allem als Lektüre für Frauen an *Schabbatot* sehr populär und erreichte (erster erhaltener Druck 1622) hohe Auflagen. Seit dem späten 17. Jh. wurde das Buch mit Holzschnitten illustriert.

Z^{e}'enah u-r^{e}'enah erzählt die biblischen Geschichten nicht in der sakralen Originalsprache, sondern auf jiddisch und im volkstümlichen Stil. Es war für Menschen von geringer Bildung, die des Hebräischen nicht mächtig waren, für Frauen und Kinder gedacht. Die Bilder sollten die Geschichten anschaulich machen und näherbringen. Der folkloristische Charakter des Textes machte es möglich, Illustrationen aus christlichen Bibeln teilweise unverändert zu übernehmen. Vorbilder waren vor allem Kupferstiche von Jost Amman (Zürich 1539–Nürnberg 1591) und Matthaeus Merian d. Ä. (Basel 1593–Bad Schwalbach 1650). Die Darstellung der vor Achaschwerosch knienden Ester (Abb. 27) ist eine spiegelverkehrte Kopie von Merians Kupferstich aus den *Icones Biblicae* (um 1625/26).

Es ist typisch für Adaptionsverfahren, daß Bilder in einem neuen Kontext erscheinen. In der vorliegenden Ausgabe taucht der Holzschnitt (Abb. 10) an mehreren Stellen auf, unter anderem als Illustration zu Rut, die Ähren sammelt, obwohl die Gestalt weder weiblich erscheint noch Ähren sammelt. Abbildung 10

Anders als in früheren Ausgaben wird in Sulzbach 1795 der betrunken, nackt schlafende Noah nicht gezeigt. Statt dessen wird die Geschichte durch ein Bild mit Spielleuten (Abb. 28) illustriert. Sie läßt an *Purim* und an Trunkenheit denken und erspart den Lesern den unmoralischen Anblick. Abbildung 28

Abbildung 11 Die Gabe der *Torah* (Abb. 11) geht auf Darstellungen des Motivs in *Haggadot* zurück. Die jüdische Auslegung sieht im Mittelpunkt der Offenbarung am Berg Sinai das Wort, die *Torah*, die das Leben des Volks für alle Zukunft verwandelt hat.

I.

II.

ומוזגין כוס שלישי לברכת המזון
שפוך
חמתך
על הגוים
אשר
לא ידעוך
ועל הממלכות אשר בשמך לא קראו

III.

37

ואתא מיא · וכבה
לנורא · דשרף
לחוטרא · דהכה
לכלבא · דנשך לשונרא · דאכלה
לגדיא · דזבין אבא בתרי זוזי ·
חד גדיא · חד גדיא ⁘

דא קאם דאש וואסרליין · אונ׳ פֿר לעשט דז פֿייארליין ·
דז דא האט פֿר ברענט דז שטעקליין · דז דא האט
געשלאגן דז הינטליין · דז דא האט געביסן דז קעצליין · דז דא
האט געגעסן דז ציקליין · דז דא האט גיקויפֿט מיין פֿעטרליין
אום צווייא פֿפֿענוג · מיין ציקליין · מיין ציקליין :

ואתא תורא · ושתא
למיא · דכבה
לנורא · דשרף לחוטרא · דהכה
לכלבא · דנשך לשונרא · דאכלה
לגדיא · דזבין אבא בתרי זוזי ·
חד גדיא · חד גדיא :

דא קאם דר אקסן · אונ׳ טראנק דז וואסרליין · דאז
דא האט פֿר לעשט דז פֿייארליין · דז דא האט פֿר
ברענט דז שטעקליין · דז דא האט געשלאגן דז הינטליין · דז
דא האט געביסן דז קעצליין · דז דא האט געגעסן דז ציקליין ·
דז דא האט גיקויפֿט מיין פֿעטרליין אום צווייא פֿפֿענוג ·
מיין ציקליין מיין ציקליין :

ואתא השוחט · ושחט
לתורא · דשתא
למיא · דכבה לנורא · דשרף לחוטרא
דהכה לכלבא · דנשך לשונרא · דאכלה
לגדיא · דזבין אבא בתרי זוזי ·
חד גדיא · חד גדיא ⁘

דא קאם דער שוחט · אונ׳ שעכֿט דען אקסן · דר דא
האט אויש גיטרונקן דז וואסרליין · דז דא האט פֿר
לעשט דז פֿייארליין · דז דא האט פֿר ברענט דז שטעקליין ·
דז דא האט גישלאגן דז הינטליין · דז דא האט געביסן דאש ק
קעצליין · דז דא געגעסן דז ציקליין · דז דא האט גיקויפֿט איין
פֿעטרליין אום צווייא פֿפֿענוג · מיין ציקליין מיין ציקליין :

IV.

V.

VI.

העם שלו ככה
מאהיו וגואלו ישא ברכה
מ תברך בשמים ובארץ נערכה
וזאת הברכה
ב פנות ענו לנוח סביבה
הוד אמרות לאלפי רבבה
ש מור דת בזרוע כתובה
ויאמר יי מסיני בא

VII.

VIII.

Farbtafeln

I.
Seite aus *Exodus 25*. Der biblische Text beschreibt den Akazienholz-Tisch für die Schaubrote und den goldenen siebenarmigen Leuchter für das tragbare Heiligtum und wird von einer auf Phantasiegestalten stehenden *M^e^norah* illuminiert. Pergamenthandschrift, vollendet 1309 in Brüssel.

II.
»Dies ist das Brot der Armut« aus einer *Pessach-Haggadah*, Pergamenthandschrift 15. Jh.

III.
Der Messias kommt auf einem weißen ›Esel‹, Elia geht ihm voraus und kündigt ihn an, indem er den Schofar bläst. Aus einer *Pessach-Haggadah*, Pergamenthandschrift 15. Jh.

IV.
Eine Seite aus dem Lied *chad gadja'*. Aus der von Uri Feibusch ben Isaac Eisik Segal auf Pergament geschriebenen und illustrierten *Pessach-Haggadah*, 1751 in Altona.

V.
Zu dem Vers »Öffne uns die Tore [des Erbarmens]« Darstellung des geöffneten *Torah*schreins. Aus einem *Machsor* zu Jom Kippur, Pergamenthandschrift 1459/60.

VI.
Sternzeichenbilder (hier die Waage) illuminieren einen *pijjut* für den Regen des *'El'asar Birabbi Kallir* aus einem *Machsor für Ssukkot, Sch^e^mini 'azeret* und *Ssimchat Torah*, Pergamenthandschrift 1459/60.

VII.
Initial mit Anfangswort eines *Jozer*-Gebets zu *Ssimchat Torah*, das mit der Psalmformel *aschrej*, »selig …« beginnt, Pergamenthandschrift 1459/60.

VIII.
Haman führt Mordechais Pferd und wird mit Wasser übergossen, aus *'Ewronot*, Kalenderregeln mit Tabellen, Handschrift 16./17. Jh.

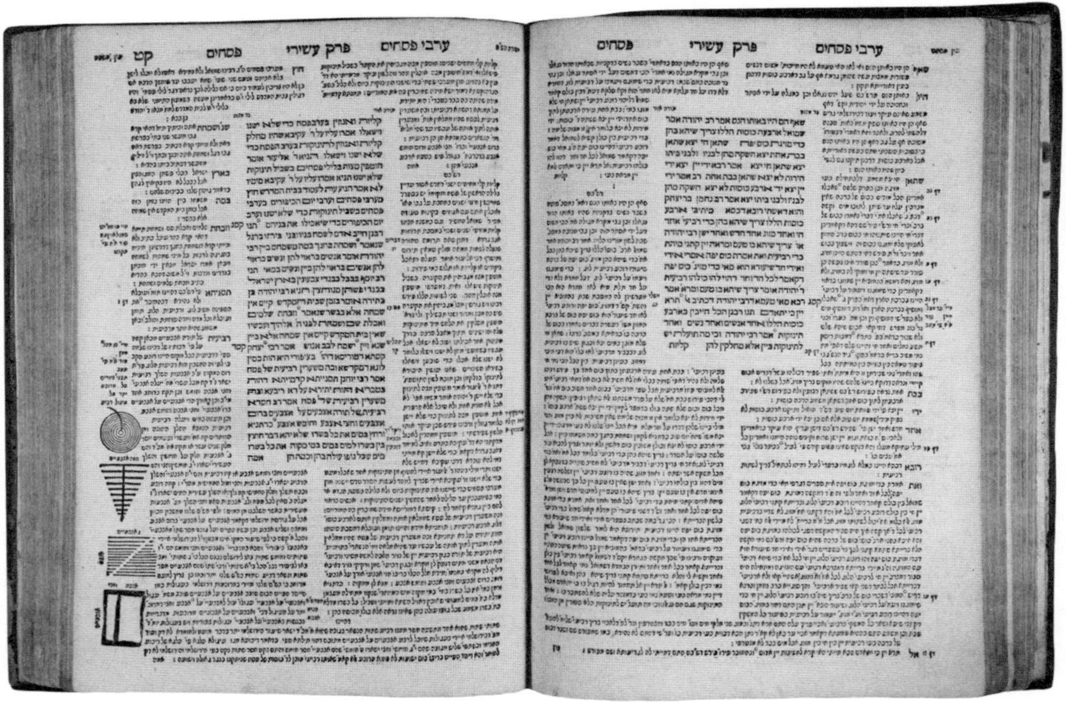

ערבי פסחים פרק עשירי פסחים

ערבי פסחים פרק עשירי פסחים קט

Abbildung 39

Talmud Bawli, *Massechet P^{e}ssachim*, Doppelseite, Frankfurt an der Oder 1696. In der Mitte der jeweiligen Seite – der *Talmud*-Text in sefardischer Quadratschrift, um ihn herum in Halbkursivschrift die Kommentare zum Text und am Rande erläuternde Zeichnungen. Der *Talmud*-Text ist in allen Ausgaben gleich. Die Kommentare variieren. Hier handelt es sich um Raschi-Kommentar, Zusatzkommentare, *Tossafot*, und Stellenverweise. Die hebräische Paginierung steht auf der linken Seite oben links und gilt für das ganze Blatt: *qt* entspricht 109, das ist 109a, die Rückseite, ohne Paginierung, ist 109b. Seitengestaltung und -zählung dieser *Talmud*-Ausgabe entsprechen der *editio princeps* von Daniel Bomberg, Venedig 1520–1523, die noch heute maßgeblich ist.

Anmerkungen

Fest und Kalender

Die jüdische Sieben-Tage-Woche – während die altägyptische Woche zehn Tage betrug, gibt die *Torah* eine siebentägige Woche an. Der astronomische Grund könnte im siderischen (auf die Fixsterne bezogenen) Mondumlauf liegen. Er dauert ca. 27 1/3 Tage. Die Teilung in vier entspricht den Hauptmondphasen (Neu- und Vollmond und die beiden Halbmonde) und ergibt sieben Tage. Allerdings korreliert die Zählung der Wochentage nicht mit den Mondphasen. Vgl. ZERUBAVEL, Eviatar: *The Seven Day Circle. The History and Meaning of the Week*, Chicago 1989.

Wie im Vorwort bemerkt, gehört der Wochenfesttag nicht in den Rahmen dieses Buchs. Vgl. ZOBEL, Moritz (Hg.): *Der Sabbat*, Berlin 1935. Eine umfassende Studie der historischen Tradition von *Schabbat* mit umfangreicher Bibliographie bietet die Dissertation von Nils-Erik A. ANDREASEN: *The Old Testament Sabbath: A Tradition-Historical Investigation*, Montana 1972. Siehe darin über *Schabbat* als siebenten Tag S. 94–121. Vgl. DOERING, Lutz: *Schabbat, Sabbathalacha und -praxis im antiken Judentum und Urchristentum*, Tübingen 1999. GRUND-WITTENBERG, Alexandra: *Die Entstehung des Sabbats*, Tübingen 2011.

Für einen Sonnenkalender spricht: Die Inschrift aus Geser, die zusammen mit einer ägyptischen Sonnenuhr aus dem 13. Jh. v. d. Z. entdeckt wurde. Forscher sehen in der Architektur des Salomonischen Tempels Hinweise auf Beobachtung von Himmelskörpern: Die mächtigen Kupfersäulen am Eingang (*1. Könige* 7:15) könnten für die Messung des Sonnenstands, das aufwendige Wasserbecken (*1. Könige* 7:23) als eine Art Wasseruhr gedient haben. Vgl. HOLLIS, F.J.: »The Sun-Cult and the Temple at Jerusalem« in: HOOKE, S.H. (Hrsg.): *Myth and Ritual*, Oxford 1933, S. 87–110. Einen eindeutigen Hinweis für die Beobachtung des Sonnenstands gibt die Erzählung von der Bewegung des Schattens auf den *ma'alot*, ›Treppen‹, des Ahas (*2. Könige* 20:9–11 und *Jesaia* 38:8). Über Sonnenkult in Tempeln des alten Israel schreibt Zvi SHUA: »Pulchan haschemesch b^{e}-miqdaschim q^{e}dumim w^{e}-chaggej Jissra'el« in: *Mehqere Hag*, 5, [Beit Berl] 1994, S. 107–121.

Molad, ›mittlere Konjunktion‹, ist nicht die wahre astronomische Konjunktion zwischen Sonne und Mond, sondern die mittlere Dauer des synodischen Monats als Intervall zwischen zwei aufeinander folgenden *moladot* (d.i. 29 Tage, 12 Stunden und 793 *chalaqim*, ›Teile‹ [eine Stunde besteht aus 1080 *chalaqim*]). Während des *molad* ist der Mond unsichtbar. Die Zeugen, von denen im *Talmud* berichtet wird, sahen das Neulicht, daher war *Ro'sch chodesch*, ›Monatsbeginn‹ nie am Tag der Konjunktion, sondern meistens zwei Tage später. Seit Einführung des konstanten Kalenders dient allein die Berechnung des *molad* als Grundlage für die Bestimmung des *Ro'sch chodesch*. Die Monate dauern 29 Tage – *Tewet*, *'Adar II* in einem Schaltjahr, *'Ijjar*, *Tammus* und *'Elul* – oder 30 Tage – *Tischrej*, *Sch^{e}wat*, *'Adar I* in einem Schaltjahr, *Nissan*, *Ssiwan* und *'Aw*. Die Dauer von *Cheschwan* und *Kisslew* ist variabel und hängt von der Jahreslänge ab. Wenn der Monat 30 Tage dauert, gelten sowohl der erste als auch der letzte Monatstag als *Ro'sch chodesch*. In dieser Weise fällt *Ro'sch chodesch* meistens auf den ersten Tag nach der Konjunktion, gelegentlich auf den *molad*. Für die Bestimmung des *Ro'sch chodesch Tischrej* gelten zusätzlich die Regeln der *d^{e}chijjot*, ›Vertagungen‹. Der Beginn eines neuen Jahres wird um einen oder zwei Tage gegenüber dem astronomischen Neumond vertagt, um beispielsweise zu verhindern, daß er auf einen Sonntag, Mittwoch oder Freitag fällt. Damit verhindert man, daß *Jom Kippur*, der neun Tage später stattfindet, auf einen Tag vor oder nach *Schabbat* fällt. Ein Nebeneinander zweier heiliger Tage würde die Ausübung aller religiösen Pflichten sehr erschweren. Über die Praxis der *d^echijjot* gingen die Meinungen immer wieder auseinander.

Zu Festzeit:

ASSMANN, Jan und Theo SUNDERMEIER (Hrsg.): *Das Fest und das Heilige*, Gütersloh 1991.

Eine Darstellung jüdischer Zeitauffassung findet sich in: SCHWEID, Eliezer: *Ssefer machsor ha-s^emanim*, Tel-Aviv 1984, S. 11 – 35.

GOLDBERG, Sylvie Anne: *Zeit und Zeitlichkeit im Judentum*, Göttingen 2009.

Zum jüdischen Kalender:

AUERBACH, Elias: »Die Feste im alten Israel« in: *Vetus Testamentum*, Band 8, Leiden 1958, S. 1 – 18.

Eine übersichtliche, leicht verständliche Einführung in die Grundlagen der jüdischen Zeitrechnung bietet BASNITZKI, LUDWIG: *Der jüdische Kalender, Entstehung und Aufbau*, Frankfurt a. M. 1998.

BICKERMAN, Elias: *Chronologie*, Leipzig 1963.

DERSHOWITZ, Nachum und Edward M. REINGOLD: *Calendrical Calculations*, Cambridge 1997, S. 85 – 103.

FRAENKEL, Abraham H.: »Luach« in: *Ha-'enziqlopedjah ha-'iwrit*, Band 21, Jerusalem 1969, S. 335 ff.

GARTENHAUS, Soloman und Arnold TUBIS: »The Jewish calendar: a mix of astronomy and theology«, in: *Shofar* 25,2 (2007), S. 104 – 124.

MAHLER, Eduard: *Handbuch der jüdischen Chronologie*, Leipzig 1916.

SAFRAI, S. und M. STERN (Hrsg.): *The Jewish People in the First Century*, Band 2, Amsterdam 1976, S. 834–864.

SEGAL, Jehuda Ben Zion: »Schanah« in: *'Enziqlopedjah miqra'it*, Band 8, Jerusalem 1982, S. 197 ff.

SHARAR, S.: »Der Hebräische Kalender. Sein Ursprung und seine landwirtschaftliche Bedeutung« in: *Zeitschrift für Agrargeschichte und Soziologie*, 36/2, Frankfurt a.M. 1988, S. 217–227.

SCHMOLDT, Hans: *Biblische Geschichte*, Stuttgart 2000, S. 25–27.

STERN, Sacha: »Jewish calendar reckoning in the Graeco-Roman cities«, in: BARTLETT, John R. (Hrsg.): Jews in the Hellenistic and Roman Cities, New York 2002, S. 107–116.

STERN, Sacha und Charles BURNETT (Hrsg.): *Time, Astronomy, and Calendars in the Jewish Tradition*, Leiden, Boston 2014.

TADMOR, Haim: »Chronologjah« in: *'Enziqlopedjah miqra'it*, Band 4, Jerusalem 1962, S. 245 ff.

Zum 364-Tage-Kalender:

JAUBERT, Annie: »Le calendrier des Jubilés et de la secte de Qumrân. Ses origines bibliques« in: *Vetus Testamentum*, Band 3, Leiden 1953, S. 250–264.

JACOBUS, Helen R.: »4Q318: a Jewish Zodiac calendar at Qumran«, in: HEMPEL, Charlotte (Hrsg.): *The Dead Sea Scrolls, Texts and Context*, Leiden 2010, S. 365–395.

MAIER, Johann: *Die Qumran-Essener: Die Texte vom Toten Meer*, Band 1–3, München u.a. 1995–1996, S. XV–XVIII.

RATZON, Eshbal: »Astronomy of Qumran: further considerations«, in: *Dead Sea Discoveries* 23,1 (2016), S. 88–95.

SCHUBERT, Friedemann: *Tradition und Erneuerung, Studien zum Jubiläenbuch und seinem Trägerkreis*, Frankfurt a.M. 1998, S. 54–69.

TALMON, Shemaryahu: »Kalender und Kalenderstreit in

der Gemeinde von Qumran« in: *Gesellschaft und Literatur in der hebräischen Bibel*, Band 1, Neukirchen 1988, S. 152–189.

VANDERKAM, James C.: »The Origin, Character, and Early History of the 364-Calendar«, in: *Catholic Biblical Quarterly*, 41, 1979, S. 390–411.

Ders.: *Calendars in the Dead Sea Scrolls: Measuring Time*, London 1998.

Zum doppelten Jahresbeginn:

SHARVIT, Nahum: »Schenej luchot lemo'adej Jissra'el« in: *Mehqere Hag*, 2, [Beit Berl] 1990, S. 166–169.

Molad und *Ro'sch chodesch*:

GANDZ, Solomon: »The Problem of the Molad« in: *American Academy for Jewish Research*, Band 20, New York City 1951, S. 235–264.

LASKER, Arnold A. und Daniel J. LASKER: »Behold, a Moon is Born! How the Jewish Calendar Works«, in: *Conservative Judaism*, 41/4, Summer, New York 1989, S. 5–19.

Pessach

I

1936 veröffentlichte der Schocken Verlag, Berlin, die von Daniel GOLDSCHMIDT herausgegebene und erklärte *Pessach-Haggada*, eine hervorragende Ausgabe, die »dem Laien ein Führer zum Verständnis des Textes und eine Anleitung zur selbständigen Verrichtung« des *Sseder* sein sollte. Neben Übersetzung ins Deutsche, Kommentar und historischer Erläuterung zur Entstehung der Liturgie bietet sie zahlreiche Anmerkungen, die in knappster Form die Forschungsergebnisse des Autors wiedergeben. 24 Jahre später brachte Daniel Goldschmidt auf hebräisch eine erweiterte Ausgabe heraus, die Quellen und Geschichte der *Haggadah* berücksichtigt: GOLDSCHMIDT, E.D. (Hrsg.): *Haggadah schel Pessach.* Meqorotejha w^e^tol^e^dotejha ... Jerusalem 1960.

Das aramäische Lied »Dies ist das Brot der Armut«, mit welchem der *Sseder* beginnt, muß bereits zur Zeit des zweiten Tempels zur Liturgie des Festmahls gehört haben. Der Ruf »wer bedürftig ist, komme und halte *Pessach*« galt jenen, die kein Geld für das Lamm hatten, damit auch sie das Gebot, vom *Pessach*opfer zu essen, erfüllen konnten.

Die vier Becher Wein, die jeder, auch der Ärmste, an diesem Abend zu trinken verpflichtet ist, gehen auf das antike Mahl zurück, wie es nicht nur aus griechischer und römischer Sitte bekannt, sondern auch aus der jüdischen Literatur überliefert ist. »Das Mahl begann danach meist mit Wein (*jajin sche-lif^e^nej ha-mason*) und einer Vorspeise (gustus) – bei größeren Veranstaltungen oft noch sitzend (*josch^e^win*) und im Vorraum eingenommen –, es folgte die Hauptmahlzeit, die man immer auf Polstern hingestreckt genoß, bestehend aus der Hauptspeise, dem Brot, und entsprechender Zukost (Fleisch, Fisch usw.), wozu gewöhnlich wiederum Wein (*jajin sche-b^e^toch ha-mason*) getrunken wurde. Ein Nachtisch von Früchten oder anderen Delikatessen beschloß das Mahl. Das nach dem Tischgebet (*birkat ha-mason*) beginnende Trinken (*jajin sche-l^e^'achar ha-mason*) pflegte sich lange hinzuziehen. Hiermit war im wesentlichen die Ordnung für die *Pessach*feier gegeben. Der erste Becher, für die ›Heiligung des Tages‹ (*qiddusch ha-jom*) bestimmt, bildete nichts Besonderes, ebensowenig die Vorspeise. Der oft als Tunke dazu gereichte Brei aus zerkleinerten Früchten usw. durfte an diesem Abend, abweichend vom sonstigen Gebrauch, kein Mehl enthalten. Die Hauptmahlzeit bildete natürlich das Fleisch, zur Zeit des Tempels das *Pessach*lamm, das am Spieß gebraten mit *Mazzah* und Bitterkraut auf den Tisch kam und nach Bedarf durch anderes, ebenfalls gebratenes Opferfleisch, die sog. *Chagigah* (Festopfer), ergänzt wurde, wozu man den zweiten Becher trank. Als Vorspeise wurde oft rohes Gemüse gereicht, unter denen der Lattich (*chaseret*) sehr beliebt war; derselbe war aber auch als ›Bitterkraut‹ für *Pessach*, wofür an sich verschiedene Kräuter verwendbar waren, bevorzugt. [...] Ein Nachtisch mußte nach einer besonderen Vorschrift wegfallen; es folgten nur noch zwei weitere Becher, einer wie gewöhnlich nach dem Tischgebet, ein anderer nach dem als besondere Preisung für diesen Abend vorgeschriebenen *Hallel*; ein fünfter, vereinzelt für das ›große *Hallel*‹ (Psalm 136) bestimmter Becher hat sich nicht durchgesetzt.« (Aus: *Die Pessach-Haggada*, herausgegeben und erklärt von E. D. GOLDSCHMIDT, Berlin 1936, S. 8–9)

Elias Becher, der fünfte Becher des *Sseder*-Abends: Es ist Brauch, zusätzlich zu den vier Weinbechern, die im Lauf des Abends getrunken werden, einen fünften einzugießen. Manche erklären den Brauch damit, daß es umstritten war, ob vier oder fünf Becher zum Ritual gehörten, und man sich auf die Tradition berief, daß Elia in der zukünftigen Zeit alle Meinungsverschiedenheiten ausgleichen, schwierige Stellen erklären und unter den Gelehrten wie in der ganzen Welt Frieden stiften wird. Mit anderen Worten: Die Frage nach dem fünften Becher blieb offen, und die Phantasie verband ihn mit der Sehnsucht nach der Erlösung und ihrem Verkünder. Daher heißt er ›Elias Becher‹ und ist ein beliebter Kultgegenstand, der in Silber und auch in Gold hergestellt wird.

Auch das Öffnen der Tür nach dem Mahl wird mit Elia assoziiert. Der Brauch hing ursprünglich damit zusammen, daß diese Nacht als *lejl schimmurim*, ›Nacht des Wachens‹ galt. In dieser Nacht ließ man die Tempeltore offen. Seit dem dritten Jahrhundert ist überliefert, daß man vor Mahlbeginn die Tür öffnet und alle Bedürftigen einlädt, einzutreten und mitzuessen (*Bawli, Ta'anit* 60b). Doch bereits zur Zeit der *g*[e]*'onim* (ca. 550–1050 n. d. Z.) verband man die offene Tür mit dem Kommen des Messias: Wenn er kommt, will man, ohne aufgehalten zu werden, ihm sogleich entgegen eilen. Wegen Dieben, Neugieriger und seit dem 12. Jahrhundert wegen Ritualmordbeschuldigungen, die zu schwersten Verfolgungen führten, ging man dazu über, die Tür geschlossen zu halten und sie erst nach dem Mahl bei den Versen *sch*[e]*foch chamatcha* Elia zu öffnen. Diese Verse (*Psalmen* 79:6–7; 69:25 und *Klagelieder* 3:66) drücken den Wunsch aus, daß Gott seinen Zorn über die Völker ergieße, die Ihn nicht erkennen, und sie vernichte. Wenn man dabei Elia die Tür öffnet, verkörpert er den Rächer der Bedrängten und Verfolgten. Dieser Wunsch nach Rache löste bei vielen Juden Befremden aus. Daher entfernten verschiedene jüdische Strömungen der Moderne diese Sätze aus ihrer jeweiligen *Haggadah* (zum Beispiel in der Reformbewegung).

Als man mit der Bedeutung des griechischen Ursprungs des *Afikoman* nicht mehr vertraut war, vergaß man, daß das Verbot einen ausgelassenen Schluß der Feier verhindern sollte, und dachte, daß *Afikoman* Nachtisch bedeute. Allmählich wurde *Afikoman* die Bezeichnung des aufbewahrten *Mazzah*-Stückes, das man, um die Liturgie zu beenden, essen muß. Diese letzte *Mazzah* gilt als Erinnerung an das *Pessach*opfer und soll wie dieses vor Mitternacht gegessen werden. Danach darf man nichts mehr essen.

Heutzutage läßt man die Kinder im Lauf des Abends

das *Afikoman* ›klauen‹. Bevor sie es zurückgeben, können sie vom Leiter der Zeremonie ein Geschenk verlangen, denn ohne diese *Mazzah* kann er den *Sseder* nicht beenden.

Eine umfassende Studie der historischen Quellen und der biblischen Überlieferungen von *Pessach* sowie der modernen Theorien über Ursprung und Entwicklung des Festes findet sich im ersten Teil des Buches: *The Hebrew Passover*, London 1963, von Jehudah B. SEGAL. Im zweiten Buchteil stellt Segal seine Theorie vom archaischen *Pessach* als einem Neujahrsfest vor, das Parallelen zu Neujahrsfesten benachbarter Kulturen des vorderen Orients aufweist. Er vertritt die Meinung, daß zum *Pessach*fest von Anbeginn zwei Schwerpunkte – *Pessach*opfer und *Mazzah*-Gebot – gehörten und es in einem Tempel und nicht privat gefeiert wurde (S. 133).

Über Ursprung und Entstehung des Festes siehe DE VAUX, Roland: *Das alte Testament und seine Lebensordnungen*, II, Freiburg u.a. 1962, S. 341–351. Für eine knappe Übersicht vgl. RENDTORFF, Rolf: »Die Entwicklung des altisraelitischen Festkalenders«, in: ASSMANN, Jan und Theo SUNDERMEIER (Hrsg.): *Das Fest und das Heilige*, Gütersloh 1991, S. 185–205.

Die Entwicklung von *Pessach* als Verschmelzung des nordisraelitischen mit dem judäischen Fest beschreiben Bernard R. GOLDSTEIN und Alan COOPER, »The Festivals of Israel and Judah and the Literary History of the Pentateuch«, in: *Journal of the American Oriental Society*, 110, Ann Arbor 1990, S. 19–31.

Die Auffassung, daß *Pessach* ursprünglich am 1. *Nissan* gefeiert wurde, vertritt unter anderem Elias AUERBACH in seinem Aufsatz »Die Feste im alten Israel«, in: *Vetus Testamentum*, Band 8, Leiden 1958, S. 1–18.

Über die Veränderung der Festgestalt von *Pessach* in *Deuteronomium*: WEINFELD, Mosheh: »Ha-mifneh bi-t^{e}fissat ha-'elohut w^{e}ha-pulchan b^{e}-ssefer D^{e}warim«, in: *Tarbiz*, 31, Jerusalem 1962, S. 5.

Eine detaillierte Studie der historischen Entwicklung der *Pessach*-Liturgie findet sich in: TABORY, Yosef: *Pesach dorot*, Tel-Aviv 1996.

BRADSHAW, Paul F. und Lawrence A. HOFFMAN (Hrsg.): *Passover and Easter. Origin and History to Modern Times*, Bd. 5 und 6, Notre Dame, IN 1999.

DYMA, Oliver: *Die Wallfahrt zum Zweiten Tempel. Untersuchung zur Entwicklung der Wallfahrtsfeste in vorhasmonäischer Zeit*, Tübingen 2009.

EDELMAN, Diana Vikander: »Exodus and Pesach-Massot as evolving social memory«, in: BEN ZVI, Ehud und Christoph LEVIN (Hrsg.): *Remembering and Forgetting in Early Second Temple Judah*, Tübingen 2012, S. 161–193.

EPSTEIN, Marc Michael: »Illustrating history and illuminating identity in the art of the Passover Haggadah«, in: FINE, Lawrence: *Judaism in Practice. From the Middle Ages through the Early Modern Period*, Princeton, NJ 2001, S. 298–317.

GEOGHEGAN, Jeffrey C.: »The Abrahamic Passover«, in: *»Le-David Maskil«. A Birthday Tribute for David Noel Freedman* (Biblical and Judaic Studies, Vol. 9), Winona Lake, IN 2004, S. 47–62.

GEZUNDHAIT, Shimon: *Three times a year. Studies on festival legislation in the Pentateuch*, Tübingen 2012.

GOLINKIN, David: »Pesah potpurri: On the Origin and Development of Some Lesser-known Pesah Customs«, in: *Conservative Judaism* 55,3 (2003), S. 58–71.

HENSHKE, David: »›The Lord brought us forth from Egypt‹: On the Absence of Moses in the Passover Haggadah«, in: *AJS Review* 31,1 (2007), S. 61–73.

LEONHARD, Clemens: »Die Ursprünge der Liturgie des jüdischen Pesach und das christliche Osterfest«, in:

GERHARDS, Albert und Hans Hermann HENRIX (Hrsg.): *Dialog oder Monolg? Zur liturgischen Beziehung zwischen Judentum und Christentum*, Freiburg im Breisgau 2004, S. 150–166.

TABORY, Joseph: »The Passover Haggada«, in: SAFRAI, Shmuel et al. (Hrsg.): *The Literature of the Sages. Second Part: Midrash and Targum, Liturgy, Poetry, Mysticism, Contracts, Inscriptions, Ancient Science and the Languages of Rabbinic Literature*, Assen u. a. 2006, S. 327–338.

YUVAL, Israel J.: *Zwei Völker in deinem Leib*, Göttingen 2007.

II

Zahlreiche Legenden über Mose und über Elia finden sich in der Sammlung: *Der Born Judas*. Gesammelt von Micha Josef BIN GORION, neu herausgegeben von Emanuel BIN GORION, Frankfurt am Main 1959.

Über die Gestalt des Propheten Elia in der jüdischen Folklore: BERGMANN, Judah: *Die Legenden der Juden*, Berlin 1919, S. 73–83. *'Elijjahu ha-nawi' ba-j^e^zirah ha-'amamit*, herausgegeben von Haifa Municipality, Ethnological Museum and Folklore Archives, Haifa 1961. Darstellung der besonderen Rolle von Elia am *Pessach*-Vorabend findet sich in NOY, Dov: »'Elijjahu ha-nawi' b^e^-Lejl ha-sseder« in: *Machanajim*, 44, Tel-Aviv 1960, S. 110–116.

Über die Gestalt Elias in hebräischen Liedern schreibt Meir NOY: »'Elijjahu ha-nawi' ba-semer ha-'iwri« in: *Tatzlil* 2, Haifa 1962.

SHACHAM-ROSBY, Chana: »Elijah the prophet: the guard dog of Israel«, in: *Jewish History* 30, 3–4 (2016), S. 165–182.

III

Chad gadja' ist seit dem 15. Jahrhundert als Teil der *Pessach*-liturgie bekannt. Die Datierung geht auf einen Kommentar zur *Haggadah* zurück (Karlsruhe 1791), der von einem inzwischen abhanden gekommenen Dokument berichtet. Es handelt sich dabei um einen auf Pergament geschriebenen *Ssiddur*, ›Gebetbuch‹, aus Worms 1406, der das Zahlenrätsellied *'echad mi jodea'*, ›Wer kennt eins‹, und *chad gadja'* enthalten soll. Die Lieder habe man in der Wormser Lehrstube gefunden und bestimmt, daß sie am *Pessach* gesungen werden. Die Zuordnung der Lieder zu *Pessach* ist bedeutsam, denn von nicht aschkenasischen Gemeinden weiß man, daß zum Beispiel *'echad mi jodea'* nach dem Ritus von Avignon zu *Ssukkot* und in Cochin (Südindien) auf Hochzeiten gesungen wurde.

Literatur über das Lied *chad gadja'*: ELBOGEN, Ismar: »Chad Gadja«, in: *Gemeindeblatt der jüdischen Gemeinde zu Berlin 14*, Nr. 5, 1924, S. 66–69. SHMERUK, Chone: »The earliest Aramaic and Yiddish version of the ›Song of the kid‹ (Khad Gadye)«, in: *The Field of Yiddish*, Studies in Yiddish Language, Folklore and Literature, hrsg. von Uriel WEINREICH, New York 1954, S. 214–218. HABERMANN, A.M.: »Chad gadja'«, in: *Machanajim*, 55, Tel-Aviv 1961, S. 143, und SADAN, Dov: »W^{e}-'ata' shunra'« in: *Machanajim*, 55, 1961, S. 144. Einen Überblick über den Stand der Forschung und ausführliche Bibliographie bietet Menachem Tzvi FUCHS in seinem Aufsatz: »L^{e}-tol^{e}dot ha-schirim ›'echad mi jodea'‹ w^{e}-›chad gadja'‹ b^{e}-Jissra'el uw^{e}-'ammim«, in: *Assufot*, Band 2, hrsg. von Meir BENAYAHU, Jerusalem 1988, S. 201–219. In diesem Aufsatz stellt er die frühe provençalische Fassung von *chad gadja'* vor. Für Angaben zur Pariser *Haggadah*-Handschrift 637 siehe M. METZGER: *La Haggada Enluminée*, Leiden 1973, S. 406. Mein besonderer Dank gilt Prof. Dr. Erika Timm; neben der Überlassung ihres unveröffentlichten Vorlesungsmanuskripts zu *chad gadja'* half sie mir

Fragen zu klären, die während des Schreibens entstanden sind.

Seidler, Meir: »Reading Chad Gadya Through the Kaleidoscope of Time«, in: Houtman, Aberdina et al. (Hrsg.): *Religious Stories in Transformation. Conflict, Revision and Reception*, Leiden, Boston 2016, S. 337–352.

Schawu'ot

'Omer bedeutet ein Hohlmaß für Getreide, ›Zehntel‹ (*Exodus* 16:16; *Leviticus* 23:10 u.a.), und ›Garbe‹. Die Gerstenernte begann mit einem besonderen Ritual, das in der *Mischnah* beschrieben wird (*Mischnah, M*ᵉ*nachot*, 10:3–4). Demnach versammelten sich abends, nach Ausgang des ersten Feiertags von *Pessach*, viele Landbewohner aus den Vororten Jerusalems auf dem vorgesehenen Gerstenfeld, um dem zeremoniellen Beginn der Ernte beizuwohnen. Der Gesandte des Jerusalemer Gerichts fand gebündelte Garben vor. Er ließ die Versammelten dreimal bestätigen, daß die Sonne schon untergegangen sei, daß er eine Sichel in der Hand halte und daß ein Gefäß für die geschnittenen Ähren bereit stehe. Dann fragte er, ob er ernten solle, und die Gemeinde wiederholte dreimal die Aufforderung: »Ernte!« Man brachte die Ähren zum Tempel. Im Vorhof wurden sie gedroschen, geröstet, gemahlen und gesiebt. Den zehnten Teil des Mehls, mit Öl und Weihrauch vermischt, brachte man zum Altar, und der Priester schwang es in die vier Himmelsrichtungen. Erst nach dem Darbringen des *'omer* war es erlaubt, von der neuen Ernte zu essen. Der *'omer* war zugleich Weihgabe und Dank an Gott für die Ernte.

Im Aufsatz »Qᵉzirat ha-'omer« in: *M*ᵉ*chqarim u-massot b*ᵉ*-tol*ᵉ*dot 'am Jissra'el*, Jerusalem 1985, S. 458–470, weist

Yizhak F. Baer auf parallele Zeremonien hin, die zu den Demeter-Mysterien in Eleusis gehörten.

Die älteste Überlieferung der Auffassung von *Schawu'ot* als dem Fest der Gabe der Torah findet sich im *Buch der Jubiläen* (1:1). Dort wird berichtet, daß Mose am 16. des dritten Monats gerufen wurde, die Gesetzestafel und das *Buch der Jubiläen* zu erhalten. Dies setzt voraus, daß die Offenbarung am Berg Sinai und die Gabe der Torah am 15. *Ssiwan*, nämlich am *Schawu'ot*, stattfanden.

Neher, André: *Moses*, Hamburg 1997.

Überlieferungen zu der Offenbarung am Berg Sinai in englischer Sprache finden sich in: Kugel, James L.: *The Bible As It Was*, Cambridge u.a. 1997, S. 371 ff.

Shoub, Sara (Hrsg.): *Diwrej ha-keness 'al chag ha-Schawu'ot*, [Beit Berl] 1988.

Eine Zusammenfassung der Bedeutungen von *Schawu'ot* bietet: Halperin, Bilha: »Ha-maschma'ujjot ha-schonot schel chag ha-Schawu'ot«, in: *Beit Mikra*, 39, 1, Jerusalem 1993, S. 51–62.

Über biblische Hinweise für ein Jahresfest der Erneuerung des Bundes schreibt Moshe Weinfeld, »Pentecost as Festival of the Giving of the Law« (hebr.), in: *Immanuel*, 8, 1978, S. 7–18. Vgl. Roth-Rotem, Joseph und Nahum Sharvit: »Chag chiddusch ha-b^e^rit«, in: *Mehqere Hag*, 6, [Beit Berl] 1995, S. 28–37.

Über die Entstehung des *Tiqqun* zu *Schawu'ot* und seinen Inhalt schreibt Mosheh Halamish: »Tiqqun lejl Schawu'ot«, in: *Mehqere Hag*, 5, [Beit Berl] 1994, S. 62–78. Vgl. auch Bar Illan, Meir: »Tiqqun lejl Schawu'ot – hithawwut w^e^-taqdimim«, in: ebenda, 8, [Beit Berl] 1997, S. 28–49.

MacDonald, Nathan: »Ritual Innovation and Shavu'ot«, in: ders. (Hrsg.): *Ritual Innovation in the Hebrew Bible and Early Judaism*, Berlin 2016, S. 55–77.

MATT, Daniel Chanan: »Adorning the ›Bride‹ on the eve of the feast of Weeks«, in: FINE, Lawrence (Hrsg.): *Judaism in Practice; from the Middle Ages Through the Early Modern Period*, Princeton, NJ 2001, S. 74–80.

Tisch'ah b^e-Aw

Der *Midrasch* über die klagenden Erzväter und Propheten findet sich ebenfalls in der Einleitung zu *'Ejchah Rabbah*.

Mehrere *Midraschim* über den Messias und seine Geburt am 9. *'Aw* finden sich in der Sammlung apokalyptischer Legenden, die Jehuda EVEN SHEMUEL herausgegeben und kommentiert hat: *Midr^eschej g^eullah*, Jerusalem/Tel-Aviv 1954. In einer anderen Variante (*Midrasch suta*) heißt das Kind Menachem ben 'Ami'el und wurde in Jerusalem geboren. In einem von Rabbi J^ehoschua' ben Lewi überlieferten *Midrasch* über den Garten Eden wird erzählt, daß der Messias zusammen mit dem Propheten Elia sich im fünften Haus des Paradieses aufhält (u. a. *Midrasch Konen*, Jellinek, *Bet ha-Midrasch*, II, 48–51). Die Vorstellung von den sieben Häusern des Garten Eden entspricht der Vorstellung von den sieben himmlischen Palästen (*hejchalot*).

ALEXANDER, Philip S.: »Was the ninth of Av observed in the Second Temple period? Reflections on the concept of continuing exile in early Judaism«, in: BOUSTAN, Ra'anan S. (Hrsg.): *Envisioning Judaism, Studies in honor of Peter Schäfer I*, Tübingen 2013, S. 23–38.

KONITS, Jonathan: »Tischa be Aw – Tag der Trauer«, in: *Theory, Culture & Society* 32,4 (2015), S. 185–194.

SCHACTER, Jacob Joseph: »Remembering the Temple: commemoration and catastrophe in Ashkenazi culture«, in: FINE, Steven (Hrsg.): *The Temple of Jerusalem, from Moses to the Messiah*, Leiden 2011, S. 275–301.

STERN, Elsie: *From rebuke to consolation: exegis and theology of the Ninth of Av season*, Providence, R.I. 2004.

Ro'sch ha-Schanah

T[e]*ru'ah* – bezeichnet den Hall, der beim Jubeln oder durch ein Blasinstrument entsteht. Daher wird *t*[e]*ru'ah* auch mit ›Jubel‹ und ›Jauchzen‹ (*2. Samuel* 6:15) oder gar ›Lärmgeschrei‹ (*Amos* 2:2) übersetzt. Die Deutung von *t*[e]*ru'ah* als Erschallen der *Schofar*-Töne geht wohl auf den Psalmvers 47:6 zurück, der aus zwei parallelen Halbversen besteht: »Auf steigt Gott in Hall (*t*[e]*ru'ah*) der *Ewige* im Ertönen des Widderhorns (*schofar*).«

Der 1. *Tischrej* der biblischen Zeit war möglicherweise ein besonderer *Ro'sch chodesch*, Monatsanfang, an dem mit *t*[e]*ru'ah* der Beginn eines besonderen Monats mit zwei wichtigen Festen, *Jom Kippur* und *Ssukkot*, angekündigt wurde. Der Prophet Ezechiel (40:1) verbindet den Begriff *Ro'sch ha-Schanah* mit dem 10. *Tischrej*. Auch Philon kennt den 1. *Tischrej* nicht als Neujahrsfest, sondern als ein »Fest der Trompeten«, das den heiligen siebten Monat eröffnet (*De specialibus legibus*, II, S. 188). Vgl. DE VAUX, Roland: *Das alte Testament und seine Lebensordnungen*, II, Freiburg u.a. 1962, S. 362–364. Gegen die Verbindung vom 1. *Tischrej* mit einem biblischen Neujahrsfest siehe ferner: AUERBACH, Elias: »Neujahrs- und Versöhnungsfest in den biblischen Quellen«, in: *Vetus Testamentum*, Band 8, Leiden 1958, S. 337–343. De Vaux lehnt die Rekonstruktion ab, welche mit dem biblischen Neujahrsfest ein Fest der Königsherrschaft Gottes verbindet (ebenda, S. 364–366). Hierzu MOWINCKEL, Sigmund: *Zum israelitischen Neujahr und zur Deutung der Thronbesteigungspsalmen*, Oslo 1952, S. 5–38. Die liturgische Tradition der *Mischnah*, die sowohl das Neujahrsfest als auch *Schabbat* mit einer Feier der Königsherrschaft Gottes verbindet, geht auf liturgische Traditionen der Bibel zurück. Vgl. Weinfeld, Mosche: »Sabbath, Temple and the Enthronement of the Lord – The Problem of the Sitz im Leben of Genesis 1:1 – 2:3«, in: Caquot, A. und M. Delcor (Hrsg.): *Mélanges bibliques et orientaux en l'honneur de M. Henri Cazelles*, Neukirchen-Vluyn 1981, S. 507. Durch eine kritische Textanalyse der Verse *Leviticus* 23:23 – 25 und *Numeri* 29:1 – 9 belegt Israel Knohl, daß bereits die biblischen Angaben auf einen 1. *Tischrej* als einen Tag des Gerichts hinweisen, »Ha-Schabbat w^{e}ha-mo'adot b^{e}-torat k^{e}hunah uw^{e}-chuqqej 'asskolat ha-q^{e}duschah«, in: Weinfeld, Mosche (Hrsg.): *Shnaton*, VII – VIII, Jerusalem/Tel-Aviv 1983 – 1984, S. 128 f. Eine englische Version des Aufsatzes befindet sich unter dem Titel »The Priestly Torah Versus the Holiness School: Sabbath and the Festivals«, in: *Hebrew Union College Annual*, 58, Cincinnati 1987, S. 65 – 117. Über den doppelten Charakter von *Ro'sch ha-Schanah* als Tag der Freude und als Tag des Gerichts siehe: Weissblueth, Shlomo: »L^{e}-'ofjo ha-kaful schel chag Ro'sch ha-Schanah«, in: *Mehqere Hag*, 5, [Beit Berl] 1994, S. 6 – 14.

Elgvin, Torleif: »Qumran and the roots of the Rosh Hashanah liturgy«, in: Chazon, Esther G. (Hrsg.): *Liturgical Perspectives; Prayer and Poetry in Light of the Dead Sea Scrolls*, Leiden 2003, S. 49 – 67.

Mulder, Otto: »Worship in the restored Second Temple in Sirach 50: the context of the feast – Yoma or Tamid or Rosh Hashana?«, in: *Deuterocanonical and cognate Literature Yearbook*, Berlin 2016 – 2017, S. 141 – 165.

Jom Kippur

Der Tempel befand sich auf dem Tempelberg, *Har ha-bajit*, ›Berg des Hauses‹. Sowohl der salomonische als auch der zweite Tempel waren in Anlehnung an die Beschreibung des Zeltes der Begegnung (*Exodus* 25–27; 35–38; *Leviticus* 16) nach demselben Prinzip gebaut: Im Allerheiligsten, *qodesch ha-qodaschim*, war im ersten Tempel die Bundeslade aufgestellt, beschattet von den Flügeln der goldenen *k^{e}ruwim*, im zweiten befand sich darin nur noch *'ewen ha-sch^{e}tijjah*. In diesem Raum verrichtete der Hohepriester das heilige Ritual des Räucherns an *Jom Kippur*. Das Allerheiligste, auch *d^{e}wir* genannt, war durch eine Zedernwand und einen Vorhang im ersten und nur durch einen doppelten Vorhang im zweiten Tempel vom heiligen Vorraum getrennt. In diesem vorderen Teil, der *qodesch*, ›heilig‹, oder *hejchal*, ›Palast‹, hieß, standen die goldenen Leuchter (im ersten zehn, im zweiten nur einer), der Schaubrottisch und der Rauchopferaltar. Das war das Tempelhaus. Vor ihm lag der Altarhof mit dem Waschbecken und dem Brandopferaltar, der nur für Priester im Dienst zugänglich war. Dieser Altarhof war umgeben vom Priesterhof. Die Vorhöfe des zweiten Tempels waren terrassenförmig gebaut: Zwölf Stufen tiefer als der Priesterhof und mit einem Tor verbunden lag der Israelhof und weiter außen, 15 Stufen tiefer, der Frauenvorhof. In diesen Höfen versammelte sich das Volk, das die Tempelzeremonien besuchte. Was die Priester im Inneren des Tempelhauses vollzogen, konnte das Volk nur bedingt durch Vorhalle und offenes *hejchal*-Tor sehen. Vermittelnd wirkten Priestersignale und der Gesang des Levitenchores, der auf der Tortreppe stand.

Eine allgemeine Darstellung der Idee der *t eschuwah* findet sich in: Weissblueth, Shlomo: »Ra‘ajon ha-t^{e}schuwah w^{e}-‘asseret j^{e}mej ha-t^{e}schuwah«, in: *Mehqere Hag*, 7, [Beit Berl] 1996, S. 8–17. Über die kabbalistische und chassidische Sicht der *t^{e}schuwah* schreibt Adin EvenIsrael (Steinsaltz): *Sch^{e}loschah ‘assar ‘alej ha-schoschanah*, Jerusalem 1998, S. 221–244. Über die Vergebung an *Jom Kippur* schreibt er in: *Ha-ssiddur w^{e}ha-t^{e}fillah*, Band 1, Tel-Aviv 1994, S. 179ff.

In der *Sohar*-Literatur ist *Jom Kippur* Teil eines längeren Zeitabschnitts (bis *Sch^{e}mini ‘azeret*), in dem das himmlische Gericht urteilt. In dieser Zeit herrscht Strenge in der Welt, aber an *Jom Kippur* wird sie in Erbarmen verwandelt. Siehe Tishby, Isaiah (Hrsg.): *Mischnat ha-Sohar*, Band 2, Jerusalem 1982, S. 510–511.

Über die religiöse Erfahrung an *Jom Kippur* schreibt Daniel Hoffmann: »Das Fest als Emphase der religiösen Existenz – Die Emphase als Wesensmerkmal der jüdischen Festtage«, in: *Münchener Theologische Zeitschrift*, 1990, 2, S. 119–135.

Böckler, Annette Mirjam: »Haben wir gelogen oder waren wir schwerhörig? Zur Textgeschichte und Bedeutung des Ashamnu-Gebets«, in: *Frankfurter Judaistische Beiträge* 31 (2004), S. 123–153.

Brem, Jerry: »Finding meaning in Kol Nidrei«, in: *Conservative Judaism* 64,2 (2013), S. 56–71.

Fishbane, Simcha: »The ritual of ›Kapparot‹«, in: *Jewish Journal of Sociology* 50,1–2 (2008), S. 67–75.

Hieke, Thomas (Hrsg.): *The day of atonement: Its Interpretations in Early Jewish and Christian Traditions*, Leiden (u. a.) 2012.

Hoffman, Lawrence A.: »The climatic end to ›N’ilah‹: the making of tradition«, in: *CCAR Journal* 65,3 (2018), S. 12–31.

Rooke, Deborah W.: »The Day of Atonement as a ritual

of validation for the high priest«, in: DAY, John (Hrsg.): *Temple and Worship in Biblical Israel*, London 2005, S. 342–364.

SCHMELZER, Menahem: »How was the High Priest kept awake on the night of Yom ha-Kippurim?«, in: LUBETSKI, Meir (Hrsg.): *Saul Lieberman (1898–1983), Talmudic Scholar*, Lewiston, NY 2002, S. 59–70.

SHOHAM, Hizky: »Yom Kippur and Jewish public culture in Israel«, in: *Journal of Israeli History* 32,2 (2013), S. 175–196.

SPECTOR, Johanna L.: »The Kol Nidre: at least 1200 years old«, in: *Journal of Synagogue Music* 33 (2008), S. 153–157.

TABORY, Joseph: »The early history of the liturgy of Yom Kippur«, in: BLANK, Debra Reed (Hrsg.): *The Experience of Jewish Liturgy*, Leiden 2011, S. 283–308.

VOLGGER, David: »The Day of Atonement according to the Temple Scroll«, in: *Biblica* 87,2 (2006), S. 251–260.

WEISSBLUETH, Shlomo und Joseph ROTH-ROTEM (Hrsg.): *Diwrej ha-keness ʻal Jom ha-kippurim*, [Beit Berl] 1997.

WEINFELD, Moshe: »The Day of Atonement and freedom (›deror‹): the redemption of the soul«, in: ders.: *Normative and Sectarian Judaism in the Second Temple Period*, London 2005, S. 227–231.

Ssukkot

Aus der Zeit des ersten Tempels ist die Gestalt von *Ssukkot* kaum überliefert. Hingegen gibt es aus der Zeit des zweiten Tempels mehrere Quellen, die von dem Fest zeugen: die spätbiblischen Bücher *Esra*, *Nehemia* und *Sacharia* sowie das *Buch der Jubiläen*, *2. Makkabäer*, Dokumente aus Qumran, die Schriften Philons und des Josephus Flavius und die rabbinische Literatur.

Eine ausführliche Übersicht der Festforschung zu *Ssukkot* sowie eine chronologische Darstellung der historischen Traditionen des Festes bietet Jeffery L. RUBENSTEIN: *The History of Sukkot in the Second Temple and Rabbinic Periods*, Atlanta 1995.

Sigmund MOWINCKEL sah in *Ssukkot* ein »Thronbesteigungsfest«. Vgl. *Psalmenstudien II, Das Thronbesteigungsfest Jahwes und der Ursprung der Eschatologie*, 1. Nachdruck Amsterdam 1961 [deutsche Ausgabe Oslo 1921–1924]. Einen ähnlichen Vorschlag machte unabhängig von ihm Paul VOLZ: *Das Neujahrsfest Jahwes*, Tübingen 1912. Verwandter Auffassung war auch Hans SCHMIDT: *Die Thronfahrt Jahwes am Fest der Jahreswende im alten Israel*, Tübingen 1927. Vgl. ELBOGEN, Ismar: »Die Feier der drei Wallfahrtsfeste im zweiten Tempel«, in: *Vierundvierzigster Bericht der Hochschule für die Wissenschaft des Judentums in Berlin*, Berlin 1927, S. 35–42.

Ssimchat bejt ha-scho'ewah – seit Abraham Geiger neigten einige Forscher dazu, diesen Begriff als Fackelfest zu verstehen. Menahem FUCHS zeigt jedoch in einem Aufsatz mit gleich lautendem Titel in: *Tarbiz*, 55, 1986, S. 173–216, daß der Begriff für ein Wasserritual steht. Israel BRAND hingegen besteht auf der Unterscheidung zwischen Wasserritual und Fackelfest. »'Al hassimchah b^{e}-chag ha-Ssukkot« in: *Mehqere Hag*, 5, [Beit Berl] 1994, S. 15–23.

Eine detaillierte Studie der Kulthandlungen und ihrer möglichen Ursprünge bietet der Aufsatz von Max GRUNWALD: »Zur Vorgeschichte des Sukkothrituals und verwandter Kultformen«, in: ders. (Hrsg.): *Jahrbuch für jüdische Volkskunde*, Berlin u.a. 1923, S. 427–472.

Eine semantische Untersuchung der *Ssukkah* bietet Naftali TOKER: »Paraschat ha-ssukkot ha-'awudot ...«, in: *Mehqere Hag*, 1, [Beit Berl] 1988, S. 17–42. NOY, Dov:

»Ssukkat dawid ha-nofelet«, in: *Machanajim*, 74, Tel-Aviv 1963, S. 1–4, bespricht die symbolischen Bedeutungen der *Ssukkah* in Legenden und folkloristischer Tradition.

AYALI-DARSHAN, Noga: »The seventy bulls sacrificed at Sukkot (Num 29:12–34) in light of a ritual text from Emar (›Emar 6,373‹)«, in: *Vetus Testamentum* 65,1 (2015), S. 9–19.

LEHMAN, Marjorie Suzan: »Reimagining home, rethinking Sukkah: rabbinic discourse and its contemporary implications«, in: BRONNER, Simon (Hrsg.): *Jews at Home; the Domestication of Identity*, Oxford 2010, S. 107–139.

LEONHARD, Clemens: »Das Laubhüttenfest der Rabbinen und die Heiligung von Zeiten«, in: GEMEINHARDT, Peter und Katharina HEYDEN (Hrsg.): *Heilige, Heiliges und Heiligkeit in spätantiken Religionskulturen*, Berlin, Boston 2012, S. 249–281.

LIRAN FRISCH, Naomi: »The returnable gift of ›Sukot‹ festival from historical and anthropological perspective«, in: *Revue des Etudes Juives* 176,1–2 (2017), S. 25–48.

MOSKOVITZ, Gabriel: »The genesis of the ›etrog‹ (citron) as part of the four species«, in: *Jewish Bible Quarterly* 43,2 (2015), S. 109–115.

WEYDE, Karl William: *The Appointed Festivals of YHWH. The Festival Calendar in Leviticus. 23 and the Sukkôt Festival in Other Biblical Texts*, Tübingen 2004.

Chanukkah

Historische Einführung: MAK, Hananel: »Tol[e]dot chag ha-Chanukkah«, in: AMIT, David und Hanan ESHEL (Hrsg.): *J[e]mej bejt chaschmonaj*, Jerusalem 1995, S. 311–

324. Über die Entstehung des Festes: Roth-Rotem, Joseph: »*Hithawwuto schel chag ha-Chanukkah*«, in: *Mehqere Hag*, 2, [Beit Berl] 1990, S. 8–30.

Über die Geschichte der *Channukah*leuchter und ihre Gestaltung schreibt Bracha Yaniv in: Sperber, Daniel (Hrsg.): *Minhagej Jissra'el*, Band 5, Jerusalem 1995, S. 121. Der ganze Band ist *Chanukkah* gewidmet, behandelt Fragen der Quellenliteratur, erörtert Bräuche und Riten.

Alexander, Philip S.: »›3 Maccabees‹, Hanukkah and Purim«, in: Rapoport-Albert, Ada und Gillian Greenberg (Hrsg.): *Biblical Hebrews, Biblical Texts*, Sheffield 2001, S. 321–339.

Guesnet, François: »Chanukah and its function in the invention of a Jewish-heroic tradition in early Zionism, 1880–1900«, in: Berkowitz, Michael (Hrsg.): *Nationalism, Zionism and Ethnic Mobilization of the Jews in 1900 and Beyond*, Leiden 2004, S. 227–245.

Hadas-Lebel, Mireille: »Hanoukka: de la ›fête de la dédicace‹ à la ›fête des lumières‹«, in: Baslez, Marie-Françoise und Olivier Munnich (Hrsg.): *La mémoire des persécutions; autour des livres des Maccabées*, Paris 2014, S. 231–238.

Herman, Geoffrey: »Religious transformation between East and West: Hanukkah in the Babylonian Talmud and Zoroastrianism«, in: Wick, Peter und Volker Rabens (Hrsg.): *Religions and Trade; Religious Formation, Transformation, and Cross-Cultural Exchange between East and West*, Leiden 2014, S. 261–281.

Regev, Eyal: »Hanukkah and the Temple of the Maccabees: ritual and ideology from Judas Maccabeus to Simon«, in: *Jewish Studies Quarterly* 15,2 (2008), S. 87–114.

Tu bi-Schᵉwat

Das Lied »So gehen die Pflanzenden«, Text: Yizhak Shenhar, Musik: Jedidja Admon, erschien zuerst 1934 in einem Liederbuch *'Anot*, ›Klang‹, ›Gesang‹, das Yehuda SHARET herausgegeben hat. Es gehört zu den Pionierliedern, welche die Feste gemäß ihrer Ideologie von der Erneuerung des Volks in seinem Land interpretierten und funktionalisierten.

Über die Verwandlung der Bedeutung des Tages: ROTH-ROTEM, Joseph: »Tu bi-Schᵉwat mi-jom qowea' ›lᵉ-ma'asser pᵉri ha-'ilan‹ lᵉ-›chag ha-nᵉti'ot‹«, in: *Mehqere Hag*, 1, [Beit Berl] 1988, S. 57.

HUSS, Boaz: »L'aimable arbre Ben Yichai vivant sur la terre: les sources sabbatéennes du ›Seder‹ de ›Tu bi-Shevat‹«, in: *Les cahiers du Judaïsme* 30 (2010), S. 12–19.

KRASSEN, Miles: »New Year's day for fruit of the tree«, in: FINE, Lawrence (Hrsg.): *Judaism in Practice; from the Middle Ages Through the Early Modern Period*, Princeton, NJ 2001, S. 81–95.

PINTEL-GINSBERG, Idit: »Narrating the past: ›new year of the trees' celebrations in modern Israel«, in: *Israel Studies* 11,1 (2006), S. 174–193.

Purim

Zum Thema Kanonisierung der Bibel vgl. HARAN, Menachem: *Ha-'assuppah ha-miqra'reck*, Jerusalem 1996.

Über das Ester-Buch als hasmonäische Schöpfung schreibt J. C. H. LEBRAM: »Purimfest und Estherbuch«, in: *Vetus Testamentum*, Band 22, Leiden 1972, S. 208–222.

JAROS, Karl: *Esther, Geschichte und Legende*, Mainz 1996.

Die Ester-Rolle als literarische Vorlage zu einem Karneval untersucht Sara SHOUB: »Mᵉgillat 'Ester – mᵉgillah schel karneval«, in: *Mehqere Hag*, 2, [Beit Berl] 1990, S. 31–43.

Harris, Monford: »Purim: The Celebration of Dis-Order«, in: *Judaism, A Quarterly Journal*, 26,2, New York 1977, S. 161–70.

Berlin, Adele, »The Book of Esther and Ancient Storytelling,« in: *Journal of Biblical Literature* 120 (2001), S. 3–14.

Burns, J. E.: »The special Purim and the Reception of the Book of Esther in the Hellenistic and Early Roman Eras«, in: *Journal for the Study of Judaism* 37,1 (2006), S. 1–34.

Landi, Yehuda: *Purim and the Persian empire: a historical, archaeological & geographical perspective*, Jerusalem (u. a.) 2010.

Michels, Evi: *Die Anfänge der jiddischen* purim shpiln *in ihrem literarischen und kulturgeschichtlichen Kontext*, Hamburg 2001.

Schellekens, Jona: »Accession Days and Holidays: The Origins of the Jewish Festival of Purim«, in: *Journal of Biblical Literature* 128,1 (2009), S. 115–134.

Shoham, Hitzky: »A huge national assemblage: Tel Aviv as a pilgrimage site in Purim celebrations (1920–1935)«, in: *Journal of Israeli History* 28,1 (2009), S. 1–20.

Abschließend

Gott, Sonne, Mond und Erde

Über Feste und heilige Zeiten: Mowinckel, Sigmund: *Religion und Kultus*, Göttingen 1958, S. 58; über die Erneuerung des Lebens im Festkreislauf S. 70–80. Ratschow, Carl Heinz: »Die Feste, Inbegriff sittlicher Gestalt«, in: Assmann, Jan und Theo Sundermeier (Hrsg.): *Das Fest und das Heilige*, Gütersloh 1991, S. 234–246.

Über »jüdische Zeit« schreibt Dov Noy in seinem

Vorwort zu: *Miriam's Tambourine, Jewish Folktales from Around the World*, Selected and Retold by Howard SCHWARTZ, New York 1988, S. xv–xvi.

Über das Verhältnis zwischen dem tropischen Jahr und dem jüdischen Festkalender siehe SEGAL, Jehudah B.: »The Hebrew Festivals and the Calendar«, in: *Journal of Semitic Studies*, VI, Cambridge 1961, S. 74–94.

Nach modernem Verständnis gehört das Messen der Bewegungen von Himmelskörpern der Astronomie, die Deutung der Astrologie an. Im Altertum gehörten beide zusammen. Vgl. EVANS, James: *The History and Practice of Ancient Astronomy*, New York u. a. 1998. Über Abraham und Henoch als Meister der Astrologie und Astronomie siehe HENGEL, Martin: *Judentum und Hellenismus*, Tübingen 1969, S. 162–169.

Traditionell werden die Monate des jüdischen Kalenders mit den Tierkreiszeichen assoziiert: *Nissan* = Widder, *'Ijjar* = Stier, *Ssiwan* = Zwillinge etc., wenngleich synodische Mondmonate nicht in Entsprechung zu astrologischen Sonnenmonaten verlaufen.

Da die Bestimmung des Festkalenders und des Kalenders überhaupt von den Beobachtungen der Gestirne abhing, spielte die Beschäftigung mit dieser Wissenschaft auch für Hebräer und Juden eine wichtige Rolle. Astrologische Anspielungen finden sich im Buch *Daniel.* Vgl. HENGEL, Martin: *Judentum und Hellenismus*, Tübingen 1969, S. 336–337. In Liturgie und Überlieferung finden sich viele Spuren astrologisch-astronomischer Weltauffassung. Vgl. FEUCHTWANG, D.: »Der Tierkreis in der Tradition und im Synagogenritus«, in: M. BRANN (Hrsg.): *Monatsschrift für Geschichte und Wissenschaft des Judentums*, 59, Breslau 1915, S. 241–257. Ein altes astrologisches Dokument wurde in Qumran gefunden. Es wird ins 1. Jh. v. d. Z. – 1. Jh. n. d. Z. datiert: GREENFIELD, Jonas C. und Michael SOKOLOFF: »An

Astrological Text from Qumran (4Q318) and Reflections on Some Zodiacal Names«, in: *Revue de Qumran*, 61, 16,4, Paris 1995, S. 507–525. Über astrologische Auffassungen im frühen Essenismus schreibt Martin Hengel: »Die Gestirne folgen – obwohl als personhafte Wesen dargestellt – genau ihren von Gott vorgeschriebenen Bahnen, und die gesetzmäßige Präzision ihrer Bewegungen gehört zu den Geheimnissen von Gottes Schöpfung. Denn sie regeln nicht nur durch die von Gott festgesetzte Ordnung ihrer Umläufe und Wendepunkte die heiligen Festzeiten, die auch im Himmel gefeiert werden, und die Jahreszeiten mit Säen und Ernten, sondern zugleich die Geschichtsepochen, die durch die Einteilung nach Jubiläen und Jahrwochen systematisiert wurden.« (Ebenda, S. 427–428.)

Vor allem in der Zeit der Amoräer war die Beschäftigung mit Astrologie sehr verbreitet. Dies bezeugen nicht nur mehrere Stellen im *Talmud*, sondern auch die Darstellung von Tierkreiszeichen, Sonne, Mond und der vier Jahreszeiten in Mosaiken, die die Böden von geografisch über ganz Israel verteilten Synagogen schmückten: Beth Alpha im Jesreeltal (5.–6. Jh.), Naaran bei Jericho (5.–6. Jh), Chusifa am Berg Carmel (Mitte des 5. Jhs.), Chammat Tiberias (Mitte des 4. Jhs.), En Gedi (7. Jh.). Die Darstellung der Sonne als Helios oder Sol Invictus muß zulässig gewesen sein, da klar war, daß die Gestirne Gottes Boten sind, Gott zwar undarstellbar ist, aber ihre Pracht auf seine grenzenlose Herrlichkeit verweisen kann. Vgl. NESS, Lester John: *Astrology and Judaism in Late Antiquity*, Miami 1990 (Dissertation). STUCKARD, Kocku von: *Das Ringen um die Astrologie. Jüdische und christliche Beiträge zum antiken Zeitverständnis*, Berlin 2000. DERS.: *Geschichte der Astrologie*, München 2003, S. 129–140. STEMBERGER, Günter: »Die Bedeutung des Tierkreises auf Mosaikböden spätantiker Synagogen«, in: *Kairos*, XVII, 1, Salzburg 1975, S. 23–56. WÄCHTER, Ludwig: »Astrologie und Schicksalsglaube im rabbinischen Judentum«, in: *Kairos*, XI, 1, Salzburg 1969, S. 181–267.

Spätere astrologische *Midraschim* finden sich zum Beispiel in *Pirqej de-Rabbi 'Eli'eser*, 6, *Barajta d[e]masalot* und *Ssefer J[e]zirah.*

Eine umfangreiche Studie des modifizierten Sonnenbildes im antiken Judentum und seiner symbolischen Bedeutungen findet sich bei MAIER, Johann: »Die Sonne im religiösen Denken des antiken Judentums«, in: TEMPORINI, Hildegard und Wolfgang HAASE (Hrsg.): *Aufstieg und Niedergang der römischen Welt*, II, Band 19, Berlin u.a. 1979, S. 346–412.

Die Beschäftigung mit Astrologie war auch im 12., 13. und 14. Jahrhundert unter den Juden sehr verbreitet. Vgl. MARX, Alexander: *Studies in Jewish History and Booklore*, New York 1944, S. 63–76. Mehrere Bibelkommentatoren bedienten sich der astrologischen Parameter. Sie boten einen wichtigen Schlüssel zur Auslegung der Feste. Seit der amoräischen Zeit ist eine jüdisch modifizierte Astrologie schriftlich überliefert. Die jüdischen Astrologen waren mit den wissenschaftlichen Erkenntnissen ihrer Zeit vertraut, seien sie babylonischer, hellenistischer, arabischer oder indischer Herkunft. Vgl. LANGERMANN, Y.T.: »Some Astrological Themes in the Thought of Abraham ibn Ezra«, in: TWERSKY Y., und J.M. HARRIS (Hrsg.): *Rabbi Abraham ibn Ezra: Studies in the Writings of a Twelfth-Century Jewish Polymath*, Cambridge u.a. 1993, S. 38–42. Und siehe ferner Ibn al-Tabibs Erklärungen zu Ibn Esras astrologischem Kommentar: SCHWARTZ, Dov: »R' Awraham Altabib – ha-'isch u-fo'olo«, in: *Kiryat Sefer*, 64, 4, Jerusalem 1992–1993, S. 1396–1400.

Über das astrologische Denken Abraham ibn Esras

(1089 – 1164) siehe ferner: SELA, Shlomo: *'Asstrologjah u-farschanut ha-miqra' b^e-haguto schel 'Awraham 'ibn 'Esra'*, Ramat-Gan 1999. GOLDSTEIN, Bernard R.: »Astronomy and Astrology in the Works of Abraham Ibn Ezra«, in: *Arabic Sciences and Philosophy*, 6, New York 1996, S. 9 – 22.

Ein anderer wichtiger jüdischer Astrologe und Astronom, der auch Bibelkommentator, Philosoph und Mathematiker war, ist der Provençale Levi ben Gerson (1288 – 1344). Vgl. GOLDSTEIN, Bernard R.: »Levi ben Gerson's Astrology in Historical Perspective«, in: DAHAN, G. (Hrsg.): *Gersonides en son temps*, Louvain-Paris 1991, S. 281 – 300.

Wie sich die mittelalterlichen rationalistischen jüdischen Denker mit der Magie der Sterne auseinandersetzten, legt Dov SCHWARTZ dar: *'Asstrologjah u-magjah be-hagut ha-j^ehudit bi-jmej ha-bejnajim*, Ramat-Gan 1999.

Der Festzyklus – Stationen der Weihe im »Jahr der Gnade«

Untersuchungen der jüdischen Jahresfeste als Ganzes sind äußerst selten. Eine erfreuliche Ausnahme bilden drei Aufsätze von Evan M. ZUESSE, in denen er die kohärente Gedankenstruktur hinter jüdischer ritueller Weltanschauung und jüdischem Festkalender untersucht: »The Jewish Year, I: The Complementarity of Spring and Autumn Cycles«, in: *Australian Journal of Jewish Studies*, VII, 2, Camberwell, Australia 1993, S. 99 – 124; »The Jewish Year, II: The Summer Fasts as the Key to the Jewish Calendar«, in: ebenda, VIII, 1, 1994, S. 41 – 60, und »The Jewish Year, III: The Festival Calendar«, in: ebenda, VIII, 2, 1994, S. 163 – 184.

Darstellungen früher nahöstlicher Neujahrsfeste finden sich u. a. bei HOOKE, S. H. (Hrsg.): *Myth and Ritual*, Oxford 1933, S. 87 – 110, 111 – 146. Über *Pessach* und *Ssukkot* als Neujahrsfeste siehe Jehudah B. SEGAL: *The He-*

brew Passover from the Earliest Time to A. D. 70, London u. a. 1963, S. 114–154.

Auch aus kabbalistischer Sicht gehören die drei Feste *Ro'sch ha-Schanah*, *Jom Kippur* und *Ssukkot* als Tage des Gerichts zusammen: TISHBY, Isaiah (Hrsg.): *Mischnat ha-Sohar*, Band 2, Jerusalem 1982, S. 510–511.

Über die Neujahrsfestgruppe siehe zum Beispiel Jonatan SAFREN: »Jubilee and the Day of Atonement«, in: *Proceedings of the Twelfth World Congress of Jewish Studies*, Jerusalem 1999, S. 112. ZUESSE, Evan M.: »The Jewish Year, I: The Complementarity of Spring and Autumn Cycles«, in: *Australian Journal of Jewish Studies*, VII, 2, Camberwell, Australia 1993, S. 111–112.

Die Gegenüberstellung der Feste nach dem Qumrankalender ist einer Übersichtstabelle der Jahresfeste entnommen aus MAIER, Johann: *Die Qumran-Essener: Die Texte vom Toten Meer*, München u. a. 1995, Band 1, S. XVII.

Marduk, Rāma und Durgā

Darstellungen des mesopotamischen Neujahrsfests finden sich in: COHEN, Mark E.: *The Cultic Calendars of the Ancient Near East*, Bethesda 1993, S. 438–440; GADD, C. J.: »Babylonian Myth and Ritual«, in: HOOKE, S. H. (Hrsg.): *Myth and Ritual*, Oxford 1933, S. 40–67, und TADMOR, Haim: »Ro'sch ha-Schanah b^e^messopotamjah«, in: LICHT, Jacob S. (Hrsg.): *Mo'adej Jissra'el*, Jerusalem 1988, S. 112–121.

Der Vergleich zwischen jüdischem und hinduistischem Festkalender kann im Rahmen dieses Buchs nur angedeutet werden, würde jedoch eine genauere Untersuchung verdienen. Erste Forschungen aus Sicht vergleichender Religionswissenschaft zeigen mehr Analogien als allgemein angenommen: GOODMAN, Hananya (Hrsg.): *Between Jerusalem and Benares, Comparative Studies in Judaism and Hinduism*, New York 1994. HOLDREGE, Barbara A.: *Veda and Torah*, New York 1996.

In *Banaras – Stadt des Lichts*, Frankfurt a.M. 1989, S. 298–304, zeigt Diana L. ECK, daß die Bestimmung der angemessenen Zeit für ein Fest Aufgabe der Astrologie ist. Über den hinduistischen Festkalender siehe auch S. 303–326.

Allgemein verständliche Literatur über den hinduistischen lunisolaren Kalender und seine Feste bieten ferner folgende Bücher: BAHADUR, Om Lata: *The Book of Hindu Festivals and Ceremonies*, New Delhi u.a. 1995; über die Feste in *Chaitra* und *Āshvini*: S. 63–70, 111–135; BAPAT, Tara: *Rituals and Festivals of India*, Bombay 1991, S. 45–47, 59–79, und DERSHOWITZ, Nachum und Edward M. REINGOLD: *Calendrical Calculations*, Cambridge 1997, S. 124–131; KANITKAR, V.P.: *Hindu Festivals and Sacraments*, New Barnet Herts 1984, S. 10–83; MERREY, Karen L.: »The Hindu Festival Calendar« in: WELBON, Guy R. und Glenn E. YOCUM (Hrsg.): *Religious Festivals in South India and Sri Lanka*, New Delhi 1982, S. 1–25; RODRIGUES, Hillary Peter: *Ritual Worship of the great Goddess: The Liturgy of the Durgā Pūja with Interpretations.* McGill Studies in the History of Religions. Albany, NY 2003; JOGANNATHAN, Maithily: *South Indian Hindu Festivals and Traditions.* New Delhi 2005.

KRISHNAMACHARYA, Ekkirala: *Spiritual Astrology*, Visakhapatnam 1983, erklärt und kommentiert die spirituelle Symbolik des astrologischen Jahrs. Ein Vergleich der Symbolik des Sternzeichens Widder mit *Pessach* und des Sternzeichens Waage mit dem Festzyklus im *Tischrej* ist aufschlußreich.

Das Heilige Wort und der Einzelne

Für die kabbalistische Deutung der Feste in der *Sohar*-Literatur siehe TISHBY, Isaiah (Hrsg.): *Mischnat ha-Sohar*,

Band 2, Jerusalem 1982, S. 508 – 532, 550 – 578. Über die Heiligkeit der Feste aus kabbalistischer und chassidischer Sicht schreibt Adin EVEN-ISRAEL (Steinsaltz) in: *Sch^e^loschah 'assar 'alej ha-schoschanah*, Jerusalem 1998, S. 125 – 127.

Zu den Abbildungen

Die Handschriften der Stadt- und Universitätsbibliothek Frankfurt am Main und der Staats- und Universitätsbibliothek Hamburg sind im *Verzeichnis der orientalischen Handschriften in Deutschland*, Band VI, 1 a, Wiesbaden 1982, S. 26, 44 ff. und 96 ff. bzw. Band VI, 3, Wiesbaden 1984, S. 3 ff. und 63 ff. beschrieben. Für die Münchner Handschriften siehe [Bayerische Staatsbibliothek]: *Das Buch im Orient. Handschriften und kostbare Drucke aus zwei Jahrtausenden*, Wiesbaden 1982, S. 51 und 55 ff.

Älteste jüdische Ikonographie ist in den Wandmalereien der Synagoge in Dura Europos überliefert: SUKENIK, E. L.: *Bejt-ha-k^e^nesset schel dura'-'awropos w^e^-zijjuraw*, Jerusalem 1947; GUTMANN, Joseph (Hrsg.): *The Dura-Europos Synagogue. A Re-evaluation (1932 – 1972)*, Missoula (Montana) 1973; SED-RAJNA, Gabrielle: *Ancient Jewish Art, East and West*, Neuchatel 1985. Darin über das Symbol der *M^e^norah* S. 12, 19, 28, 46, 66, 112 ff. Über die Symbolkraft der *M^e^norah* schreibt Victor A. KLAGSBALD: »The Menorah as Symbol: Its Meaning and Origin in Early Jewish Art«, in: *Journal of Jewish Art*, Band 12 – 13, Jerusalem 1986/87, S. 126 – 134. Für jüdische Bildersprache im Mittelalter vgl. SED-RAJNA, Gabrielle: *Die hebräische Bibel in Bilderhandschriften des Mittelalters*, Frankfurt am Main 1987.

Kam Jizchaq *ha-ssofer* ben 'Elijjahu aus Ochsenfurt oder aus Oxford? Vgl. ROTH, Cecil: *The Jewish Medieval Oxford*, Oxford 1950, S. 117 und 167; RÓTH, Ernst: *Germa-*

nia Judaica, Band 2,2, 1968, S. 622–623; BEIT-ARIÉ, Malachi: *The Makings of the Medieval Hebrew Book*, Jerusalem 1993, S. 47 und 130 sowie die angeführte Literatur.

Schilderung des *Torah*schreins im Mittelalter findet sich in: METZGER, Thérèse und Mendel: *Jüdisches Leben im Mittelalter, nach illuminierten hebräischen Handschriften vom 13. bis 16. Jahrhundert*, Würzburg 1983, S. 65 ff.

Joel ben Simeon, der bekannteste jüdische Schreibkünstler des 15. Jhs., wurde zwischen Bonn und Köln geboren (beide nennt er in seinen Kolophonen) und arbeitete in Deutschland und in Norditalien. Mehrere Handschriften, darunter die berühmte *Ashkenazi Haggadah* (London, British Library MS Add. 14762), stammen von seiner Hand. Seine Handschrift war aschkenasisch, der Stil seiner Illuminationen jedoch italienisch. Um 1460 hielt er sich wieder in Deutschland auf. Ich danke an dieser Stelle Yael ZIRLIN für die Beantwortung meiner Fragen zu Joel ben Simeon und seinem Anteil am *Machsor* München, cod. hebr. 3/II, sowie für die Zusendung ihres Aufsatzes: »Joel meets Johannes: A Fifteenth-Century Jewish-Christian Collaboration in Manuscript Illumination«, in: *Viator. Medieval and Renaissance Studies*, Band 26, Berkeley u.a. 1995, S. 265–281.

Über den Illuminator des *Machsor* München, cod. hebr. 3 vgl. ferner: LANDSBERGER, F.: »The Cincinnati Haggadah and its Decorator«, in: *Hebrew Union College Annual*, Band 10, Cincinnati 1940, S. 550; ders.: »The Washington Haggadah and its Illuminator«, in: *Hebrew Union College Annual*, Band 21, Cincinnati 1948, S. 73–103; GUTMANN, Joseph: »Thirteen Manuscripts in Search of an Author: Joel ben Simeon, 15 th-Century Scribe-Artist«, in: *Studies in Bibliography and Booklore*, Band 9, Cincinnati 1970, S. 78; METZGER, Mendel: *La Haggadah enluminée*, Leiden 1973, S. 404; EDMUNDS, Sheila: »The Place of the London *Haggadah* in the Work of Joel ben Simeon«, in: *Journal of Jewish Art*, Band 7, Jerusalem 1980, S. 25 – 34.

Darstellungen von Tierkreiszeichen gehören zum typischen ikonographischen Bestand aschkenasischer *Machsorim* als Illuminationen von *pijjutej masalot*. Diese gehen auf eine Anregung im Traktat *Ssoferim*, 19:7 – 8 (New York 1936, S. 330 – 334) zurück, in *pjjutim* für Monatsanfänge die zwölf Stämme, Monate und Sternzeichen einzuflechten. Ferner siehe SED-RAJNA, Gabrielle: *Le Mahzor enluminé*, Leiden 1983, S. 32 – 38.

Pijjutim um Regen oder Tau werden beschrieben in: ELBOGEN, Ismar: *Der jüdische Gottesdienst in seiner geschichtlichen Entwicklung*, Frankfurt a. M. 1931[3], Nachdruck Hildesheim u. a. 1995, S. 214 – 215; ders.: »Kalir Studies«, in: *Hebrew Union College Annual*, Band 3, Cincinnati 1926, S. 215 – 224; ders.: »Die Feier der drei Wallfahrtsfeste im zweiten Tempel«, in: *Vierundvierzigster Bericht der Hochschule für die Wissenschaft des Judentums in Berlin*, Berlin 1927, S. 47 – 48; YAHALOM, J.: *Pijjut u-m^{e}zi'ut b^{e}-schilhej ha-s^{e}man h^{e}-'atiq*, Tel-Aviv 1999, S. 20 – 24.

Über Moscheh bar Sch^{e}mu'el bar Awschalom siehe LANDSHUTH, L.: *Amude Ha-Aboda* (Columnae Cultus), Fasciculus I, Berlin 1857, S. 259 – 261.

Die *Haggadah*, München cod. hebr. 200 wird dargestellt in: SCHWARZ, Moritz: »Eine illustrierte Pesach-Haggadah in der Münchner Hof- und Staatsbibliothek« in: *Monatsschrift für Geschichte und Wissenschaft des Judentums*, Band 46, Breslau 1902; METZGER, Mendel: *La Haggadah enluminée*, Leiden 1973, Index S. 502.

Illuminierte *Haggadot* werden ferner besprochen: WISCHNITZER-BERNSTEIN, Rahel: »Von der Holbeinbibel zur Amsterdamer Haggadah«, in: *Monatsschrift für Geschichte und Wissenschaft des Judentums*, Heft 7/8, Frankfurt am Main 1931, S. 269 – 286; GUTMANN, Joseph: »The Illuminated Medieval Passover Haggadah: Investigations and Research Problems«, in: *Studies in Bibliography and Booklore*, Band 7, Cincinnati 1965, S. 3–25; ROTH, Cecil: »The Illustrated Haggadah«, in: *Studies in Bibliography and Booklore*, Band 7, Cincinnati 1965, S. 37–56; NARKISS, Bezalel: *Hebrew Illuminated Manuscripts*, Jerusalem 1963.

Auf eine parallele Darstellung zur Ankunft des Messias bei den Palmsonntagsprozessionen, bei denen eine holzgeschnitzte Christusfigur auf einem fahrbaren Palmesel mitgeführt und zum Tor eines angedeuteten Jerusalem geleitet wurde, verweist GUTMANN, Joseph: *Buchmalerei in hebräischen Handschriften*, München 1978, S. 98. Über Illustrationen zu *schefoch* vgl. METZGER, Mendel: *La Haggadah enluminée*, Leiden 1973, S. 319ff.

Eine kurze Darstellung *'Ewronot*-Bücher findet sich in LEVY, B.B.: *Planets, Potions and Parchments – Hebraica from the Dead Sea Scrolls to the Eighteenth Century*, Montreal 1990, S. 101–103 (dort *'Ibronot*).

Über die Bedeutung der Darstellung der Waage in jüdischen Stempeln und Handschriften im 18. Jh. schreibt RAHMANI, L.Y.: »Three Desk Seals in the Jewish Museum, London«, in: *Journal of Jewish Art*, Band 19–20, Jerusalem 1993/1994, S. 162ff.

Über die Holzschnitte der *Minhagim*-Bücher: EPSTEIN, Morris: »Simon Levi Ginzburg's Illustrated Custumal (Minhagim-Book) of Venice, 1593, and its Travels«, in: *Proceedings of the fifth World Congress of Jewish Studies*, Band 4, Jerusalem 1973; SHMERUK, Chone: »ha-'ijjurim min ha-minhagim be-jidisch, wenezijah 5353/1593, be-hadpassot choserot«, in: *Studies in Bibliography and Booklore*, Band 15, Cincinnati u.a. 1984, S. 31–52. Ders.: *Ha-'ijjurim le-ssifrej jidisch ba-me'ot ha-16 – ha-17*, Jerusalem 1986; FEUCHTWANGER-SARIG, Naomi: »How Italian are the Venice *Minhagim* of 1593?«, in: GRAETZ, Michael (Hrsg.): *Schöpferische Momente des europäischen Ju-*

dentums in der frühen Neuzeit, Heidelberg 2000, S. 177–205. Über die in unserem Buch verwendete Ausgabe siehe ZAFREN, Herbert C.: »The Value of ›Face Value‹«, in: *Hebrew Union College Annual*, Band 40–41, Cincinnati 1969–1970, S. 555–580. Die bibliographische Arbeit von Schabb^{e}tai Bass beschreibt M. Mendel ZLOTKIN, *Re'schit bikkurej ha-biblijografjah ba-ssifrut ha-'iwrit*, Tel-Aviv 1958.

Zum Schatten als Schicksalsorakel siehe »Schatten«, in: *Handwörterbuch des deutschen Aberglaubens*, Band 9, Nachträge, Berlin u.a. 1987, S. 134ff., 138ff. Für Abhandlungen über den Brauch, den Schatten in der Nacht von *Hoscha'na' rabbah* zu betrachten, siehe WILHELM, J.D.: »Ssidrej tiqqunim«, in: *'Alej 'aji"n*, Jerusalem 1952, S. 130–143, und SADAN, Dov: *Galgal mo'adim*, Tel-Aviv 1964, S. 163–178.

Hieronymus' Übersetzung des hebräischen Wortes *qaran* als *cornuta* (*Exodus* 34:29) führte seit dem Mittelalter zu Portraits eines gehörnten Mose, vgl. MELLINKOFF, Ruth: *The Horned Moses in Medieval Art and Thought*, Berkeley u.a. 1970; dies.: »More about Horned Moses«, in: *Journal of Jewish Art*, Band 12–13, Jerusalem 1986–1987, S. 184–198.

[The Israel Museum, Jerusalem]: *Illustrated Haggadot of the Eighteenth Century* (hebr.), Jerusalem 1983; FISHOF, Iris: *Jüdische Buchmalerei in Hamburg und Altona. Zur Geschichte der Illumination hebräischer Handschriften im 18. Jahrhundert*, Hamburg 1999, S. 229ff.

Über die Holzschnitte der *Ze'nah u-r^{e}'enah*-Ausgaben vgl. WISCHNITZER, Rahel: »Gleanings. The zeena u-reena and its illustrations«, in: *Jubilee Volume N.M. Gelber*, Tel Aviv 1963, S. XXXIV–XXXV; HEYD, Milly: »Illustrations in Early Editions of the Tsene-U'rene. Jewish adaptions of Christian Sources«, in: *Journal of Jewish Art*, Band 10, Jerusalem 1984, S. 64–86.

של י"ד לוחות הקביעות

פ 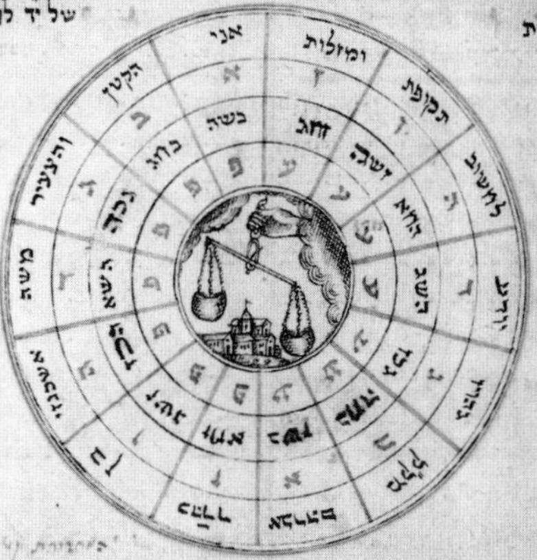 ע

בזה [illegible]

[illegible]

והאריך ומי שיש לו מוח בקדקדו

יבין וישכיל

[illegible]

ועתה אכתוב רק לוח משנת תקל"ו לפ"ק עד [illegible] ימי העולם ומחזור קטן ומחזור גדול ומולדת ראשי

השנים עם כל הקביעות ובאיזה שנה

יהי' עיבור או פשוטה או

חסרים או

מלאים

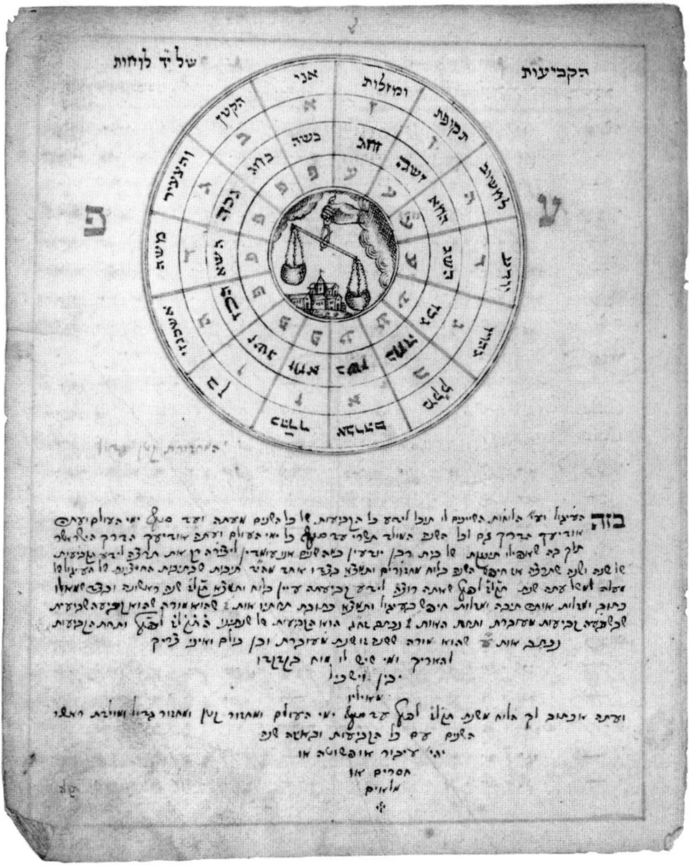

Abbildung 40

Zweites Titelblatt des kalendarischen Werkes *Cheschbon ha-luchot*, 1777. Die Federzeichnung zeigt Berechnungskreise der sieben Jahrestypen von Schalt- bzw. Gemeinjahren. Im äußeren Kreis allerdings stellt sich der Verfasser vor: »Ich der geringe und junge Moscheh 'Aschkenasi ben khr"r« [Abkürzung für die Formel: des ›verehrten Raw, mein Meister‹] 'Awraham aus der heiligen Gemeinde *ghwjs* [Gewicz?] kann Jahreszeiten und Planetenlauf errechnen (vgl. S. 209). Im zweiten Kreis sind die Wochentage aufgezeichnet. Im dritten Kreis stehen die 14 *q^{e}wi'ot*, »Bestimmungen«, nämlich die Eigenschaften jedes Jahrestyps, der durch drei große Buchstaben angezeigt wird: Der erste bezeichnet den Wochentag, auf welchen *Ro'sch ha-Schanah* (der erste Tag des Jahres) fallen darf, der zweite gibt an, ob das Jahr regelmäßig, ›vollständig‹, länger oder ›mangelhaft‹, kürzer ist (im Gemeinjahr: 354, 355 oder 353 Tage, im Schaltjahr: 384, 385 oder 383 Tage), der dritte, auf welchen Tag *Pessach* fällt. Im vierten Kreis erkennt man, ob es sich um ein Gemein- (links) oder um ein Schaltjahr (rechts) handelt. Unten in deutscher Kursivschrift erklärt der Verfasser, daß mit diesen Kreisen selbst kleine Schüler den Kalender berechnen können und wer Gehirn im Schädel hat, die Sache von selbst verstehe.

Quellen

Zitate aus Bibel, *Mischnah*, *Talmud* und *Midrasch*literatur werden hier nicht angeführt, da die Quellen im Text genannt wurden. Zitate aus dem Hebräischen, Aramäischen und Jiddischen wurden von mir übersetzt. In Ausnahmefällen wird der Übersetzer untenstehend genannt.

Fest und Kalender

»Und es wird Leute geben …«, zitiert aus: MAIER, Johann und Kurt SCHUBERT: *Die Qumran-Essener*, München 1991, S. 53. Übersetzt von Maier/Schubert.

Pessach

»Das Abendmahl, zu …«, aus: ROSENZWEIG, Franz: *Der Stern der Erlösung*, Frankfurt a.M. 1988, S. 352–353.

»Man weiß, mit …«, aus: BLOCH, Chajim: *Priester der Liebe*, Zürich u.a. 1930, S. 132–133. Übersetzt von Chajim Bloch.

»Vor vielen Jahren …«, Israel Folktale Archives (IFA), at the University of Haifa, IFA 998.

»In Jerusalem lebte …«, aus: *Der Born Judas*, 2. Teil. Gesammelt von Micha Josef BIN GORION, neu herausgegeben von Emanuel BIN GORION, Frankfurt am Main 1959, S. 291–292. Übersetzt von Rachel bin Gorion.

»Es gab einmal …«, aus: Israel Folktale Archives (IFA), at the University of Haifa, IFA 1161.

»… und als er …«, aus: *Ejn majsseh buch* (Altjiddisch), 181. Geschichte, Basel 1602, S. 120.

»Wir haben einen …«, aus: *Z^e^lilej Chaninah* [»Chaninahs Klänge«], Tel-Aviv 1922, S. 86.

»Der Herr der schickt …«, aus: ERK, Ludwig und Franz BÖHME: Deutscher Liederhort, Leipzig 1893, Nachdruck Hildesheim 1972.

Schawu'ot

»Und ein Fest ...«, aus: *Die vierundzwanzig Bücher der heiligen Schrift*, unter der Redaktion von Dr. Leopold Zunz übersetzt von H. Arnheim, Dr. Julius Fürst, Dr. M. Sachs, Nachdruck Basel 1980.

»... wohin du gehst ...«, aus: ebenda.

»Und der Berg ...«, aus: Bloch, Chajim: *Priester der Liebe*, Zürich u.a. 1930, S. 137. Übersetzt von Chajim Bloch.

»Einst sprach Rabbi ...«, aus: ebenda, S. 98. Übersetzt von Chajim Bloch.

»In Wilna lebten ...«, aus: Marcus, Eliezer: *Chag la-'am*, Jerusalem o.J., S. 132–133.

Tisch'ah b^{e}-'Aw

»Auch wenn ich ...«, aus: *Die vierundzwanzig Bücher der heiligen Schrift*, unter der Redaktion von Dr. Leopold Zunz übersetzt von H. Arnheim, Dr. Julius Fürst, Dr. M. Sachs, Nachdruck Basel 1980.

»Tröste, Ewiger Unser ...«, aus: *Gebetbuch für das ganze Jahr*, bearbeitet im Auftrag des Liberalen Kultus-Ausschusses des Preußischen Landesverbandes jüdischer Gemeinden, 1. Teil, Frankfurt a.M. 1931, S. 69. Übersetzt von Caesar Seligmann.

Die Legende von den Tränen der Klagemauer findet sich in: Israel Folktale Archives (IFA), at the University of Haifa, IFA 16.402.

»Ich erinnere mich ...«, aus: Thieberger, Friedrich (Hrsg.): *Jüdisches Fest, jüdischer Brauch*, Berlin 1936, Nachdruck Frankfurt a.M. 1997, S. 415–416.

»Am Jahrestag der ...«, aus: Bloch, Chajim: *Priester der Liebe*, Zürich u.a. 1930, S. 198–199. Übersetzt von Chajim Bloch.

»Ein Volk, das ...«, aus: Marcus, Eliezer: *Chag la-'am*, Jerusalem o.J., S. 140.

Ro'sch ha-Schanah

Nehemia 8: 1 – 10, aus: *Die vierundzwanzig Bücher der heiligen Schrift*, unter der Redaktion von Dr. Leopold ZUNZ übersetzt von H. ARNHEIM, Dr. Julius FÜRST, Dr. M. SACHS, Nachdruck Basel 1980. Das Buch *Nehemia* wurde von H. Arnheim übersetzt.

»Die heiligen Freunde …«, aus: AGNON, Samuel J. (Hrsg.): *Jamim nora'im*, Tel-Aviv 1973, S. 140.

»Der Gefangene«, aus: BLOCH, Chajim: *Priester der Liebe*, Zürich u.a. 1930, S. 118 – 119. Übersetzt von Chajim Bloch.

»Im Traum offenbarte …«, aus: AGNON, Samuel J. (Hrsg.): *Jamim nora'im*, Tel-Aviv 1973, S. 118.

»Heiligen Tages Macht«, aus: *Gebetbuch für das ganze Jahr*, bearbeitet im Auftrag des Liberalen Kultus-Ausschusses des Preußischen Landesverbandes jüdischer Gemeinden, 2. Teil, Frankfurt a.M. 1929, S. 163. Übersetzt von Caesar Seligmann (Landau 1860 – London 1959).

»Jüdischer Herbst«, aus: CHALFI, Awraham: *Me'aschpot jarim*, Tel-Aviv 1974, S. 47.

Jom Kippur

»Am Vorabend eines Jom-Kippur …«, aus: BLOCH, Chajim: *Priester der Liebe*, Zürich u.a. 1930, S. 123 – 125. Übersetzt von Chajim Bloch.

»Wie war der Hohepriester …«, aus: *Gebetbuch für das ganze Jahr*, bearbeitet im Auftrag des Liberalen Kultus-Ausschusses des Preußischen Landesverbandes jüdischer Gemeinden, 2. Teil, Frankfurt a.M. 1929, S. 449. Übersetzt von Caesar Seligmann.

»Inmitten des Gebetes …«, aus: BLOCH, Chajim: *Priester der Liebe*, Zürich u.a. 1930, S. 129. Übersetzt von Chajim Bloch.

»Unser Gott und Gott …«, aus: *Gebetbuch für das ganze Jahr*, bearbeitet im Auftrag des Liberalen Kultus-Ausschusses des Preußischen Landesverbandes jüdischer Gemeinden, 2. Teil, Frankfurt a. M. 1929, S. 263. Übersetzt von Caesar Seligmann.

»Und so können …«, aus: ROSENZWEIG, Franz: *Stern der Erlösung*, Frankfurt a. M. 1988, S. 361.

»Öffne uns das Tor …«, aus: *Gebetbuch für das ganze Jahr*, bearbeitet im Auftrag des Liberalen Kultus-Ausschusses des Preußischen Landesverbandes jüdischer Gemeinden, 2. Teil, Frankfurt a. M. 1929, S. 557. Übersetzt von Caesar Seligmann.

Ssukkot

Ssukess, ›Laubhüttenfest‹, aus: ROSENFELD, Morris: *Schriftn*, Band 2, New York u. a. 1910, S. 91.

»In einem Dorf in Buchara …«, aus: MARCUS, Eliezer: *Chag la-'am*, Jerusalem, o. J., S. 42–43.

»Man füllte ein …«, aus: THIEBERGER, Friedrich (Hrsg.): *Jüdisches Fest, jüdischer Brauch*, Berlin 1936, Nachdruck Frankfurt a. M. 1997, S. 325. Übersetzt von Lazarus Goldschmidt.

»Die Stimme des …«, aus: *Gebetbuch für das ganze Jahr*, bearbeitet im Auftrag des Liberalen Kultus-Ausschusses des Preußischen Landesverbandes jüdischer Gemeinden, 1. Teil, Frankfurt a. M. 1931, S. 333. Übersetzt von Caesar Seligmann.

Chanukkah

»Diese Lichter zünden …«, aus: *Sidur Sefat Emet*, Nachdruck Basel 1986, S. 274. Übersetzt von Seligmann Bamberger (Lengnau 1872 – Hamburg 1936).

»Judas aber und seine Brüder …«, aus: *1. Makkabäerbuch* übersetzt von Klaus-Dietrich SCHUNCK (Jüdische Schriften aus hellenistisch-römischer Zeit, 1,4), Gütersloh 1980.

»Und acht Tage …«, aus: *2. Makkabäerbuch*, übersetzt von

Christian HABICHT (Jüdische Schriften aus hellenistisch-römischer Zeit, 1,3), Gütersloh 1976.
»Die Überfülle und ...«, aus: *Moaus Zur, ein Chanukkahbuch*, Berlin 1918, S. 129. Übersetzt von Gerhard Scholem.
»Die sechsunddreißig Kerzen ...«, aus: ebenda, S. 130. Übersetzt von Gerhard Scholem.
»Im Hause des Rabbi ...«, aus: Israel Folktale Archives (IFA), at the University of Haifa, IFA 3490.
»An jedem Chanukkah ...«, aus: *Moaus Zur, ein Chanukkahbuch*, Berlin 1918, S. 130. Übersetzt von Gerhard Scholem.
»Das *Chanukkah*fest kam ...«, aus: Israel Folktale Archives (IFA), at the University of Haifa, IFA 6527.

Purim
»Unter den Dingen ...«, aus: MARCUS, Eliezer: *Chag la-'am*, Jerusalem, o.J., S. 79.
»In Hamadan befindet ...«, aus: Israel Folktale Archives (IFA), at the University of Haifa, IFA 20.339.

Abschließend
»Die Sonne, wie ...«, aus: MAIER, Johann: »Die Sonne im religiösen Denken des antiken Judentums«, in: TEMPORINI, Hildegard und Wolfgang HAASE (Hrsg.): *Aufstieg und Niedergang der römischen Welt*, II, Band 19, Berlin u.a. 1979, S. 348. Übersetzt von Johann Maier.

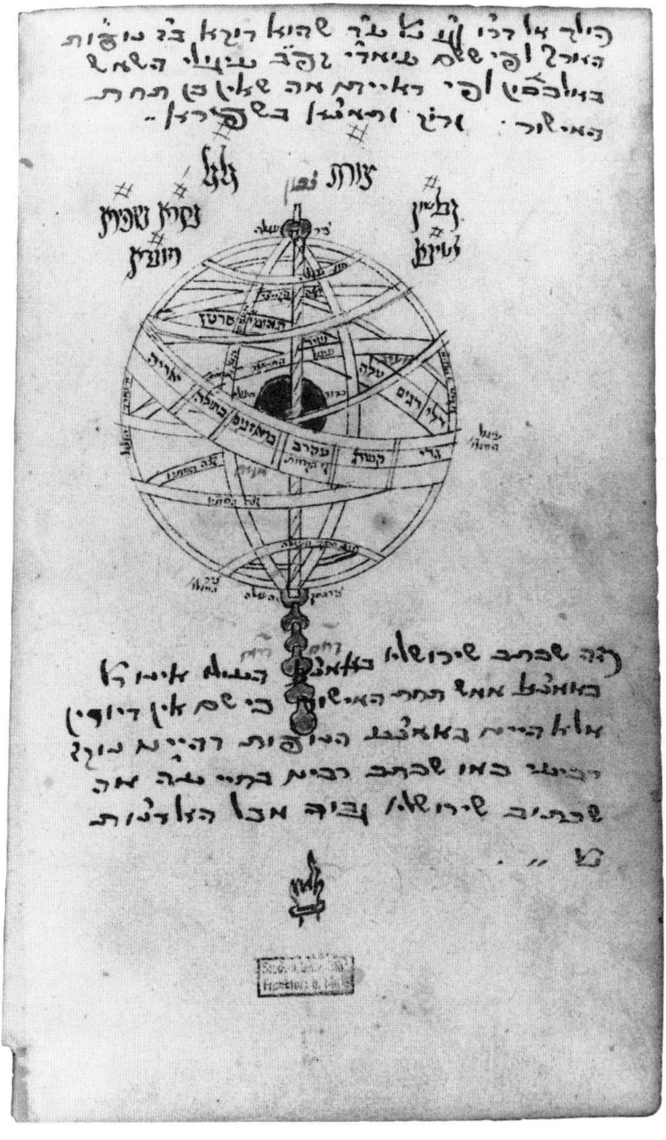
סרטן
אריה
בתולה
מאזנים
עקרב
קשת
גדי
דגים
טלה

Abbildung 41

Globus mit Kreisen und der Überschrift: »Form des Kreises und in lateinischer Sprache *sphaera mundi* genannt«. Federzeichnung aus der Handschrift *Ssefer ha-galgal*, »Buch des Weltkreises«, einem astronomisch-geographischen Werk, geschrieben um 1500. 9,5 × 15 cm.

Bildnachweis

Aus der Bayerischen Stadtbibliothek: Abbildungen II, III, V, VI, VII.

Aus der Jüdischen Bibliothek des Fachbereichs Evangelische Theologie, Johannes Gutenberg-Universität Mainz: Abbildungen 10, 11, 15, 27, 28, 33, 36, 43, 45, 48.

Aus dem Kölnischen Stadtmuseum: Abbildungen 38, 39, 47.

Aus der Judaica-Abteilung der Stadt- und Universitätsbibliothek Frankfurt am Main: Umschlagmotiv, Abbildungen S. 11, VIII, 1–9, 12–14, 16–26, 29–32, 34, 35, 37, 40, 46.

Aus der Staats- und Universitätsbibliothek Hamburg Carl von Ossietzky: Abbildungen I, IV.

Aus der Universitäts- und Stadtbibliothek Köln: Abbildung 44.

Wir danken denen, die uns die Abdruckrechte freundlicherweise überlassen haben.

Bibliographische Angaben finden sich im Kapitel *Zu den Abbildungen.*

א

ב ג ד ה ו

ז ח ט י כ ך

ל מ ם נ ן

ס ע פ ף צ ץ

ק ר ש

ת

Abbildung 42

Das hebräische Alphabet, aschkenasischer Stil aus Isny 1542. Der aschkenasische Druckbuchstabe zeichnet sich durch breite Horizontalstriche und variierende, teilweise mit Rhomboiden geschmückte Vertikalstriche aus. Die Lettern zeigen eine leichte Neigung nach links, in Schreibrichtung des Hebräischen; eine Gestaltung, die möglicherweise in Anlehnung an eine mit Gänsekiel geschriebene Vorlage entstand. Der Schriftsatz stammt aus der Offizin des Paulus Fagius (Büchlein) (1504 – 1549), Pfarrer und Schulrektor zu Isny, der starkes Interesse am Hebräischen hatte und in Zusammenarbeit mit Elias Levita (Elijjahu Bachur) (1469 – 1549) mehrere hebräische und jiddische Bücher herausgab. Dieser Schriftsatz wurde dem Werk *Precationes Hebraicae*, Isny 1542 entnommen. Die Originalhöhe der einzelnen Buchstaben beträgt 2 mm.

Begriffe, Personen und Quellen

Einige Einträge wurden in Kurzfassung nach dem *Jüdischen Lexikon*, Berlin 1927, Nachdruck Frankfurt a. M. 1987, wiedergegeben.

'Abbahu – palästinischer Amoräer der 3. Generation, starb 309 n. d. Z. Schüler von Rabbi Jochanan und Josse bar Chanina'. Schuloberhaupt in Cäsarea. Er überlieferte Lehrsätze seiner Lehrer, gab selbständige halachische Satzungen und bedeutende aggadische Aussprüche. Er beherrschte Griechisch, war bekannt für seine Bescheidenheit, Duldsamkeit und Menschlichkeit: »Wo Umkehrende stehen, können vollkommen Gerechte nicht stehen« (*Bawli, B^erachot* 34b). Er genoß hohes Ansehen auch unter den römischen Repräsentanten. »Als 'Abbahu starb, weinten die Säulen von Cäsarea« (*Bawli, Mo'ed katan* 25b).

'Abbajej – (ca. 278 – 338 n. d. Z.) babylonischer Amoräer der 4. Generation, sein Name war Nachmani. Er war Waise und wuchs bei seinem Onkel Rabbah bar Nachmani zusammen mit seinem späteren Kollegen Rawa' auf. Beide studierten auch bei Rabbi Joseph ben Chijja'. Ihre Diskussionen über Gesetzesfragen gelten als beste Beispiele talmudischer Dialektik. 'Abbajej lebte in bescheidensten Verhältnissen. Er betonte die Wichtigkeit physischer Arbeit. Um tagsüber studieren und lehren zu können, arbeitete er nachts auf seinem kleinen Gut. Mit ihm beginnt die Lehrerreihe der jüngeren und letzten Amoräer, die für die **Halachah* maßgebend sind. 'Abbajej gehörte zu den ersten, die zwischen der wörtlichen Deutung (*p^eschat*) und der erweiterten, erbaulichen, moralischen, homiletischen, zum Teil allegorischen Auslegung (*d^erasch*) der Bibel unterschieden. Charakteristisch für sein Denken sind die lapidaren

Aussprüche: »Die ganze **Torah* ist dazu da, Frieden zu stiften« (*Bawli, Gittin* 59b) oder »Es gibt keine Armut, es sei denn an Wissen« (*Bawli, N^edarim* 41a).

'Aggadah oder *Haggadah* – geht zurück auf ›Erzählen‹, der nichtgesetzliche, erzählende, homiletische Teil der rabbinischen Literatur.

'Amidah – ›Stehen‹ bezeichnet das zentrale Gebet der Morgen-, Nachmittags- und Abendzeremonie, das im Stehen gesprochen wird. Es wird auch – wie in den alten Quellen – *T^efillah*, ›Gebet‹ schlechthin genannt, am häufigsten jedoch *Sch^emoneh 'essreh*, ›achtzehn‹, oder ›Achtzehngebet‹, nach den achtzehn Bitten, aus denen es bei seiner schriftlichen Fixierung bestand (heute sind es neunzehn). Jede Bitte schließt mit einem Segensspruch und einem charakteristischen Beiwort Gottes. An *Schabbat* und Feiertagen besteht die *'Amidah* aus den drei vorderen und den drei hinteren Sätzen, die zu den ältesten Bestandteilen dieses Gebets gehören, und aus einer Bitte für die Weihe des Tages, welche die dreizehn mittleren Bitten ersetzt. Nach einer Verordnung von Rabban Gamliel II. wird das Gebet vom Vorbeter laut wiederholt, nachdem es jeder Einzelne für sich gesprochen hat. Bei der Wiederholung werden dem Anlaß entsprechend liturgische Poesien, besondere Gebete um Vergebung der Sünden, Bitten um Heilung von Krankheiten u. ä. eingeschaltet. Der Wortlaut der *'Amidah* war jahrhundertelang nicht festgelegt. Die Abschlüsse wurden beibehalten, während der übrige Text frei gestaltet wurde. Dies entsprach vor allem dem Bestreben der Juden im palästinischen Raum, reiche Abwechslung in das Gebet zu bringen. Noch um 1350 schrieb David Abudraham in Sevilla, daß es nicht zwei Gemeinden auf Erden gebe, in denen die *Sch^emoneh 'essreh* Wort für Wort gleichlautend gesprochen werde.

Vgl. ELBOGEN, Ismar: *Der jüdische Gottesdienst in seiner geschichtlichen Entwicklung*, Frankfurt a. M. ³1931, Nachdruck Hildesheim u. a. 1995, § 8, § 9. (Standardwerk)

Amoräer – hebräisch *'amora'im*, ein vom hebr. *'amar* ›sprechen‹ abgeleitetes Wort. Ursprünglich nannte man denjenigen *'amora'*, ›Sprecher‹, der dem Lehrer zur Seite stand und seinen meistens knapp und leise gesprochenen Vortrag laut und deutlich wiederholte oder sogar – wenn der Lehrer Hebräisch sprach – seine Worte in die damalige Volkssprache Aramäisch übersetzte. Später bezeichnete das Wort die über 3000 palästinischen und babylonischen Interpreten und Gesetzeslehrer im 3. – 5. Jh. Die Diskussionen der *'amora'im* sind im Jerusalemer (*j^eruschalmi*) und im babylonischen (*bawli*) **Talmud* enthalten. In *'Erez Jissra'el* gab es fünf Amoräergenerationen (ca. 220 – ca. 370 n. d. Z.), in Babylonien sieben (ca. 220 – ca. 530). Die palästinischen *'amora'im* nannte man ›Rabbi‹, die babylonischen ›Raw‹. Die palästinischen *'amora'im* lehrten hauptsächlich in den Gelehrtenschulen von Tiberias, Sepphoris und Caesarea, die babylonischen in Nehardea, Sura, Pumbedita und Machosa.

Apokryphen – geht auf das griechische Wort für ›verborgen‹ zurück und bezeichnet die Schriften, die in der Septuaginta und in der Vulgata enthalten sind, nicht aber in der hebräischen Bibel. Die Bezeichnung stammt vom Kirchenvater Hieronymus und entspricht den im **Talmud* erwähnten *ss^efarim chizonim*, ›außenstehenden Büchern‹. Das sind: 1. Esra, Zusätze zu Ester und Daniel, 1. und 2. Makkabäer, Tobit, Judit, Susanna, Weisheit Salomos, Ben Sira, Baruch, Brief Jeremias, Vom Bel und vom Drachen und Manasses Gebet. Daß diese Schriften ausgeschlossen wurden, erklärt man damit, daß sie nach Ende der biblischen Periode (4. Jh. v. d. Z.) entstanden seien.

'Aschk^{e}nasim – In der Völkertafel in *Genesis* 10:3 ist *'Aschk^{e}nas* als einer der Urenkel Noas aufgeführt. Infolge der Gleichsetzung von *'Aschk^{e}nas* mit Deutschland nennt man *'aschk^{e}nasim* die mittel- und osteuropäischen Juden im Unterschied zu den aus Spanien-Portugal stammenden Juden (*ss^{e}faraddim*), die in West- und Südwesteuropa und den Mittelmeerländern wohnen. Vor dem Zweiten Weltkrieg gehörten außer den Juden in Deutschland selbst der größere Teil der Juden in Frankreich, Belgien, Holland, Großbritannien, Skandinavien, vor allem aber alle Ostjuden darunter besonders die polnischen, litauischen, russischen, ungarischen, rumänischen, aber auch die amerikanischen, südafrikanischen und australischen Juden sowie die Juden Ostasiens zu den *'aschk^{e}nasim. 'Aschk^{e}nasim* und **ss^{e}faraddim* entwickelten unterschiedliche Bräuche, Lebensweisen, Schreibstile, Aussprache des Hebräischen und eigene liturgische Riten, die sich namentlich landschaftlich in mehrere Äste verzweigen.

Vgl. Malkiel, David: *Reconstructing Ashkenaz. The Human Face of Franco-German Jewry, 1000 – 1250*, Stanford 2009; Marcus, Ivan G.: »A Jewish-Christian Symbiosis. The Culture of Early Ashkenaz«, in: Biale, David (Hrsg.): *Cultures of the Jews. A New History*, New York 2002, S. 449 – 516; Ta-Shma, Israel M.: *Minhag aschkenas ha-qadmon*, Jerusalem ^{3}1999.

Ba'al Schem Tow – ›Meister des guten Namens‹, als Abbreviatur *Bescht*, oder kurz *Ba'alschem*, ist der Beiname des Mystikers Israel ben Eli'eser (Okopy um 1698 – Międzybórz 1760), der als Begründer des osteuropäischen *Chassidismus gilt. Sein Beiname bedeutet, daß er mithilfe des Gottesnamens heilte. Seine Kindheit soll er vorwiegend in Einsamkeit und Meditation in den Wäldern Podoliens verbracht haben. Nachdem er durch *hitgallut*, ›Offenbarung‹, seine spirituelle Aufgabe erkannt hatte, begann er Gesetz und Geheimlehre zu studieren, gab sich jedoch unwissend. Er heiratete mit zwanzig Jahren Chane aus Kitew und lebte mit ihr in den Dörfern der Karpatenwäldern. Seine Gebete und Amulette brachten ihm nach und nach den Ruf eines Heilers. Um 1740 ließ er sich in Międzybórz nieder und gründete ein eigenes *Bejt Midrasch*, Lehrhaus. Er wurde von jüdischen Gelehrten und von polnischen Adligen respektiert. Seine Lehre, die vor allem in Legenden überliefert ist, vermittelt eine panenthistische Gottesvorstellung; sie lehnt Askese ab und sieht in der Lebensfreude die Voraussetzung zur Erfahrung göttlicher Gegenwart; betont die Wichtigkeit und Wirksamkeit des feuerigen, ekstatischen Gebets, durch welches sich die Seele aus den Beschränkungen des Körpers zu befreien und die Einheit mit Gott zu erleben vermöge (*dᵉwequt*, ›Anhaftung‹). Zu seinen Schülern gehören Dow Baer von Mesiritsch, Nachum von Tschernobyl und Pinchas von Korez.

Vgl. Etkes, Immanuel: *The Besht: Magician, Mystic, and Leader*, Waltham 2005; Rosman, Moshe: *Founder of Hasidism: A Quest for the Historical Ba'al Shem Tov*, Berkeley 1996; Scholem, Gerschom: *Die jüdische Mystik in ihren Hauptströmungen*, Frankfurt a.M. 1957, S. 356ff.

Bajtossim (Boethusier) – jüdische Gruppe aus den letzten 100 Jahren des zweiten Tempels. Sie sind nur aus der rabbinischen Literatur, die sie *Bajtossim* nennt, bekannt. Diese Quellen überliefern religiöse Ansichten und Praktiken der Boethusier, die stark von denen der **Pᵉruschim* (Pharisäer) oder Weisen der Zeit abweichen und denen der **Zᵉdukim* (Sadduzäer) verwandt sind. Daher wurden sie als Sadduzäer angesehen. Nach Ansicht moderner Forscher jedoch handelt es sich um eine selbständige Gruppe, die auf den herodianischen hohen Priester Schim'on ben Bajtoss (24 v.d.Z.) zurückgeht. Unter die überlieferten Streitpunkte zwischen *P^e^ruschim* und *Bajtossim* fallen auch die heftigen Auseinandersetzungen um *Schawu'ot*, das nach den *Bajtossim* dem Wortlaut der **Torah* entsprechend stets auf einen Sonntag fallen müsse, sowie um den Wasserguß auf den Altar an den sieben Tagen des *Ssukkot* und die von den Pharisäern vorgeschriebenen Umzüge mit Weidenzweigen um den Altar, welche die Boethusier verwarfen.

Bawli – der babylonische *Talmud.* Ein Handbuch mächtigen Ausmaßes, das Bibelstudium und Exegese aus knapp 400 Jahren umfaßt, redigiert und ediert in Babylonien im 5. und frühen 6. Jh. Das Werk ist als Kommentar der **Mischnah* angelegt, wobei viel abweichendes Material hinzugezogen wird. Der Erstdruck der vollständigen Ausgabe in 15 Bänden erschien 1520–1523 in Venedig bei Daniel Bomberg. Seine Seitengestaltung und -zählung wurden für alle späteren Drukke – auch heute noch – maßgeblich.

Vgl.: *Der babylonische Talmud*, übersetzt von Lazarus Goldschmidt, Band 1–12, Frankfurt a.M. ^{4}1996. Stemberger, Günter: *Der Talmud: Einführung, Texte, Erläuterungen*, München ^{4}2008.

B^e^-midbar Rabbah – (auch *Numeri Rabbah*) ein mittelalterlicher **Midrasch* zum 4. Buch Mose (*Numeri*). Sein erster Teil (Kapitel 1–14) umfaßt zahlreiche Kommentare zu den ersten zwei Wochenabschnitten aus dem jährlichen Lesezyklus (*Numeri* 1–7) und soll im 12. Jh. in der Provence ediert worden sein. Sein zweiter Teil (Kapitel 15–23) enthält im wesentlichen dieselben Texte zum restlichen *Numeri* (8–36) wie *Midrasch *Tanchuma'*.

B^e^-re'schit Rabbah – (auch *Genesis Rabbah*) eine Sammlung rabbinischer Kommentare zu Versen aus dem Buch Genesis. Gilt im allgemeinen als der älteste *aggadische *Midrasch* und soll Ende des 4. oder Anfang des 5. Jhs. in *'Erez Jissra'el* verfaßt worden sein. Er enthält zahlreiche exegetische Kommentare, Gleichnisse, Ergänzungen zu biblischen Erzählungen und aggadische Überlieferungen, die auf die Weisen der **Mischnah* und des **Talmud* zurückgehen.

Buch der Jubiläen – auch als *Die Jubiläen* oder *Jubiläenbuch* bekannt, ist eines der pseudepigraphischen Werke. Es wurde hebräisch geschrieben, doch heute existiert es vollständig nur in einer äthiopischen (Ge'es) Übersetzung aus dem Griechischen. Mehrere hebräische Fragmente aus verschiedenen Manuskripten, die unter den Schriften vom Toten Meer gefunden wurden, bezeugen den hebräischen Ursprung des Buchs. Teile des Buchs existieren in griechischer und lateinischer Übersetzung. Es wurde im 2. Jh. v. d. Z. – möglicherweise noch früher – verfaßt. In 50 Kapiteln wird die Geschichte von Genesis 1 bis Exodus 14 als eine Offenbarung eines Engels an Mose erzählt. Viele biblische Passagen fehlen, andere werden durch Reden und erzählende Zusätze ergänzt. Die biblischen Ereignisse werden in Jubiläen (49 Jahre ist eine *jowel*-Periode) gegliedert. Daher erhielt das Buch seinen Namen. Diese Chronologie betont die Wichtigkeit des solaren Kalenders mit seinen 52 *Schabbat*wochen und 364 Tagen. Dieser Kalender wird auch in einigen Schriften vom Toten Meer erwähnt. Die Qumran-Essener richteten ihr Leben und ihren Ritus nach diesem Kalender aus, und es ist eindeutig, daß sie das *Buch der Jubiläen* hochschätzten.

Chalfi, Awraham – wurde 1906 in Rußland geboren und kam 1924 nach Palästina. Er war Pionier, Schauspieler und Dichter. Bis zu seinem Tod 1980 veröffentlichte er acht Gedichtbände.

Chassidim – ›Fromme‹, Plural von *Chassid.* Bezeichnet in der hellenistischen Ära (4. – 1. Jh. v. d. Z.) jene Juden, welche nach den religiösen und ethischen Vorschriften der **Torah* lebten. Sie schlossen sich zu Gemeinden zusammen und gehörten zu den Aufständischen unter Mattitjahu (*1. Makkabäer* 2:42; 7:13 und *2. Makkabäer* 14:6). In **Mischnah* und **Talmud* taucht der Begriff *chassidim ri'schonim*, die ›ersten, frühen Frommen‹, auf. Von ihnen wird zum Beispiel erzählt, sie meditierten eine Stunde vor und eine Stunde nach jeder Gebetszeremonie, um ihr Herz auf Gott zu richten (*Mischnah*, *B^erachot*, 5:1).

Vgl. KAMPEN, John: *The Hasideans and the Origin of Pharisaism: A Study in 1 and 2 Maccabees*, Septuagint and Cognate Studies, 24, Atlanta 1988, mit umfangreicher Bibliographie.

Im 12. und 13. Jh. verbindet sich der Name mit jenen mystisch-asketischen Kreisen in *'Aschk^enas* – vor allem Rheinland und Nordfrankreich –, die an *Jehudah ben Schemuel he-Chassid (um 1159–1217) anknüpften.

Vgl. DAN, Joseph: »The Emergence of Jewish Mysticism in Medieval Germany« in: HERRERA, Robert (Hrsg.): *Mystics of the Book: Themes, Topics and Typologies*, New York 1993, S. 57–95; MAIER, Johann: *Geschichte der jüdischen Religion*, [neubearbeitete Ausgabe] Freiburg u.a. 1992, S. 325–333.

Chassidismus – Der Begriff *Chassidim* wird seit Mitte des 18. Jhs. im Zusammenhang mit dem Chassidismus gebraucht. Der Chassidismus in Polen geht zurück auf den berühmten Heiligen und Mystiker Israel *Ba'al Schem. Die Bewegung wandte sich gegen die elitäre Kultur des *Talmud*-Studiums und der asketischen kabbalistischen Praktiken. Ein neues mystisches Lebensgefühl, das von der Ekstase bis in die Alltäglichkeiten des äußeren Lebens reichte, sollte erweckt werden. Dazu gehörten tiefe Gottesfreudigkeit anstelle von Niedergeschlagenheit, die den seelischen Aufschwung hindere, aus religiöser Ergriffenheit entstandene Begeisterung, heiliger Dienst und tägliches Lebenswerk. Leitende Ge-

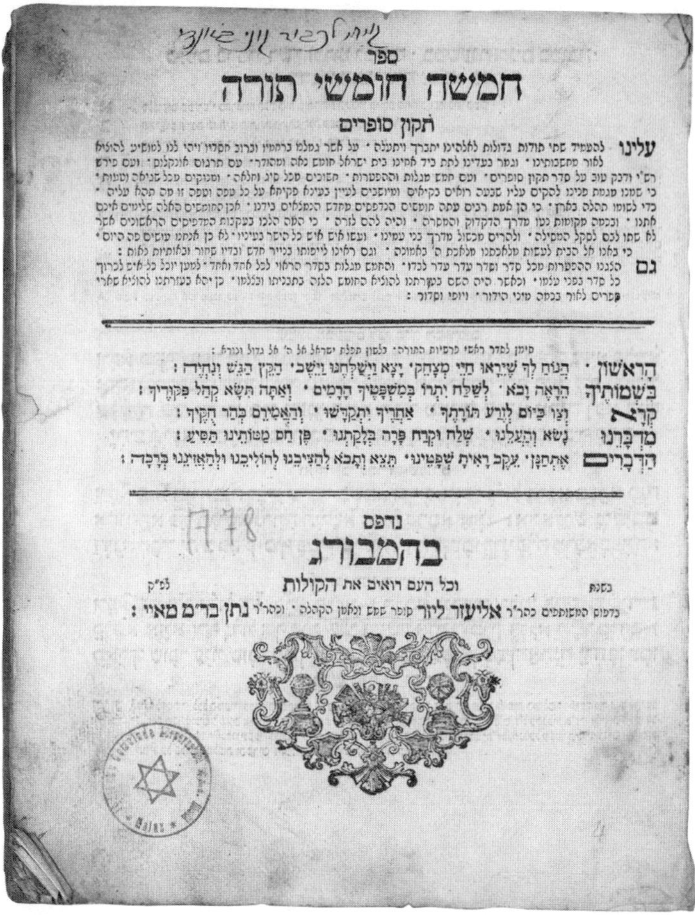

ספר

חמשה חומשי תורה

תקון סופרים

עלינו להעמיד שתי תודות גדולות לאלהינו יתברך ויתעלה · על אשר גמלנו כרחמיו וכרוב חסדיו ויהי לנו למושיע להוציא לאור מחשבותינו · וגמר בעדינו לתת ביד אחינו בית ישראל חומש נאה ומהודר · עם תרגום אונקלוס · ועם פירש רש"י ודבק טוב על סדר תקון סופרים · ועם חמש מגלות והפטרות · חשוכים מכל סיג ותלאה · ומנוקים מכל שגיאה וטעות · כי שמנו מגמת פנינו להקים עליו שבעה רואים בקיאים ומיושבים לעיין בעינא פקיחא על כל טפה וטפה זו מה תהא עליה · כדי לשומו תהלה בארץ · כי כן אמת רבים עתה חומשים הנדפסים מחדש המגולים בידנו · אכן החומשים האלה שליטים איכם אתנו · ובכמה מקומות נטו מדרך הדקדוק והמסרה · והיה להם לזרה · כי המה הלכו בעקבות המדפיסים הראשונים אשר לא שתו לבם לסקל המסילה · ולהרים מכשול מדרך בני עמינו · ועשו איש איש כל הישר בעיניו · לא כן אנחנו עושים פה היום · כי באנו אל הבית לעשות מלאכתנו מלאכת ה' כאמונה · וגם ראינו לייפותו בנייר חדש ובדיו שחור ובאותיות נאות :

גם הכנסנו ההפטרות מכל סדר וסדר עדר לבדו · והחמש מגלות בסדר הראוי לכל אחד ואחד · למען יוכל כל איש לכרוך כל סדר בפני עצמו · וכאשר היה השם בעזרתנו להוציא החומש הלזה בתבניתו ובכלמו · כן יוסף בעזרתנו להוציא שארי ספרים לאור בכמה מיני הידור · ויופי וסדור :

סימן לסדר ראשי פרשיות התורה: כלשון תפלת ישראל אל ה' אל גדול וגורא :

הראשון · הֲנוֹחַ לְךָ שֶׁיֵּרָאוּ חַיֵּי מְצַחֵק׳ יָצָא וַיִּשְׁלְחוּ וַיֵּשֶׁב׳ הֲקֵץ הֲגֵשׁ וְנִחְיֶה :

בְּשְׁמוֹתֶיךָ הֵרָאֶה וָבֹא׳ לְשַׁלַּח יִתְרוֹ בְּמִשְׁפָּטֶיךָ הָרָמִים · וְאַתָּה תִּשָּׂא קְהַל פְּקוּדֶיךָ :

קְרָא וְצַו כַּיּוֹם לְזֶרַע תּוֹרָתֶךָ · אַחֲרֶיךָ יִתְקַדְּשׁוּ · וְהָאֲמִירֵם בְּהַר חֻקֶּיךָ :

מִדְבָּרֵנוּ נָשֹׂא וְהַעֲלֵנוּ · שְׁלַח וּקְרַח פָּרָה בְּלָקְתֵנוּ · פֶּן חַס מַטּוֹתֵינוּ תַּסִּיעַ :

הַדְּבָרִים אֶתְחַנַּן׳ עֵקֶב רְאִית שׁוֹפְטֵינוּ׳ תֵּצֵא וְתָבֹא לְהַצִּיבֵנוּ לְהוֹלִיכֵנוּ וּלְהַאֲזִינֵנוּ בְּרָכָה :

נדפס

בהמבורג

בשנת וכל העם רואים את הקולות לפ"ק

בדפוס המשותפים כהר"ר אליעזר ליזר סופר סת"ם ונאמן הקהלה · וכהר"ר נתן בר"ם מאיי :

Abbildung 43

Chamischah chumschej Torah, ›Fünf Bücher Mose‹, Titelseite, 20 × 25,2 cm, Hamburg 1778. Diese Ausgabe entspricht in der Kolummnengestaltung den handgeschriebenen *Torah*rollen, doch im Gegensatz zur *Torah*rolle ist der Text der gedruckten Ausgabe mit Vokal- und Kantillationszeichen versehen. Es ist ein Buch für den professionellen Gebrauch von Vorbetern und *Torah*-Schreibern. Vorleser können sich mit Hilfe solcher Bibelausgaben auf das rituelle Vorlesen der jeweiligen Abschnitte vorbereiten. Dabei steht in der Synagoge neben dem Vorbeter, der aus der *Torah*rolle vorträgt, ein Vorsteher und verfolgt die Lesung in einer solchen Bibelausgabe, um bei Bedarf den Vorbeter korrigieren zu können. Diese Ausgabe enthält eine Übersetzung ins Aramäische (*Targum* Onqelos), Raschi-Kommentar und Stellenverweise. Ein Miteigentümer der Hamburger Druckerei war 'Eli'eser Lejser, *Torah*-Schreiber (*ssofer*), Synagogendiener und Vorstandsmitglied der Gemeinde.

stalten im Chassidismus waren der Urenkel des Ba'al Schem, Rabbi Nachman aus Brazlaw (1771–1810) und Menachem Mendel Schneersohn von Lubawitsch (1789–1866). Im 20. Jh. stellte der Chassidismus eine Gegenbewegung zum Zionismus und zur Assimilation dar. Chassidische Schulen wie Satmar oder Lubawitscher haben heute noch weltweit viele Anhänger.

Vgl. Dynner, Glenn: *Men of Silk. The Hasidic Conquest of Polish Jewish Society*, New York 2006; GRÖZINGER, Karl Erich: *Jüdische Mystik. Eine Einführung in die Geisteswelt des Chassidismus*, Karlsruhe 1996; HUNDERT, Gershon (Hrsg.): *Essential Papers on Hasidism: Origins to Present*, New York 1991.

Choni ha-me'aggel – ›Choni-der-den-Kreis-um-sich-zieht‹ oder ›Choni der Kreisedreher‹, ein *Chassid* aus dem 1. Jh. v. d. Z. Er starb 65 v. d. Z., berühmt durch seine Wundertaten. Sein Name rührt daher, daß er durch sein Gebet, das er in einem um sich gezogenen Kreis stehend verrichtete, Regen erflehen konnte (*Mischnah, Ta'anit* 3:8). Eine andere Legende berichtet, er habe bei einem soeben gepflanzten Johannisbrotbaum sein Mahl eingenommen und sei eingeschlafen. Als er erwachte, trug der Johannisbrotbaum Früchte. Daran habe Choni erkannt, daß er siebzig Jahre geschlafen hatte. Da ihn nun keiner wiedererkannt habe, bat er um Erbarmen und sei gestorben (*Bawli, Ta'anit* 23a). Hingegen berichtet Josephus, daß Choni dem Krieg zwischen Aristobul II. und seinem Bruder Hyrkanus zum Opfer gefallen sei: Die Soldaten von Hyrkanus haben ihn aufgefordert, den belagerten Feind zu verfluchen; er aber betete, daß Gott von keiner Seite das feindselige Gebet erhören möge, worauf er sofort gesteinigt wurde.

Deuteronomium – das 5. Buch Mose, Wiederholung des mosaischen Gesetzes in Form einer Rede. Hebräisch heißt das Buch *D^e^warim*, ›Worte‹ oder ›Reden‹.

Dienstengel – mal'achej ha-scharet, die Gott dienenden Engel. Sie werden täglich aus einem Fluß aus Feuer erschaffen und lobpreisen Gott (*Bawli, Chagigah* 14a).

'Ejchah Rabbah – aggadischer **Midrasch* zum Buch *'Eijchah*, Klagelieder. Er soll in *'Erez Jissra'el* im späten 4. oder frühen 5. Jh. ediert worden sein; in hebräischer und aramäischer Sprache, geordnet nach den Versen des biblischen Buches. Der **Midrasch* wird von 36 *p^e^tichot*, ›Proömien‹, eingeleitet.

'El'asar ben J^e^hudah aus Worms – (Speyer um 1165 – Worms 1230) der bekannteste Autor esoterisch-theologischer und ethischer Schriften der Kalonymus-Schule der aschkenasischen **Chassidim*. Schüler des Rabbi *J^e^hudah ben Schemuel he-Chassid, mit welchem er auch verwandt war. Wird oft nach seinem halachischen Hauptwerk *Roqeach*, ›Salbenmischer‹, genannt. Er verfaßte Kommentare zu einigen talmudischen Traktaten, zu fünf biblischen Büchern und zu Gebeten und eine große Zahl liturgischer Dichtungen. Seine Frau und seine Töchter wurden vor seinen Augen von Kreuzfahrern ermordet.

Elephantine – (Aramäisch *Jew*), Nilinsel im äußersten Süden Ägyptens. Auf Elephantine lag im 5.–6. Jh. v. d. Z. eine jüdische Militärkolonie im Dienst des persischen Statthalters, die wegen des Durchgangshandels mit Elfenbein von den Griechen Elephantine genannt wurde. Die Militärkolonie wurde zum Schutz gegen nubische Einfälle gegründet. 1905/6 wurde von der Berliner Papyruskommission in Assuan das dorthin verschleppte Archiv einer jüdischen Familie aus Elephantine aufgefunden. Diese Papyri in aramäischer Schrift und Sprache zeigen, daß im 5. Jahrhundert v. d. Z. das Hebräische als Umgangssprache bereits verdrängt war. Aus der Korrespondenz des Hohenpriesters von Elephantine Jedonijah mit dem persischen Statthalter von Judäa geht hervor, daß die Elephantiner Juden einen Tempel hatten, der während der Abwesenheit des persischen Statthalters von Ägyptern zerstört wurde.

Elimelech von Lezajsk [auch Lyzhansk] – (1717–1787) chassidischer Meister und Autor. Bruder des Meisters Sussja von Annopol, Schüler des Baer von Mesiritsch, nach dessen Tod er sich in Lezajsk (Galizien) niederließ, das durch ihn ein bedeutendes Zentrum des *Chassidismus wurde. Er war einer der ersten, die einen chassidischen Hof ins Leben riefen. In seinen Schriften legt er die für ihn zentrale Rolle des *Zaddik* (wörtlich ›Gerechter‹) dar als einerseits vollständig gottverbunden, ›Gottes Freund‹ und ›Sohn des Allgegenwärtigen‹, andererseits als liebevoll um das materielle Wohl seiner Anhänger besorgt. Der *Zaddik* kann die Macht des Gerichts in Liebe umwandeln, durch seine Vermittlung fließt der göttliche Segensstrom in die Welt. Nach der Theorie von *Elimelech von Lezajsk* gehörte zum Pfad des *Zaddik* auch der absichtliche zeitweilige Fall in die Sünde, der ein Emporsteigen in neue Höhen und die Erhebung der ganzen Gemeinde nach sich zog. Er war bekannt für seine natürliche Demut und Bescheidenheit und für sein asketisches Leben.

'Erez Jissra'el – im Unterschied zum Staat Israel die auf hebräisch geläufige Bezeichnung für das Land Israel, sonst nach dem Land der Philister, griechisch Palaistiné, Palästina genannt.

Esra-Nehemia – vorletztes biblisches Buch, genannt nach dem Schriftgelehrten Esra *ha-ssofer* (5. Jh. v. d. Z.) und nach dem persischen Statthalter Nehemia. Mit ihm gestaltete Esra das jüdische Leben nach der Rückkehr aus der babylonischen Gefangenschaft neu, indem er eine Reihe religiöser Reformen durchführte, welche die spirituellen Fundamente für die Periode des zweiten Tempels legten und damit für das Judentum überhaupt. Nehemia baute die Mauer um Jerusalem, um die Existenz der jüdischen Siedlung zu sichern. Beide Bücher wurden in der jüdischen Überlieferung (*Bawli, Bawa' batra'* 15a) und den älteren Septuaginta-Handschriften als ein Buch gezählt. Origenes (3. Jh. n. d. Z.) erwähnt als erster die Bücher *Esra* und *Nehemia*. Das Buch läßt sich in drei Teile gliedern: *Esra* 1–6 beschreibt die Rückkehr nach Jerusalem, um den zerstörten Tempel wieder aufzubauen (538 v. d. Z.) und seine Vollendung im 6. Jahr des Darius I. (516 v. d. Z.); *Esra* 7–10 beschreibt Esras Zug nach Jerusalem (458 v. d. Z.) und seine Aktivitäten, darunter die Beseitigung der Mischehen; und *Nehemia* 1–13 beschreibt Nehemias Zug nach Jerusalem und seine Tätigkeit dort (445 – ca. 432 v. d. Z.).

Essener – auch Essäer, hebr. *'issijjim*, Mitglieder einer jüdischen Gruppe, die vom 2. Jh. v. d. Z. bis zur Tempelzerstörung (70 n. d. Z.) oder Ende des 1. Jhs. n. d. Z. in *'Erez Jissra'el* lebte. Anders als die *Pharisäer oder *Sadduzäer ist diese Gemeinde weder in **Mischnah* und **Talmud* noch im Neuen Testament erwähnt. Sie wird aber von griechischen und lateinischen Autoren, unter ihnen *Philon, Josephus Flavius und Plinius, beschrieben, und die Mehrheit der Wissenschaftler geht davon aus, daß die Qumran-Gemeinschaft Essener waren, welche die meisten seit 1947 entdeckten Schriften vom Toten Meer geschrieben haben. Die Herkunft des Namens ist unklar. Er scheint verwandt zu sein mit dem aramäischen *chassajja'*, das dem hebräischen *chassidim*, ›Fromme‹, entspricht oder dem aramäischen *'assajja'*, ›Heiler‹. Die Mitglieder der Gemeinschaft, die analog der Priesterschaft im Tempel organisiert war, lebten in brüderlicher Gütergemeinschaft, achteten auf sittliche und körperliche Reinheit, Enthaltsamkeit, frommen und streng ritualisierten Lebenswandel. Die Beschreibungen in den historischen Quellen und die schriftlichen sowie archäologischen Zeugnisse aus Qumran stimmen in vielen, wenn auch nicht in allen Punkten überein. Die **Halachah* der Essener, wie sie in der Schrift *Miqzat ma'assej ha-Torah* wiedergegeben ist, zeigt Nähe zu Auffassungen, die in der rabbinischen Literatur von den Sadduzäern überliefert sind. Diese Nähe zu priesterlichen Traditionen, die eigenständig nicht überliefert sind, macht die Schriften vom Toten Meer für die Erforschung alter jüdischer Traditionen besonders wichtig. Die Qumran-Gemeinde hielt an intensiver Erwartung der Endzeit fest. Sie folgte dem im **Buch der Jubiläen* beschriebenen solaren Kalender und beging die Feste an anderen Tagen als die übrige Judenheit. In der wissenschaftlichen Diskussion werden nach wie vor mehrere Hypothesen zur Geschichte der Essener vertreten.

Vgl. BEALL, Todd S.: »Essenes«, in: SCHIFFMAN, Lawrence H. und James C. VANDERKAM (Hrsg.): *Encyclopaedia of the Dead Sea Scrolls*, Oxford 2000, Band 1, S. 262–269. STEMBERGER, Günter: *Pharisäer, Sadduzäer, Essener*, Stuttgart 1991.

'Ewen ha-sch^{e}tijjah – ›Stein des Fundaments‹, ›Grundstein‹ [der Welt], ein Begriff aus der **Mischnah* (*Joma'* 5:2), die mit diesem Grundstein die Vorstellung verbindet, der Felsen reiche mit seinen Wurzeln bis auf den Grund des Weltmeeres hinunter und bilde den festen Punkt, auf den die Welt gegründet wurde (*Tossefta'*, *Jom ha-kippurim* 3:6). Diese Vorstellung ist eng mit dem Konzept verbunden, Jerusalem und der Tempel seien der ›Nabel der Welt‹. Der Felsen stand im zweiten Tempel im Allerheiligsten, und auf ihn stellte der Hohepriester an *Jom Kippur* die Opferpfanne mit dem brennenden Räucherwerk. Der natürliche Felsen auf dem Tempelberg Moria bildet heute den Mittelpunkt der Omarmoschee, des Felsendoms.

Exodus – das 2. Buch Mose, nach dem Auszug aus Ägypten benannt. Hebräisch heißt das Buch *Sch^{e}mot*, ›Namen‹.

Ga'on, Plural: *g^{e}'onim* – hier Titel der Lehrer der babylonischen Gelehrtenschulen in nachtalmudischer Zeit (etwa seit der Mitte des 7. Jhs. bis zur Mitte des 11. Jhs). Dieser Zeitabschnitt wird Epoche der *g^{e}'onim* genannt.

G^{e}mara' – ›das Erlernte, das Vollendete‹, die Erläuterungen der **Mischnah* durch die *Amoräer: engere, eigentliche Bezeichnung des **Talmud.*

Genesis – das 1. Buch Mose, nach der Geschichte der Schöpfung genannt. Hebräisch heißt das Buch *B^{e}-re'schit*, ›am Anfang‹.

G^{e}nisah – ›Versteck‹, ›Aufbewahrungsort‹. Nach einer Vorschrift, die aus der Praxis zur Tempelzeit herrührt, durften für den Tempel unbrauchbar gewordene Gegenstände und Bücher, die den heiligen Namen enthielten, nicht vernichtet, sondern mußten gesondert aufgehoben werden. Vor allem Bücher, die als häretisch galten, aber den Namen Gottes enthielten, wurden auf diese Weise der Benutzung entzogen. Nach der Tempelzerstörung wurde das Verbot beibehalten und später auf alle hebräisch geschriebenen Schriftstücke ausgedehnt. Im Mittelalter gab es neben der Synagoge einen Raum, der als *G^{e}nisah* diente. Solche ›Verstecke‹ lieferten späteren Generationen wertvolle Schriften, die lange als verschollen gegolten hatten. Die bekannteste *G^{e}nisah* wurde in der Esra-Synagoge (882 gebaut) in Fostat (Alt-Kairo) entdeckt. In ihr waren ca. zweihunderttausend Fragmente aufbewahrt, darunter ein Teil der verlorenen hebräischen Version von *Ben Sira*, eine Kopie des später am Toten Meer gefundenen *Damaskus-Dokuments*, alte synagogale Poesien aus allen damals bekannten jüdischen Zentren, halachische und frühe mystische Abhandlungen. Die Fragmente stammen vor allem aus der Zeit vom 10. bis 13. Jh. nicht nur aus Ägypten, sondern aus dem gesamten Mittelmeerraum.

Haftarah – ›Abschluß‹ der liturgischen Vorlesung aus der **Torah* während des Morgengebets (*Schacharit*) an *Schabbatot* und Festtagen. Die synagogale Schriftlesung besteht aus zwei Teilen: *Haftarah* bezeichnet den Prophetenabschnitt, der nach dem Vortrag des wöchentlichen *Torah*abschnitts verlesen wird. An *Jom Kippur* und *Tisch-'ah be-'Aw* wird *haftarah* auch während des Nachmittagsgebets (*Minchah*) vorgetragen, an Fastentagen nach aschkenasischem Ritus nur während des Nachmittagsgebets. *Haftarah* wird – mit Ausnahme weniger Jerusalemer Gemeinden – nicht wie der *Torah*abschnitt aus einer handgeschriebenen *Torah*rolle, sondern aus einem gedruckten Buch kantilliert. Die Prophetenbücher werden nicht wie die **Torah* der Reihe nach verlesen; die Auswahl ihrer Abschnitte wurde je nach Ritus im thematischen Zusammenhang mit dem Fest oder dem *Torah*abschnitt der jeweiligen *Schabbat* festgelegt. Der Brauch, öffentlich aus den Propheten vorzulesen, ist seit der Zeit des zweiten Tempels überliefert, er geht möglicherweise auf das von Antiochos IV. Epiphanes verhängte Verbot, öffentlich aus der *Torah* zu lesen, zurück.

Haggadah schel Pessach – Die Erzählung vom Auszug aus Ägypten, wie sie am *Sseder*-Abend seit alter Zeit am Familientisch vorgetragen wird. Zur Beantwortung der Fragen des Jüngsten nach der Andersartigkeit des Abends und nach der Seltsamkeit der Speisen werden *Pessach* und seine Bräuche erzählend erklärt, eingebunden in die liturgische Ordnung. Die *Haggadah* enthält zum Schluß einige Refraindichtungen und die volkstümlichen Lieder *'echad mi jodea'* und *chad gadja'*. Die *Haggadah* wurde ein volkstümliches Buch und daher früh in die jeweilige Umgangssprache übersetzt.

Hai Ga'on – (939–1038) einer der berühmtesten *g^e'onim*, Sohn des **ga'on* Sch^erira'. Bereits während des Rektorats seines Vaters wurde er zum *'aw bejt din*, das heißt stellvertretenden Leiter der Akademie in Pumbedita ernannt. 998 übergab ihm sein Vater das Amt des *ga'on*, das er bis zu seinem Tode verwaltete. Er genoß hohes Ansehen; aus allen Ländern wandte man sich mit Fragen an ihn. Seine Responsen verfaßte er, je nach Sprache der Anfrage, hebräisch, aramäisch oder arabisch. Ihre Zahl reicht an tausend heran und übertrifft die Gesamtzahl der Responsen aller anderen *g^e'onim*. Er verfaßte auf jüdisch-arabisch einige Werke zu Rechtsfragen, darunter »Kauf und Verkauf«, »Gesetze über die Eidesleistungen«. Sie wurden teilweise noch zu seinen Lebzeiten ins Hebräische übersetzt. Er schrieb über hebräische Grammatik und Bibelexegese und verfaßte ein hebräisch-arabisches Wörterbuch *Kitab al-hawi*. Unter seinen **pijjutim* sind vor allem fünf *Ss^elichot* zu *Tisch'ah b^e-'Aw* bekannt. Man nannte ihn »den letzten der *g^e'onim* der Zeit nach, den ersten der Würde nach«.

Halachah – ›Wegrichtung‹ oder ›Wandel‹, geht zurück auf die Wurzel *hlch*, ›gehen‹. Der Weg, den das Volk zu gehen hat (*Exodus* 18:20), bedeutet die Erfüllung der **Torah*. Daher bezeichnet *Halachah* den normativen, gesetzlichen Teil der nachbiblischen Literatur, Religion und Sitte sowohl insgesamt als auch einzelnes Gebot oder Verbot betreffend im Gegensatz zur **'Aggadah*, sowie die normierte religiöse Praxis.

Halbfeiertag – hebr. *chol ha-mo'ed*, bezeichnet die Zwischenfeiertage von *Pessach* und *Ssukkot*, die am dritten Festtag beginnen und an *Pessach* vier und an *Ssukkot* fünf Tage dauern. An diesen Tagen dürfen nur Arbeiten verrichtet werden, die lebenerhaltend oder schadenverhindernd sind. Die Liturgie am Halbfeiertag stellt eine modifizierte Form derjenigen des Vollfeiertags dar.

Hallel – ›Lob, Hymne‹, die biblische Bezeichnung für Hymnen oder Psalmen, die beim Tempeldienst durch die Leviten vorgetragen wurden und sich wahrscheinlich des Refrains *halleluja*, ›lobt Gott‹, bedienten. *Hallel* bezeichnet die Psalmen 113–118, die in den Festtagsgottesdienst eingeschaltet werden, begleitet von je einem einleitenden oder abschließenden Segensspruch. Beim Morgengebet von *Schabbat* und Feiertagen und am Vorabend von *Pessach* spricht man das ›große Hallel‹, *Hallel ha-gadol*, das ist Psalm 136.

Hillel – (1. Jh. v. d. Z.) mit dem Beinamen *ha-saqen*, ›der Alte‹, der sein Ansehen ausdrückt. Ein früher **tanna'*, bedeutender innovativer Gesetzeslehrer, Bibelinterpret und Begründer der nach ihm benannten Schule *Bejt Hillel*, bildete mit seinem Kollegen Schammaj das letzte der ›Paare‹ der Gelehrten, die in *Mischnah, 'Awot* 1 angeführt sind. Er wurde um 30 v. d. Z. der erste *nassi'*, Patriarch der **ssanhedrin*, und soll vierzig Jahre lang das Amt bekleidet und ein Alter von hundertzwanzig Jahren (wie Mose) erreicht haben (u. a. *Bawli, K^etuwim* 62b). Er wurde in Babylonien geboren und kam erst mit vierzig Jahren nach *'Erez Jissra'el*. In Jerusalem lebte er als Tagelöhner in großer Armut und war Schüler von Sch^ema'jah und 'Awtaljon (*Bawli, Joma'* 35b). Als nach ihrem Tode die höchsten Gelehrten eine religionsgesetzliche Frage nach der Darbringung des *Pessach*opfers an *Schabbat* nicht entscheiden konnten, wurde Hillel herbeigeholt, er löste die Frage und überzeugte durch sein großes Wissen (*J^eruschalmi, P^essachim* 6:33; *Bawli, P^essachim* 66a). Daraufhin wurde er zum *nassi'* ernannt. Von Hillel ist eine Reihe von Aussprüchen überliefert, die seine Bescheidenheit, Geduld, Milde und Güte verdeutlichen: »Sei von den Schülern Ahrons [des Hohenpriesters] friedliebend und nach Frieden strebend, liebe die Menschen und ziehe sie zur *Torah* heran.« (*Mischnah, 'Awot* 1:12), »... urteile über deinen Nächsten nicht, bis du in seine Lage gekommen bist ... und sage nicht: ›Wenn ich Muße haben werde, will ich lernen‹, denn vielleicht wirst du nie Muße haben« (*Mischnah, 'Awot* 2:4). Berühmt ist die Geschichte vom Nichtjuden, der Hillel aufforderte, ihn zum Juden zu machen und ihn dabei die ganze *Torah* »auf einem Fuß stehend«, d.h. kurz gefaßt, zu lehren. Worauf Hillel erwiderte, die ganze **Torah* bestünde im Grundsatz: »Was du verabscheust, tue deinem Nächsten nicht«, der ein **Midrasch* auf den Vers »Liebe deinen Nächsten wie dich selbst« (*Levitikus* 19:18) ist.

Hillel II. – Patriarch etwa 350–365 n.d.Z. Sein Ruhm besteht darin, daß er das Vorrecht des Patriarchenhauses bei der Festsetzung des Kalenders aufgab (359) und den festen Kalender einführte. Die von ihm bekanntgegebenen Berechnungsmethoden sind kompliziert, aber exakt. Dieses von Hillel eingeführte System bestimmt in seinen Hauptzügen auch den heutigen jüdischen Kalender.

Ibn Gabirol, Salomo ben Jehuda – (Malaga um 1021 – Valencia um 1058). Herausragender Dichter und sefardischer Philosoph. Über sein Leben ist außer den in seinen Gedichten erwähnten Beziehungen wenig bekannt. Er soll an Melancholie und Einsamkeit gelitten haben und früh gestorben sein – nach Moses Ibn Esra soll er die Dreißig kaum überschritten haben. In seiner Dichtung zeigen sich umfangreiche Kenntnisse der hebräischen Bibel, des **Talmud* und der mystischen Überlieferung, sprachliche Virtuosität, Beherrschung arabischer Idiomatik und Metrik und Vertrautheit mit Astronomie und neuplatonischer Philosophie. Er schrieb zahlreiche liturgische Poesien, die teilweise zum festen Bestandteil des sefardischen und aschkenasischen Gebetbuchs wurden und sogar zur Liturgie der *Karäer gehören. Je nach Tradition gehören dazu: *Schachar 'awaqschecha*, ›In der Früh suche ich Dich‹, ein Gedicht seltener Innigkeit zur Einführung in das Morgengebet, **Sselichot*, *'Asharot* (poetische Erklärungen der Gebote) für *Schawu'ot* und das große Lehrgedicht *Keter malchut*, ›Königskrone‹, das die Weltanschauung seiner Zeit und die Grundgedanken des Judentums in poetischer Form wiedergibt. Seine weltlichen Poesien widmen sich den klassischen Themen Wein, Leben, Freundschaft, Liebe, Einsamkeit und Schmerz. Sein arabisch verfaßtes philosophisches Hauptwerk *Meqor chajjim*, ›Quelle des Lebens‹, überlebte nur in lateinischer Übersetzung *Fons vitae*, und wurde erst 1845 als ein Werk Gabirols identifiziert. Seine Schrift *Tiqqun middot ha-nefesch*, ›Verbesserung der Eigenschaften der Seele‹, ist das erste jüdische philosophische Werk, das ein von der religiösen Tradition unabhängiges ethisches System darstellt.

Vgl. SCHIRMANN, Jefim: *Toledot ha-schirah ha-'iwrit bi-ssefarad ha-musslemit*, herausgegeben, ergänzt und mit Anmerkungen versehen von Ezra Fleischer, Jerusalem 1995, S. 257–345. (Standardwerk)

Jalqut Schim'oni – eine spätmittelalterliche Sammlung halachischer und aggadischer **Midraschim* zu den biblischen Büchern und nach ihnen geordnet. Von den fünfzig Quellen, die der Verfasser benutzte, sind einige später verlorengegangen, und daher nur in *Jalqut Schim'oni* überliefert. Das Werk wird Rabbi Schim'on ha-Darschan aus Frankfurt (etwa 13. Jh.) zugeschrieben, über dessen Identität die Meinungen auseinandergehen.

Vgl. BÖRNER-KLEIN, Dagmar (Hrsg.): *Jalkut Schimoni zu Ester* (2019), *zu Josua* (2017), *zu Numeri* (2017), *zu Samuel* (2018), *zu Richter* (2018), Berlin.

Jehudah ben Schemuel he-Chassid – (Worms um 1159 – Regensburg 1217), gilt als Begründer der aschkenasischen chassidischen Bewegung. Über sein Leben ist historisch wenig bekannt. Er wurde aber noch zu Lebzeiten eine Legende, die sich nicht nur hebräisch, sondern auch altjiddisch (im **Majssehbuch*) verbreitete. Er gehörte zur berühmten Kalonymus-Familie, die aus Italien ins Rheinland kam, dem Priestergeschlecht entstammte und der die Legende die Überlieferung jüdischer Geheimlehren zuschrieb. Das wichtigste Dokument, das Leben und Werte dieser Bewegung zum Ausdruck bringt, *Ssefer chassidim*, das ›Buch der Frommen‹, das ihm zugeschrieben wird, soll auch Schriften seines Vaters *Schᵉmuel he-Chassid* und seines Schülers und Verwandten **'El'asar ben Jᵉhudah aus Worms* enthalten. Es vermittelt das Streben nach Heiligung des religiösen und profanen Lebens, in dessen Zentrum Bibelstudium und Gebet über dem *Talmud*studium standen und das durch Askese, Hingabe und Demut gekennzeichnet war.

Vgl. DAN, Joseph: »The Book of Divine Glory by Rabbi Yehudah of Regensburg«, in: ders.: *Studies in Jewish Manuscripts*, Tübingen 1999, S. 1 – 18; ders.: *Chassidut 'Aschkᵉnas*, Tel Aviv 1992; SCHOLEM, Gershom: *Die jüdische Mystik in ihren Hauptströmungen*, Frankfurt a.M. 1957, S. 87 – 127.

Jᵉruschalmi – der palästinische *Talmud*. Wie der babylonische *Talmud* ist das Werk als Kommentar der **Mischnah* aufgebaut und enthält abweichendes Material, ist jedoch erheblich kürzer. Einige Traktatteile sind verloren gegangen, zwei Traktate scheinen nie einbezogen worden zu sein. Der ›Jerusalemer‹ *Talmud* entstand nicht in Jerusalem, sondern vor allem in Caesarea und in Tiberias im 3. und 4. Jh. und wurde redigiert und ediert im späten 4. oder frühen 5. Jh.

Vgl.: Becker, Hans J.: *Der Jerusalemr Talmud*, Stuttgart 1995 (Anthologie); STEMBERGER, Günter: *Der Talmud: Einführung, Texte, Erläuterungen*, München ⁴2008.

Jossej ben Chalafta' – (2. Jh. n. d. Z.) in der **Mischnah* Rabbi

Jossej genannt, **tanna'*, Schüler des Rabbi 'Aqiwa'. Während der hadrianischen Verfolgungen mußte er fliehen, ließ sich aber später im galiläischen Sepphoris nieder. Er war Lederarbeiter und hatte fünf Kinder. Sein gerader und bescheidener Lebenswandel brachte ihm die Bezeichnung ›der Heilige‹ (*J^e^ruschalmi, B^e^rachot* 3:6). Er ist der erste, von dem erzählt wird, daß der Prophet Elia ihm begegnet sei (*Bawli, B^e^rachot* 3a, *Ssanhedrin* 113b). Zahlreiche halachische und aggadische Aussprüche sind von ihm erhalten. Da sein Wissen hoch geschätzt war, wurden mehrere gesetzliche Fragen nach seiner Ansicht entschieden. Als er starb, sagte man, daß mit seinem Tod die *binah*, ›Intelligenz, Einsicht‹ dahinschwand (*J^e^ruschalmi, Ssotah* Ende).

Kabbalah – geht zurück auf das Verb *l^e^qabbel* ›empfangen‹ und bezeichnet ›Überlieferung‹ aus der Perspektive des Empfängers. Seit dem 13. Jh. etwa engere Bezeichnung jüdischer esoterischer Lehre, die seit dem 12. Jh. in Südfrankreich und Nordspanien zunächst einfach *chochmah nisstarah*, ›verborgene Weisheit‹ hieß. Mit der Bezeichnung *Kabbalah* sollte betont werden, daß die Geheimtradition auch zur mündlichen Überlieferung gehöre und göttlichen Ursprungs sei. Diese Überlieferung enthält spekulative wie praktische Inhalte, theologische Anschauungen und Rituale. Die kabbalistischen Werke entstanden im Lauf der Geschichte in verschiedenen Ländern und von unterschiedlichen Autoren und sind komplexen Inhalts, der sich nicht durch einheitliche Darstellung erfassen läßt. Das erste kabbalistische Werk ist *Ssefer ha-bahir*, das bereits die Lehre von den **Ss^e^firot* als dynamischer Struktur von Emanationen enthält, durch welche sich die unerfaßbare, verborgene Seinsstufe des Göttlichen manifestiert. Das Hauptwerk der *Kabbalah*, von Mosheh de León auf aramäisch verfaßt, ist jedoch *Ssefer ha-*Sohar*, ›Buch des Glanzes‹, das zum kanonischen Text wurde. Wichtig für den Kabbalisten war die bewußte Ausführung der Gebote, gemäß ihrer esoterischen und mystischen Auslegung, und die Meditation über die *Ssefirot*, die als Methode des direkten Aufsteigens galt. Dadurch könne man am kosmischen Geschehen teilnehmen, die Vereinigung der *Ssefirot* unterstützen. Nach der Vertreibung der Juden aus Spanien und Portugal Ende des 15. Jahrhunderts bildete sich 1570–1572 in Safed (*'Erez Jissra'el*) um Jizchaq *Luria und seinen Schüler Chajim *Vital ein neues kabbalistisches Zentrum. In dieser Zeit war die *Kabbalah* nicht länger kleinen geschlossenen Kreisen vorbehalten, sondern verbreitete sich in allen Gemeinden als dominante Theologie. Sie beeinflußte die messianischen Bewegungen und den osteuropäischen *Chassidismus.

Vgl. Idel, Moshe: *Kabbalah: New Perspectives*, New Haven 1988; Lachower, Y., Isaiah Tishby und David Goldstein: *The Wisdom of the Zohar: An Anthology of Texts*, Band 1–3, London 1991; Maier, Johann: *Die Kabbala. Einführung – Klassische Texte – Erläuterungen*, München 1995; Scholem, Gershom: *Zur Kabbala und ihrer Symbolik*, Frankfurt a. M. 1995; ders.: *Kabbalah*, Jerusalem 1974; Wolfson, Elliot R.: *Along the Path: Studies in Kabbalistic Myth, Symbolism and Hermeneutics*, Albany u. a. 1995.

Kaddisch – siehe *Qaddisch*

Karäer – der Name geht zurück auf die Wurzel *qra'*, die ›lesen‹ bedeutet, und bezeichnet eine jüdische Bewegung, die mit dem Nachkommen des Priestergeschlechts 'Anan ben David im 8. Jh. in Vorderasien entstand. Der Name gibt Hinweis auf die Wichtigkeit der heiligen Schrift in der Ideologie der Karäer. Sie fochten die Autorität der rabbinischen Tradition an, da sie das Konzept der mündlichen Lehre und ihre Literatur,

**Mischnah* und **Talmud*, nicht anerkannten. Die Ablehnung der rabbinischen Hegemonie in Ländern, in denen sich der Islam etablierte, hing nicht nur mit religiösen Auseinandersetzungen, sondern auch mit unterschiedlicher sozialer Herkunft zusammen: Die Karäer sahen sich als Nachkommen der **Z^e^dukim* und **Bajtossim* und lebten zudem in starken Endzeiterwartungen. Im 10. und 11. Jh. war Jerusalem das Zentrum karäischen Lebens. Wichtigste karäische Autoren dieser Zeit sind al-Qumisi und al-Qirqisani. Einige Forscher vermuten eine Verbindung zwischen den Karäern und der Qumran-Gemeinschaft.

Vgl. Birnbaum, Philip: *Karaite Studies*, New York 1971; Schur, Nathan: *The History of the Karaites*, Frankfurt a. M. 1992; Wieder, Naphtali: *The Judean Scrolls and Karaism*, London 1962.

Kiddusch – siehe *Qiddusch*

K^e^nesset g^e^dolah – ›große Versammlung‹ bezeichnet die höchste geistige und rechtliche Autorität, Gerichts- und Verwaltungsbehörde in Jerusalem. Sie war zugleich die höchste gesetzgebende und das Gesetz interpretierende politische Instanz für *'Erez Jissra'el* während der persischen Herrschaft (ca. 300 Jahre). Die Mitglieder der *k^e^nesset g^e^dolah* sollen, nach talmudischer Tradition, die Bücher *Ezechiel*, *Daniel*, *Ester* und die zwölf kleinen Propheten verfaßt sowie **'Amidah*, **Qiddusch* und die Segenssprüche vor und nach den Mahlzeiten und vor der Ausführung von Geboten eingeführt haben. Auch die öffentliche, zeitlich festgelegte Lesung der **Torah* sollen sie initiiert haben. Vorbild der *k^e^nesset g^e^dolah* könnte die in Nehemia 8 – 10 beschriebene Versammlung gewesen sein (*Mischnah*, *'Awot* 1:1).

David Kimchi – (ca. 1160 – 1235) nach den Anfangsbuchstaben seines Namens auch Radaq genannt, angesehener hebräischer Grammatiker und Lexikograph, lebte in

Narbonne. Schrieb eine systematische Abhandlung über die Textkritik (*massorah*) der Bibel, *'Et ssofer*. Sein grammatisches Werk *Ssefer ha-michlol* (etwa ›Enzyklopädie‹) umfaßt zwei Teile, von denen der erste die hebräische Grammatik, der zweite ein nach den Wortwurzeln geordnetes Wörterbuch der hebräischen Sprache enthält. Erstdruck Konstantinopel 1530. Kimchi verfaßte ferner Kommentare zu Genesis, allen Propheten, Psalmen, Sprüchen und Chronik, die philologisch orientiert sind und seine rationalistische Betrachtungsweise wiedergeben.

Kohelet Rabbah – (auch *Ecclesiastes Rabbah*) Auslegungs*midrasch* zum Buch *Kohelet*, nach Luther ›Prediger‹, der fast alle Verse des Buches erläutert. Das in *'Erez Jissra'el* entstandene Werk schöpft aus alten aggadischen Quellen und bietet eine reiche Zusammenstellung palästinischer aggadischer Tradition. Ediert um den Beginn des 7. Jhs.

Kohen, ›Priester‹, *lewi*, ›Tempeldiener‹, ›Levit‹ und *Jissra'el*, ›Israelit‹, das übrige Volk – die drei auf den (vorwiegend zweiten) Tempel bezogenen Stände der israelitischen Gesellschaft. Dem Priesterstand, dem Geschlecht Ahrons, war der ausschließliche Anspruch auf kultische Funktionen im Tempel, vor allem auf Opferhandlungen,vorbehalten. Die Leviten, Angehörige des Stammes *Lewi*, hatten das ausschließliche Recht, die Priester in den Kultfunktionen als Diener am Tempel zu unterstützen. Diese beiden Stände unterschieden sich streng von der israelitischen Laienschaft, die *Jissra'el* genannt wurde. Mit der Tempelzerstörung verlor diese Aufteilung ihren ursprünglichen Sinn, doch hat sie noch heute kultische und religionsgesetzliche Bedeutung. Ferner wird *Jissra'el* in der rabbinischen Literatur oft als Bezeichnung für das ganze Volk gebraucht.

Kol Nidrej – ›Alle Gelübde‹, das einleitende Gebet am Vorabend des *Jom Kippur*. Der Inhalt ist die Nichtigkeitserklärung aller im Lauf des Jahres übernommenen Gelübde, die sich auf die eigene Person beziehen (Verpflichtungen gegenüber anderen sind davon ausgeschlossen). Die genaue Zeit der Entstehung und der Aufnahme in die Liturgie ist unbekannt, doch muß sie vor dem 9. Jh. und außerhalb Babyloniens erfolgt sein, denn vom 9. Jh. sind Äußerungen babylonischer **g*^e^*'onim* überliefert, die sich entschieden gegen dieses Gebet wenden. Bei aller Kritik auch späterer Generationen blieb es der Liturgie dennoch erhalten. Im 12. Jh. wandelte Jakob ben Meir Tam die Formel des Gebets ab und bezog die Annullierung auf zukünftige Gelübde. Mit dem eigentlichen Gedanken des *Jom Kippur* hat das Gebet nichts zu tun, aber als erstes Gebet des heiligsten aller Tage hat es eine außerordentliche Feierlichkeit erlangt. Vor allem die aschkenasische Melodie des Gebets vermittelt den Ernst der Stunde in ergreifender Weise. Der sefardische Ritus hat keine einheitliche Melodie für alle Gemeinden. Im Ritus von Carpantras wird das Gebet geflüstert und hat daher gar keine Melodie.

Die aschkenasische Version wurde auf Bestellung der jüdischen Gemeinde von Liverpool 1880 von Max Bruch für Cello mit Orchester und Harfe arrangiert. Schönbergs *Kol Nidre* für Sprecher, Chor und Orchester, opus 39 (1938) basiert auf einem das Gebet interpretierenden Text von Jacob Sonderling und enthält einige der traditionellen Motive eingearbeitet in die Zwölftontechnik.

Kook, Avraham Jizchaq ha-Kohen – (Griva, Litauen 1865 – Jerusalem 1935) religiöser Denker, seit 1921 erster aschkenasischer Oberrabbiner von Palästina. 1904 kam er nach *'Erez Jissra'el* und wurde zum Rabbiner von Jaffa ernannt. Er war eine spirituelle und halachische Autorität und Begründer des religiösen Zionismus. Er sah in der Aufbauarbeit der säkularen Pioniere die Erfüllung einer heiligen Aufgabe, die Teil des Erlösungsprozesses sei. Die Rückkehr des jüdischen Volks in sein Land war für ihn eine wichtige Stufe in der Erlösung der ganzen Welt. Allerdings kritisierte er an der zionistischen Bewegung deren einseitiges Streben nach säkularer Erneuerung des jüdischen Volks. Kook glaubte, daß sich die Welt zum Universalismus hin entwickele und daß der Nationalismus nur eine notwendige Stufe in diesem Prozeß darstelle. Kook wurde von Nichtreligiösen oft mißverstanden und von religiösen Extremisten mißachtet. 1924 gründete er in Jerusalem seine eigene Religionsschule, bekannt als *J^e^schiwat merkas ha-Raw*, in der neben **Talmud* und Bibel auch säkularer Stoff unterrichtet wurde. Er veröffentlichte halachische sowie mystische Bücher. *'Orot ha-t^e^schuwah* erschien 1925 in Jerusalem.

Levi Jizchaq von Berdytschew – (Husakow, Galizien 1740 – Berdytschew 1809), chassidischer Meister, der zu den führenden Schülern von Dow Baer von Mesiritsch gehörte, dessen Darlegungen er überlieferte. Wie andere **Chassidim* seiner Zeit wurde auch er von den *mitnagg^e^dim*, den Gegnern des *Chassidismus, verfolgt. Als Vertreter der Bewegung trat er 1781 in öffentlicher Debatte mit dem Brest-Litowsker Rabbiner Abraham Katzenellenbogen auf. 1785 wurde er zum Gemeinderabbiner von Berdytschew ernannt und war zugleich der chassidische Rebbe von Berdytschew. In seinem Buch *Q^e^duschat Lewi* (Berdytschew 1811), einer Sammlung von Homilien, betont er die Immaterialität der physischen Welt und die Möglichkeit, Gott durch alle Dinge zu verehren. Er verkörperte zwei Prinzipien: die Liebe zu Gott und die zu Israel. Seine Liebe schloß auch die Einfachen und die Sünder ein, als deren Fürsprecher er oft vor Gott auftrat. Seiner bescheidenen Lebensweise wegen wurde er ›der Heilige‹ genannt. Die jüdische Legende vergleicht ihn, der außergewöhnlich inbrünstig betete, mit Rabbi ‘Aqiwa’, dessen Seele in Levi Jizchaq wiedergeboren sei.

Leviticus – das 3. Buch Mose, genannt nach den Priestergesetzen, die es enthält. Hebräisch heißt das Buch *Waj-jikra’*, ›Und er rief‹.

Luria, Jizchaq – (Jerusalem 1534 – Safed 1572), Begründer der neueren, ›lurianischen‹ **Kabbalah* und eine der einflußreichsten Gestalten der jüdischen Spiritualität. Er hieß auch ha-’Ari, ›der Löwe‹, eine Abkürzung von ›der göttliche Rabbi Jizchaq‹. Über sein Leben ist nicht viel bekannt. Er wurde in Jerusalem geboren und ist nach dem frühzeitigen Tod seines Vaters mit seiner Mutter zu ihrem reichen Bruder nach Kairo gezogen. Bereits als junger Mann erlangte er den Ruf eines großen halachischen und kabbalistischen Gelehrten. Aus dieser Zeit ist in der Kairoer **Gᵉnisah* ein einziges Dokument in seiner Handschrift erhalten geblieben. Es bezeugt, daß Luria auch Kaufmann war. 1570 ließ er sich in Safed nieder, wo er 1572 an einer Seuche starb. Was in diesen zwei Jahren geschah, rief die Legende von Luria ins Leben und begründete die lurianische *Kabbalah*, die zunächst durch die Schriften von Lurias Jünger *Chajim Vital überliefert wurde, darunter *Schiwchej ha-’Ari*, ›Die Lobpreisungen des ’Ari‹, und *‘Ez chajjim*, ›Baum des Lebens‹, das seine Lehre vermittelt. Luria hat seine Lehre nur mündlich mitgeteilt, fixiert wurde sie von Vital nach Aufzeichnungen der Jünger und später von anderen Schülern. Diese umfangreiche Literatur ist bis heute nicht erschöpfend analysiert worden.

Im Mittelpunkt seiner Schöpfungslehre steht die Vorstellung von den Gefäßen, die bei der Schöpfung der Kraft des göttlichen Lichts nicht standhielten und zerbarsten. Seitdem werden viele göttliche Funken von den Kräften des Bösen festgehalten, und ihre Befreiung ist Ziel der Geschichte. Die Wiederherstellung der Welt, *tiqqun 'olam*, ist daher die Aufgabe Israels, vor allem des Kabbalisten, der durch Meditation, Askese, mystische Schau und besondere Rituale an der Vollendung der Welt mitwirkt. Einige der mystischen Rituale, vor allem in bezug auf die Feste, fanden allgemeine Aufnahme. Die heute übliche Zeremonie des *Schabbat*-Empfangs geht ebenfalls auf Luria zurück und enthält drei seiner aramäisch verfaßten mystischen Dichtungen.

Vgl. FINE, Lawrence: *Physician of the Soul, Healer of the Cosmos. Isaac Luria and his Kabbalistic Fellowship*, Stanford 2003; MEROZ, Ronit: »Faithful Transmission versus Innovation. Luria and his Disciples«, in: SCHÄFER, Peter und Josef DAN (Hrsg.), *Gershom Scholem's »Major Trends in Jewish Mysticism« 50 Years After*, Tübingen 1993, S. 257–274; NECKER, Gerold: *Einführung in die lurianische Kabbala*, Frankfurt a.M. 2008; SCHOLEM, Gershom: *Die jüdische Mystik in ihren Hauptströmungen*, Frankfurt a.M. 1957, S. 267–314.

Machsor – ›Zyklus‹, ursprünglich Bezeichnung für die Liste der Lesungen aus **Torah* und Propheten, für Sammlungen von **pijjutim*, die den Lesezyklus begleiteten, oder für den liturgischen Jahreszyklus. Im Mittelalter bezeichnete *Machsor* wie *Ssiddur*, ›Ordnung‹, das Gebetbuch für das ganze Jahr (zum Beispiel *Machsor Vitry*). Mit der Verbreitung des Buchdrucks wurde *Machsor* im aschkenasischen Ritus zur Bezeichnung des Gebetbuchs für die Feiertage im Unterschied zu *Ssiddur*, dem täglichen Gebetbuch (einschließlich *Schabbat*).

Maimonides (Rambam, Abkürzung von Rabbi Mosche ben Maimon) – (Cordoba 1135 – Fostat [Alt-Kairo] 1204) bedeutender jüdischer Philosoph und Kodifikator des Mittelalters. Geboren in Spanien als Sohn einer wohl-

וקורא לחזן בראשית · בראשית ברא עד ויכלו · והקהל קורין ויכלו בקול רם עד ברא אלהים לעשות · ואחר כך מניחין ספר תורה שניה ואומר חצי קדיש · וקורין למפטיר בספר תורה שניה בפרשת פנחס ביום השמיני · עד סוף הסדרא : ואסר סה״רק אם אין בצבור רק ב ספרי תורות · אז קורין למפטיר בספר תורה הראשונה :

ביום השמיני עצרת תהיה לכם כל־מלאכת עבודה לא תעשו : והקרבתם עולה אשה ריח ניחח ליהוה פר אחד איל אחד כבשים בני־שנה שבעה תמימים : מנחתם ונסכיהם לפר לאיל ולכבשים במספרם כמשפט : ושעיר חטאת אחד מלבד עולת התמיד ומנחתה ונסכה : אלה תעשו ליהוה במועדיכם ▭ לבד מנדריכם ונדבתיכם לעלתיכם ולמנחתיכם ולנסכיכם ולשלמיכם : ▭ ויאמר משה אל־בני ישראל ככל אשר־צוה יהוה את־משה :

הפטרת שמחת תורה ביהושע בסימן א :

ויהי אחרי מות משה עבד יהוה ויאמר יהוה אל־יהושע בן־נון משרת משה לאמר : משה עבדי מת ועתה קום עבר את־הירדן הזה אתה וכל־העם הזה אל־הארץ אשר אנכי נתן להם לבני ישראל : כל־מקום אשר תדרך כף רגלכם בו לכם נתתיו כאשר דברתי אל־משה : מהמדבר והלבנון הזה ועד־הנהר הגדול נהר־פרת כל ארץ החתים ועד הים הגדול מבוא השמש יהיה גבולכם : לא־יתיצב איש לפניך כל ימי חייך כאשר הייתי עם־משה אהיה עמך לא ארפך ולא אעזבך : חזק ואמץ כי אתה תנחיל את־העם הזה את־הארץ אשר־נשבעתי לאבותם לתת להם : רק חזק ואמץ מאד לשמר לעשות ככל־התורה אשר צוך משה עבדי אל־תסור ממנו ימין ושמאול למען תשכיל בכל אשר תלך : לא־ימוש ספר התורה הזה מפיך והגית בו יומם ולילה למען תשמר לעשות ככל־הכתוב בו כי אז תצליח את־דרכך ואז תשכיל : הלוא צויתיך חזק ואמץ אל־תערץ ואל־תחת כי עמך יהוה אלהיך בכל אשר תלך : ויצו יהושע את־שטרי העם לאמר : עברו בקרב המחנה וצוו את־העם לאמר הכינו לכם צידה כי בעוד שלשת ימים ▭ אתם עברים את־הירדן הזה לבוא לרשת את־הארץ אשר יהוה אלהיכם נתן לכם לרשתה : ולראובני ולגדי ולחצי שבט המנשה אמר יהושע לאמר : זכור את־

הדבר

הדבר אשר צוה אתכם משה עבד־יהוה לאמר יהוה אלהיכם מניח לכם ונתן לכם את־הארץ הזאת : נשיכם טפכם ומקניכם ישבו בארץ אשר נתן לכם משה בעבר הירדן ואתם תעברו חמשים לפני אחיכם כל גבורי החיל ועזרתם אותם : עד אשר־יניח יהוה לאחיכם ככם וירשו גם־המה את־הארץ אשר־יהוה אלהיכם נתן להם ושבתם לארץ ירשתכם וירשתם אותה אשר נתן לכם משה עבד יהוה בעבר הירדן מזרח השמש : ויענו את־יהושע לאמר כל אשר־צויתנו נעשה ואל־כל־אשר תשלחנו נלך : ככל אשר־שמענו אל־משה כן נשמע אליך רק יהיה יהוה אלהיך עמך כאשר היה עם־משה : כל־איש אשר־ימרה את־פיך ולא־ישמע את־דבריך לכל אשר־תצונו יומת רק חזק ואמץ :

ואחר קריאת התורה אומרים אשרי · ומעמידין השלשה ספרי תורה על הבימה · ואומר החזן עם הקהל אשר בגלל אבות וכולי · ואחר כך אומר שישו ותנו כבוד לתורה וכולי · כמו שאמרו אמש בערבית · יהללו · ומחזירין הספרי תורות למקומן · חצי קדיש · ומתפללין מוסף כראתמול · קדיש שלם · אין כאלהינו קדיש יתום ▭ · עלינו · יגדל :

על ידי שני פועלים העושים במלאכת הקודש :
מרדכי בן לאמ״א יעקב ז״ל ועטציר מק״ק פרוסטיץ :
אליהו בן הה״ר יהודא ז״ל אולמא מק״ק הענווא :

Abbildung 44

Machsor mi-kol ha-schanah, ›*Machsor* für das ganze Jahr‹, Doppelseite mit Überschrift *Jozer le-Ssimchat Torah*, 15 × 20 cm, [Hanau 1626]. Der Text mit und ohne Vokal- und Kantillationszeichen wurde in sefardischer Quadratschrift gesetzt. Unvokalisiert stehen Anweisungen zum rituellen Verlauf vor und nach der Lesung der *haftowah*. Vokalisiert und mit Kantillationszeichen versehen sind ein Abschnitt aus *Numeri* 29 und der Prophetenabschnitt *Josua* 1. Über dem Wappen steht ein dreizeiliger Kolophon, der beide Drucker benennt: »Durch zwei Arbeiter, die den heiligen Dienst verrichten, Mord^{e}chai ben Ja‘aqow Setzer von der heiligen Gemeinde Prostiz und Elijjahu ben J^{e}hudah Ulma von der heiligen Gemeinde Hanau«. Das Drucken religiöser Bücher galt als heiliger Dienst.

habenden jüdischen Familie, wurde er sowohl im **Talmud* als auch von arabischen Lehrern in Mathematik, Philosophie und Naturwissenschaften unterrichtet. Als er 13 Jahre alt war, floh die Familie vor der Zwangsislamisierung aus Cordoba und gelangte 1160 nach Marokko. 1165 kam sie über *'Erez Jissra'el* nach Ägypten. Maimonides ließ sich in Fostat nieder, wurde Arzt und hielt Vorträge über Philosophie. 1185 wurde er Leibarzt des Sultan Saladin und alsbald auch Oberhaupt sämtlicher Gemeinden Ägyptens. Mit 23 Jahren verfaßte er eine Abhandlung über Logik, mit 30 Jahren vollendete er seinen arabisch verfaßten Kommentar zur **Mischnah, Sirag*. 1180 vollendete er sein zweites bedeutendes, diesmal hebräisch verfaßtes Werk *Mischneh Torah*, ›Wiederholung der Lehre‹. Es ist ein Gesetzeskodex, in dem Maimonides in knapper und klarer Sprache alle Entscheidungen der schriftlich niedergelegten halachischen Literatur als ein geordnetes und überschaubares System darstellte. Als Einleitung dazu schrieb er das Buch der Gebote, *Ssefer ha-mizwot*, in dem er die 613 Gebote und Verbote definiert und erläutert. *Mischneh Torah* war die erste Kodifizierung des mündlich überlieferten Gesetzes und provozierte insbesondere durch die fehlenden Quellenangaben scharfe Kritik. Es wurde dennoch zum Standardwerk des jüdischen Gesetzes und zur Hauptquelle für später verfaßte Gesetzbücher. Das im Kapitel *Jom Kippur* erwähnte *Hilchot t^e^schuwah* ist ein Teil des ersten Bands von *Mischneh Torah*. Aus diesem Kodex stammt das Gebet *Jigdal*, eine liturgische Kurzform einer Liste von dreizehn unverzichtbaren Grundsätzen, *'iqqarim*, des Judentums. 1190 vollendete er sein arabisch geschriebenes religionsphilosophisches Werk *Moreh n^e^wuchim*, ›Führer der Ratlosen, Verwirrten‹, bestimmt für jene Leser, die nach der **Torah* lebten, zugleich in der Philosophie (vor allem im aristotelischen

System in der Vermittlung seiner arabischen Ausleger) bewandert und durch die scheinbaren Widersprüche in ihrem Glauben unsicher geworden waren.

Vgl. HASSELHOFF, Georg K. und Otfried FRAISSE (Hrsg.): *Moses Maimonides (1138–1204). His Religious, Scientific, and Philosophical »Wirkungsgeschichte« in Different Cultural Contexts*, Würzburg 2004; KRAEMER, Joel L.: Maimonides. *The Life and World of One of Civilization's Greatest Minds*, New York 2008.

Majssehbuch – jiddisch ›Geschichtenbuch‹, Erstdruck Basel 1602 (häufig nachgedruckt). Eine Sammlung von rund 250 märchen- und legendenhaften Erzählungen auf altjiddisch, in denen spezifisch jüdische und abendländische Traditionen miteinander verflochten sind.

Vgl. GASTER, Moses (Übers.): *Ma'aseh Book: Book of Jewish Tales and Legends*, Band 1–2, Philadelphia 1934; MEITLIS, Jacob: *Das Ma'assebuch. Seine Entstehung und Quellengeschichte*, Berlin 1933 (Nachdruck Hildesheim 1987); TIMM, Erika: »Zur Frühgeschichte der jiddischen Erzählprosa. Eine neuaufgefundene Maise-Handschrift«, in: *Beiträge zur Geschichte der deutschen Sprache und Literatur*, Band 117, Tübingen 1995, S. 243–280; ders.: »Abraham Ibn Ezra und das Maiśebuch«, in: APTROOT, Marion, Efrat Gal-Ed, Roland Gruschka und Simon Neuberg (Hrsg.): *Yidishe shtudies haynt / Jiddistik heute / Yiddish Studies Today*, Düsseldorf 2012 (= Leket Bd. 1), S. 281–308; ders.: »Zur Vorgeschichte des altjiddischen Maisebuchs. Eine Skizze und ein Textbeispiel: ›Rabbi Pinchas ben Ja'ir und seine Eselin‹«, in: GEISSLER, Alexandra und Matthias SCHNEIDER (Hrsg.): *Zwischen artes liberales und artes digitales. Beiträge zur traditionellen und digitalen Geisteswissenschaft. Festschrift gewidmet Michael Trauth zum 65. Geburtstag am 10. Mai 2015*, Marburg 2016, S. 135–154.

ספר

משנה תורה

הוא

היד החזקה

להמאור הגדול גאון ישראל הרב רבינו משה בר מיימון זצ״ל

עם שבעה עינים על אבן אחת ה״ה השגות הראב״ד ז״ל · ופירוש הרב המגיד משנה · וכסף משנה · להגאון המשביר רבינו יוסף קארו זצ״ל · ופירוש מגדל עוז · והגהות מיימוניות · ועם פירוש רבינו עובדיה והרב המוסמך מהר״ל ן׳ חביב על הלכות קידוש החדש · עם כל הצורות השייכות להלכות אלו ולהלכות שבת וסוכה :

ועם מורה מקום על דברי הרב המגיד וכסף משנה · ועם שתי מפתחות גדולות ורחבות · אחת על סדר הפרקים · ואחת על דרך א״ב בית״א · כפי אשר כבר נדפס׳ בק״ק אמשטרדם לא נפל דבר מכל ס״ב תיקונן :

ועוד ניתוסף עליהם ספר לחם משנה והוא פירוש וביאור נחמד ונפלא מהגאון הגדול הרב כמהור״ר אברהם די בוטון זצ״ל · וספר משנה למלך מהרב המופלא שבסנהדרין אב״ד הרוע״ס הגאון המפורסם כמהור״ר יהודה רוזאניס זצ״ל :

וסיבת שם הספר הזה אשר יקרא בשם **משנה למלך** תמצא בהקדמה ·

ולמען לא יחסר כל בו הוספנו על הראשונים להציב סימני התלכות שברמב״ם גם בפירושים הנ״ל · למען ירוץ הקורא בו וידע איזה דרך ישכון האור להאיר עליו :

גם זו ניתוסף על הראשונים תמונת כבש מזבח על כוונת הרמב״ם [illegible] :

חלק ראשון

מונח ומניפה בעין גדול בשקדה רבה בעזר שמים וארץ קנה · אשר הונף והורם לקדוש ה׳ למנה :

ומאחר [illegible] · **יאקב** [illegible] · **חיים הירש** בן הקצין המפורסם כ״ה מהור״ר **מאיר** [illegible] :

בפיורדא

לכל **היד החזקה** אשר עשה **משה** לעיני כל ישראל לפ״ק :

בבית ובדפוס המשובח כהר״ר **חיים** בן הר״ר צבי **הירש** יצ״ו דירתו ברחוב הנקרא שיגדל הויף :

Abbildung 45

Maimonides: *Mischneh Torah*, Titelblatt, 21,5 × 34,8 cm, Fürth 1764. Das Titelblatt zeigt drei verschiedene Schriftarten: Die Überschrift *Mischneh Toreh* wurde in sefardischer Quadratschrift, der Untertitel *ha-jad ha-chasaqah*, ›starke Hand‹ in Initiallettern Soncinoscher Tradition und die Beschreibung der Mitwirkenden über dem Wappen in leichter sefardischer Halbkursiv gesetzt. Im Wappen steht der Name *Chajjim madpiss*, Chajjim der Drucker.

Manna – himmlisches Brot, Speise der Israeliten während der Wanderung in der Wüste.

M^egillat ta'anit – ›Fastenrolle‹. Eine aus dem 1. Jh. stammende tannaitische Aufzählung von 35 Festtagen, die zur Zeit des zweiten Tempels galten, und an denen öffentlich Trauerreden zu halten oder zu fasten verboten war (*Mischnah*, *Ta'anit* 2:8). Die Rolle, aramäisch mit hebräischen Zusätzen verfaßt, ist in zwölf den Monaten entsprechende Kapitel gegliedert, in denen die jeweiligen Festtage aufgezählt sind. Im Lauf der Zeit verblaßte die Bedeutung dieser Tage, und seit dem 3. Jh. gehören sie dem jüdischen Kalender nicht mehr an.

Meisels, 'Usi'el ben Z^ewi Hirsch – (1743–1785 oder 1786) chassidischer Rabbi in Polen, Schüler des Dow Baer *maggid* von Mesiritsch. Er veröffentlichte u.a. mehrere Kommentare zu *Talmud*-Traktaten und den *Schabbat*-Vorschriften aus **Schulchan 'aruch*. *Tif'eret 'Usi'el* wurde von seinen Enkeln posthum herausgebracht und enthält neben Bibelkommentaren chassidische Predigten, kabbalistische Überlieferungen und Sprüche der Begründer des *Chassidismus.

Menachem Mendel von Kossow – (gest. Kossow 1827), chassidischer Meister, Schüler des großen *maggid*, Rabbi Dow Baer aus Mesiritsch. Er war bekannt für seinen psychologischen Einblick und verkörperte Liebe zu Gott, Bescheidenheit und wohltätige Freigebigkeit, Verfasser des moralliterarischen Werks *'Ahawat schalom*, ›Friedensliebe‹.

Midrasch – ›Forschung‹, geht zurück auf die Wurzel *drsch*, ›suchen‹, ›ergründen‹, und bedeutet Interpretation oder Schrifterklärung. Es bezeichnet heute die Auslegungen der Rabbinen, wie sie in den beiden *Talmudim* und in vielen Sammlungen (zum Beispiel *M^echilta' de Rabbi Jischma''el*, **B^e-re'schit Rabbah*) enthalten sind. Der Begriff *Midrasch* findet sich bereits in der Bibel (*2. Chro-*

nik 13:22; 24:27). Es wird angenommen, daß die Tradition, das geschriebene Gesetz zu kommentieren, sehr alt ist. Spätestens seit der Rückkehr aus Babylonien ist mündliche Deutung der Schrift als Aufgabe der *ssof^e^rim*, der Schreiber und Gelehrten, überliefert (*Esra* 7:6, 10, 11). Seine Hochblüte als Methode erlebte der *Midrasch* in der Zeit der **tanna'im* im Land Israel. Dieser *Midrasch* kommentierte das Gesetz Moses und heißt daher halachischer *Midrasch*. Der aggadische *Midrasch* erläutert den nicht gesetzlichen Teil der Bibel und enthält u.a. theologische und ethische Belehrungen, populäre Philosophie, Legenden, Allegorien und Tierfabeln. Seine Blütezeit reicht von den frühen *Amoräern bis zum 13. Jh. Als halachische *Midraschim* bezeichnet man die Schriften: *M^e^chilta'* zu **Exodus*, *Ssifra'* zu **Leviticus* und *Ssifrej* zu **Numeri* und **Deuteronomium*. Zu den aggadischen *Midraschim* gehören u.a. die beiden **P^e^ssiqta'*-Sammlungen, die *Midraschim* zu **Torah* und den fünf Schriftrollen, die man gewöhnlich *Midrasch Rabbah* nennt, die beiden **Tanchuma'*-Sammlungen.

Vgl. Stemberger, Günter: *Midrasch. Vom Umgang der Rabbinen mit der Bibel. Einführung, Texte Erläuterungen*, München 1989; ders.: *Einleitung in Talmud und Midrasch*, München 92011.

Midrasch T^e^hillim – *Midrasch* zu den *Psalmen*, wird auch *Schocher tow*, ›nach Gutem strebend‹, nach der zu Psalm 1:1 angeführten Stelle aus *Sprüche* 11:27 genannt. Enthält Homilien und aggadische Auslegungen. Die Zeit der Abfassung läßt sich nicht mit Sicherheit feststellen. Vielleicht in *'Erez Jissra'el* ediert.

Mischnah – die im 1. und 2. Jahrhundert entstandene kanonische Sammlung des mündlich überlieferten Gesetzes, herausgegeben von Rabbi J^e^hudah ha-Nassi'. Die *Mischnah* geht zurück auf die Wurzel *schnh*, ›wiederholen‹, und bezeichnet das Lernen und Einprägen der mündlichen Tradition und des Gesetzes durch häufige Wiederholung. *Mischnah* bildet den Grundtext für den **Talmud.* Die in der *Mischnah* zitierten Weisen heißen **tanna'im. Mischnah*-Sammlungen kursierten unter den Weisen in *'Erez Jissra'el*, aber die von Rabbi J^e^hudah ha-Nassi' wurde als die rechtmäßige anerkannt. Die Sprache der *Mischnah* stellt eine andere Entwicklungsstufe des Hebräischen als das biblische dar und enthält viele aramäische, griechische und lateinische Fremdwörter. Die *Mischnah* ist in sechs *ss^e^darim*, ›Ordnungen‹, gegliedert, die sich aus 63 Traktaten zusammensetzen, die ihrerseits in Kapitel und Paragraphen unterteilt sind: I. *S^e^ra'im* (Hauptinhalt – Landwirtschaftliches), II. *Mo'ed* (Festzeiten), III. *Naschim* (Eherecht), IV. *N^e^sikin* (Zivil- und Strafrecht), V. *Qodaschim* (Opfer), VI. *T^e^harot* (Reinheitsvorschriften).

Aufgrund der für ein Gesetzbuch ungewöhnlichen Struktur und Formulierungen der *Mischnah* sind sich nicht alle Forscher sicher, daß sie als solches angelegt wurde. Einige vermuten, die *Mischnah* sei ein Lehrbuch der **Halachah.* So würden der pädagogischen Absicht zum Beispiel die Wiederholungen dienen, durch welche sich der Lehrstoff leichter einpräge.

Die *Mischnah* wurde zur Grundlage aller späteren halachischen Entwicklungen. Ihr Text im Jerusalemer und im babylonischen *Talmud* und in *Mischnah*-Handschriften differiert. Erst im Mittelalter wurde er standardisiert und durch die Drucke (erste vollständige Ausgabe [mit dem Kommentar von *Maimonides] Neapel 1492, maßgebliche, von Jom Tow Lipmann Heller korrigierte und kommentierte Ausgabe Prag 1614–1617) endgültig festgelegt.

Vgl. KRUPP, Michael und Barbara EBERHARD (Hrsg.): *Die Mischna. Festzeiten – Seder Mo'ed*, Frankfurt a.M. 2007; KRUPP, Michael (Hrsg.): *Die Mischna. Frau-*

en – Seder Naschim, Berlin 2010; ders.: *Die Mischna. Heiligkeiten – Seder Qodaschim*, Berlin 2015; ders.: *Die Mischna. Reinheiten – Seder Toharot*, Berlin 2017; ders.: *Die Mischna. Saaten – Seder Sera'im*, Berlin 2017; ALBECK, Chanoch: *Einführung in die Mischna*, Berlin 1971; KRUPP, Michael: *Einführung in die Mischna*, Frankfurt a.M. 2007; STEMBERGER, Günter: *Einleitung in Talmud und Midrasch*, München [9]2011.

Natan – (2.–3. Jh.) **tanna'* der letzten Generation, kam aus Babylonien, wo sein Vater Exilarch (Führer der Verbannung) war, und wurde in Jerusalem Stellvertreter des Patriarchen (*'aw bejt din*) Rabbi Schim'on ben Gamli'el. Seine *Mischnah*-Sammlung diente Rabbi J[e]hudah ha-Nassi' bei der Abfassung der *Mischnah*. Ein außerkanonischer, dem *'Awot* ähnlicher Traktat wird ihm zugeschrieben: *'Awot de-Rabbi Natan*. Zu seinen bekannten Aussprüchen gehören: »Der Mensch wird in jeder Stunde gerichtet« (*Bawli, Ro'sch ha-Schanah* 16a) und »Mit dem gleichen Maß, mit dem ein Mensch mißt, mißt man auch ihn« (*M[e]chilta'*, b[e]schallach).

Nehemia (N[e]chemjah) – siehe *Esra-Nehemia*

Numeri – das 4. Buch Mose, nach der Zählung in der Wüste genannt. Hebräisch heißt das Buch *B[e]-midbar*, ›In [der] Wüste‹.

'Olam ha-seh und *'olam ha-ba'* – ›Diese Welt, die kommende Welt‹. Die Gegenüberstellung dieser und der künftigen Welt hat zweifache Bedeutung: Die kommende Welt bezeichnet die Welt des Jenseits, in welche die Seele nach dem Tod eintritt, vor allem aber die Welt des Heils, die Gott in der Endzeit anstelle der jetzigen Weltordnung treten lassen wird. Eschatologische Konzepte malten oft die kommende Welt rein geistlich aus: »In der kommenden Welt gibt es weder Essen noch Trinken, weder Fortpflanzung noch Handel, weder Eifersucht noch Haß und Wettbewerb, sondern die Ge-

rechten sitzen mit Kronen auf ihren Häuptern und erfreuen sich des Glanzes der göttlichen Gegenwart« (*Bawli, B^erachot* 17 a).

P^eruschim (Pharisäer) – ›Abgesonderte‹, jene, die durch strenge Beachtung der Gebote und der Reinheit sich vom restlichen Volk unterschieden. Schriftgelehrte, kundige Ausleger der **Torah*. Sie bildeten eine der drei Gruppierungen während der Zeit des zweiten Tempels. Vielleicht geht ihr Ursprung auf die **Chassidim* zurück. Nach Josephus Flavius unterschieden sie sich von den anderen Gruppen, indem sie an der Gültigkeit der mündlichen Lehre festhielten. Daher folgten sie einer anderen **Halachah* als der der **Z^edukim*. Im Unterschied zu den Sadduzäern glaubten sie an die Unsterblichkeit der Seele, an die Existenz von Engeln und an die göttliche Vorsehung. Anders als die *Essener, die von der Vorherbestimmung überzeugt waren, betonten die Pharisäer den freien Willen. Keine dieser Strömungen war eine politische Partei, doch scheint das Volk die religiöse Führung der Pharisäer bevorzugt zu haben.

Vgl. Stemberger, Günter: *Pharisäer, Sadduzäer, Essener*, Stuttgart 1991.

P^essiqta' de-Raw Kahana' – (auch *Pesikta de Rav Kahana* geschrieben) Sammlung von 32 Homilien zu einzelnen Abschnitten (*p^essiqta'* ist aramäisch ›Abschnitt‹) aus der **Torah*- und Prophetenlesung, beginnt mit *Chanukkah* und endet mit *Ssimchat Torah*. Die Sammlung wird nach Raw Kahana' genannt, da der Abschnitt zu *Jeremia* 1:1 mit dem Satz beginnt: »Rabbi 'Abba' bar Kahana' leitete ein …«. Entstand im 5. Jh. in *'Erez Jissra'el*. Dieser *Midrasch* war verschollen, bis ihn Leopold *Zunz anhand von Zitaten in mittelalterlichen Schriften 1832 rekonstruierte. Shlomo Buber gab ihn 1868 anhand von vier Handschriften heraus, womit er Zunz' Rekonstruktion bestätigte. Bernhard Mandelbaum veröffentlichte 1962 eine neue vollständige Edition, die sieben Handschriften berücksichtigt sowie Fragmente aus der Kairoer **G^enisah*.

P^essiqta' Rabbati – (auch *Pessikta Rabbati* geschrieben) gleichfalls eine Sammlung von Homilien zu besonderen Schriftvorlesungen, Perikopen. Sie wird ›die große‹ genannt, weil sie eine größere Zahl von Homilien als die *P^essiqta' de-Raw Kahana'* enthält, insgesamt 48. Sie umfaßt Teile aus anderen Werken und einen in Stil und Struktur eigenständigen Abschnitt (20–24) *Midrasch mattan Torah*. Sie folgt dem Jahreszyklus, beginnt mit *Ro'sch ha-Schanah* und endet mit *Schabbat* vor *Ro'sch ha-Schanah*. Sie soll im 9. Jh. ediert worden sein.

Pharisäer – siehe P^eruschim

Philon – (um 20 v. d. Z. – um 50 n. d. Z.) alexandrinischer Jude, Philosoph und Exeget. Sohn einer wohlhabenden und einflußreichen Familie. Anführer einer jüdischen Delegation, die 39–40 n. d. Z. zu Kaiser Gaius Caligula nach Rom kam. Er genoß die Ausbildung vornehmer Griechen; war mit der klassischen Philosophie und Literatur vertraut, beherrschte Rhetorik, Mathematik und Naturwissenschaften. Seine jüdische Bildung geht wahrscheinlich vorwiegend auf den Synagogenbesuch zurück. Seine auf griechisch verfaßten Werke bestehen vor allem aus allegorischen Kommentaren zur **Torah*, die er in der Septuaginta-Übersetzung kannte. Für Philon haben die biblischen Geschichten und Gestalten jenseits der historischen eine tiefer liegende spirituelle Bedeutung, die er in den Kommentaren aufzudecken versucht. Seine philosophischen Anschauungen gehen eindeutig auf die Philosophie Platos und der Stoiker zurück: Gott läßt sich durch Attribute nicht bestimmen, er schuf die Welt nach dem Muster der Ideenwelt aus der Urmaterie und wirkt auf sie über die Vermittlung des Logos. Der Mensch kann sich mit dem Göttlichen nur über jenen Kern in seiner Seele vereinigen, der von Gott stammt, daher die Notwendigkeit, sich durch Kontemplation von den Fesseln der physischen Bedürfnisse und der Wünsche zu befreien. Die Bibel hilft dem Menschen sich diesem Ideal anzunähern. Philon war überzeugt, daß sie den griechischen Philosophen vorgelegen hatte. Der Einfluß Philons auf spätere jüdische Bibelauslegung war sehr gering, für das alexandrinische Christentum jedoch waren seine Werke von großer Bedeutung (Clemens, Eusebius).

Vgl. HEINEMANN, Isaak u. a.: *Philo von Alexandrien. Die Werke in deutscher Übersetzung*, Band 1–6, Berlin 1909–1938 (²1962), Band 7 1964; NIEHOFF, Maren R.: *Philo on Jewish Identity and Culture*, Tübingen 2001.

Pijjut – (geht zurück auf das griechische *poietes*, ›Dichter‹) bedeutet jede Art von Poesie, speziell religiöse Dichtung, die zum Vortrag in der Synagoge bestimmt ist. Ursprünglich wurden schlichte Erweiterungen der Stammgebete *pijjutim* genannt. Seit der Fixierung der Stammgebete im 6. Jh. nannte man auch alle Zusatzgebete *pijjutim*. Heute ist *pijjut* der umfassende Begriff für synagogale Poesie überhaupt.

Vgl. HABERMANN, A. M.: *Pijjutim niwcharim lᵉ-chaggim ulᵉ-mo'adim*, Jerusalem 1992.

Pinchas von Koretz (Shapiro) – (Sklow 1726–1791) mit dem Beinamen der ›Heilige‹, einer der frühesten chassidischen Meister, der sich mehr als Freund denn als Schüler von Israel *Ba'al Schem Tow betrachtete. Er hielt sich von der Ekstase fern, lehrte Wahrheit und Demut und den Kampf gegen die Versuchung und das Böse als Wege zur Vervollkommnung. Eine Sammlung seiner Belehrungen in Form von Aphorismen erschien unter dem Titel *Imrej Pinchas ha-schalem*, ›Sprüche des vollkommnen Pinchas‹. Er starb auf dem Weg nach *'Erez Jissra'el*.

Pirqej de-Rabbi 'Eli'eser – (auch *Pirke Rabbi Elieser* geschrieben) aggadischer **Midrasch*, der dem **tanna'* 'Eli'eser ben Hurqanos (1. – 2. Jh.) zugeschrieben wird, aber aufgrund seiner Anspielungen auf die islamische Kultur und die arabische Regierung über das Land Israel wird er in die erste Hälfte des 8. Jhs. datiert. Das Buch hat 7 Abschnitte mit 54 Kapiteln, die u. a. der Schöpfung der Welt, dem Kalender (6 – 9), *Schabbat* (18), Umkehr (43) gewidmet sind. Es scheint aber nur fragmentarisch erhalten zu sein. Das Buch enthält viele Parallelen zu der Bibelübersetzung *Targum Pseudo-Jonathan* und einige Überlieferungen, die sonst nur von der Apokryphenliteratur bekannt sind. Es zitiert viele halachische Bräuche, die in *'Erez Jissra'el* üblich waren, weshalb man seine Herkunft als palästinisch ansieht.

Prophetenabschnitt – siehe *haftarah*.

Qaddisch – (wird oft *Kaddisch* geschrieben) aramäisch ›Heiliger, heilig‹, ein altes, vorwiegend aramäisch abgefaßtes Gebet (1./2. Jh. n. d. Z.), das Gott preist, seine Heiligkeit verkündet und die Hoffnung auf baldige Erlösung ausdrückt. Das Gebet schließt wichtige Teile des Gottesdienstes ab. Es ist auch ein Gebet, das Trauernde am Ende des Gottesdienstes sprechen. Den Kern bildet der Segensspruch »Sein erhabener Name sei gepriesen immerdar und in Ewigkeit«, der seine Entsprechung in *Daniel* 20: 2 oder in Psalm 113: 2 findet. Im **Talmud* gilt der Satz als die Hymne aller Hymnen (*Bawli, B^e^rachot* 3a). Er wurde ursprünglich in den Schlußreden, die auf die Auslegungen der *Torah*vorlesung folgten, verwendet. Da es üblich war, die Rede mit einem ermutigenden Ausblick auf die messianische Zeit zu beenden, kommt auch im *Qaddisch* die Hoffnung auf Erlösung zum Ausdruck. Bekannt ist die Ähnlichkeit mit dem

»Vater Unser«, dessen erste drei Bitten (*Matthäus* 6:9–10) stimmen mit dem ersten Teil des *Qaddisch* voll überein. Als liturgisches Gebet wurde das *Qaddisch* mannigfaltig erweitert und besteht je nach liturgischer Funktion in vier Formen: Voll*qaddisch*, Halb*qaddisch*, *Qaddisch* der Trauernden und *Qaddisch* *d^e^rabbanan*.

Vgl. ELBOGEN, Ismar: *Der jüdische Gottesdienst in seiner geschichtlichen Entwicklung*, Frankfurt a.M. ³1931, Nachdruck Hildesheim u.a. 1995, § 12a.

46. Qiddusch

Qiddusch – (wird oft *Kiddusch* geschrieben) ›Heiligung‹, die Weihe der *Schabbat* oder des Festtages bei einem Becher Wein. Er besteht aus zwei Teilen, einem Segensspruch über Wein oder Brot und einem hymnischen Gebet für den betreffenden Tag.

Rabbi – ›mein Lehrer, mein Meister‹, Titel der palästinischen Gelehrten.

Rabbinen – Bezeichnung der Gelehrten der *Mischnah*- und *Talmud*zeit im Unterschied zum Rabbiner, der nach abgeschlossener Ausbildung die Stelle des Rabbiners einer Gemeinde einnehmen darf.

Raschi-Kommentar – *Raschi*, Abkürzung für Rabbi Sch^e^lomoh Jitzchaqi (Troyes 1040–Troyes 1105), verfaßte den als Standardwerk geltenden Bibelkommentar. Als Auslegungsmethode bevorzugte Raschi den *p^e^schat*, die wörtliche Deutung. Schwierige Worte und Textstellen erklärte er lieber, statt ihnen Interpretationen aufzuzwingen. Vor allem in seinem Kommentar zum Pentateuch verwendet er auch den *d^e^rasch*, die erweiterte erbauliche, homiletische zum Teil allegorische Auslegung, und wählt aus dem **Midrasch* das aus, was dem Wortsinn am nächsten kommt. Die *d^e^rasch*- Deutungen empfand

Raschi später als störend. Er soll gesagt haben – überliefert sein Enkel Raschbam in einem Kommentar zu *Genesis* 37: 2 –, wenn er Zeit habe, wolle er seinen Kommentar nach der Methode des reinen *p^e^schat* umarbeiten. Die Propheten und Hagiographen kommentierte er in knappem Stil, der originelle Auffassungen vermittelt. Raschis Kommentar zeichnet sich durch Klarheit, Kürze und Einfachheit aus. Wenn ihm auch von seinen Nachfolgern, den Verfassern der zusätzlichen Kommentare, *Tossafot*, oft widersprochen wurde, gewann er doch Popularität wie kein anderer. Die erste datierte hebräische Inkunabel ist ein Raschi-Kommentar zur *Torah*, gedruckt 1475 in Reggio di Calabria von Abraham Garton.

Neben dem Bibelkommentar gilt auch Raschis *Talmud*kommentar als Standardwerk. Anhand älterer Handschriften korrigierte er den Text. Seine Lesarten sind vielfach in spätere *Talmud*-Ausgaben eingearbeitet. Raschi erklärte schwierige Worte, den Inhalt der Sätze und den Zusammenhang der Diskussion. Er beugte Einwänden vor, löste Widersprüche und folgerte neue halachische Entscheidungen.

Raschi nahm sein Bibel- und *Talmud*-Studium in Troyes auf, später reiste er, um bei verschiedenen Gelehrten Unterricht zu nehmen, er studierte einige Jahre in Worms, wo er bereits als Lehrer tätig war, und gründete mit 25 Jahren als unbezahlter Rabbiner in Troyes eine *J^e^schiwah*, eine rabbinische Lehranstalt, deren Ruf alsbald Schüler aus ganz Lothringen anzog. Den Lebensunterhalt soll Raschi durch Weinbau und -handel erworben haben.

Raw, Plural: *rabbanim* – ›Großer‹, ›Meister‹, rabbinischer Lehrer, Titel der babylonischen Gelehrten.

Rosenfeld, Morris – (Bokscha, damals Russisch-Polen, 1862 – New York 1917) jiddischer Dichter. Mit dem großen jüdischen Emigrationsstrom des Jahres 1882 begab er sich nach Amsterdam, wo er kurze Zeit als Diamantenschleifer seinen Lebensunterhalt verdiente. Nachdem er in London Schneider gelernt hatte, wanderte er 1886 nach Amerika aus und arbeitete in einer der zahlreichen Werkstätten, ›Schwitzstuben‹, New Yorks. Sein erster Gedichtband *Di glokke*, ›Die Glocke‹ erschien 1888. 1890 folgte der Liederzyklus *Di blumenkette* ›Die Blumenkette‹. Seine Arbeiterlieder fanden rasche Verbreitung und wurden in Fabriken und auf Arbeiterversammlungen gesungen. Er arbeitete für verschiedene amerikanisch-jüdische Zeitungen, reiste von Stadt zu Stadt und trug seine Gedichte in Kaffeehäusern und Abendgesellschaften vor, doch die materielle Not zwang ihn in die Werkstatt zurück. Einen großen literarischen Erfolg brachte ihm der Gedichtband *Doss lieder buch* ›Das Liederbuch‹ (1897). Er erschien ein Jahr später in englischer Übersetzung unter dem Titel *Songs from the Ghetto* und wurde ins Deutsche (von Friedrich Thieberger), Polnische und Tschechische übersetzt.

Rosenzweig, Franz – (Kassel 1886 – Frankfurt a.M. 1929) Religionsphilosoph. Er kam aus einer assimilierten Familie in Deutschland, verfaßte das Werk *Hegel und der Staat* (1919) und machte eine Wendung vom philosophischen Relativismus zum religiösen Glauben durch. Zunächst trug er sich mit dem Gedanken, zum Christentum zu konvertieren, fand aber dann zum traditionellen Judentum. Aus seiner Stellung im Ersten Weltkrieg in Makedonien sandte er den Aufruf »Zeit ist's« (1917) an seinen Lehrer Hermann Cohen, der Anlaß zur Gründung der Akademie für die Wissenschaft des Judentums wurde. Als Soldat an der Balkanfront begann er an seinem religionsphilosophischen Hauptwerk *Der Stern der Erlösung* zu schreiben, das 1921 erschien. Darin stellt er das spirituelle Leben der Juden dar, wie es durch den alten liturgischen Kalender gestaltet ist, als eine zyklische, spiralenförmige Zeiterfahrung. In Frankfurt a. M. begründete er das Freie jüdische Lehrhaus, das viele Schüler zum Studium der klassischen jüdischen Quellen anleitete und ein wichtiges Zentrum für die geistige Erneuerung des deutschen Judentums wurde. Sein Einfluß auf die jüdische Jugend, auch als Vermittler Hermann Cohens, war besonders stark. Er kommentierte und übersetzte mit größter Sprachtreue J^{e}hudah Halevis *Hymnen* (1925) und gemeinsam mit Martin Buber *Die Schrift* (1926 ff.). Die letzten sieben Jahre seines Lebens war er fast vollständig gelähmt, führte jedoch seine geistige Arbeit fort.

Vgl. ROSENZWEIG, Franz: *Stern der Erlösung*, Frankfurt a. M. 1988; GLATZER, Nahum Norbert: *Franz Rosenzweig: His Life and Thought*, Indianapolis ^{3}1999; MENDES-FLOHR, Paul (Hrsg.): *The Philosophy of Franz Rosenzweig*, Hannover 1988.

Rut Rabbah – **Midrasch* zum Buch *Rut*, ediert wahrscheinlich in *'Erez Jissra'el* um 500 n. d. Z. Erstdruck Pesaro 1519.

Sa'adjah ben Josef Ga'on – (Dilaz, Oberägypten, 882 n. d. Z. – Sura 942) Gelehrter und **ga'on* in Babylonien. Bereits in Ägypten verfaßte er ein Lexikon der hebräischen Sprache und eine hebräische Grammatik *Ssefer ha-'agron*, Werke, die ihn zum Begründer der hebräischen Sprachwissenschaft gemacht haben. Er hatte im Land Israel studiert und andere Länder bereist, bevor er sich in Babylonien niederließ, wo er – obwohl Fremder und nicht der Gelehrtenhierarchie angehörend – 928 zum *ga'on* von Sura ernannt wurde. Sa'adjahs Hintergrund und starke Persönlichkeit führten zur Revolution in der g^{e}onitischen Aktivität: Er führte die Anwendung des **Talmud j^{e}ruschalmi* und andere Werke der palästinischen Gelehrten in Babylonien ein und wandte sich vom anonymen Stil der rabbinischen Literatur ab, als er Abhandlungen über halachische Themen veröffentlichte, womit er einen Präzedenzfall für spätere rabbinische Autoren schuf. Zu seinen wichtigen Werken zählen das auf arabisch verfaßte *Kitab al-amanat w-al itikadat*, ›Glauben und Wissen‹, das zum Grundstein der jüdischen Religionsphilosophie des Mittelalters wurde, sein *Ssiddur*, ›Gebetsordnung‹, die neben liturgischen Texten auch halachische Anweisungen sowie von ihm verfaßte Klagelieder und Hymnen enthält, eine Übersetzung der ganzen Bibel ins Arabische, einen Bibelkommentar sowie einen Kommentar zu **Ssefer J^{e}zirah*.

Sadduzäer – siehe *Z^{e}dukim*

Samaritaner, Samariter – (*schom^{e}ronim*, vgl. *2. Könige* 17:29) die Bevölkerung von Samaria nach der Zerstörung des nördlichen Königreichs 722 v.d.Z. Nach der samaritanischen Tradition sind sie *schom^{e}rim*, ›Wächter‹, des **Torah*-Gesetzes, Nachkommen der nach der Verbannung der zehn Stämme übriggebliebenen israelitischen Bevölkerung, die das Gesetz weiterhin bewahrte. Nach der biblischen Überlieferung (*2. Könige* 17:24ff.) brachte der assyrische König Sanherib Volksstämme aus der mesopotamischen Stadt Kuta, um das Land Samaria zu besiedeln. (Daher werden sie in der rabbinischen Literatur auch *Kutim*, Kutäer genannt.) Des Synkretismus verdächtig, wurden sie an der Errichtung des zweiten Tempels nicht beteiligt (*Nehemia* 6). Diese Ablehnung führte zum Bau eines eigenen samaritanischen Tempels auf dem Berg G^{e}risim. Die Inschriften aus der Tempelanlage bezeugen einen Kult für *JHWH*, den »höchsten Gott«. Nach der hellenistischen Eroberung verlor Samaria seinen Provinzstatus. 126 v.d.Z. eroberte der Hasmonäer Johannes Hyrkanus die Stadt Sch^{e}chem und zerstörte das Heiligtum auf dem Berg G^{e}risim.

Dies vertiefte die Feindschaft beider Volksgruppen. Die Samaritaner des 1. Jhs. n. d. Z. sprachen das gleiche Aramäisch wie die Judäer, hatten einen ähnlichen Lebensstil und verwandte Rituale, die auf den Geboten und den moralischen Werten des Pentateuchs gründeten. Die **tanna'im* waren in bezug auf den Status der Samaritaner geteilter Meinung. Im 3. Jh. wurden unter der Führung von Baba Rabba die Grundzüge der samaritanischen Religion festgelegt.

Die samaritanische Religion entstammt israelitischen Traditionen des nördlichen Königreichs und ähnelt teilweise der **Halachah* der *Sadduzäer. Sie berufen sich auf die **Torah* Moses, des einzigen Propheten, und lehnen das mündliche Gesetz ab. Ihre zehn Gebote beginnen mit dem zweiten Gebot in der jüdischen Tradition und werden durch ein zehntes, das den Bau eines Tempels auf G^e^risim vorschreibt, ergänzt. Sie errichteten Synagogen und schufen ihre eigene Liturgie. Die Samaritaner begehen sieben biblische Feste: *Pessach*, *Mazzot*, *Schawu'ot*, *Jom T^e^ru'ah*, *Jom Kippur*, *Ssukkot* und *Mo'ed sch^e^mini*. Hinzu kommen zwei kleinere Feste – am 15. *Sch^e^wat* und am 15. *'Aw*. Heute leben Samaritaner in Nablus (Palästina) und in Holon (Israel).

Vgl. Crown, Alan D. (Hrsg.): *The Samaritans*, Tübingen 1989; Dexinger, Ferdinand und Reinhard Pummer (Hrsg.): *Die Samaritaner*, Darmstadt 1992; Schur, Nathan: *History of the Samaritans*, Frankfurt a. M. [2]1992.

Sch^e^chinah – ›Einwohnung‹ Gottes, göttliche Gegenwart. Die weibliche Manifestation Gottes in der Welt. Der Begriff geht auf die biblischen Verse zurück, die von Gottes Einwohnen unter Israel sprechen (*Exodus* 25:8; *Leviticus* 16:16 u. a.). Im **Talmud* bezeichnet *Sch^e^chinah* die Manifestation göttlicher Gegenwart im menschlichen Leben: »Die *Sch^e^chinah* ruht [auf dem Menschen] nicht durch Traurigkeit, Faulheit, Gelächter, Leichtsinn, Gespräch über eitle Sachen, sondern durch die Freude der Erfüllung eines Gebots« (*Bawli*, *Schabbat* 30b). Die *Sch^e^chinah* geht mit Israel in die Verbannung (*Bawli, M^e^gillah* 29a). In den Texten der **Chassidim* aus *'Aschkenas* ist *Sch^e^chinah* mit *Kawod*, ›göttliche Glorie oder Herrlichkeit‹ identisch. In der kabbalistischen Lehre der *Ss^e^firot* hat *Sch^e^chinah* – die zehnte *Ss^e^firah* – eine Schlüsselrolle als Vermittlerin zwischen den göttlichen und den niederen Daseinsebenen. Sie symbolisiert den weiblichen Aspekt Gottes und vereinigt sich mit dem männlichen Aspekt, wodurch sich das göttliche Leben vervollständigt.

Sch^e^moneh 'essreh – siehe *'Amidah*

Sch^e^mot Rabbah – (auch *Exodus Rabbah*) mittelalterlicher aggadischer **Midrasch* zu *Exodus* mit 52 Abschnitten. Abschnitte 1 – 14 sind Auslegungen zu *Exodus* 1 – 10. Die folgenden Abschnitte sind Homilien zu *Exodus* 12 – 40 von der Art des *Midrasch Tanchuma'-J^e^lamm^e^denu.* Die Abfassungszeit dieser Sammlung ist relativ spät, um das 10. Jh. *Sch^e^mot Rabbah* wird erst von sefardischen Autoren des 13. Jhs. zitiert.

Schofar – ein aus dem Horn des Widders gefertigtes, krummes Blasinstrument. Der *Schofar* wurde in alter Zeit vorwiegend für Lärmsignale gebraucht, im Krieg, um das Heer zu sammeln, das Zeichen zum Angriff, zum Einstellen der Verfolgung, zur Auflösung des Heeres oder zur Heimkehr zu geben. Der *Schofar* wird auch geblasen, um eine drohende Gefahr anzukündigen oder ein wichtiges Ereignis wie die Thronbesteigung eines Herrschers bekanntzugeben. Der *Schofar* wurde ferner am 1. *Tischrej*, dem Jahresanfang, und beim Anbruch des Jubeljahres geblasen und hat schließlich neben vielen anderen Musikinstrumenten vielfach Verwendung beim Gottesdienst im Tempel zu Jerusalem gefunden (Psalm 98:6; Psalm 150:3). Seine dauernde religiöse

Bedeutung hat er erst im Zusammenhang mit dem Neujahrsfest (*Ro'sch ha-Schanah*), das am 1. *Tischrej* gefeiert wird, erlangt. Wird oft fälschlicherweise mit ›Trompete‹ oder ›Posaune‹ übersetzt.

Schulchan 'aruch – ›gedeckter Tisch‹, Kompendium des jüdischen Ritualgesetzes und Rechts in systematischer Anordnung, von Josef Karo (1488 – 1575) aus Safed verfaßt (Erstdruck Venedig 1565). *Schulchan 'aruch* ist eine Zusammenfassung von Karos *Bejt Jossef*, einem Kommentar zu *'Arba'ah Turim* von Jakob ben Ascher. *Schulchan 'aruch* folgt in seiner Anordnung den *Turim* und enthält nur die nach der Zerstörung des Tempels geltenden Bestimmungen. Er berücksichtigt in seinen Entscheidungen vorzugsweise die Anschauungen und Bräuche der sefardischen Juden. Moses Isserles (1525 – 1572) aus Krakau, der zu gleicher Zeit wie Karo an einem eigenen Kodex arbeitete, änderte mit der Veröffentlichung von Karos Werk seinen Plan, verzichtete auf sein Buch und fügte stattdessen dem *Schulchan 'aruch* Glossen hinzu, welche die aschkenasische Praxis behandeln. In dieser Form (Erstdruck Krakau 1578) ist der *Schulchan 'aruch* der maßgebende Ritual- und Gesetzeskodex des Judentums. Er besteht aus vier Teilen: 1. *'Orach chajjim*, ›Pfad des Lebens‹ (Psalm 16:11), enthält die rituellen Vorschriften für den Alltag, für *Schabbat* und Festtage, Gebete und Segenssprüche eingeschlossen; 2. *Joreh de'ah*, ›Lehrt Erkenntnis‹ (*Jesaia* 28:9), u.a. über Schlachten, verbotene Speisen, Reinheit, Zinsen, Gelübde, Eltern– und Lehrerverehrung, Wohltätigkeit, Beschneidung, Kranke, Sterbende, Trauer; 3. *'Ewen ha-'eser*, ›Stein der Hilfe‹ (*1. Samuel* 28:30), über Ehe- und Scheidungsgesetze; 4. *Choschen ha-mischpat*, ›Schild des Rechts‹ (Exodus 28:30), über Zivil- und Kriminalrecht gemäß der Anwendungsmöglichkeit in der Diaspora.

Schwagerehe – auch Leviratsehe genannt, hebr. *jibbum*. Die Wiederverehelichung der kinderlosen Bruderwitwe mit dem Schwager wird in *Deuteronomium* 25:5 ff. als Pflichtehe angeordnet. Nicht nur der Bruder, auch der nächste Blutsverwandte (*go'el*, ›Erlöser‹) war verpflichtet, die Witwe von ihrem Witwentum zu befreien und so für die Einlösung des Erbes zu sorgen (vgl. *Rut* 4:10). Von der Verpflichtung, die Schwagerehe einzugehen, konnte man sich nur durch die Zeremonie der *chalizah*, das ›Ausziehen‹ des Schuhs, befreien (*Deuteronomium* 25:7 ff.).

Sefardim (ss^e^faraddim) – Bezeichnung der Juden aus Spanien (*ss^e^farad*, vgl. *Obadia* 20) und Portugal, die seit den Morden von 1391, besonders aber infolge der Vertreibung von 1492 die Iberische Halbinsel verließen und sich vor allem in den Niederlanden und im Osmanischen Reich niederließen. Ihre wichtigsten Zentren wurden Saloniki, Konstantinopel, Jerusalem, Safed, Kairo, Ancona, Venedig, Amsterdam, London und Bordeaux. Überall gründeten sie Synagogen mit sefardischem Ritus, der sich seither im ganzen Nahen Osten, im Kaukasus und in Buchara ausgebreitet hat. Träger einer hohen sowohl hebräischen als auch europäischen Kultur, verbreiteten sie die Wissenschaften in ganz Europa und innerhalb des Judentums. Es waren die *ss^e^faraddim*, die am meisten unter den Juden zur Ausbreitung des internationalen Handels beigetragen haben. Die jüdische Kultur in Spanien schöpfte aus verschiedenen Quellen: hebräische und aramäische Überlieferung, griechische Philosophie, arabische Wissenschaft und arabische und spanische Poesie. Diese Periode jüdischer intellektueller Blüte brachte halachische, philosophische und philologische Werke, mannigfaltige liturgische und weltliche Poesie und die **Kabbalah* hervor und wird, vor allem das literarische Schaffen im 11. und 12. Jh., als das ›Goldene Zeitalter‹ in Spanien bezeichnet.

Shneur, Salman – (Shklov, Weißrußland 1887–New York 1959) hebräischer und jiddischer Dichter und Erzähler. Gilt zusammen mit Bialik und Tchernichowsky als einer der drei wichtigsten Dichter der hebräischen Poesie ihrer Generation. Sein erster Gedichtband *'Im sheki'at ha-chamah* erschien 1908 und wurde mit Begeisterung aufgenommen. 1907 kam er nach Paris und studierte Literatur, Philosophie und Naturwissenschaften an der Sorbonne. Während des Ersten Weltkrieges lebte er in Berlin, wo er Medizin studierte. 1914 kam sein zweiter Gedichtband heraus. Nach dem Krieg und der russischen Oktoberrevolution lebten in Berlin viele vor den Bolschewiken geflohene jüdische Autoren, die zu einem regen literarischen Leben beitrugen. Shneur blieb in Berlin und gab das Medizinstudium zugunsten seiner literarischen Arbeit auf. 1923 ließ er sich in Paris nieder, wo er bis zum Einmarsch der Armee Hitlers blieb. 1940 gelang ihm die Flucht über Spanien in die USA. 1951 wanderte er nach Israel ein. Shneur schrieb lyrische Gedichte, Poeme, dramatische Epen, Theaterstücke, Erzählungen und Romane. Das im Kapitel *Pessach* zitierte Kindergedicht vermittelt lebendige jüdische Tradition, wie sie Shneur, aus einer angesehenen chassidischen Familie stammend, vertraut war.

Siebengebet – *T^efillat sch^ewa'*, Hauptgebet an *Schabbat* und Festtagen, dessen mittlerer Satz der Heiligung des Tages (*q^eduschat ha-jom*) gewidmet ist. Vgl. *'Amidah*.

sichronah / sichrono li-w^erachah – ›ihr / sein Andenken sei gesegnet‹ wird dem Namen des Verstorbenen nachgestellt.

Sohar – ›Lichtglanz‹, das Hauptwerk der **Kabbalah*, verfaßt in einem künstlichen Aramäisch, tauchte Anfang des 14. Jhs. in Spanien auf. Von Mose ben Schemtow de León (gest. 1305) als Werk des **tanna'* Schim'on ben Jochaj (frühes 2. Jh. n. d. Z.) ausgegeben. Das Werk besteht aus mehreren literarischen Einheiten, nicht alle vom selben Autor verfaßt. Sein Hauptteil gestaltet sich als fortlaufender Kommentar zu den Wochenabschnitten der **Torah*. Der *Sohar* wurde beschrieben als eine Mischung aus theosophischer Theologie, esoterischer Psychologie und Anthropologie, Mythos und Poesie. In seinen Lehren finden sich Adaptionen vieler Elemente der älteren *Kabbalah*: Die Lehren vom Urmenschen, *Adam kadmon*, von den **Ssefirot*, die Schöpfungs- und *Merkawah*lehre sowie Schilderungen der himmlischen Paläste, *hejchalot*; symbolische Deutungen von Gebeten und Zeremonien; Zahlen- und Buchstabenmystik. Der *Sohar* fügt eigene Lehren hinzu, u.a. von den Emanationen und der Beschaffenheit der *Ssefirot*, von der mystischen Bedeutung biblischer Geschichte und ihrer Gestalten, von der symbolischen Bedeutung der *Schabbat*, der Beschaffenheit der menschlichen Seele und ihrer Möglichkeit aufzusteigen, vom mystischen Exil der **Schechinah* und von ihrer Erlösung.

Vgl. NECKER, Gerold: Zohar. *Schriften aus dem Buch des Glanzes*, Frankfurt a.M. 2012; LACHOWER, Y., Isaiah TISHBY und David GOLDSTEIN: *The Wisdom of the Zohar: An Anthology of Texts*, Band 1–3, London 1991 (thematisch gegliederte hervorragende Anthologie); LIEBES, Yehuda: *Studies in the Zohar*, Albany 1993; MAIER, Johann: *Die Kabbalah*, München 1995; SCHOLEM, Gershom: *Die jüdische Mystik in ihren Hauptströmungen*, Frankfurt a.M. 1957, S. 171–223.

Ssanhedrin – ›Synhédrion‹, bezeichnet: 1. altjüdischen Gerichtshof beziehungsweise Senat in hellenistisch-römischer Zeit; 2. ein Traktat der Ordnung *Nesikin* in **Mischnah, Tossefta'* (Sammlung tannaitischer Zusätze zu *Mischnah*) und **Talmud*, das hauptsächlich von den Gerichtshöfen und von den Gerichtsverfahren handelt.

Ssefer J^{e}zirah – ›Schöpfungsbuch‹, eine kosmologische und theologische Abhandlung auf hebräisch aus dem 7. oder 8. Jh, das Vorstellungen jüdischer Wissenschaft, Philosophie und Esoterik vereint. Es vermittelt eine systematische Anschauung des Schöpfungsprozesses und der Naturgesetze. Demnach ist die Welt durch 32 Pfade göttlicher Weisheit entstanden, die aus den zehn ersten *ss^{e}firot*, wörtlich ›Zählungen‹, und den 22 Buchstaben des hebräischen Alphabets bestehen. Sie werden auf die Elemente (Erde, Feuer, Wasser, Luft) und die Dimensionen von Raum (Norden, Süden, Osten, Westen, Oben, Unten) und Zeit (Anfang, Ende) und Gut und Böse, auf Planeten, Tierkreiszeichen und menschliche Organe bezogen. Die Vorstellung, daß die Welt durch zehn göttliche Äußerungen erschaffen wurde, findet sich auch in der **Mischnah* (*'Awot* 5 : 1), die Erschaffung der Welt durch die Buchstaben des Alphabets wird mehrfach im **Talmud* erwähnt. *Ssefer J^{e}zirah* aber präsentiert eine systematische Schöpfungslehre, die von der Beschreibung in *Genesis* 1 recht unabhängig ist. Das Werk wurde seit **Sa'adjah Ga'on* vielfach kommentiert, und seine Begriffe wurden später von Kabbalisten übernommen.

Vgl. Herrmann, Klaus (Hrsg.): *Sefer Jezira. Buch der Schöpfung*, Frankfurt a. M. 2008; Dan, Joseph: »The Emergence of Jewish Mysticism in Medieval Germany«, in: Herrera, Robert (Hrsg.): *Mystics of the Book: Themes, Topics and Typologies*, New York 1993, S. 57–95.

Ss^{e}firah, wörtlich ›Zählung‹, Plural: *Ss^{e}firot* – sind die zehn Wirkungskräfte göttlicher Manifestation, in denen Gott aus seiner Verborgenheit hervortritt. Die Namen der *Ss^{e}firot* verweisen auf die mystischen Qualitäten der Gottheit, die ihnen zugeordnet sind: 1. *Keter 'eljon*, ›höchste Krone‹; 2. *Chochmah*, ›Weisheit‹ oder Uridee; 3. *Binah*, die sich entfaltende ›Intelligenz‹; 4. *Chessed*,

אור לארבעה עשר גרסי׳: לאור הנר בג׳ מר׳ מפרש טעמא: בודקין שלא יעבור עליו בבל יראה ובבל ימצא. ובמה אמר לקמן במתני׳:

אור

°לארבע׳ עשר בודקין את החמץ לאור הנר כל
מקום שאין מכניסין בו חמץ אין צריך בדיקה
ובמה אמרו ב׳ שורות במרתף מקום שמכניסין
בו חמץ ב״ש או׳ ב׳ שורות על פני כל המרתף
ובית הלל אומרים שתי שורות החיצונות
שהן העליונות: גמ׳ מאי אור רב הונא
אמ׳ נגהי ורב יהודה אמ׳ לילי קס״ד דמאן דאמ׳
נגהי נגהי ממש ומאן דאמר לילי לילי ממש
°מתיבי הבוקר אור והאנשים שולחו אלמא
אור יממא הוא מי כתי׳ האור בקר הבקר אור
כתיב כמאן דאמר צפרא נהר וכדרב יהודה
אמר רב דאמר רב יהוד׳ אמ׳ רב °לעולם יכנס
אדם בכי טוב ויצא בכי טוב °מתיבי וכאור
בקר יזרח שמש אלמ׳ אור יממא הוא מי כתיב
אור בקר וכאור בוקר כתי׳ והכי קאמר וכאור
בקר בעולם הזה כעין זריחת שמש לצדיקים
לעולם הבא °מתיבי ויקרא אלהים לאור יום
אלמא אור יממ׳ הוא ה״ק °למאיר ובא קראו יו׳
אלא מעתה ולחשך קרא לילה למחשיך ובא
קראו לילה והא קיימא לן דעד צאת הכוכבי׳
יממא הוא אלא הכי קאמר קריה רחמנא
לנהורא ופקדיה אמצותא דיממא וקרייה
רחמנא לחשוכא ופקדיה אמצותא דלילה
°מתיבי הללוהו כל כוכבי אור אלמא אור
אורתא הוא הכי קאמר הללוהו כל כוכבים
המאירים אלא מעתה כוכבים המאירים הוא
דבעו שבוחי שאינן מאירין לא בעו שבוחי
°והא כתיב הללוהו כל צבאיו אלא הא קמ״ל
דאור דכוכבים נמי אור הוא למאי נפק׳ מינה
לנודר מן האור דתנן הנודר מן האור אסור
באורן של כוכבים °מתיבי לאור יקום רוצח
יקטול עני ואביון ובלילה יהי כגנב הא

Abbildung 47

Erstes Kapitel des Traktats *Pᵉssachim*, *Talmud Bawli*, Frankfurt an der Oder 1696. Das umrahmte Wort *or*, ›Licht‹, ist das erste Wort des ersten Satzes, das hier aber idiomatisch Vorabend bedeutet: »Am Vorabend des vierzehnten Tages sucht man beim Kerzenlicht nach dem Gesäuerten ...« So die Anordnung der Rabbinen. Unter Gesäuertem versteht man Produkte der fünf Getreidearten, die durch Feuchtigkeit, Hitze oder Fermente einen Gärungsprozeß durchgemacht haben. Am Vorabend des 14. *Nissan*, gleich nach Sternenaufgang, durchsucht der Hausvater beim Kerzenschein Winkel und Nischen seines Hauses, in denen Brotkrümel sein können, sammelt das Gesäuerte in einem Gefäß und verbrennt es am anderen Morgen.

›Liebe‹ oder ›Gnade‹; 5. *G^e^wurah* oder *Din*, die ›Macht‹, die sich vor allem als strafende Macht und richtende Gewalt darstellt; 6. *Tif'eret*, ›Pracht‹, oder *Rachamim*, das die Gegensätze der beiden vorigen *Ss^e^firot* ausgleichende ›Erbarmen‹ Gottes; 7. *Nezach*, ›beständige Dauer‹; 8. *Hod*, ›Majestät‹; 9. *J^e^ssod*, der ›Grund‹ aller wirkenden und zeugenden Kräfte Gottes; 10. *Malchut*, das ›Reich‹ Gottes, im **Sohar* meistens als *K^e^nesset Jissra'el*, das mystische Urbild der Gemeinde Israels, oder als **Schechinah* bezeichnet, das weibliche Prinzip.

Vgl. MAIER, Johann: *Die Kabbalah*, München 1995; SCHOLEM, Gershom: *Die jüdische Mystik in ihren Hauptströmungen*, Frankfurt a.M. 1957, S. 232.

Ss^e^lichah, Plural: *Ss^e^lichot* – ›Vergebungen‹, Bußgebete, Elegien, Sündenbekenntnisse, Klagen für Buß- und Fasttage, speziell für die zehn Tage der Umkehr zwischen Neujahr und Versöhnungstag. *Ss^e^lichot* werden an Fasttagen bei der Wiederholung der *'Amidah* in die 6. Bitte eingeschaltet. In sefardischen Gemeinden und in orientalischen Gemeinden mit sefardischem Ritus beginnen die *Ss^e^lichah*-Tage mit dem 1. *'Elul* und dauern bis zum Vorabend des *Jom Kippur*. Die aschkenasischen Juden beginnen erst eine Woche vor Neujahr *Ss^e^lichot* zu sprechen. Diese *Ss^e^lichot* werden vor dem Gebet gesprochen. Es wurden Hunderte von *Ss^e^lichot* von Dichtern aller jüdischen Gemeinden – etwa palästinischen, babylonischen, spanischen, italienischen, aschkenasischen – verfaßt; doch nur ein Dichter, der spanische Mosche ibn Esra, bekam der großen Zahl und der Qualität seiner *Ss^e^lichot* wegen den Titel ›*ha-ssalach*‹, ›der Vergebende‹.

Vgl. ELBOGEN, Ismar: *Der jüdische Gottesdienst in seiner geschichtlichen Entwicklung*, Frankfurt a.M. [3]1931, Nachdruck Hildesheim u.a. 1995, § 33; FLEISCHER, Esra: *Shirat ha-qodesch ha-'iwrit bijmej ha-bejnajim*, Jerusalem

1975 (Standardwerk); *Leqet pijjutej Ss^{e}lichot me'et pajjtanej 'Aschk^{e}nas w^e-Zorfat*, zusammengestellt von Daniel GOLDSCHMIDT, überarbeitet und erklärt von Avraham FRAENKEL, Band 1–2, Jerusalem 1993 (reichhaltige Anthologie).

Ssiddur – Gebetbuch. Der Begriff geht auf *sseder*, ›Ordnung‹ zurück. Im *Ssiddur* sind die täglichen Gebete aneinandergereiht. Die Gebete der Festtage enthält der *Machsor*.

Tallit – Gebetsmantel, langer und breiter, wollener oder seidener Schal, der auf weißem Grund breite dunkelblaue oder schwarze Streifen hat und Schaufäden (Quasten) an seinen vier Ecken (*Numeri* 15:37 ff.). Ursprünglich tägliches Bekleidungsstück, später nur für religiöse Zwecke von gebotspflichtigen Männern (ab 13 Jahren) angelegt. Durch das Sich-Einhüllen in den *Tallit* weiht man sich Gott. Es symbolisiert das Sich-Einhüllen in die Lehre Gottes mit all ihren Geboten und Verboten und damit die völlige Hingabe an den göttlichen Willen.

Talmud – ›Studium, Belehrung‹. *Talmud* bezeichnet zwei große Literaturwerke, die **Mischnah* und **G^{e}mara'* (die Diskussionen der Gelehrten zur *Amoräer-Zeit über die *Mischnah*) umfassen. Das eine entstand um 220–um 370 in *'Erez Jissra'el* (*Talmud *j^{e}ruschalmi*), das andere um 220–um 530 in Babylonien (*Talmud *bawli*). Die amoräischen Diskussionen decken nicht den ganzen Umfang der *Mischnah* ab, enthalten aber viel zusätzliches Material: neue Vorschriften, Auslegungen der Bibel, Geschichtliches, Anekdotisches, Wundererzählungen, Sagen, Legenden, Fabeln und Parabeln, erbauliche Belehrungen, Sprichwörter. Der *Talmud* behandelt thematisch Religion und Ethik, Rechtskunde, zeremonielles Gesetz, Ritual, Liturgie, Philosophie und Wissenschaft, Medizin und Magie, Mathematik, Astronomie und Astrologie, Geographie und Handel, politische und soziale Probleme.

Vgl. *Der babylonische Talmud*, übersetzt von Lazarus Goldschmidt, Band 1–12, Frankfurt a. M. ^{4}1996; Albeck, Chanoch: *Mawo' la-talmudim*, Tel-Aviv 1987; Neusner, Jacob: *The Talmud. A Close Encounter*, Minneapolis 1991; Stemberger, Günter: *Der Talmud: Einführung, Texte, Erläuterungen*, München ^{4}2008; ders.: *Einleitung in Talmud und Midrasch*, München ^{9}2011.

Tanchuma' – (oder *Tanchuma'-J^{e}lamm^{e}denu*) frühmittelalterlicher Homilien-**Midrasch* zur **Torah*. Die Bezeichnung *Tanchuma'* geht auf den *Amoräer Tanchuma' bar 'Abba' (2. Hälfte des 4. Jhs. in *'Erez Jissra'el*) zurück, der am Anfang mehrerer Homilien angeführt wird: »So hat Rabbi Tanchuma' bar 'Abba' eingeleitet«. *J^{e}lamm^{e}denu* heißt der *Midrasch* nach der halachischen Einleitungsformel: »*j^{e}lamm^{e}denu rabbenu*«, ›Es lehre uns unser Meister‹. Den Inhalt bilden Homilien zu den Abschnitten der *Torah*vorlesung an *Schabbat* entsprechend dem dreijährigen Zyklus, der im Land Israel üblich war. *Midrasch* der *Tanchuma'-J^{e}lamm^{e}denu*-Kategorie findet sich auch in **Sch^{e}mot Rabbah*, **B^{e}-midbar Rabbah*, *D^{e}warim Rabbah* und **P^{e}ssiqta' Rabbati*. Die *Tanchuma'-J^{e}lamm^{e}denu*-Literatur muß populär gewesen sein und in verschiedenen Versionen existiert haben. Sie soll ihre Gestalt im 5.–7. Jh. in *'Erez Jissra'el* angenommen haben, wurde jedoch in der Diaspora weiterentwickelt. Erstdruck Konstantinopel 1520–1522.

Vgl. Bergman, Marc: »M^{e}ssorot u-m^{e}qorot q^{e}dumim b^{e}-ssifrut *Tanchuma'-J^{e}lamm^{e}denu*«, in: *Tarbiz*, 60, 2, Jerusalem 1991, S. 269–274.

Tanna'im (Plural von *tanna'*, aramäisch) – einer, der studiert, lehrt oder Überlieferungen wiederholt. Bezeichnung für die Gesetzeslehrer – vor allem von den Schülern Schammajs und *Hillels (1. Jh. v. d. Z.) bis zu J^{e}hudah ha-Nassi' (frühes 3. Jh.) und seinen Zeitgenossen –, deren Belehrungen in der **Mischnah* und *Barajta'* angeführt werden. Die Belehrungen der *tanna'im* haben die Form einer **Mischnah* – einer kurzen Aussage über eine gesetzliche Bestimmung oder eine ethische Belehrung – oder eines halachischen oder aggadischen **Midrasch* zu einem Bibelvers. Die **Mischnah* überliefert die Belehrungen von fünf Generationen der *tanna'im*.

Targum Onqelos [auch Onkelos] – *Targum* ›Übersetzung‹ (der Bibel ins Aramäische). Nach der Rückkehr aus dem babylonischen Exil war Aramäisch die Umgangssprache auch in **'Erez Jissra'el*. Es war daher notwendig, die öffentlich vorgelesenen *Torah*abschnitte Satz für Satz aus dem Hebräischen ins Aramäische zu übersetzen (*Nehemia* 8:8; *Bawli, M^egillah* 3 a). Im **Talmud* werden zwei Übersetzungen der **Torah* erwähnt: Die griechische wird Aquila, die aramäische Onqelos zugeschrieben. Forscher zweifeln diese Angaben an. *Targum* Onqelos, eine relativ wörtliche Übersetzung, die eher das Ergebnis einer Übersetzungstradition als eine individuelle Schöpfung darstellt, wurde die offizielle und autorisierte Übersetzung der *Torah*. *Targum* Onqelos wurde mit dem hebräischen Bibeltext gelernt und findet sich in den meisten traditionellen Bibelhandschriften und Drucken.

Weitere bekannte palästinische Übersetzungen der *Torah* sind *Targum j^eruschalmi* (auch *Pseudo Jonathan* genannt), *Targum Jonathan* und *Targum Neophyti 1*. Diese *Targumim* weichen oft vom hebräischen Wortlaut ab und flechten zahlreiche, zum Teil sehr frühe exegetische Überlieferungen ein.

Tiqqun (auch *Tikkun*) – ›Verbesserung, Wiederherstellung‹, geht auf das Verb *l^etaqqen*, ›reparieren‹, zurück. In der lurianischen **Kabbalah* bezeichnet der Begriff *tiqqun 'olam*, ›Verbesserung der Welt‹, jenen Prozeß der Wiederherstellung der kosmischen Ordnung, der schließlich in die erlöste Welt der verbesserten göttlichen Ordnung, *ʿolam ha-tiqqun*, mündet.

Tiqqun bezeichnet in der von der **Kabbalah* beeinflußten Liturgie nächtliche Gebetsordnungen. *Tiqqun chazot* besteht aus Psalmen, Sündenbekenntnis und Klageliedern, die der Zerstörung des Tempels wegen um Mitternacht (*chazot*) gesprochen werden. *Tiqqun lejl Hoschaʿnaʾ rabbah* und *Tiqqun lejl Schawuʿot* finden in den Nächten statt, die am Vorabend dieser Feste beginnen. Man wacht, liest und studiert Abschnitte aus Bibel, **Talmud*, **Midrasch* und **Sohar* und spricht besondere **pijjutim*.

Torah – ›Lehre, Gesetz‹, die Heilige Schrift, die fünf Bücher Mose.

Tu b^e-ʾAw – der 15. des Monats *ʾAw*, war ein populäres Fest zur Zeit des zweiten Tempels. In der **Mischnah* (*Taʿanit* 4:8) wird überliefert, daß an diesem Tag die jungen Frauen Jerusalems in ausgeliehenen weißen Kleidern (damit sich die Armen unter ihnen nicht zu schämen brauchten) in den Weinbergen tanzten, und die jungen Männer sich ihre Braut auswählen konnten. Möglicherweise war dieser Tag ursprünglich ein Naturfest, er fällt in die heißeste Zeit und galt auch als das Fest der Darbringung des Holzes. Es war der letzte Tag, an dem man Holz für den Tempelaltar bringen konnte, da danach das Holz nicht mehr trocken genug war. Erst sechs Monate später, am 15. *Sch^ewat*, begann man wieder Holz zu fällen.

Vgl. Brand, Israel: »›Tu b^e-ʾAw – maj hiʾ?‹ (Taʿanit 30b): L^e-mahuto w^eli-m^eqorotaw schel chag chamischah ʿassar b^e-ʾaw«, in: *Mehqere Hag – A Journal of Jewish Culture* 8, 1996, S. 60–70. Goren, Zecharia: »The agricultural roots of Yom Kippur and Tu beʾAv«, in: Livneh-Freudenthal, Rachel und Elchanan Rei-

NER (Hrsg.): *Streams into the Sea; Studies in Jewish Culture and Its Context*, Tel Aviv 2001, S. 128–137; MORGENSTERN, Julian: »Two Ancient Israelite Agricultural Festivals«, in: *The Jewish Quarterly Review*, Band 8, London 1917–1918, S. 31–54.

Vital, Chajim (Safed 1542–Damaskus 1620) der bedeutendste Schüler Jizchaq Lurias in Safed. Als Luria nach Safed kam, wurde Vital sein nächster Jünger. Nach Lurias Tod widmete er sich der Niederschrift von dessen Lehren. Vertraglich verbot er den anderen Jüngern Lurias **Kabbalah* zu studieren oder schriftlich zu fixieren, es sei denn in seiner Gegenwart und unter seiner Aufsicht. Das Hauptwerk Vitals, *'Ez chajjim*, ›Baum des Lebens‹, das eine umfassende Darstellung des lurianischen Systems enthält, wurde 1784 in Karzec zum ersten Mal gedruckt. Vital hielt sich für den Messias und hielt seine Visionen in einem Tagebuch fest. Einen Großteil der Legenden, die seine Biographie umgeben, erzählte er selbst in seinem *Schiwchej rabbi Chajjim Vital*, ›Preisungen des Rabbi Chajim Vital‹. Die Schriften Vitals sollen, während er krank war, heimlich abgeschrieben und gegen seinen Willen verbreitet worden sein.

Vgl. FINE, Lawrence: *Physician of the Soul, Healer of the Cosmos. Isaac Luria and his Kabbalistic Fellowship*, Stanford 2003; MEROZ, Ronit: »Faithful Transmission Versus Innovation: Luria and His Disciples«, in: SCHÄFER, Peter und Joseph DAN (Hrsg.): *Gershom Scholem's Major Trends in Jewish Mysticism, Fifty Years After*, Tübingen 1993, S. 257–274; SCHOLEM, Gershom: *Kabbalah*, Jerusalem 1974, S. 443–448.

Z^edukim (auch *zaddukim*, Sadduzäer) – bezeichnet die Anhänger einer der drei Gruppen (zusammen mit den *Pharisäern, *Essenern) aus der Zeit der makkabäischen Erhebung bis zur Zerstörung des zweiten Tempels. Ihr Name geht möglicherweise auf das Priestergeschlecht Zadok zurück, aus dem seit der Entstehung des ersten Tempels die Hohenpriester stammten. Ihr Name könnte aber auch die Anhänger einer politisch-religiösen Haltung bezeichnen und nicht die Nachkommen Zadoks. Die Geschichte dieser wie auch der anderen zwei Gruppierungen läßt sich nicht rekonstruieren. Von den Sadduzäern sind keine Dokumente überliefert. Sie werden nur in Schriften anderer erwähnt, die ihnen gegenüber nicht neutral sind. Eine Hauptquelle ist der sich als Pharisäer vorstellende Geschichtsschreiber Josephus Flavius. Er schildert die drei Strömungen als Philosophenschulen, die Sadduzäer als das konservative Element der jüdischen Bevölkerung, welches die pharisäischen Neuerungen wie den Glauben an Engel und Auferstehung leugnet, ähnlich den Pharisäern, die unbedingte Willensfreiheit des Menschen behauptet und gleich den Essenern die mündliche Lehre verwirft. Zu ihnen gehören die Vornehmen und Reichen, vor allem die späteren Hasmonäer von Johannes Hyrkanus, dem Hohenpriester (134–102 v.d.Z.). Im Neuen Testament sind sie die Leugner der Auferstehung, mit denen Jesus diskutiert (*Matthäus* 22:23 ff.; *Apostelgeschichte* 23:8). In **Mischnah* und **Talmud* werden verschiedene Lehrmeinungen (etwa zu Reinheitsvorschriften, Festen, Gelübden, Ehe) der *Z^e^dukim* überliefert, welche die Gebote der **Torah* wörtlich nehmen. Nach ihrer **Halachah* sollte *Schawu'ot* auf einen Sonntag fallen, 49 Tage nach der *Schabbat*, die auf *Pessach* folgt. In diesen Quellen wird wiederholt gegen sie polemisiert.

Vgl. Stemberger, Günter: *Pharisäer, Sadduzäer, Essener*, Stuttgart 1991.

Zunz, Leopold – sein jüdischer Name war Jom Tow Lipmann (Detmold 1794–Berlin 1886), Begründer der Wissenschaft des Judentums und zugleich ihr klassischer Vertreter. Er studierte in Berlin und promovierte 1821 an der Universität Halle. 1819 war er Mitbegründer des Vereins für Kultur und Wissenschaft der Juden, in dessen Auftrag er 1823 die *Zeitschrift für die Wissenschaft des Judentums* herausgab. Ziel des Vereins war es, die hebräische Literatur aus wissenschaftlicher Perspektive zu untersuchen. Leopold Zunz war der erste, der jüdische Werke mit den modernen Methoden historischer und literarischer Forschung behandelte. Er verfaßte die erste wissenschaftliche Biographie der jüdischen Literatur: »Lebensbeschreibung Salomon ben Isaks, genannt Raschi«. 1826–1830 leitete er die Berliner jüdische Gemeindeschule, 1841–1850 war er Direktor des Berliner Lehrerseminars. Er war der erste, der ein detailliertes Programm für Jüdische Studien vorlegte. Es umfaßte historisches Studium der hebräischen Literatur und Kultur, Liturgie, Gesetz, Ethik und Erziehung. Zunz legte die Grundlagen für eine künftige ›Statistik der Juden‹, für soziologische und demographische Studien. Es war seine Vision, Jüdische Studien als Fach an deutschen Hochschulen zu etablieren. 1832 erschien sein klassisches Werk *Die gottesdienstlichen Vorträge der Juden*, in dem er die historische Entwicklung des jüdischen Gottesdienstes darstellte. 1845 folgte *Zur Geschichte und Literatur*, das Zunz den Vergleich mit den Philologen Böckh und den Brüdern Grimm eintrug. Aus Hunderten von Handschriften und seltenen Drucken gab er die Trilogie heraus: *Die synagogale Poesie des Mittelalters* (1865), *Der Ritus des synagogalen Gottesdienstes, geschichtlich entwickelt* (1859) und *Die Literaturgeschichte der synagogalen Poesie* (1866). Diese Arbeit stellt tausend Jahre religiöser Poesie dar und umfaßt sechstausend Gedichte von tausend Dichtern. Unter dem Titel *Die vierundzwanzig Bücher der Heiligen Schrift* brachte Zunz eine neue Bibelübersetzung heraus. Seine

Gesammelte[n] Schriften erschienen aus Anlaß seines 80. Geburtstags und unter seiner Leitung. Doch enthalten sie nur einen Teil seiner umfangreichen Schriften und Notizen. Sein Nachlaß befindet sich in der Universitäts- und Nationalbibliothek Jerusalem.

Vgl. BECHTOLDT, Hans-Joachim: *Die jüdische Bibelkritik im 19. Jahrhundert*, Stuttgart u. a. 1995, S. 64–89; CARLEBACH, Julius (Hrsg.): *Wissenschaft des Judentums. Anfänge der Judaistik in Europa*, Darmstadt 1992; GLATZER, Nachum Norbert: *Leopold Zunz: Jude, Deutscher, Europäer*, Tübingen 1964; MEYER, Michael A.: *Von Moses Mendelssohn zu Leopold Zunz. Jüdische Identität in Deutschland 1749–1824*, München 1994, S. 166–211. Römer, Niels H.: *Jewish Scholarship and Culture in Nineteenth-Century Germany. Between History and Faith*, Madison 2005.

כל שבעת שבת ביום טוב
אם שהיה דהלו דרונו בסוכה נשולחנו בתוך הבית
ירדו גשמים וסדר הקידוש בסוכה
עלי סוכה שאוכלין שתולין בה לנאותה

פרק שביעי
יבאר דין ארבע מינין שבלולב וכמה נוטל
מקן היכן מנענעין את הלולב
כל היום כשר לנטילת לולב
אם נוטלין את הלולב בשבת
שלוח ערבה לבדה
הדס ואתרוג אם מותר להריח בהם

פרק שמיני
יבאר דין פיסול ד' מינים שבלולב
אם אדם יוצא ביו"ט ראשון בלולבו של חבירו
סוכה סוף לולב או אתרוג
שמחת בית השואבה

הלכות שקלים

פרק ראשון
יבאר דין מחצית השקל ושיעורו :
הכל חייבין במחצית השקל
מחצית השקל אם נוהג בפני הבית ושלא בפניה
באחד באדר משמיעין על שקלים

פרק שני
יבאר מילד כונסין השולחנין את השקלים
י"ג שופרות שהיו במקדש
תרומת הלשכה נכילד תורמין
ומי כשר לתרום

פרק שלישי
יבאר דין קלבון של שקלים
וכמה שיעור הקלבון שנותנים
שקלים שנגנבו או אבדו
המפריש שקל כשר ור שהוא חייב ונמצא שאינו חייב

פרק רביעי
יבאר מה עושין מתרומת הלשכה ומותר
ומותר

ומותר שירי הלשכה ·
בר"ח ניסן מקריבין מתרומה חדשה

הלכות קידוש החדש

פרק ראשון
יבאר שחדשי השנה הם חדשי הלבנה
צ"ד מחשבין בחשבון האלטגנינות
אם מחשבין וקובעין חדשים בח"ל

פרק שני
יבאר מי הוא הכשר לעדות החדש
משקלקלו האפיקורו' והיו שוכרין אנשים
אמרו העדי' ראינוהו בכ"ט שחרי' בתורת
כו' אין מקדשין את החדש בלילה
אין מקדשין את החדש אלא בשלשה

פרק שלישי
יבאר אם עדות החדש דוחה שבת
על ששה חדשים השלוחין יוצאין
צ"ד שהמתינו כל יו' שלפני' ולא באו עדים

פרק רביעי
יבאר על שלשה דברים מעברין את השנה
מה הם הסימנין שמעברין בהם השנה
נכנס יום שרלוני לר"ח ניסן אם מעברין
ואם מעברין את השנה בשנת רעבון

פרק חמישי
יבאר שקביעו' הרחיי' והעבור בסנהדרין
הוראת שנהג האבות בבני ימים

פרק ששי
יבאר קבוץ החמה והירח בדקדוק
ומהו מהזור י"ט שנה וזו"ג תשל"ג עודר הלבנה

פר' שביעי
יבאר שאין קובעין ר"ח תשרי ביום אד"ו
ומפני מה אין קובעין בהשבון זה בימי אד"ו

פרק שמיני
יבאר חדשה של לבנה כמה ימים היא
ודרך ידיעת חדשי הלבנה אם הם שלמים או לא

פרק

פרק תשיעי
יבאר שנות החמה שס"ה יום ורביע
ויום התקופה ושעה

פרק עשירי
יבא' שביתקופ' לתקופ' צ"א יום וז' שעו'

פרק אחד עשר
יבא' דרכי החשבון למי שמלאו לבו לדעתו
והגלגל נחלק לשלש מאות וששים חלקי'
שנ' חשבון הרמב"ם ז"ל ר' שלפי' התקל"ת

פרק שנים עשר
יבאר מהלך השמש האמצעי ביום אחד

פרק שלשה עשר
יבאר מקום השמש האמתי ויום התקופה האמתי :

פרק ארבעה עשר
יבאר שהירח יש לה שני מהלכים אמצעי'

פרק חמשה עשר
יבאר מקום הירח האמתי :

פרק ששה עשר
יבאר כשגולה שמו נתנה הירח שנוטה מענולת השמ' :
גרה' מהלי' ונונו

פרק שבעה עשר
יבאר ידיעת ראיית הירח האמתי :
ומעגל הירח
ופעמים גם בארוכה פעמים בקצרה

פרק שמנה עשר
יבאר שהירח אפשר שיראה או לא :
אם מעברין את החד' לצורך

פרק תשעה עשר
יבאר להבין הירח מטה

הלכות תענית

פרק ראשון
יבא' שמצות עשה לצעו' ולהרי' בעת צרה
אם גוזרין תעני' בתחלה בר"ח ובשבתות ויום טוב ·
התענית הלוס שיתענה אפילו בשבת אם

אם טועם המתענ' מתבשיל : כל כיבני שלא קבלו עליהם : לנו שהיו מתענין וירדו להם גשמים

פרק שני
יבאר הצרות שמתענין עליהם

פרק שלישי
יבאר אם לא ירדו גשמים מה יעשו :

פרק רביעי
יבאר סדר תפלת תענית ·

פרק חמישי
יבאר דין ד' תעניות שנפסוק
משנכנס אב ממעטין בשמחה
בין השמשות של ט' באב
דברים שהם זכר לחרבן
הרואה ירושלם בחורבנה או ערי יהודה

הלכות מגילה

פרק ראשון
יבא' דין קריא' המגל' בזמנה ומי חייב בק
בפרזים ומוקפין חומה ואם קוראין את המגלה בשבת

פרק שני
יבא' כיצ' קריא' המגל' וכתיבת' והפירק'
י"ד וט"ו אסורין בהספד ותענית: תוגת סעודת פורים כיצ' ומשלוח מנות : אם מבטלין מצות פורים לדבר אחר

הלכות חנוכה

פרק שלישי
יבאר שימי חנוכה אסורין בהספד ותעני'
מי הוא החייב בהדלקת הנר ומי מברך
קריאת ההלל כל שמונה ימים

פרק רביעי
יבאר כמה נרות מדליק
וזמן הנחתן ומקום הנחת הנר
נר שהדליקו חרש שוטה וקטן
עששית שהיתה דולקת כל היום שלו ·

על ידי הפועל העוסק באמונה במלאכת הקודש הזעציר יעקב בר נפתלי ז"ל : הנקרא בפי
כל אדם יאקב בוך בינדר מק"ק ווילמרשדארף : ועוסק לע"ע בק"ק פיורדא

על ידי הפועל העוסק במלאכת הקודש באמונה הזעציר והדיוקר משה פאלק בן כהר"ר שמחה ז"ל ממדינת פולין קטן
מק"ק שידלוב בגליל סינשוב : ולע"ע בק"ק פיורדא :

ועל ידי הפועל עוסק במלאכת הקודש הדיוקר יהודה ליב בן כמר שלמה ז"ל מצ"ר ולעת עתה עוסק בק"ק פיורדא :

ועל ידי הפועל העוסק במלאכת הקודש באמונה הזעציר יואל בן לא"א כה"ר דוד שלענקר זצ"ל מפיורדא :

ועל ידי הפועל העוסק במלאכת הקודש הזעיר הנ"ה נפתלי הירש בן כהר"ר חיים בחור שליט"א מפיורדא :

ועל ידי הפועל העוסק במלאכת הקודש באמונה הזעציר מאיר בן כמר יאקב בוך בינדר מק"ק ווילמרשדארף :

ועל ידי הפועל העוסק במלאכת הקודש באמונה הדיוקר הב"ח שמעון בן כמר הירש פ"ט שליט"א מפיורדא

אתה עתה ברוך ה' קורא נעים ונור הזכור אם המצאת תמלא בדברינו מלה עכו"ם או גוי וכיוצא כי הכוונה בהן על העובדי כוכבי' ומזלות והגלולים אליהם לא
ולא · והשמר אל תכן אל און לפרש אותן על האומות אשר אנו גרים ביניהם חליל' לך חולין הוא בך לעשות כדבר הזה אשר הוא נגד דת תורתינו הקדושה
כי כתוב הדר הוא נם' הדברי' סי' ב"ג לא תתעב אדומי כי גר הייתי בארצו וכל' הדברי' ק"ו מה מצרי' שהעבידו בני ישרא' בפרך ונגרו עליה' כל הבן הילוד היאור תשליכוהו
נלטוינו שלא לתעב אותם מפני שהיו אכסני' לאבותינו האומות הללו המה מלכיהם ושריהם יר"ה שהם שומרים אותנו ואת ממונינו והיו אכסנות לאבותינו והם כמו כן
אכסניא לנו עת"כ ; וזהו ק"ו שאין עליו תשובה וק"ו בן בנו של ק"ו שלא יעלה על דעת הקורא להוציא בדברי' או במאון והעושה כן מחלל את השם ויולא מדר' התור'
שלא דעת ונלא הבנ' ומטיב דעה תחת עונה וכבר הזהרנו גם ע"י הנביאים ודרשו את שלום העיר וגו' כי בשלומם יהיה לכם שלום כה דברי המדפיס :

Abbildung 48

Letzte Seite aus Maimonides, *Mischneh Torah*, Fürth 1764, enthält das Ende des Registers in vier Kolumnen. Unter dem Schmuckstück steht der Kolophon mit Angaben über die Mitwirkenden an der Herausgabe des Buches. Zwischen zwei Zierleisten am unteren Rand ermahnt der Drucker den Leser, den im Buch vorkommenden Begriff »Götzendiener« nicht auf die Gastvölker, bei denen man lebt, zu beziehen; denn es ist geboten, Nichtjuden zu achten und zu respektieren.

Ausgewählte Bibliographie

Nachschlagewerke (Auswahl):

BEN YEHUDA, Eliezer: *Millon ha-laschon ha-'iwrit ha-j^e^schanah w^e^ha-chadaschah/Thesaurus totius Hebraitatis*, Band 1–16 und Prolegomena, Jerusalem u. a. 1948–1959. Es ist das erste Gesamtwörterbuch des Alt- und Neuhebräischen. Ben-Yehuda (1858–1922) gilt als der Vater des modernen Hebräisch. 1881 kam er mit seiner Frau Deborah nach Palästina. Ihr Zuhause war das erste, in dem nur modernes Hebräisch gesprochen wurde. 1909–1926 kam das in jahrelanger Arbeit entstandene Wörterbuch Band für Band (1–7) im Verlag Langenscheidt, Berlin-Schöneberg heraus. Nach dem Tod Ben Yehudas sorgten seine zweite Frau Hemdah (die Schwester Deborahs, die an Tuberkulose gestorben war) und sein Sohn Ehud für die Vervollständigung seines Lebenswerkes. Herausgeber der Bände 8–9 war Moses Hirsch Segal (1876–1968), der Bände 10–16 Naphtali Herz Tur-Sinai (1886–1973). Neben der Erklärung von Wörtern, ihrer Zuordnung zu Wortfamilien und zahlreichen Beispielen für die verschiedenen Bedeutungen aus dem gesamten Schatz der hebräischen Literatur (Heilige Schrift, *Talmud*, Poesie und Philosophie des Mittelalters etc. bis zum Beginn des 20. Jhs.) wird auch die Übersetzung des Wortes in mehrere Sprachen, darunter Arabisch, Russisch, Deutsch, Französisch und Englisch gegeben.

BIN GORION, Emanuel, Alfred LOEWENBERG, Otto NEUBURGER und Hans OPPENHEIMER (Hrsg.): *Philo-Lexikon, Handbuch des jüdischen Wissens*, Berlin 1936 [erste Auflage 1934], Nachdruck Königstein/Ts. 1982. Erstes einbändiges jüdisches Lexikon in deutscher Sprache. »Es ist der Versuch, auf knappem Raum über all das zu unterrichten, was das Judentum umschließt: Religion und Geschichte, Leistung und Leben« (aus dem Vorwort). Das Handbuch sollte vor allem zur Information deutscher Juden mit geringer jüdischer Bildung dienen. Die Konfrontation mit dem nationalsozialistischen Antisemitismus veranlaßte auch viele assimilierte Juden, sich mit jüdischem Wissen zu befassen. Eine erweiterte Ausgabe erschien in Gütersloh 1967 unter dem Titel *Lexikon des Judentums*, für deutschsprechende Nicht-Juden der Nachkriegsgeneration.

Ha-'enziqlopedjah ha-'iwrit / Encyclopaedia Hebraica, Band 1–35, Jerusalem, Tel-Aviv 1958–1980, und 3 Ergänzungsbände, Jerusalem, Tel-Aviv 1966, 1983, 1995. Die anspruchvollste und umfangreichste allgemeine und jüdische Enzyklopädie in hebräischer Sprache. Neben Einträgen zu allgemeinen und jüdischen Themen enthält sie Einträge zu Israel. Initiator dieser neuen Enzyklopädie in hebräischer Sprache war der Massada-Verlag. Alexander Peli (geb. 1915), Sohn der Verlagsgründer, wurde Leiter der Gesellschaft zur Herausgabe des Werks. Die Vorarbeiten begannen in den frühen 40er Jahren, während des Zweiten Weltkrieges. Im Sommer 1948 war der erste Band für den Druck fertig, doch konnte er erst 1949, ein Jahr nach Errichtung des Staates Israel, erscheinen.

Encyclopaedia Judaica, Band 1–17, Jerusalem 1971, [2]1982, 2007 (Online-Ausgabe). Nach dem Vorbild der deutschen *Encyclopaedia Judaica* gestaltet, ist sie die umfangreichste jüdische Enzyklopädie in englischer Sprache. Besonders wertvoll sind die bibliographischen Angaben, welche die Einträge ergänzen. Chefredakteur: Cecil Roth.

'Enziqlopedjah miqra'it / Encyclopaedia Biblica, Band 1–9, Jerusalem 1950–1988. Moderne wissenschaftliche Enzyklopädie der hebräischen Bibel, die auch die Schriften

vom Toten Meer, die Apokryphen und Pseudepigraphen berücksichtigt. Die behandelte Zeitspanne reicht bis zur hasmonäischen Ära. Die strukturierte Darstellung der Themen faßt die Ergebnisse der Bibelforschung zusammen und ergänzt die Einträge durch umfangreiche Bibliographien.

EVEN SHOSHAN, Avraham: *Ha-millon he-chadasch*, Band 1–3, Jerusalem 1975. ›Das neue Wörterbuch‹, 1947–1958 in 5 Bänden und einem Ergänzungsband erschienen, wurde von Avraham Even Shoshan, einem 1925 aus der Sowjetunion eingewanderten Lehrer und späteren Direktor des Jerusalemer Lehrerseminars, herausgegeben. Dieses hebräische Wörterbuch umfaßt alle Sprachschichten des Hebräischen.

HERLITZ, Georg und Bruno KIRSCHNER (Begründer): *Jüdisches Lexikon. Ein enzyklopädisches Handbuch des jüdischen Wissens*, Band I-IV/2, Berlin 1927–1930, Nachdruck Frankfurt a. M. 1987. Erste vollständige jüdische Enzyklopädie auf deutsch. Das Nachschlagewerk umfaßt Themenbereiche wie Bibel, nachbiblische Literatur, Geschichte, Biographien, Religion, modernes Judentum. Die Einträge sind in allgemeinverständlicher Sprache geschrieben. Die ersten Vorarbeiten begannen 1919. Als das vollständige Lexikon etwa ein Jahrzehnt später erschienen war, wurde die Leistung von den meisten Wissenschaftlern hoch gelobt. Das von Georg Herlitz (1885–1968) zusammengestellte alphabetische Register dieses Lexikons wurde zum Maßstab. Neben ihm gehörten zur Redaktion u. a.: Ismar Elbogen (1874–1943), Josef Meisel (1883–1958), Robert Weltsch (1891–1982) und Max Wiener (1882–1950).

SCHIFFMAN, Lawrence H. und James C. VANDERKAM (Hrsg.): *Encyclopedia of the Dead Sea Scrolls*, Band 1–2, Oxford 2000. Die Enzyklopädie vermittelt die wissenschaftlichen Erkenntnisse, die in den fünfzig Jahren seit der Entdeckung der Schriftrollen vom Toten Meer ein neues Licht auf Bibelforschung und Geschichte des Judentums werfen.

ABRAMSON, Glenda (Hrsg.): *Encyclopedia of Modern Jewish Culture*, London (u. a.) 2005 –.

ATTIAS, Jean-Cristophe und Esther BENBASSA: *Dictionnaire des mondes juifs*, Paris 2008.

BASKIN, Judith R. und Kenneth SEESKIN: *The Cambridge Guide to Jewish History, Religion, and Culture*, Cambridge 2010.

BERLIN, Adele (Hrsg.): *The Oxford Dictionary of the Jewish Religion*, New York (u. a.) ²2011.

BRAUN, Christina von und Micha BRUMLIK (Hrsg.): *Handbuch jüdische Studien*, Köln 2018.

DINER, Dan (Hrsg.): *Enzyklopädie jüdischer Geschichte und Kultur*, 7 Bände, Stuttgart 2011 – 2017.

GOODMAN, Martin (Hrsg.): *The Oxford Handbook of Jewish Studies*, Oxford (u. a.) 2002.

NEUSNER, Jacob (Hrsg.): *The Encyclopaedia of Judaism*, Leiden ²2006 (Online-Ausgabe).

ROTH, Laurence (Hrsg.): *The Routledge Handbook of Contemporary Jewish Cultures*, London (u. a.) 2015.

SALAMONE, Frank A. (Hrsg.): *Encyclopedia of Religious Rites, Rituals, and Festivals*, New York (u. a.) 2004.

WERBLOWSKY, Raphael Jehudah Zwi und Geoffrey WIGODER (Hrsg.): *The Oxford Dictionary of the Jewish Religion*, New York u. a. 1997.

Über jüdische Geschichte:

BRENNER, Michael: *Kleine jüdische Geschichte*, München 2012.

GREIVE, Hermann: *Die Juden. Grundzüge ihrer Geschichte im mittelalterlichen und neuzeitlichen Europa*, Darmstadt 1989.

MAIER, Johann: *Geschichte der jüdischen Religion*, Freiburg im Breisgau u. a. ²1992.

–: *Judentum von A bis Z: Glauben, Geschichte, Kultur*, Freiburg im Breisgau (u. a.) 2001.
–: *Studien zur jüdischen Bibel und ihrer Geschichte*, Berlin (u. a.) 2004.
–: *Jüdische Geschichte in Daten*, München 2005.
–: *Judentum-Reader*, Göttingen 2007.
–: *Judentum*, 2., durchges. Aufl., Göttingen (u. a.) 2013.
MAYER, Günter (Hrsg.): *Das Judentum*, Stuttgart u. a. 1994.
SCHÄFER, Peter: *Geschichte der Juden in der Antike*, Stuttgart 1983.
STEMBERGER, Günter (Hrsg.): *Die Juden: Ein historisches Lesebuch*, München [4]1995.
–: *Das klassische Judentum. Kultur und Geschichte der rabbinischen Zeit*, München 2009.
–: *Judaica minora*. Teil 1: *Biblische Traditionen im rabbinischen Judentum*; Teil 2: *Geschichte und Literatur des rabbinischen Judentums*, Tübingen 2010.
–: *Jüdische Religion*, 7. durchges. Aufl., München 2015.
SOLOMON, Norman: *Das Judentum. Eine kleine Einführung*, 5. Aufl., Stuttgart 2009.
TREPP, Leo: *Die Juden. Volk, Geschichte, Religion*, [überarbeitete und erweiterte Neuausgabe] Hamburg 1988.
DE VAUX, Roland: *Das Alte Testament und seine Lebensordnungen*, Band 1 – 2, Freiburg im Breisgau u. a. 1962.

Zur jüdischen Liturgie:

ELBOGEN, Ismar: *Der jüdische Gottesdienst in seiner geschichtlichen Entwicklung*, Frankfurt a. M. [3]1931, Nachdruck Hildesheim u. a. 1995.
FLEISCHER, Esra: *Shirat ha-qodesch ha-'iwrit bijmej ha-bejnajim*, Jerusalem 1975.
MUNK, Elie: *Die Welt der Gebete*, Band 1 – 2, Frankfurt 1935, Nachdruck Basel 1985.
TREPP, Leo: *Der jüdische Gottesdienst*, Stuttgart u. a. 1992.
ZUNZ, Leopold: *Die Synagogale Poesie*, Band I/II, Erstaus-

gabe 1855, neu herausgegeben von Aron Freimann, Frankfurt a.M. 1920, Nachdruck Hildesheim 1967.

Sammlungen jüdischer Überlieferung in Deutsch und Englisch:

Der babylonische Talmud, übersetzt von Lazarus Goldschmidt, Band 1 – 12, Nachdruck der 4. Auflage Frankfurt a.M. 1996.

Die Lehren des Judentums – nach den Quellen, herausgegeben vom Verband der deutschen Juden, unter Mitwirkung von u.a. Rabb. Dr. L. Baeck, Prof. Dr. I. Elbogen, Band 1 – 4, Berlin 1922 – 1924.

Die Sagen der Juden. Gesammelt von Micha Josef bin Gorion, neu herausgegeben von Emanuel bin Gorion, Frankfurt a.M. 1973.

–: *Der Born Judas*, Band 1 – 2, Frankfurt 1962.

Ginzberg, Louis: *The Legends of the Jews*, Band 1 – 7, Nachdruck Baltimore u.a. 1998 [1938].

Kugel, James L.: *The Bible As It Was*, Cambridge u.a. 1997

Mehrere Übersetzungen aus rabbinischer Literatur zu den Feiertagen finden sich in: Daum, Ahron: *Die Feiertage Israels: Die jüdischen Feiertage in der Sicht der Tradition*, Band 1 – 2, Frankfurt a.M. u.a. 1993 – 1994.

Über die Feiertage:

Abrahams, Israel: *Festival Studies*, London 1906, gehört zu den ersten Büchern über die jüdischen Feste. Zeichnet sich durch Klarheit und erzählenden Stil aus. Abrahams (1858 – 1925) wurde 1902 als Nachfolger von Solomon Schechter Dozent für *Talmud* und rabbinische Literatur an der Universität Cambridge.

Agnon, S.J. (Hrsg.): *Jamim nora'im*, ›Erhabene Tage‹, Jerusalem und Tel-Aviv 1973: Der Schriftsteller Shmuel Joseph Agnon (Buczacz 1887-Jerusalem 1970), großer

Kenner des sogenannten jüdischen Bücherschranks, stellte in diesem Buch eine seltene Sammlung für *Ro'sch ha-Schanah*, *Jom Kippur* und die Tage dazwischen aus *Talmud*, *Midrasch*- und Kommentarliteratur, chassidischer Überlieferung und *Kabbalah* zusammen.

[AGNON, S. J. (Hrsg.)]: *Moaus Zur, ein Chanukkahbuch*, Berlin 1918. Die Anthologie enthält traditionelle und zeitgenössische Literatur zu *Chanukkah*. »Das ›Moaus Zur‹ wurde von S. J. Agnon und Hugo Herrmann noch vor dem Kriege in Angriff genommen und sollte zu *Chanukkah* 5674, also im Winter 1914 erscheinen ... Der Ausbruch des Krieges hat die Vorarbeiten jäh unterbrochen ...« (aus der Nachbemerkung). 1912 kam der vierundzwanzigjährige Agnon von Palästina nach Berlin. Er kam zu Besuch und blieb zwölf Jahre, die ihn als Schriftsteller formten und sein Leben bestimmten. Eine Zeitlang arbeitete er als Lektor und Herausgeber im Jüdischen Verlag. Zu seinen Freunden aus der Berliner Zeit zählte der junge Gershom (Gerhard) Scholem, der an dieser Anthologie als Übersetzer mitwirkte.

BARUKH Y. L. und Yom Tov LEVINSKY (Hrsg.): *Ssefer ha-mo'adim*, ›Buch der Feste‹, Band 1–8, Tel-Aviv 1956 [1947 ff.]. Initiator der Anthologie war der Schriftsteller und Dichter Chajim Nachman Bialik (1873–1934), nach seinem Tod übernahm der von ihm gegründete Tel-Aviver Kulturverein *'Ohel schem* die Ausführung seines Vorhabens. Die Anthologie umfaßt umfangreiche Literatur zu jedem Fest aus Bibel, Liturgie, *Halachah* und *Aggadah*, historischen Quellen, *Kabbalah* und Chassidismus, historischer Forschung, Lyrik und Prosa vom Mittelalter bis zur Gegenwart, Memoiren, Berichten aus Gefangenschaft, Krieg und Widerstand. Das Werk ist nach wie vor das an literarischen Stoffen zu den Jahresfesten reichste Lesebuch.

Bloch, Abraham: *The Biblical and Historical Background of the Jewish Holy Days*, New York 1978.

Harris, Monford: *Exodus and Exile: The Structure of Jewish Holidays*, Minneapolis 1992.

Licht, Jacob S. (Hrsg.): *Mo'adej Jissra'el*, Jerusalem 1988. Das Buch präsentiert eine Zusammenstellung aller Einträge über den alten israelitischen Kalender und seine Feste aus der *Enziqlopedjah miqra'it* in überarbeiteter und erweiterter Form. Das nachbiblische Fest *Chanukkah* wurde ergänzt.

Leshem, Haim: *Schabbat u-mo'adej Jissra'el*, Band 1 – 2, Tel-Aviv 1965.

Die Zeitschriftenreihe: *Mehqere Hag – A Journal of Jewish Culture, (1 – 11)* (hebr.) Center for Jewish Holiday Studies, [Beit Berl] 1988 – 1999. In dieser Reihe werden die Feste aus mannigfaltigen Perspektiven behandelt. Interessant sind Darstellungen der Auseinandersetzung mit der aktuellen Bedeutung der Feste in Israel.

Rappel, Yoel (Hrsg.): *Mo'adej Jissra'el*, Tel-Aviv 1990. (Enzyklopädie)

Schauss, Hayyim: *The Jewish Festivals, A Guide to their History and Observance*, New York 1938, Nachdruck 1962, 1996. Einführung in die biblischen Quellen, die historische Entwicklung der Feste und Beschreibung der osteuropäischen Gestalt einiger Feste.

Schweid, Eliezer: *Ssefer machsor ha- s^{e}manim*, Tel-Aviv 1984. Schweid, Professor (emer.) für jüdische Philosophie an der Hebräischen Universität in Jerusalem, verbindet orthodoxe Interpretation mit geistesgeschichtlichem Hintergrund und schildert die ›Weltanschauung‹ der Feste anhand ihrer zeitlichen Ordnung, Gebote, Symbole und Gebete.

Segal, Eliezer: *In those days, at this time: holiness and history in the Jewish calendar*, Calgary 2007.

SEVIN, Shelomo Joseph: *Ha-mo'adim ba-halachah*, Band 1 – 2, Jerusalem 1983.

SPERBER, Daniel (Hrsg.): *Minhagej Jissra'el*, Band 1 – 5, Jerusalem 1989 – 1995. Sperber, Professor für *Talmud* an der Universität Bar Ilan, behandelt zahlreiche Bräuche der unterschiedlichen jüdischen Gemeinden, viele in bezug auf die Feste.

TABORY, Joseph: *Mo'adej Jissra'el bi-t^{e}qufat ha-Mischnah w^{e}ha-Talmud*, Jerusalem 1996. Tabory, Professor für *Talmud* an der Universität Bar-Ilan, untersucht die Gestalt der Feste aufgrund ihrer Vorschriften und Bräuche, wie sie in den biblischen Quellen und in der rabbinischen Literatur bis Anfang der Zeit der *g^{e}'onim* festgehalten sind.

THIEBERGER, Friedrich (Hrsg.): *Jüdisches Fest, jüdischer Brauch*, Berlin 1936, Nachdruck Frankfurt a.M. 1997. Thieberger (Prag 1888 – Jerusalem 1958) brachte dieses Sammelwerk, dessen Erstauflage wenige Monate nach ihrem Erscheinen von den deutschen Behörden beschlagnahmt und vernichtet wurde, unter großen Schwierigkeiten heraus. Das Lesebuch sammelt Beiträge über Alltag, Feste und deren Bräuche sowie zahlreiche literarische Lesestücke. Unter vergleichbaren Darstellungen im Deutschen nach wie vor ein Standardwerk.

WASKOW, Arthur: *Seasons of our Joy*, New York 1982.

ZOBEL, Moritz: *Das Jahr des Juden in Brauch und Liturgie*, Berlin 1936. Als Ergänzung zu seinem Buch *Der Sabbat*, das ebenfalls in der Reihe »Bücherei des Schocken Verlags« erschienen war, verfaßte Zobel diese hervorragende Einführung, eine systematische, kompakte Darstellung der häuslichen und synagogalen Bräuche der »jüdischen Gesamtheit« im Jahreszyklus und ihrer Begründung in Bibel, *Talmud*- und *Midrasch*literatur.

Praktisch orientierte Einführungen:

DONIN, Chajim Halevy: *Jüdisches Leben*, Zürich 1987.

GOODMAN, Philip (Hrsg.): *The Rosh Hashanah Anthology*, Lincoln 2018.

–: *The Shavuot Anthology*, Lincoln 2018.

KITOV, Elijahu: *Das Jüdische Jahr*, Band 1–4, Zürich 1984–1990.

LAU, Israel Meir: *Wie Juden leben*, Gütersloh 1988, darin über die Feste: S. 158–297.

NACHAMA, Andreas, Walter HOMOLKA und Hartmut BORNHOFF: *Basiswissen Judentum*, Freiburg im Breisgau (u.a.) 2015.

Register

Stellenregister